ISBN 978-0-259-12030-8
PIBN 10686929

1 MONTH OF
FREE
READING

at

www.ForgottenBooks.com

By purchasing this book you are eligible for one month membership to ForgottenBooks.com, giving you unlimited access to our entire collection of over 1,000,000 titles via our web site and mobile apps.

To claim your free month visit:

www.forgottenbooks.com/free686929

English
Français
Deutsche
Italiano
Español
Português

www.forgottenbooks.com

Mythology Photography **Fiction**
Fishing Christianity **Art** Cooking
Essays Buddhism Freemasonry
Medicine **Biology** Music **Ancient**
Egypt Evolution Carpentry Physics
Dance Geology **Mathematics** Fitness
Shakespeare **Folklore** Yoga Marketing
Confidence Immortality Biographies
Poetry **Psychology** Witchcraft
Electronics Chemistry History **Law**
Accounting **Philosophy** Anthropology
Alchemy Drama Quantum Mechanics
Atheism Sexual Health **Ancient History**
Entrepreneurship Languages Sport
Paleontology Needlework Islam
Metaphysics Investment Archaeology
Parenting Statistics Criminology
Motivational

M. DE SOMZÉE, Léon, membre de la Chambre des représentants, ancien président du Comité exécutif du Grand Concours de Bruxelles,1888, président du 5ᵉ groupe, à Bruxelles.

Secrétaire général :

M. AMELIN, A., directeur de l'industrie au Ministère de l'industrie et du travail, ancien secrétaire général des Commissions belges aux Expositions de Barcelone, de Melbourne, de Chicago, etc., etc., à Bruxelles.

Membres :

MM. le baron ANCION, A., industriel à Liège;
BORDIAU, G., ancien membre du Comité exécutif et ancien architecte en chef du Commissariat général du Gouvernement à l'Exposition internationale de Bruxelles, 1897, etc., etc., à Bruxelles;
CARELS, G., vice-président, élu, du 4ᵉ groupe, à Gand;
CARLIER, Jules, ancien commissaire général de Belgique à l'Exposition universelle de Paris, 1889, à Bruxelles;
DAVIGNON, J., sénateur, ancien secrétaire général adjoint du Commissariat général du Gouvernement à l'Exposition universelle d'Anvers, 1894, ancien commissaire adjoint de la 13ᵉ section à l'Exposition internationale de Bruxelles, 1897, à Pepinster;
DE BECKER-REMY, Aug., industriel, à Wygmael;
DE BOECK, A., vice-président, élu, du 10ᵉ groupe à Bruxelles;
DE MOT, E., ancien président du Comité exécutif de l'Exposition internationale de Bruxelles, 1897, bourgmestre de Bruxelles;
DE SADELEER, L., vice-président de la Chambre des représentants, président du 16ᵉ groupe, à Haeltert-lez-Alost;
le chevalier DESCAMPS, E.-F.-E., sénateur, ancien président de la Commission organisatrice de l'Exposition internationale de Bruxelles, 1897, à Louvain;
DOAT, H., industriel, vice-président, élu, du 11ᵉ groupe, à Liège;

MM. Doreye, Max, industriel, à Liège;

Dupont, E., vice-président du Sénat, ancien vice-président du Jury supérieur à l'Exposition internationale de Bruxelles, 1897, à Liège;

Dupret, G., ancien directeur général du Comité exécutif à l'Exposition internationale de Bruxelles, 1897, à Bruxelles;

Eloy, E., ancien membre du Comité exécutif de la commission belge à l'Exposition universelle de Paris, 1889, à Bruxelles;

Fétis, E., membre de l'Académie royale des sciences, des lettres et des beaux-arts, vice-président, élu, du 2e groupe, à Bruxelles;

Francotte, Ch., fabricant d'armes, vice-président, élu, du 9e groupe, à Liège;

Germain, A.-J., secrétaire général honoraire du Ministère de l'intérieur et de l'instruction publique, vice-président du 1er groupe, à Bruxelles;

Gody, J., ancien secrétaire de la section belge aux Expositions universelles de Philadelphie, 1876, de Paris, 1878, 1881 et 1889, du Comité exécutif et de la section de l'industrie à l'Exposition nationale de 1880, ancien secrétaire général aux Expositions universelles de Bruxelles, 1888, d'Anvers, 1885 et 1894, ancien commissaire pour le jury et les récompenses à l'Exposition internationale de Bruxelles, 1897, à Bruxelles;

Greiner, Ad., directeur général des établissements John Cockerill, ancien vice-président de la Commission organisatrice de l'Exposition internationale de Bruxelles, 1897, à Seraing;

Helleputte, G., ingénieur, membre de la Chambre des représentants, président du 6e groupe, à Louvain;

de Hemptinne, F., administrateur de la Florida, à Gand;

Hennequin, général-major en retraite, directeur de l'Institut cartographique militaire, président du 3e groupe, à Bruxelles;

Herry, L., ancien secrétaire général de la section belge à l'Exposition universelle d'Anvers, 1894, ancien directeur général de la section belge à l'Exposition internationale de Bruxelles, 1897, à Bruxelles;

Hertogs, Alph., ancien directeur général de

l'Exposition universelle d'Anvers, 1894, à Anvers ;

MM. Hovine, D., administrateur-gérant des Usines de la Providence, ancien vice-président des Commissions belges pour les Expositions de Melbourne, de Barcelone, de Chicago, etc., président du 11ᵉ groupe, à Marchienne-au-Pont ;

Hubert, L., membre de la Chambre des représentants, à Chimay ;

Janssen, L., ancien commissaire de la 14ᵉ section à l'Exposition internationale de Bruxelles, 1897, à Bruxelles ;

le comte DE KERCHOVE DE DENTERGHEM, Oswald, président du 8ᵉ groupe, à Gand ;

le baron T'KINT DE ROODENBEKE, Arnold, membre de la Chambre des représentants, à Bruxelles ;

Koch, J., industriel, membre de la Chambre des représentants, vice-président, élu, du 14ᵉ groupe, à Anvers ;

le baron LAMBERT, L., ancien membre de la commission belge à l'Exposition universelle de Paris, 1878, ancien président de la 14ᵉ section à l'Exposition internationale de Bruxelles, 1897, à Bruxelles ;

Léger, Th., sénateur, président du 1ᵉʳ groupe, à Gand ;

Lepersonne, H., ingénieur, vice-président du 16ᵉ groupe, à Liège ;

Lepreux, O., directeur général de la Caisse générale d'épargne et de retraite, vice-président du 16ᵉ groupe, à Bruxelles ;

Liénart, Ch., ancien sénateur, à Bruxelles ;

Mabille, V., industriel, ancien président des sections étrangères à l'Exposition universelle d'Anvers, 1894, à Mariemont ;

Meeus, Eug., industriel, ancien membre du Comité exécutif de l'Exposition universelle d'Anvers, 1885, à Anvers ;

Nagelmackers, G., président de la Chambre de commerce belge, directeur général de la Compagnie des Wagons-Lits, à Paris ;

Nyssens-Hart, J., ingénieur en chef honoraire des ponts et chaussées, à Bruxelles ;

le comte D'OULTREMONT DE DURAS, Adhémar, sénateur, à Bruxelles ;

MM. PAUWELS-ALLARD, industriel, président du 15e groupe, à Bruxelles;

PAVOUX, Eugène, industriel, vice-président, élu, du 15e groupe, à Molenbeek-Saint-Jean;

le baron PEERS, L., vice-président, élu, du 7e groupe, à Oostcamp;

le comte DE PRET ROOSE DE CALESBERG, sénateur, ancien président du Comité exécutif à l'Exposition d'Anvers. 1894, à Anvers;

RAEPSAET, P., membre de la Chambre des représentants, bourgmestre de la ville d'Audenarde, à Audenarde;

DE RAMAIX, M., membre de la Chambre des représentants, ancien commissaire général à l'Exposition universelle de Bordeaux, ancien secrétaire général à l'Exposition universelle d'Anvers, 1894, et à l'Exposition internationale de Bruxelles, 1897, à Anvers;

le comte DE RIBEAUCOURT, sénateur, président du 7e groupe, à Perck;

ROUSSEAU, E., professeur à l'Université libre de Bruxelles, vice-président, élu, du 5e groupe, à Bruxelles;

SAINT-PAUL DE SINÇAY, G., administrateur, directeur général de la Vieille-Montagne, à Angleur;

DU SART DE BOULAND, R, gouverneur du Hainaut, vice-président du 16e groupe, à Mons;

DE SAVOYE, G., ingénieur, ancien membre du Comité exécutif de la commission belge à l'Exposition universelle de Paris, 1889, ancien commissaire général de la section belge à l'Exposition universelle d'Anvers, 1894, à Bruxelles;

SÉPULCHRE, Armand, industriel, consul de Belgique, à Maubeuge;

SIMONIS, A., industriel, sénateur, ancien commissaire général de Belgique à l'Exposition de Chicago, président du 13e groupe, à Verviers;

DE SMET-DE NAEYER, Maurice, industriel, à Gand;

SPINNAEL, Charles, industriel, président du 12e groupe, à Bruxelles;

STEENACKERS, Raymond, négociant, sénateur, président du 10e groupe, à Anvers;

THYS, A., lieutenant - colonel, administrateur délégué et directeur général de sociétés commerciales du Congo, à Bruxelles;

MM. TIMMERMANS, Fr., industriel, président du 4ᵉ
groupe, à Liège;

TOCK, Ch., industriel, vice-président, élu, du
12ᵉ groupe, à La Louvière ;

le duc D'URSEL, président du Sénat, ancien président de la section des beaux-arts à l'Exposition internationale de Bruxelles, 1897, président du 2ᵉ groupe, à Bruxelles ;

le comte D'URSEL, H., membre de la Chambre des
représentants, ancien commissaire général du
Gouvernement à l'Exposition universelle d'Anvers, 1894, à Boitsfort;

VAN ACKER, P., industriel, vice-président, élu,
du 13ᵉ groupe, à Gand ;

VAN DEN BOSSCHE, L., sénateur, vice-président,
élu, du 8ᵉ groupe, à Tirlemont ;

VAN DEN KERCKHOVE, P., industriel, ancien
membre de la Commission belge à l'Exposition
universelle de Paris, 1889, à Gand ;

VAN HOEGAERDEN, Paul, industriel, à Liège ;

le comte VISART DE BOCARMÉ, A., membre de la
Chambre des représentants, président du 9ᵉ
groupe, à Bruges ;

WAROCQUÉ, Raoul, industriel, à Mariemont ;

WEISSENBRUCH, P., imprimeur, vice-président,
élu, du 3ᵉ groupe, à Bruxelles.

SECRÉTARIAT

Secrétaire général :

M. AMELIN, A., directeur de l'industrie, etc., à
Bruxelles.

Secrétaires à la Commission :

MM. OOMS, Louis, docteur en droit, à Tessenderloo;
VAXELAIRE, Georges, industriel, à Bruxelles ;
VERCRUYSSE, Fernand, industriel, à Gand ;
VERSTRAETE, Jules, industriel, à Bruges.

Bureau : 19, rue de la Loi, Bruxelles.

COMMISSARIAT GÉNÉRAL

DU GOUVERNEMENT

Commissaire général :

M. VERCRUYSSE, A., industriel, sénateur, ancien président de la Commission belge à l'Exposition de Chicago, ancien commissaire général des sections étrangères à l'Exposition universelle d'Anvers, 1894, etc., etc., à Gand.

Commissaire général adjoint :

M. ROBERT, E., vice-président de la Chambre de commerce belge et président de la Société royale de bienfaisance et de secours mutuels l'*Union belge*, à Paris, ancien membre de la Commission des sections étrangères à l'Exposition universelle d'Anvers, 1894, etc., à Paris.

SERVICE GÉNÉRAL

Directeur :

M. VUYLSTEKE, Jules, ingénieur, à Bruxelles.

Directeur adjoint :

M. LEPÈRE, Armand, chef de division honoraire au Ministère de l'industrie et du travail, à Bruxelles.

Trésorier :

M. CROLS, Léon, chef de division à la comptabilité générale du Ministère de l'industrie et du travail, à Bruxelles.

Secrétaires au Commissariat général :

M. DE SOMZÉE, G., à Bruxelles ;
  ROBERT, F., à Paris ;

MM. Renson, A., à Dinant;
Vermeulen de Mianoye, E., à Gand.

CONSEILS DU COMMISSARIAT GÉNÉRAL

MM. de Ro, Georges, avocat à la Cour d'appel de
Bruxelles;
Wiener, Sam., avocat à la Cour d'appel de
Bruxelles.

Médecin du Commissariat général :

M. le docteur Collet, F., médecin de la légation de
Belgique, à Paris.

SERVICES TECHNIQUES
SERVICE DES INSTALLATIONS GÉNÉRALES

Architectes :

MM. Acker, Ernest, architecte, membre de la Commission royale des monuments, professeur d'architecture à l'Académie des beaux-arts de la ville
de Bruxelles, à Bruxelles;
Maukels, Gustave, architecte, professeur à
l'Académie des beaux-arts de la ville de
Bruxelles, ancien architecte du Commissariat
général du Gouvernement près les Expositions d'Anvers 1894 et de Bruxelles 1897, à
Bruxelles.

Conducteur surveillant :

M. Van Frachem, F., à Bruxelles.

SERVICE DES TRANSPORTS ET DE LA MANUTENTION

Directeur :

M. Hamaide, F., chef de Division au Ministère des
chemins de fer, postes et télégraphes, ancien
Directeur du service des transports et de la
manutention aux Expositions d'Anvers 1894,
de Paris 1889, et de Bruxelles 1897, à Bruxelles.

Chefs de section :

MM. Coucke, F., chef facteur au chemin de fer de
l'État, à Bruxelles;
Lemaire, H., chef facteur au chemin de fer de
l'État, à Bruxelles.

SERVICE DES INSTALLATIONS MÉCANIQUES
ET ÉLECTRIQUES

Chef de service :

M. LONNEUX, Florent, ingénieur au Ministère des chemins de fer, postes et télégraphes, ancien chef de service des installations mécaniques et électriques à l'Exposition de Bruxelles, 1897, à Bruxelles.

Conducteur surveillant :

M. DEXHOREZ, V., à Bruxelles.

BUREAUX

Chef de bureau :

M. D'herde.

A Bruxelles : rue Ducale, 21 ;
A Paris : avenue de La Bourdonnais, 9.

COMITÉS DE GROUPES

BUREAU DES CONGRÈS
ET COMITÉ DE LA PRESSE

GROUPE 1

Éducation et Enseignement

Président :

M. Léger, sénateur, à Gand.

Vice-Président :

M. Germain, secrétaire-général honoraire du Ministère de l'intérieur et de l'instruction publique, à Bruxelles.

Secrétaire :

M. Michel, professeur à l'Université, à Liège.

Secrétaire adjoint :

M. de Kerchove d'Exaerde, H., attaché au Ministère de l'intérieur et de l'instruction publique, à Bruxelles.

Trésorier :

M. le comte de Limburg-Stirum, Evrard.

Délégués :

Classe 1 :

MM. Emond, directeur général de l'enseignement primaire au Ministère de l'intérieur et de l'instruction publique, à Bruxelles;
le chanoine Janssens, inspecteur diocésain principal, à Malines.

Classe 2 :

M. Tilman, inspecteur général de l'enseignement moyen, à Bruxelles;

M. le chanoine FÉRON, professeur au Séminaire, à Tournai.

Classe 3 :

MM. BORMANS, administrateur-inspecteur de l'Université, à Liège ;
WOLTERS, administrateur-inspecteur de l'Université, à Gand ;
HÉGER, recteur de l'Université, à Bruxelles ;
DEWALQUE, professeur à l'Université, à Louvain.

Classe 6 :

MM. ROMBAUT, E., inspecteur général de l'enseignement industriel et professionnel, à Bruxelles ;
COOMANS (Fr. Mathias), à Gand.

GROUPE II

Œuvres d'art

Président :

M. LE DUC D'URSEL, président du Sénat, président de la Société des beaux-arts, à Bruxelles.

Secrétaire :

M. LAMBOTTE, P., secrétaire de la Société des beaux-arts, à Bruxelles.

Secrétaire adjoint :

M. DE GRIMBERGHE, Ed., à Paris.

Membres :

MM. DELBEKE, A., membre de la Chambre des représentants, membre du corps académique d'Anvers, à Anvers ;
FÉTIS, Ed., membre de l'Académie royale de Belgique, président de la Commission directrice des musées royaux de peinture et de sculpture de l'État, à Bruxelles ;
HYMANS, Henry, membre de l'Académie royale de Belgique, membre de la Commission directrice des musées royaux de peinture et de sculpture de l'État, à Bruxelles ;

MM. MAUS, Octave, directeur de la *Libre Esthétique*, à Bruxelles;

NÈVE, J., ancien directeur des beaux-arts, à Bruxelles;

SCRIBE, F., secrétaire de la Société royale pour l'encouragement des beaux-arts et vice-président du Cercle artistique et littéraire, à Gand;

TARDIEU, Ch., membre de l'Académie royale de Belgique, à Bruxelles;

VERLANT, directeur au Ministère de l'agriculture, à Bruxelles;

WAUTERS, A.-J., membre de la Commission directrice des musées royaux de peinture et de sculpture de l'État et professeur à l'Académie royale des beaux-arts de la ville de Bruxelles, à Bruxelles.

GROUPE III

Instruments et procédés des lettres, des sciences et des arts

Président :

M. le général HENNEQUIN, directeur de l'Institut cartographique militaire, La Cambre, à Bruxelles.

Vice-Président :

M. WEISSENBRUCH, P., imprimeur du Roi, à Bruxelles.

Secrétaire :

M. le capitaine-commandant d'état-major MONTHAYE, professeur à l'École de guerre, à Bruxelles.

Trésorier :

M. LESIGNE, A., imprimeur, à Bruxelles.

Délégués :

Classe II :

MM. GOOSSENS, J.-E., lithographe, à Bruxelles;
MERTENS, Ad., imprimeur, à Bruxelles.

Classe 12 :

MM. Maes, J., président de l'Union internationale de photographie, à Anvers;
Vanderkindere, M., à Bruxelles.

Classe 13 :

MM. Katto, G., éditeur de musique, à Bruxelles;
Lyon-Claesen, Ed., éditeur, à Bruxelles.

Classe 14 :

MM. le général Hennequin, à Bruxelles;
le capitaine-commandant adjoint d'état-major Gillis, à Arlon.

Classe 15 :

MM. Becker, H.-L., de la firme Becker's son and Cᵒ, à Bruxelles;
Lancaster, directeur du service météorologique de l'Observatoire royal, à Bruxelles.

Classe 16 :

MM. le docteur Bonmariage, A., à Bruxelles;
le docteur Debaisieux, Th., professeur à l'Université, à Louvain.

Classe 17 :

MM. Gunther, J., rue Thérésienne, 6, à Bruxelles;
Mahillon, V., président de la Chambre syndicale des instruments de musique, à Boitsfort;
De Smet, L., à Bruxelles;

Classe 18 :

MM. Duboscq, A., peintre-décorateur, à Bruxelles.
Lynen, Arm., de la firme Devis et Lynen, décorateur du théâtre de la Monnaie, à Bruxelles.

GROUPE IV

Matériel et procédés généraux de la mécanique.

Président :

M. Timmermans, Fr., directeur-gérant des Ateliers de construction de la Meuse, à Liège.

Vice-Président :

M. Carels, G., constructeur, à Gand.

Secrétaire :

M. Canon, L., ingénieur, professeur à l'Ecole des mines, à Mons.

Trésorier :

M. Decq, E., fabricant de courroies, à Bruxelles.

Délégués :

Classe 19 :

MM. Orval, directeur-gérant des établissements Jacques Piedbœuf, à Jupille;
Beer, Charles, ingénieur, à Liège.

Classe 20 :

M. Defize, Jos., administrateur - délégué de la Société des établissements Fétu-Defize, à Liège.

Classe 21 :

MM. Carels, G., constructeur, à Gand;
Lelong, Emile, directeur-gérant des Usines de Marcinelle et Couillet, à Couillet.

Classe 22 :

MM. Rumpf, M.-H., à Bruxelles;
Mennig, Ed., industriel, à Bruxelles.

GROUPE V

Électricité

Président :

M. de Somzée, L., ingénieur, membre de la Chambre des représentants, à Bruxelles.

Vice-Président :

M. Rousseau, Ernest, professeur à l'Université, à Bruxelles.

Secrétaire :

M. Mourlon, Charles, à Bruxelles.

Secrétaire adjoint :

M. Travailleur, Maurice, à Bruxelles.

Trésorier :

M. ROOSEN, A., ingénieur des Télégraphes, à Bruxelles.

Délégués :

Classe 23 :

MM. DULAIT, Julien, ingénieur, administrateur-gérant de la Société « Électricité et Hydraulique », à Charleroi ;
PIEPER, directeur général de la Compagnie internationale d'électricité, à Liège.

Classe 24 :

M. JULIEN, Jules, administrateur-directeur de la Société « l'Électrique », à Bruxelles.

Classe 25 :

MM. JASPAR, André, ingénieur, à Liège.
ROUSSEAU, Ernest, à Bruxelles.

Classe 26 :

M. ÉVRARD, F., ingénieur en chef, directeur du service des Télégraphes, à Bruxelles.

Classe 27 :

M. GÉRARD, Éric, directeur de l'Institut électrotechnique, à Liège.

GROUPE VI

Génie civil — Moyens de transport

Président :

M. HELLEPUTTE, ingénieur, membre de la Chambre des représentants, à Louvain.

Vice-Président :

M. DE ROTE, directeur général des Ponts et Chaussées au Ministère des Finances et des Travaux publics, à Bruxelles.

Secrétaire :

M. LEVIE, Michel, à Charleroi.

Secrétaire adjoint :

M. DU BOSCH, Georges, directeur de la *Chronique des Travaux publics*, à Bruxelles.

Trésorier :

M. CHARLET, G., industriel, à Bruxelles.

Délégués :

Classe 28 :

MM. COUSIN, Jean, ingénieur, à Bruxelles ;
LEVIE, Michel, à Charleroi.

Classe 29 :

MM. DE ROTE, directeur général des Ponts et Chaussées, à Bruxelles ;
BOUHON, directeur de la Société anonyme des Usines de et à Braine-le-Comte.

Classe 30 :

MM. DE RUYTTER - DEMESSINE, carrossier, à Bruxelles ;
DE LA CHARLERIE, L., président de l'Union et Véloce-Club de Bruxelles, à Bruxelles.

Classe 31 :

M. CHARLET, G., industriel, à Bruxelles.

Classe 32 :

MM. HENRICOT, industriel, à Court-Saint-Étienne ;
JANSSEN, Léon, administrateur directeur général de la Société anonyme des Tramways bruxellois, à Bruxelles.

Classe 33 :

MM. HAMMAN, membre de la Chambre des représentants, à Ostende ;
LECOINTE, ingénieur en chef de la Marine de l'État, à Ostende.

Classe 34 :

M. le chevalier LE CLÉMENT DE SAINT-MARCQ, G., capitaine du génie, à Anvers.

GROUPE VII

Agriculture

Président :

M. le comte DE RIBEAUCOURT, sénateur, à Perck.

Vice-Président :

M. le baron PEERS, à Oostcamp.

Secrétaire :

M. DE BURBURE DE WESEMBEEK, à Wesembeek.

Trésorier :

M. DUMONCEAU DE BERGENDAEL (comte F.), à Bruxelles.

Délégués :

Classe 35 :

MM. PYRO, professeur à l'Institut agricole de l'État, à Gembloux;

LE PLAE, professeur à l'Université, à Louvain;

MEURICE, Ch., président de la Société générale des fabricants d'engrais chimiques, à Marcinelle.

Classe 37 :

MM. NYPELS, président de la Fédération nationale des sociétés avicoles de Belgique, à Gand;

THEUNIS, professeur à l'Université, à Louvain.

Classe 38 :

MM. PEETERMAN, directeur de la station agronomique, à Gembloux;

DE VUYST, inspecteur adjoint de l'Agriculture, à Gand;

VAN DEN BROECK, conservateur au Musée d'histoire naturelle, à Bruxelles.

Classe 39 :

M. DAMSEAUX, professeur à l'Institut agricole de l'État, à Gembloux.

Classe 40 :

M. le baron PEERS, à Oostcamp.

Classe 41 :

MM. D'HONDT, secrétaire du Comice agricole, à Courtrai;

DE CLERCQ, R., négociant en houblons, à Alost.

Classe 42 :

M. DE LALIEUX DE LA ROCQ, président de la Société d'apiculture du Brabant-Hainaut, à Feluy.

GROUPE VIII

Horticulture et Arboriculture

Président :

M. le comte Oswald DE KERCHOVE DE DENTERGHEM, président de la Société royale d'Horticulture, 3, digue de Brabant, à Gand.

Vice-Président :

M. le baron VAN DEN BOSSCHE, sénateur, à Tirlemont.

Secrétaire :

M. LUBBERS, L., chef de culture au Jardin botanique de l'État, à Bruxelles.

Délégués :

Classe 43 :

MM. PYNAERT-VAN GEERT, Ed., horticulteur, à Gand ;
FUCHS, architecte de jardins, à Bruxelles.

Classe 44 :

MM. GILLEKENS, ancien directeur de l'École d'horticulture, à Vilvorde ;
BURVENICH, F., pépiniériste, à Gentbrugge.

Classe 45 :

M. MILLET, H., pépiniériste, à Tirlemont.

Classe 46 :

MM. CLOSON, Jules, propriétaire de la firme Jacobs-Makoy, à Liège ;
RODIGAS, directeur de l'École d'horticulture, à Gand.

Classe 47 :

MM. LINDEN, Lucien, administrateur de la Compagnie internationale d'horticulture, à Bruxelles ;
HYE, Jules, propriétaire, à Gand.

Classe 48 :

M. DESMEDT, Romain, de la firme Desmedt frères, à Ledeberg.

GROUPE IX

Forêts — Chasse — Pêche — Cueillettes

Président :

M. le comte Visart de Bocarmé, membre de la Chambre des représentants, à Bruges.

Vice-Président :

M. Francotte, Charles, ancien président de l'Union des fabricants d'armes, à Liège.

Secrétaire :

M. Polain, Jules, directeur du Banc d'épreuves des armes à feu, à Liège.

Trésorier :

M. le chevalier L. Schellekens, à Bruxelles.

Délégués :

Classe 49 :

M. Dubois, directeur des Eaux et Forêts, à Bruxelles.

Classe 50 :

MM. Lecart, professeur à l'Université, à Louvain; Vermer, Laurent, marchand de bois, à Honnay (Beauraing).

Classe 51 :

MM. Beco, Jean, ingénieur, directeur-gérant de la Cartoucherie d'Anderlecht, à Bruxelles ; Braconnier, Maurice, à Liège.

Classe 52 :

M. Maskens, Fernand, à Bruxelles.

Classe 53 :

MM. Orban de Xivry, J., à Grivegnée (Liège); le chevalier Schellekens, L., à Bruxelles.

GROUPE X

Aliments

Président :

M. STEENACKERS, Raymond, sénateur, négociant en vins, à Anvers.

Vice-Président :

M. DE BOECK, André, à Bruxelles.

Secrétaire :

M. DELACRE, Ambroise, à Bruxelles.

Trésorier :

M. WINCKELMANS - DELACRE, industriel, à Bruxelles.

Délégués :

Classe 55 :

M. LEBRUN, Bruno, à Nimy, près Mons.

Classe 56 :

MM. DE BECKER, Aug., administrateur-président des Usines Remy, à Wygmael ;
DUMON DE MENTEN, Alph., malteur, à Bruges.

Classe 57 :

M. HULEU, V., à Bruxelles.

Classe 58 :

M WINCKELMANS-DELACRE, à Bruxelles.

Classe 59 :

M. MEEUS, Eug., industriel, à Anvers.

Classe 60 :

MM. VANDER KELEN, négociant en vins, à Louvain ;
NELIS, négociant en vins, à Bruxelles.

Classe 61 :

MM. RAEYMAECKERS, Philippe, à Anvers ;
SCHMIDT, Em., distillateur, à Bruxelles.

Classe 62 :

MM DE BOECK, André, à Bruxelles ;
BENONI-BAUTERS, à Gand.

GROUPE XI

Mines — Métallurgie

Président :

M. Hovine, D., administrateur-gérant des Usines, de la Providence, à Marchienne-au-Pont.

Vice-Président :

M. Doat, Henri, directeur de la Compagnie générale des conduites d'eau, à Liège.

Secrétaire :

M. Greiner, Emile, directeur des établissements Valère Mabille, à Mariemont.

Trésorier :

M. Velge, J.-B., maître de carrières, à Bruxelles.

Délégués :

Classe 63 :

M. Velge, J.-B., à Bruxelles;
M. Durant, H., inspecteur général des charbonnages à la Société générale pour favoriser l'industrie nationale, à Bruxelles.

Classe 64 :

MM. Doat, Henri, à Liège;
Lepersonne, Henri, ingénieur, à Liège.

Classe 65 :

MM. Greiner, Emile, à Mariemont;
Sengier, Paul, maître de forges, à Charleroi.

GROUPE XII

Décoration et mobilier des édifices publics et des habitations

Président :

M. Spinnael, Charles, directeur de la Manufacture royale de bougies, à Bruxelles.

Vice-Président :

M. Tock, Ch., directeur des usines Boch frères, à La Louvière.

Secrétaire :

M. Baes, Henri, peintre décorateur, à Bruxelles.

Trésorier :

M. Tasson, Joseph, peintre décorateur, à Bruxelles.

Délégués :

Classe 66 :

MM. Fumière, Th., architecte, à Bruxelles;
Tasson, Joseph, à Bruxelles.

Classe 67 :

M. Pluys, L., peintre verrier, à Malines.

Classe 68 :

M. L'Hoest, Paul, fabricant de papiers peints, à Liège.

Classe 69 :

MM. Rosel, F., fabricant de meubles, à Bruxelles;
Malfait, F., sculpteur-statuaire, à Bruxelles.

Classe 70 :

MM. Vanderborght, Alphonse, industriel, à Bruxelles;
Neirynck, G., fabricant de passementeries, à Bruxelles.

Classe 71 :

MM. Baes, Henri, à Bruxelles;
Mommaert, Victor, fabricant de passementerie, à Bruxelles.

Classe 72 :

MM. Tock, Ch., à La Louvière;
Dassarques, J., directeur de la maison Vermeren-Coché, à Bruxelles.

Classe 73 :

MM. Mondron, Léon, maître de verrerie, à Lodelinsart;
Deprez, Georges, directeur général des cristalleries du Val-Saint-Lambert.

Classe 74 :

M. Mignot-Delstanche, administrateur de la Compagnie générale de chauffage et ventilation, à Bruxelles;

M. Thimus, Léon, directeur de la Compagnie internationale de chauffage à vapeur des voitures
de chemin de fer, à Bruxelles.

Classe 75 :

MM. Spinnael, Ch., à Bruxelles;
Sépulchre, Henri, ingénieur, à Liège.

GROUPE XIII

Fils — Tissus — Vêtements

Président :

M. Simonis, A., sénateur, industriel, à Verviers.

Vice-Président :

M. Van Acker, Paul, industriel, à Gand.

Secrétaires :

MM. Vaxelaire, Raymond, industriel, à Bruxelles;
Cruyplants, Eug., industriel, à Bruxelles.

Trésorier :

M. Dutoict, P., industriel, à Bruxelles.

Délégués :

Classe 76 :

M. Van den Steen, A., industriel, à Gand.

Classe 77 :

M. Houget, Fernand, directeur de la Compagnie
verviétoise pour la construction des machines, à Verviers.

Classe 78 :

MM. Vosse, G., industriel, à Verviers;
Alsberge, J., industriel, à Gand.

Classe 80 :

MM. Van Acker, Paul, à Gand;
De Hemptinne, F., administrateur de la Société
anonyme « La Florida », à Gand.

Classe 81 :

M. Beernaerts, Félix, industriel, à Gand.

Classe 82 :

MM. MELEN, Joseph, administrateur délégué de la Société anonyme de Loth, à Verviers;
BONVOISIN, Mathieu, industriel, à Pepinster.

Classe 83 :

M. WAUTERS, E., industriel, à Ath.

Classe 84 :

MM. VAN SEVEREN-VERMEULEN, à Saint-Nicolas;
LAVA, R., industriel, à Bruxelles.

Classe 85 :

MM. VAXELAIRE, François, industriel, à Bruxelles:
HIRSCH, L., industriel, à Bruxelles.

Classe 86 :

MM. DUTOICT, P., industriel, à Bruxelles;
DUJARDIN, François, industriel, à Leuze.

GROUPE XIV

Industrie chimique

Président :

M. DE NAEYER, Louis, industriel, à Willebroeck.

Vice-Président :

M. KOCH, J., membre de la Chambre des représentants, à Anvers.

Secrétaire :

M. FONTAINE-OLINGER, industriel, à Bruxelles.

Trésorier :

M. EECKELAERS, E., industriel, à Bruxelles.

Délégués :

Classe 87 :

M. LEKEU, A., administrateur délégué de la Société des produits chimiques, à Moustier-sur-Sambre.

Classe 88 :

M. DE VYLDER, Edm., administrateur délégué de la Société anonyme des papeteries de Saventhem, à Bruxelles.

Classe 89 :

M. Bouvy, A., tanneur, à Liège.

Classe 90 :

M. Eeckelaers, E., à Bruxelles.

Classe 91 :

MM. De Lannoy, E., négociant en tabacs, à Bruxelles;
Tinchant, Edouard, à Anvers.

GROUPE XV

Industries diverses

Président :

M. Pauwels-Allard, administrateur délégué de la Compagnie des Bronzes, à Bruxelles.

Vice-Président :

M. Pavoux, Eug., industriel, à Molenbeek-Saint-Jean.

Secrétaire :

M. Van Oye, Alb., industriel, à Bruxelles.

Trésorier :

M. Ryziger, J., négociant en diamants, à Bruxelles.

Délégués :

Classe 92 :

M. Nias, Élie, fabricant, à Bruxelles.

Classe 93 :

M. Charlier, de la Coutellerie Licot et Cie, à Namur.

Classe 94 :

M. Pauwels, Ant., fondeur d'or et d'argent, à Bruxelles.

Classe 95 :

MM. Hoosemans, joaillier, à Bruxelles;
Antoine, Gustave, négociant en diamants, à Anvers.

Classe 96 :

M. SIDNEY, Hébert, directeur de l'École d'horlogerie, à Bruxelles.

Classe 97 :

M. MOUFFART, J., représentant de la firme Wilmotte, à Liège.

Classe 98 :

M. VAN OYE, Alb., à Bruxelles.

Classe 99 :

M. DESCHAMPHELEER, Edm., directeur général de
la société anonyme coloniale Rubber, à Gand.

Classe 100 :

M. DE VRIENDT, André, ingénieur, à Bruxelles.

GROUPE XVI

Économie sociale — Hygiène

Assistance publique

Président :

M. DE SADELEER, vice-président de la Chambre
des représentants, à Bruxelles.

Vice-Présidents :

MM. DU SART DE BOULAND, R., gouverneur du Hainaut, à Mons ;
LEPERSONNE, H., ingénieur, à Liège;
LEPREUX, O., directeur général de la Caisse
générale d'épargne et de retraite, à Bruxelles.

Trésorier :

M. le docteur POËLS, secrétaire général du Congrès
international des médecins des compagnies
d'assurance, à Bruxelles.

Secrétaire :

M. VAN DER SMISSEN, E., professeur à l'Université
de Liège, à Bruxelles.

Secrétaires adjoints :

MM. DE PIERPONT, E., président de la Fédération mutualiste de l'arrondissement de Dinant, château de Rivière, par Profondeville;

VARLEZ, L., avocat à la Cour d'appel, à Gand.

Délégués :

Classe 101 :

Mme LETELLIER, M., à Mons ;

MM. GODEAUX, directeur de l'École industrielle de Morlanwelz;

PYFFEROEN, O., professeur à l'Université, à Gand.

Classe 102 :

MM. BRANTS, V., professeur à l'Université, à Louvain;

MAHAIM, E., professeur à l'Université, à Liège.

Classe 103 :

MM. DE QUÉKER, Ch., secrétaire de la Bourse du travail, à Bruxelles;

HANQUET, F., industriel, à Liège ;

VERHAEGEN, A., ingénieur, député permanent, à Gand.

Classe 104 :

MM. DELVAUX, H , membre de la Chambre des représentants, à Cierreux-Bovigny;

l'abbé MELLAERTS, secrétaire général du *Boerenbond*, à Louvain;

MICHA, membre de la Chambre des représentants, secrétaire général de la Fédération des banques populaires, à Liège.

Classe 105 :

MM. BEGASSE, J., industriel, à Liège;

MAROQUIN, A., ingénieur, ancien directeur-gérant de la Société de Marcinelle et Couillet, à Bruxelles.

Classe 106 :

M. LAGASSE-DE LOCHT, Ch., ingénieur en chef-directeur des routes et bâtiments civils, président du Comité de patronage des habitations ouvrières de Bruxelles, à Bruxelles;

M. Peltzer-de Clermont, Ed., ingénieur, président de la Société verviétoise pour la construction d'habitations ouvrières, administrateur de la Société « Crédit immobilier de l'ouvrier », à Verviers.

Classe 107 :

MM. De Guchtenaere, E., membre de la Chambre des représentants, à Gand;
Doreyé, M., industriel, à Liège;
Tumelaire, E., professeur d'athénée, directeur d'école industrielle, à Charleroi.

Classe 108 :

MM. le vicomte Le Sergeant d'Hendecourt, O., ancien membre de la Chambre des représentants, à Bruxelles;
Backx, directeur de l'Union ouvrière « Vrede », à Anvers.

Classe 109 :

MM. Capouillet, P., directeur de la Compagnie belge d'Assurances générales sur la vie, à Bruxelles;
Francotte, H., professeur à l'Université de Liège, conseiller provincial, président de la fédération provinciale des sociétés mutualistes, à Liège;
Langlois, A., directeur au gouvernement provincial, à Mons;
Van der Linden, A., membre de la Chambre des représentants, à Goefferdingen.

Classe 110 :

MM. Dejace, Ch., professeur à l'Université, à Liège;
Denis, H., professeur à l'Université de Bruxelles, membre de la Chambre des représentants, à Bruxelles;
Legrand, G., professeur d'économie politique à l'Institut supérieur de Gembloux, à Namur.

Classe 111 :

MM. le docteur Bonmariage, A., membre du Comité de patronage des habitations ouvrières de Bruxelles, à Bruxelles;
le docteur Ledresseur, professeur à l'Université, à Louvain;
le docteur Malvoz, E., directeur du laboratoire

provincial de bactériologie, chargé de cours
à l'Université, à Liège.

Classe 112 :

Loslever, secrétaire de la Chambre des représentants, à Verviers;

Van Steenkiste, E., docteur en médecine,
membre du Comité d'inspection et de surveillance du dépôt de mendicité et maison de
refuge, à Bruges;

Leurs, J., membre du Conseil général d'administration des hospices et secours, à
Bruxelles.

BUREAU DES CONGRÈS

Président :

M. Nyssens, A., membre de la Chambre des représentants, président de la Commission supérieure de patronage.

Secrétaires généraux :

MM. Hymans, P., avocat près la Cour d'appel de
Bruxelles;

Van der Smissen, E., professeur à l'Université de Liège.

Secrétaires :

MM. Carton de Wiart, E., avocat, à Bruxelles;
De Boeck, G., avocat, a Bruxelles.

COMITÉ DE LA PRESSE

Président :

M. TARDIEU, Charles, rédacteur en chef de l'*Indépendance belge*, membre de l'Académie royale, à Bruxelles.

Vice-Présidents :

MM. HECQ, Félix, rédacteur en chef du *Journal de Bruxelles*, à Bruxelles ;

MALLIÉ, Léon, rédacteur en chef du *Courrier de Bruxelles*, président de l'Association de la Presse belge, à Bruxelles ;

MADOUX, Alfred, fils, de l'*Étoile belge* ;

VERSTRAETE, vice-président de l'Association de la Presse belge, à Gand.

Secrétaires :

MM. PATRIS, Edmond, rédacteur au *Soir*, syndic de la Presse, à Bruxelles ;

ROTIERS, Fritz, rédacteur à la *Chronique*, à Bruxelles ;

BUSSCHOTS, rédacteur à l'*Escaut*, à Anvers.

Secrétaire adjoint :

M. MORESSÉE, André, du *XX⁰ Siècle*, à Bruxelles.

Trésorier :

M. VAN ZYPE, Gustave, de la *Gazette*, à Bruxelles.

Membres :

MM. ABEL, rédacteur en chef de la *Flandre libérale*, à Gand ;

ANTOINE, rédacteur à la *Réforme*, à Bruxelles ;

BOTERDAFLE, rédacteur en chef de l'*Indépendant*, à Gand ;

MM. BURTON, rédacteur à la *Nieuwe Gazet*, à Anvers;

COLIN, Albert, rédacteur en chef du *Messager de Bruxelles*;

DE MARTEAU, rédacteur en chef de la *Gazette de Liège*;

DESGUINS, rédacteur en chef du *Hainaut*, à Mons;

GARNIR, Georges, rédacteur au *Petit Bleu*, à Bruxelles;

HUYGHE, Jean, rédacteur en chef du *Nieuws van den Dag*, à Bruxelles;

JOURDAIN, Victor, rédacteur en chef du *Patriote*, à Bruxelles;

LANDOY, Eugène, rédacteur en chef du *Matin*, à Anvers;

MASSET, Georges, rédacteur en chef de l'*Express*, à Liège;

MAUS, Octave, de l'*Art moderne*, président de l'Association de la Presse périodique, à Bruxelles;

NEUT, rédacteur en chef de la *Patrie*, à Bruges;

RAIKEM, rédacteur en chef de l'*Opinion libérale*, à Namur;

SERWY, Grégoire, rédacteur au *Peuple*, à Bruxelles;

VÁN MELCKEBEKE, G., secrétaire de l'Association de la Presse périodique, à Bruxelles;

VAN MENTEN, rédacteur au *Handelsblad*, à Anvers;

VERHOEVEN, rédacteur en chef de la *Gazette de Charleroi*.

Photo GUNTHER, Bruxelles.

S. A. R. MONSEIGNEUR LE COMTE DE FLANDRE

DOCUMENTS

Commissariat Général

DU

GOUVERNEMENT

—

Bruxelles, le 26 octobre 1898.

MESSIEURS,

Les artistes et les producteurs de toutes les nations sont invités, par le Gouvernement français, à prendre part à une nouvelle Exposition universelle internationale qui se tiendra à Paris, du 15 avril au 5 novembre 1900.

Cette exposition coïncide avec la fin d'un siècle qui a vu s'accomplir des merveilles dans tous les domaines; elle aura un caractère de grandeur sans précédent.

La Belgique tiendra à y prendre une part brillante; elle le doit aux succès qu'elle a remportés précédemment, et aux progrès qu'elle a réalisés dans les arts et les sciences, dans l'industrie et le commerce, dans l'agriculture et l'horticulture.

Chargés par le Gouvernement de préparer et de diriger la participation belge à l'Exposition de 1900, nous faisons appel à votre concours.

Le Gouvernement, décidé à participer officiellement à ce grand événement économique, s'est préoccupé, l'un des premiers, des mesures à prendre pour assurer à la Belgique des emplacements importants et avantageusement situés.

Dès le mois de janvier 1897, ses délégués, avec l'appui personnel de M. le Ministre de l'Industrie et du Travail, se sont mis en **rapport** avec le Commissariat général français, et les négociations se continuent encore, très pressantes, pour élargir les espaces qui nous sont attribués.

La sollicitude du Gouvernement est allée plus loin. Pour faciliter la participation belge à l'exposition de Paris, il a demandé et obtenu de la Législature le vote d'un important crédit.

La classification pour 1900 s'écarte de la méthode, pratiquée notamment à Anvers et à Bruxelles, et consistant à réunir les

produits d'un pays dans un compartiment unique, de façon à former un ensemble qui mette en évidence toutes ses forces productives. Revenant au système appliqué à Paris, en 1867, 'administration de la future exposition a donné la préférence

PALAIS DE BELGIQUE

Architectes : MM. Acker et Maukels.

au mode qui rassemble dans un même espace, sans **distinction** d'origine, tous les produits de même nature **appartenant à un** même groupe.

Ce groupement facilite les études comparatives, en rapprochant tous les objets similaires.

Les nations participantes n'auront donc plus la faculté d'organiser des sections ou compartiments distincts : les produits, répartis en dix-huit groupes, seront installés dans des palais différents.

En vue de réaliser, dans les meilleures conditions, le genre d'installation que comporte cette classification, le Gouvernement belge a constitué des Comités de groupe, avec le concours des producteurs ayant obtenu aux expositions antérieures des récompenses d'un degré élevé.

Ces Comités sont représentés au sein de la Commission supérieure de patronage, et ont un rôle important à remplir auprès du Commissariat général, auquel ils soumettent leurs propositions quant aux admissions, au mode de groupement et d'installation des produits.

Nous croyons inutile, Messieurs, d'insister sur la nécessité de former des groupements, des collectivités, pour faire ressortir avantageusement la diversité des produits d'industries similaires et attirer immédiatement l'attention. Nous devons rechercher le succès, moins par le nombre que par la perfection des produits, par le mérite des objets et par leur exposition dans le cadre le plus favorable.

Des plans pour chaque groupe seront élaborés par nos architectes; ils répondront à une idée générale, de telle façon que le visiteur, dans quelque section qu'il se trouve, reconnaisse facilement les produits de la Belgique.

Plusieurs pays se proposent d'élever, sur le quai d'Orsay, un pavillon national. Nous y avons obtenu un emplacement très bien situé et nous espérons y reproduire un monument remarquable, rappelant nos gloires et nos libertés.

Vous trouverez ci-joint :

1° La composition de la Commission supérieure de Patronage;

2° La composition du Commissariat général;

3° La liste des membres des Comités des divers groupes;

4° Un exemplaire du règlement organique de la section belge, faisant connaître les attributions des comités de groupes, les conditions d'admission et les dépenses dont le Commissariat assume la charge;

5° Un exemplaire de la classification générale;

6° Deux formules d'adhésion (papier blanc et papier rose), à remplir de façon identique.

La liste définitive des exposants à admettre devant être remise à l'administration française avant le 15 février 1899, nous vous prions de vouloir bien nous retourner les deux formules d'adhésion, dûment remplies et signées, *le plus tôt possible, et au plus tard pour le 1er décembre prochain.*

L'Exposition de Paris est une occasion unique de montrer à tous les peuples le rang que la Belgique occupe dans toutes les branches de l'activité humaine. Vous ne faillirez pas, Messieurs, à ce que l'honneur national attend de vous.

Le Commissaire général-adjoint,   *Le Commissaire général,*

E. ROBERT.   A. VERCRUYSSE.

REGLEMENT ORGANIQUE

ARTICLE PREMIER. — La Commission supérieure de patronage, nommée par arrêté royal du 20 septembre 1898, est chargée d'encourager et de favoriser la participation des artistes et des producteurs belges, à l'Exposition universelle internationale de 1900, à Paris.

ART. 2. — Le Commissariat général, institué par arrêté royal de la même date, est chargé de représenter le Gouvernement dans l'organisation de la participation des artistes et des producteurs belges à cette exposition.

ART. 3. — Les produits sont répartis, d'après le règlement général de l'Exposition, en dix-huit groupes, comprenant cent vingt et une classes; ces groupes ont chacun un emplacement distinct.

ART. 4. — Les groupes III à XV, inclus sont représentés chacun par un Comité composé d'un ou deux délégués par classe, qui ont été élus par les principaux représentants des diverses industries.

Le Bureau du Comité est composé d'un Président, d'un Vice Président, d'un Secrétaire et d'un Trésorier.

Toutes les fonctions attribuées aux membres des Comités de groupe sont honorifiques et gratuites.

ART. 5 — Chaque Comité organise l'exposition de son groupe autant que possible en collectivité.

L'exposition de tous les produits d'un groupe procède d'un plan d'ensemble arrêté par les soins du Commissariat général. Ce plan d'ensemble est établi d'après les données des Comités de groupe pour chaque collectivité. Il est approuvé par le Commissariat général sur la proposition du Comité du groupe.

ART. 6. — Les producteurs sont invités par le Commissariat général à formuler leur demande de participation à l'Exposition.

Ils seront admis définitivement comme exposants, lorsque leur demande aura été agréée par le Commissaire général, sur la proposition des Comités de groupe.

ART. 7. — La demande de participation comporte, pour le signataire, l'engagement formel d'observer tous les règlements de l'Exposition, existants ou à édicter, tant ceux émanant du Commissariat français (1) que du Commissariat belge.

L'exposant s'engage à payer le montant des frais afférents aux installations, et qui comprennent notamment :

a) La construction du mobilier.

b) La fourniture et le placement des tapis, et éventuellement la décoration spéciale, arrêtée par le Comité de groupe, d'après les plans d'ensemble dont il est parlé ci-dessus.

c) Le gardiennage.

d) Le plancher (2)

ART. 8. — Pour couvrir le Comité de groupe des frais ci-dessus énumérés, l'exposant s'engage à verser la provision qui sera jugée nécessaire, et sur laquelle on prélèvera sa quotepart des dépenses. Le reliquat éventuel de cette provision lui sera restitué après l'apurement de tous les comptes.

ART. 9. — Le Commissariat général prend à sa charge :

a) Tous les frais d'organisation des divers services administratifs et techniques du Commissariat général.

b) Les taxes de raccordement ou de camionnage à Paris. (Les frais de transport sur le parcours des chemins de fer français seront acquittés directement par l'exposant) (3).

c) La manutention générale des produits à l'entrée et à la sortie de l'Exposition.

d) L'accomplissement des formalités douanières.

e) Le remisage et la conservation des caisses et autres appareils d'emballage.

f) La décoration générale du compartiment de groupe.

g) La surveillance générale   id.

ART. 10. —Le Commissariat général n'assume aucune responsabilité, ni pour vols ou pour détournements, ni pour perte ou détérioration des objets, quelle qu'en soit la cause.

ART. 11. — Au Commissariat général sont établis, outre le service général, tous les autres services, notamment celui des architectes, celui des ingénieurs, celui de la manutention, etc.

ART. 12. — Le service des architectes est chargé de la confection des plans d'ensemble, pour chaque groupe dont il est question à l'article 5, ainsi que de l'élaboration des pièces et plans

---

(1) Un extrait du règlement général français se trouve au verso des formules d'adhésion.

(2) La Direction de l'Exposition française livre les emplacements gratuitement; elle ne réclame qu'une contribution pour le plancher. Le montant de cette contribution n'est pas encore fixé, mais il sera, en tous cas, inférieur aux taxes d'emplacement généralement réclamées aux expositions antérieures. Les autres dépenses imputées à l'exposant sont celles qu'il supporte habituellement, à l'exception de la vapeur, de l'eau, du gaz et de la force motrice qui lui sont fournis gratuitement.

(3) Des réductions importantes sont accordées par les chemins de fer français sur le transport de la plupart des objets.

relatifs à la mise en adjudication du mobilier nécessaire aux installations. Il veillera également à la stricte exécution de ces plans. Les conditions de l'adjudication sont arrêtées par le Comité du groupe, et approuvées par le Commissariat général. Les frais de l'exécution des installations sont à la charge de chaque groupe.

ART. 13. — Les bureaux du Commissariat général sont établis à **Bruxelles, rue Ducale, 21**, et à **Paris, avenue de La Bourdonnais, 9**. Tous les renseignements peuvent y être obtenus. Les réunions des Comités ou des Bureaux de groupe y auront lieu, sur convocation de leur Président. Le Commissaire général, ou son délégué, assiste de droit à ces réunions.

Les convocations peuvent aussi être faites par le Commissaire général.

CATALOGUE

INTRODUCTION

STATISTIQUE DE LA BELGIQUE

APERÇU DE LA SITUATION DU ROYAUME

DRESSÉ EN JANVIER 1900 PAR LES SOINS DU

BUREAU DE STATISTIQUE GÉNÉRALE DU
MINISTÈRE DE L'INTÉRIEUR ET DE L'INSTRUCTION PUBLIQUE (1)

SOMMAIRE

---

(1) Les nombres reproduits dans cet exposé sont extraits des documents officiels les plus récemment publiés. La plupart d'entre eux s'appliquent à la situation constatée au 31 décembre 1898, dans l'Annuaire statistique de la Belgique ou dans d'autres publications émanées du Gouvernement.

I. TERRITOIRE

Position géographique ; superficie. — Le territoire de la Belgique présente assez sensiblement la forme d'un triangle rectangle ayant pour côtés :

a. La frontière septentrionale, confinant à la mer du Nord, sur une étendue de 67 kilomètres, et aux *Pays-Bas*, sur une étendue de 293 kilomètres.

b. La frontière orientale, confinant aux *Pays-Bas* (138 kilomètres), à l'*Allemagne* (97 kilomètres) et au *grand-duché de Luxembourg* (129 kilomètres).

c. La frontière sud-ouest, qui confine exclusivement à la *France*, sur une étendue de 614 kilomètres.

La superficie totale du pays est d'environ 2,946,000 hectares.

Les communes, au nombre de 2,610 sont réparties entre neuf provinces, qui sont: Anvers, Brabant, Flandre occidentale, Flandre orientale, Hainaut, Liège, Limbourg, Luxembourg et Namur.

La province la plus étendue est le Luxembourg : 441,836 hectares. La moins étendue est le Limbourg : 241,201 hectares.

La latitude de Bruxelles, capitale du royaume, est de 56°5009"75, ou 50° 51' 10"68 (lunette méridienne de l'Observatoire). Sa longitude orientale, comptée du méridien de Paris, est de 2°2606"5 ou 2° 2' 4"5.

Orographie ; hypsométrie. — Envisagée au point de vue du relief du sol, la Belgique présente la forme de deux plans inclinés adossés, dont l'intersection ou le faîte (crête des Ardennes) a une direction générale du N.-E. au S.-O., et une altitude qui, atteignant sur un point 678 mètres, ne descend guère au-dessous de 400.

Les deux plans constitutifs de la surface du pays penchent, l'un vers le Nord, l'autre vers le Sud.

Le premier embrasse les 6/7 environ de la surface totale du territoire ; il a une pente assez douce et régulière, qui aboutit à la mer du Nord et aux polders des Pays-Bas.

Le second descend par une pente rapide vers la frontière française, au delà de laquelle il aboutit aux bassins de la Meuse et de la Moselle.

En remontant le plan nord à partir du bord de la mer, on rencontre des zones qui ont leur caractère propre, savoir :

A. *La région des plaines*, comprenant :

1° *Les polders*, qui ont une superficie d'environ 115,000 hectares, et sont généralement au-dessous du niveau moyen de la mer;

2° *Les plaines basses*, qui font partie de la grande plaine unie et monotone s'étendant sur toute l'Europe continentale du

Nord, depuis Calais jusqu'en Russie, en suivant le littoral ; elles ont une superficie de 740,000 hectares environ ;

3° *Les plateaux*, qui occupent le centre du pays et se développent de l'ouest à l'est ; ils ont une superficie d'environ 1,265,5oo hectares.

B. La région accidentée, si pittoresque, si variée, dont le sous-sol, dans quelques-unes de ses parties, est un des grands éléments de la fortune publique ; elle a une étendue d'environ 825,000 hectares.

Hydrographie. — Les cours d'eau de la Belgique appartiennent au versant de la mer du Nord, et sont compris dans les trois bassins hydrographiques de l'Escaut, de la Meuse et de l'Yser ; quelques ruisseaux seulement dépendent des bassins du Rhin et de la Seine.

Le bassin de l'*Escaut*, le plus étendu, mesure 1,466,000 hectares environ ; celui de la *Meuse*, environ 1,248,000 hectares.

LA MEUSE A LIÈGE

Le bassin de l'*Yser*, peu important, a une superficie approximative de 165,000 hectares.

Quant au bassin du Rhin, il ne comprend, en Belgique, que 5o,000 hectares ; celui de la Seine comprend un espace plus restreint encore ; son étendue, dans le pays, est de 16,000 hectares.

II. CLIMAT

Le climat de la Belgique est généralement tempéré.

Les conditions atmosphériques subissent de légères variations suivant les altitudes, ainsi qu'il résulte du tableau suivant, qui résume les observations météorologiques faites, en 1898, sur quatre points de la Belgique qui se trouvent dans la

Catalogue officiel de la Section belge

(SUPPLÉMENT)

GROUPE IV

CLASSE 19

Société anonyme des Moteurs à Grande Vitesse, rue Côte d'or, à Sclessin (Liège). — Compléter l'inscription par deux machines à vapeur de 380 chevaux chacun à 325 tours attaquant directement des dynamos, et en service régulier pour l'embrasement de la Tour Eiffel.

GROUPE VI

CLASSE 28

Modifier comme suit : **Compagnie générale des conduites d'eau à Liège**

Entreprise et exploitation de distributions d'eau et de gaz.

Tuyaux coulés verticalement en seconde fusion.

Objets et documents y relatifs.

Récompenses aux expositions de Paris 1878; Amsterdam 1883; Anvers 1885; Barcelone 1888; Anvers 1894; Bruxelles 1897 : Grand prix de métallurgie.

Voir même classe les expositions des succursales de la Compagnie : Santander (Espagne); Plovdiv (Bulgarie); Bucarest (Roumanie); et celles de ses filiales : Compagnie des eaux de la banlieue de Paris (France); Société des eaux d'alicante (Espagne).

Classe 29 (Compagnie d'entreprises de conduites d'eau (Turin et Naples, Italie).

Compagnies des eaux d'Utrecht et d'Arnhem.

La Compagnie expose en outre dans la section Belge aux Classes : 64 (Métallurgie); 105 (Sécurité du Travail); 109 (Institutions de Prévoyance); 111 (Hygiène); 115 (Exportation); et à la Section Roumaine au Pavillon royal Roumain, Classes 21, 22 et 64.

CLASSE 30

Page 165. — Supprimer : **Electricité et Hydraulique (Société Anonyme) à Charleroi.**

CLASSE 32

Page 175. — Supprimer : **Electricité et Hydraulique (Société Anonyme) à Charleroi.**

GROUPE XI

CLASSE 63

Supprimer : **Compagnie Générale des Conduites d'Eau à Liège.**

Ajouter : **Compagnie Générale des Conduites d'Eau à Liège.**

« Tuyaux de fonte, pièces moulées et produits divers de fonderie » coulés uniquement en seconde fusion. — Usages auxquels ces » produits sont destinés.

» Récompenses aux expositions de : Paris, 1878 ; Amsterdam, 1883 ; » Anvers, 1885 ; Barcelone, 1888 ; Anvers, 1894 ; Bruxelles, 1897 ; Grand » Prix de Métallurgie.

» Voir les autres Expositions de la Compagnie :

» Section Belge, Classes : 28 (Génie Civil) ; 105 (Sécurité du travail) ; » 109 (Institutions de Prévoyance) ; 111 (Hygiène) ; 115 (Exportation) ; » Section Roumaine (Cl. 21, 22, 28, 64) ; Sections Bulgare et Espagnole » (Cl. 28).

» La Compagnie expose en outre, par ses filiales :

» A la Classe 28 : Eaux de la Banlieue de Paris (France) ; Eaux » d'Alicante (Espagne) ; à la classe 29 : Eaux d'Utrecht et d'Arnhem » (Hollande) ; Compagnies d'Entreprises de Conduites d'Eau (Turin » et Naples — Italie). »

GROUPE XII

CLASSE 73

Collectivité des Maîtres de Verreries Belges.

Ajouter les firmes suivantes : 1º La Société Anonyme des Verreries de l'Etoile, à Marchienne-au-Pont ; 2º la Société Anonyme des Verreries de Jumet, à Jumet.

GROUPE XIII

CLASSE 76

Ajouter : **Société anonyme Verviétoise pour la construction de Machines,** ancienne maison J. D. Houget et Ch. Teston, fondée en 1823.

Machines pour le lavage, le cardage et la filature de la laine, des déchets de coton, bourrettes de soie, etc.

Leviathaus à laver et à désacider. — Echardonneuses. — Brisoirs. — Battoirs. — Défruteuse. — Assortiments de cardage. — Diviseurs à lames et à lanières. — Métiers à filer-renvideurs, self-actings. — Métiers à filer fixes continus. — Machines à retordre.

Paris 1889 — Grand Prix.

CLASSE 77

Ajouter : **Société anonyme Verviétoise pour la construction de Machines,** ancienne maison J. D. Houget et Ch. Teston, fondée en 1823.

Métiers à tisser mécaniques, à armures et à Jacquards, pour hautes nouveautés, tissus unis légers et lourds, draps militaires, cheviottes, etc. — Machines d'apprêt. — Tondeuses. — Laineries, etc.

Ajouter : **P. De Coene-Mortier, à Iseghem.**
Chaussures cousues à la main pour hommes, femmes et garçonnets.
Spécialité d'articles de chasse et pour l'exportation.

GROUPE XVI

CLASSE 105

Ajouter : « **Compagnie Générale des Conduites d'Eau à Liège.**
» Porte avec mécanisme de Sûreté pour Monte-Charges et Ascen-
» seurs.

» Récompenses aux expositions universelles de : Paris, 1878;
» Amsterdam, 1883; Anvers, 1885; Barcelone, 1888; Anvers, 1894;
» Bruxelles, 1897; Grand Prix de Métallurgie.

» Et aux expositions spéciales d'appareils préventifs, de Berlin,
» 1889 : Médaille d'or; Amsterdam, 1890 : Médaille d'or; Bruxelles,
» 1897 : Diplôme d'honneur. »

CLASSE 109

Ajouter : « **Compagnie Générale des Conduites d'Eau, à Liège.**
» Statistiques de la Caisse de Secours, de la Caisse de Retraite et
» autres institutions de Prévoyance.

» Récompenses aux expositions universelles de : Paris, 1878;
» Amsterdam, 1883; Anvers, 1885; Barcelone, 1888; Anvers, 1894;
» Bruxelles, 1897; Grand Prix de Métallurgie.

» Voir les autres expositions de la Compagnie :
» Section Belge, Classes : 28 (Génie Civil); 64 (Grosse Métallurgie);
» 105 (Sécurité du Travail); 111 (Hygiène); 115 (Exportation); Section
» Roumaine (Classes 21, 22, 28, 64). Sections Bulgare et Espagnole
» (Classe 28).

« La Compagnie expose en outre par ses Filiales :
» A la classe 28 : Eaux de la Banlieue de Paris (France); Eaux
» d'Alicante (Espagne); à la classe 29 : Eaux d'Utrecht et d'Arnhem
» (Hollande); Compagnie d'Entreprises de Conduites d'Eau (Turin et
» Naples, Italie). »

CLASSE 111

Ajouter : « **Compagnie générale des conduites d'eau à Liège.**
» Tableau montrant le rôle de la Compagnie au point de vue de
» l'hygiène par l'usage de l'eau et de l'amenée de l'eau potable dans
» les villes.

» Récompenses aux Expositions universelles de Paris, 1878;
» Amsterdam, 1883; Anvers, 1885; Barcelone, 1888; Anvers, 1894;
» Bruxelles, 1897; Grand Prix de Métallurgie.

» Voir les autres Expositions de la Compagnie : section belge,
» classes : 28 (Génie civil); 645 (Grosse métallurgie); 105 (Sécurité du
» travail); 109 (Institutions de prévoyance); 115 (Exportation) section
» roumaine (cl. 21, 22, 28, 64) sections bulgare et espagnole (cl. 28).

» La Compagnie expose en outre par ses filiales : à la classe 28 :
» eaux de la banlieu de Paris (France); eaux d'Alicante (Espagne);
» à la classe 29 eaux d'Utrecht et d'Arnhem (Hollande); Compagnie
» d'entreprises de conduites d'eau (Turin et Naples, Italie) ».

GROUPE XVII

CLASSE 115

Fédération industrielle belge pour favoriser l'exportation des produits nationaux. — Exposition collective :

Ajouter : **Compagnie Générale des Conduites d'Eau à Liège. —** Tuyaux en fonte et appareils de distrisbution d'eau. Tableau diagramme des produits exportés. Types de bornes-fontaines.

Ant. Bertrand et fils, 25, rue Fabry, à Liège. — Armes à feu, armes blanches.

situation la plus caractéristique au point de vue atmosphérique et climatologique :

POINTS D'OBSERVATION	Température moyenne de l'année	Quantité d'eau tombée pendant l'année	NOMBRE DE JOURS			
			de pluie	de forte gelée —5° et au-dessous	de gelée	de forte chaleur 25° et au-dessus
Observatoire d'Uccle (altitude 100 mètres)	+10°0	0m536	171	1	47	36
Ostende (altitude 7 id.)	+10°3	0m460	138	2	25	23
Hechtel (altitude 60 id.)	+10°0	0m647	181	4	11	50
Arlon (altitude 442 id.)	+ 8°9	0m557	174	11	84	35

III. POPULATION

Le nombre des habitants du royaume, qui était de 3,785,814 en 1831, n'a cessé de s'accroitre; il s'élevait, le 31 décembre 1890, date du dernier recensement général de la population, à 6,069,321 (3,026,954 hommes; 3,042,367 femmes).

D'après les calculs statistiques les plus récents, ce nombre aurait été, le 31 décembre 1898, de 6,669,732 (3,326,190 hommes, 3,343,542 femmes), soit 226 habitants, en moyenne, par kilomètre carré.

Mais la densité diffère sensiblement de province à province : tandis que, dans le Brabant, il y a, en moyenne, 384 habitants par kilomètre carré, il n'y en a que 96 dans la province de Namur, que 50 dans le Luxembourg.

D'après les relevés du recensement de l'agriculture, opéré en 1895, le chiffre de la population *agricole* était 1,204,810.

D'après le recensement général de tous les habitants du royaume, en 1890, le chiffre de la population *industrielle* était 1,081,503; celui de la population *commerciale*, 327,091.

Le nombre des propriétaires, capitalistes, rentiers et pensionnés s'élevait à 109,220; celui des fonctionnaires et employés publics, y compris les ministres des cultes, les membres du personnel enseignant, les officiers et sous-officiers, ainsi que les miliciens sous les drapeaux, à 122,877.

Les petits employés, les domestiques et ouvriers autres que ceux qui sont employés dans l'agriculture, l'industrie ou le commerce étaient au nombre de 510,395.

Dans les indications qui précèdent, chaque habitant est compté autant de fois qu'il exerce de professions différentes.

Quant aux personnes réputées sans profession ni condition, presque toutes enfants ou vieillards, on en comptait 3,350,685.

Il résulte du recensement de 1890 que, sur les 6,069,321 individus recensés, 171,483 seulement étaient nés à l'étranger ; mais, par contre, selon les données des dénombrements faits dans la plupart des pays civilisés, plus de 500,000 Belges étaient, vers la même époque, fixés à l'étranger.

Sous le rapport du pays de nationalité, on relevait la proportion suivante en 1890 : sur 1,000 habitants, il y avait 972 Belges, 8 Allemands, 7 Français, 1 Anglais, 2 Luxembourgeois, 9 Hollandais et 1 citoyen d'autres pays.

Le nombre des *émigrants* a été, en 1898, de 22,860 (12,196 nés en Belgique; 10,664 nés à l'étranger). Celui des *immigrants* a été, la même année, de 27,393 (10,211 nés en Belgique, 17,182 nés à l'étranger).

En 1890, on comptait :

2,485,072 habitants parlant le français seulement.

2,744,271	»	» le flamand	»
32,206	»	» l'allemand	»
700,997	»	» le français et le flamand.	

La proportion des lettrés, déduction faite des enfants de moins de 8 ans, était :

En 1866, de 59.37 p. c. ;

En 1880, de 69.37 p. c. ;

En 1890, de 74.96 p. c.

Il y avait, en moyenne, d'après le recensement de 1890, 506 personnes sur 100 maisons habitées et 112 ménages par 100 maisons habitées.

Les renseignements suivants s'appliquent à l'année 1898 :

Nombre de *naissances:*190,921, dont 175,869 légitimes et 15,052 illégitimes (97,733 garçons ; 93,188 filles).

Nombre de *reconnaissances d'enfants naturels* : 2,842.

» *légitimations* id. : 7,675.

» *mort-nés* : 8,717 (7,719 légitimes ; 998 illégitimes).

Nombre de *mariages* : 55,444.

» *divorces* : 747.

décès : 117,457 (61,970 hommes; 55,487 femmes).

grande naturalisation : 0.

naturalisations ordinaires : 28.

déclarations d'indigénat : 1,163.

autorisations de domicile : 15.

IV. NATIONALITÉ BELGE; ROYAUTÉ
CONSTITUTIONNELLE

La Belgique s'est séparée du royaume des Pays-Bas à la suite de la révolution de septembre 1830; son indépendance a été proclamée le 4 octobre par le Gouvernement provisoire qui avait assumé le pouvoir souverain, et ratifiée le 18 novembre par le Congrès national élu le 3 du même mois.

Peu de jours après, le 22 novembre, le Congrès décrétait, au nom du peuple belge, que celui-ci adoptait, pour forme de son Gouvernement, la monarchie constitutionnelle représentative, sous un chef héréditaire.

Le 4 juin 1831, la même assemblée proclamait roi des Belges S. A. R. le prince de Saxe-Cobourg, qui régna, sous le nom de Léopold Ier, jusqu'au jour de son décès, survenu le 10 décembre 1865, et fut remplacé, à dater de cette époque, par son fils ainé, Léopold II, aujourd'hui régnant.

Le traité dit « des vingt-quatre articles », conclu à Londres le 15 novembre 1831, entre le roi des Belges, d'une part, les empereurs d'Autriche et de Russie, ainsi que les rois de France, de Grande-Bretagne et de Prusse, d'autre part, dispose que la Belgique « formera un État indépendant, perpétuellement neutre, et sera tenue d'observer cette neutralité envers les autres États ».

Ce traité international, accepté par la Hollande en 1839, est devenu loi définitive de l'État belge.

Notre Constitution, une des plus libres du monde, émane du Congrès national: elle fut promulguée le 7 février 1831, et mise à exécution le 26 du même mois, jour de l'installation du Régent, qui exerça le pouvoir exécutif jusqu'au 21 juillet, date de l'inauguration du roi Léopold Ier.

Les grandes libertés qu'elle proclame, avec interdiction de toute mesure préventive, mais sauf répression, bien entendu, des délits commis à l'occasion de leur usage, sont : *la liberté des cultes*, celle de leur exercice public et la liberté pour chacun de manifester ses opinions en toute matière, *la liberté d'association, celle de l'enseignement et celle de la presse.*

L'égalité des citoyens devant la loi est assurée; le secret des lettres est inviolable.

L'emploi des langues usitées en Belgique est facultatif; il ne peut être réglé que par la loi, et seulement pour les actes de l'autorité publique et pour les affaires judiciaires.

D'autres dispositions constitutionnelles garantissent, dans la limite des nécessités reconnues par la loi, la propriété, l'inviolabilité du domicile, la liberté individuelle, celle des rassemblements paisibles et sans armes, etc.

LA COLONNE DU CONGRÈS A BRUXELLES

Le Roi, avant de prendre possession du trône, prête solennellement le serment « d'observer la Constitution et les lois du peuple belge, de maintenir l'indépendance nationale et l'intégrité du territoire ».

Sa personne est inviolable ; ses Ministres, nommés par lui, sont responsables.

Le Roi a le droit de convoquer les Chambres législatives et celui de les dissoudre.

Il commande les forces de terre et de mer, déclare la guerre, fait les traités de paix, d'alliance et de commerce.

Il a le droit de remettre ou de réduire les peines prononcées par les juges.

Tels sont les principaux attributs constitutionnels de la Couronne.

La Constitution ne peut être suspendue, ni en tout, ni en partie. Aucune loi, aucun règlement ne saurait l'enfreindre.

Elle peut être revisée à la demande du pouvoir législatif, mais seulement à la suite d'une dissolution préalable des Chambres. Les Chambres nouvelles ne pourront délibérer que si deux tiers au moins des membres qui composent chacune d'elles sont présents, et nul changement ne sera adopté s'il ne réunit au moins les deux tiers des suffrages.

V. ORGANISATION POLITIQUE DE L'ÉTAT

La règle fondamentale de l'organisation politique de la Belgique est inscrite en ces termes dans la Constitution : « Tous les pouvoirs émanent de la Nation ; ils sont exercés de la manière établie par la Constitution. »

Cette règle consacre deux grands principes : celui de la souveraineté nationale et celui de la division des pouvoirs.

Ces pouvoirs sont :

1º *Le pouvoir législatif*, qui, dans les limites de ses prérogatives, trace les règles d'après lesquelles l'association politique se gouverne ; il s'exerce collectivement par le Roi et par deux assemblées électives, la Chambre des représentants et le Sénat ;

2º *Le pouvoir exécutif*, confié au Roi, qui est chargé d'agir pour assurer l'exécution des lois ;

3º *Le pouvoir judiciaire*, qui a pour mission d'appliquer les lois aux cas particuliers qui lui sont déférés ; il est exercé par les cours et tribunaux.

En cas de conflits d'attributions, la Cour de cassation prononce.

Pouvoir législatif. — Les membres de la Chambre des représentants sont élus par les citoyens âgés de 25 ans accomplis, domiciliés depuis un an au moins dans la même commune. Tous ces électeurs jouissent au moins d'un vote. En outre, un vote supplémentaire est attribué à l'électeur père de famille, âgé de 35 ans, qui paie au moins cinq francs de contribution personnelle, de même qu'à l'électeur propriétaire soit d'immeubles ayant un revenu cadastral de 48 fr. au moins, soit d'une rente de 100 fr.

Deux votes supplémentaires sont attribués aux détenteurs de diplômes scientifiques ainsi qu'aux titulaires de certaines fonctions et professions déterminées par la loi.

Nul ne peut cumuler plus de trois votes.

Le vote est obligatoire et a lieu à la commune.

D'après les listes électorales de 1899-1900, il y a pour la Chambre : 901,944 électeurs à une voix ; 313,187 électeurs à deux voix ; 237,101 électeurs à trois voix, soit 1,452,232 électeurs disposant de 2,239,621 voix.

Le nombre des membres de la Chambre des représentants est fixé par la loi à raison du chiffre de la population. Il ne peut excéder la proportion d'un député sur 40,000 habitants. Il est de 152 depuis 1892.

Pour être éligible à la Chambre des représentants, il faut être Belge de naissance ou avoir reçu la grande naturalisation, jouir des droits civils et politiques, être âgé de 25 ans accomplis et être domicilié en Belgique

Les membres du Sénat sont élus par les citoyens électeurs pour la Chambre qui sont âgés de 30 ans au moins.

D'après les listes électorales de 1899-1900 il y a, pour le Sénat : 691,339 électeurs à une voix ; 306,329 électeurs à deux voix ; 230,052 électeurs à trois voix, soit 1,227,720 électeurs disposant de 1,994,153 voix.

Outre les membres élus par le corps électoral sénatorial ainsi composé, dans la proportion de un sénateur par 80,000 habitants, le Sénat comprend des membres élus par les Conseils provinciaux au nombre de deux par province ayant moins de 500,000 habitants, de trois par province ayant de 500,000 à 1 million d'habitants et de quatre par province ayant plus de 1 million d'habitants.

Le nombre total des sénateurs est actuellement de 102, dont 26 sénateurs provinciaux.

Pour être éligible au Sénat, il faut être Belge de naissance ou avoir reçu la grande naturalisation, jouir des droits civils et politiques, être domicilié en Belgique, être âgé de 40 ans au moins ; il faut en outre payer à l'État au moins 1,200 francs d'impôts directs, patentes comprises ou bien être propriétaire ou usufruitier d'immeubles, situés en Belgique, d'un revenu cadastral de 12,000 francs au moins. Les sénateurs provinciaux sont dispensés de toute condition de cens.

LE PALAIS DE JUSTICE DE BRUXELLES

Le nombre des éligibles au Sénat était en 1899 de 1,432, ce qui représente une proportion de 1.08 sur 5,000 habitants.

Les séances des Chambres législatives sont publiques. Les Ministres y ont leur entrée et doivent être entendus quand ils le demandent; leur présence peut toujours y être requise.

Chacune des deux assemblées nomme son président et constitue son bureau.

Les lois sont librement discutées; aucun député ou sénateur ne peut être poursuivi ou recherché à l'occasion des opinions et des votes émis par lui dans l'exercice de ses fonctions.

La loi ne peut être contraire à la Constitution; sous cette réserve, son domaine est illimité.

Les lois sont sanctionnées et promulguées par le Roi. Sauf réserve formelle contraire, elles sont obligatoires dans le royaume le dixième jour après celui de leur publication.

Pouvoir exécutif. — Le Roi, chef du pouvoir exécutif, fait les règlements et arrêtés nécessaires pour l'exécution des lois.

Il confère les grades dans l'armée et nomme aux emplois d'administration générale, sauf les exceptions établies par la loi.

Aucun de ses actes ne peut avoir d'effet s'il n'est contresigné par un Ministre, qui, par cela seul, s'en rend responsable

Le nombre des départements ministériels est actuellement de huit : Intérieur et Instruction publique — Finances et Travaux publics — Justice — Guerre — Agriculture — Industrie et Travail — Chemins de fer, Postes et Télégraphes et Marine — Affaires étrangères.

Les Ministres sont les premiers agents du pouvoir exécutif.

Indépendamment des administrations centrales qui, dans chaque Département, instruisent les affaires, préparent le travail des Ministres et exécutent leurs décisions, indépendamment des conseils et des commissions consultatives, des inspecteurs et des agents techniques, de nombreux fonctionnaires rattachés, selon la nature de leur mission, à l'un ou à l'autre Ministère, concourent, sur tous les points du pays, à assurer la marche des services de l'administration générale.

Les plus importants de ces fonctionnaires, agissant respectivement comme commissaires du Gouvernement dans chaque province, chaque arrondissement administratif, chaque commune, sont les gouverneurs, les commissaires d'arrondissement et les bourgmestres. Chargés, notamment, de veiller, dans leur ressort, au maintien de la tranquillité et du bon ordre, à la sûreté des personnes et des propriétés, ils sont investis d'attributions exceptionnelles en cas de menaces contre l'ordre public.

Le bourgmestre est chargé, dans sa localité, de l'exécution des lois et des règlements de police. Les autres lois et règlements sont exécutés, sauf stipulation législative contraire, par le collège des bourgmestre et échevins.

Pouvoir judiciaire — Le pouvoir judiciaire, indépendant des deux autres, jouit, dans le cercle de ses attributions, d'une indépendance absolue.

Les magistrats qui l'exercent sont nommés à vie ; aucun d'eux ne peut être privé de sa place, ni suspendu, qu'en vertu d'un jugement.

Les contestations qui ont pour objet des droits civils sont exclusivement du ressort de l'autorité judiciaire ; celles qui ont pour objet des droits politiques sont également de son ressort, sauf les exceptions prévues par la loi, en vertu de laquelle il peut être établi des juridictions contentieuses.

Il ne peut, d'ailleurs, être créé des commissions ou tribunaux extraordinaires, sous quelque dénomination que ce soit.

Il y a, pour toute la Belgique, une cour de cassation ; elle n'a point le droit de connaître du fond des affaires, si ce n'est dans un cas exceptionnel : lorsqu'elle est appelée à user du privilège que la Constitution lui attribue de juger un ministre mis en accusation.

Les conseillers de cassation sont nommés par le Roi, sur deux listes doubles présentées, l'une par le Sénat, l'autre par la Cour elle-même.

Il y a trois cours d'appel : leurs membres sont nommés par le Roi, sur deux listes doubles présentées, l'une par la Cour, l'autre par le conseil provincial.

Les présidents et vice-présidents des tribunaux de première instance sont nommés dans les mêmes conditions, mais les juges sont nommés librement par le Roi. Il y a un tribunal de 1re instance dans chacun des vingt-six arrondissements judiciaires du pays.

Il y a, dans chaque canton de justice de paix, un tribunal de simple police, un juge de paix. Le nombre des cantons judiciaires est de 222.

Indépendamment des institutions fondamentales qui viennent d'être citées, il existe certaines judicatures, d'un caractère spécial, exercées par des agents dont la nomination, les attributions et les droits sont, en vertu de la Constitution, réglés par la loi : ce sont les tribunaux militaires (Cour militaire, conseils de guerre, etc.), les tribunaux de commerce, dont les membres sont élus par une assemblée composée de commerçants notables, etc.

La Constitution dispose que le jury est établi en toutes matières criminelles, ainsi que pour délits politiques et délits de presse.

Le Roi nomme les officiers du ministère public placés auprès

de chaque cour, de chaque tribunal, dans le but de veiller à l'exécution des lois (procureurs généraux et procureurs du roi, avocats généraux, substituts, etc.), ainsi que les greffiers.

L'autorité judiciaire ne peut appliquer les arrêtés et règlements généraux, provinciaux et locaux, que pour autant qu'ils soient conformes aux lois.

Les audiences sont publiques, à moins qu'un jugement ne décide la publicité dangereuse pour l'ordre ou les mœurs.

Tous arrêts ou jugements sont motivés et prononcés en audience publique. Ils sont exécutés au nom du Roi.

VI. INSTITUTIONS PROVINCIALES ET COMMUNALES

La division de la Belgique en provinces et en communes n'est pas seulement administrative, elle est surtout politique.

La province et la commune ont une autonomie propre, jouissent de la personnification civile, possèdent des intérêts distincts de ceux de l'État considéré dans son ensemble; ce sont des êtres moraux qui, dans l'organisation du pays, sont représentés, comme tels, par des conseils électifs, au même titre que l'État est représenté par les membres du pouvoir législatif.

Les électeurs provinciaux sont les mêmes que ceux qui élisent les membres du Sénat.

Les conseils provinciaux sont renouvelés par moitié tous les quatre ans; ils se réunissent de plein droit chaque année en session ordinaire, nomment leur président et constituent leur bureau.

Une députation permanente de six membres doit être élue par le conseil provincial, dans son sein.

La Constitution belge attribue aux conseils provinciaux tout ce qui est d'intérêt provincial, sans préjudice de l'approbation de leurs actes, dans les cas et suivant le mode que la loi prescrit.

La députation permanente, qui est l'organe et, parfois même, le suppléant du conseil, est chargée de l'administration journalière des intérêts de la province; la loi lui confie, en outre, le contrôle de la gestion administrative et financière des communes, ainsi que de nombreuses autres attributions concernant les intérêts généraux du pays.

Le gouverneur exécute les délibérations prises tant par ce collège que par le conseil provincial.

Pour être électeur communal, il faut être Belge ou avoir obtenu la naturalisation et réunir les conditions de l'électorat sénatorial, sauf les modifications suivantes : a) il faut être domicilié depuis trois ans au moins dans la commune; b) le taux de la contribution, à laquelle un vote supplémentaire est attribué, doit être de 5 à 15 francs, suivant la population des communes; c) l'électeur propriétaire d'immeubles, ayant un revenu cadastral de 150 francs au moins, jouit d'un double vote supplémentaire.

On ne peut cumuler plus de quatre votes.

Le nombre total des électeurs communaux est, d'après les listes électorales de 1899-1900, 1,136,010 disposant de 1,979,953 votes.

Pour être éligible, il faut être Belge de naissance ou naturalisé, être âgé de 25 ans et être domicilié dans la commune.

Le nombre des conseillers communaux varie entre 7 et 31 par localité, selon le chiffre de sa population, d'après un barême légal.

En outre, des conseillers supplémentaires sont élus au nombre de quatre dans les communes de 20,000 à 70,000 habitants, et de huit dans les communes de 70,000 habitants et plus, moitié par les électeurs patrons, moitié par les électeurs ouvriers, qui sont en même temps électeurs au conseil de l'Industrie et du Travail.

LE GOUVERNEMENT PROVINCIAL A LIÈGE

Les conseillers communaux sont élus pour huit ans.

Le conseil est renouvelé par moitié tous les quatre ans; il s'assemble chaque fois que les affaires l'exigent, sous la présidence du bourgmestre.

Il y a, dans chaque commune, un collège composé du bourgmestre, président, et des échevins. Ces derniers, au nombre de deux ou de quatre selon le chiffre de la population, sont élus par le conseil parmi ses membres. En vertu de lois spéciales, il y a cinq échevins dans quelques grandes villes.

Tout ce qui est d'intérêt communal entre dans les attributions du conseil communal; ses règlements ne peuvent être contraires à la loi, ni aux règlements ou ordonnances du conseil provincial ; ses actes peuvent être annulés s'ils sont illégaux ou s'ils blessent l'intérêt général ; la publicité de ses séances, celle de ses budgets et de ses comptes, est requise, etc.

Le collège des bourgmestre et échevins a, comme la députation permanente du conseil provincial, une double mission à remplir : comme membre du corps communal, il est son agent actif, gère ses intérêts propres et assure l'exécution des résolutions du conseil ; comme organe de l'administration centrale, il exerce de nombreuses attributions dont les plus importantes sont la tenue des registres de l'état civil et le soin d'assurer, dans la localité, l'exécution des lois, ainsi que des arrêtés et règlements.

Indépendamment des établissements que les communes sont autorisées à fonder et qui sont sous leur autorité, il existe, dans un certain nombre de localités, des établissements publics ayant une existence propre, jouissant de la personnification civile, ayant une dotation, un patrimoine distinct de celui de la commune, et dont celle-ci se borne à contrôler la gestion : tels sont les *hospices*, les *bureaux de bienfaisance*, les *monts-de-piété*.

VII. ORDRE PUBLIC

§ I. POLICE

Les lois et règlements de police ont pour objet de maintenir l'ordre public, la liberté, la propriété, la sûreté individuelle.

Le bourgmestre, dans chaque commune, avec le concours, le cas échéant, du commissaire de police et de ses adjoints, doit en assurer l'exécution.

Les lois de police et de sûreté obligent non seulement les citoyens, mais même les étrangers qui ne se trouvent qu'accidentellement sur le sol belge. Ces derniers, dans certaines conditions que la loi détermine, peuvent, s'ils compromettent la tranquillité publique, être expulsés du royaume par mesure administrative, à l'intervention de l'administrateur de la sûreté publique.

La police est administrative ou judiciaire.

La première a pour objet le maintien habituel de l'ordre public dans toutes les parties de l'administration générale ; elle tend principalement à prévenir la perpétration des crimes, des délits et des contraventions.

La police judiciaire recherche les infractions que la police administrative a été impuissante à prévenir, en rassemble les preuves, et met les tribunaux de répression en mesure de se prononcer en connaissance de cause.

§ 2. GARDE CIVIQUE

Aux termes de la Constitution :

« Il y a une garde civique ; l'organisation en est réglée par
» la loi.

» Les titulaires de tous les grades, jusqu'à celui de capitaine
» au moins, sont nommés par les gardes, sauf les exceptions
» jugées nécessaires pour les comptables. »

La mobilisation de la milice citoyenne ne peut avoir lieu
qu'en vertu d'une loi.

La garde civique est active dans les communes d'une population agglomérée de plus de 10,000 âmes et dans les villes forti-
fiées ou dominées par une forteresse ; elle est non active dans
les autres communes, à moins d'une disposition contraire du
Gouvernement. Elle est chargée de veiller au maintien de
l'ordre et des lois, à la conservation de l'indépendance et de
l'intégrité du territoire. La garde civique est organisée par
commune ou par groupes de communes.

Tous les Belges et les étrangers résidant depuis un an au
moins en Belgique, âgés de 21 à 40 ans, sont appelés au service
dans le lieu de leur résidence réelle.

La garde civique est composée d'infanterie et de corps spéciaux : ceux-ci portent la dénomination de chasseurs à pied,
chasseurs à cheval, artillerie et sapeurs-pompiers.

L'effectif des gardes civiques actives du royaume était, au
1er mars 1899, de 32,711 hommes d'infanterie et 7,732 hommes
de corps spéciaux, soit un total de 40,443 hommes.

§ 3. GENDARMERIE

Le corps de la gendarmerie se compose de *trois divisions*
comprenant chacune *trois compagnies* (une pour chaque province).

Il compte 64 officiers et 2,640 hommes de troupe.

En temps de guerre, la gendarmerie marche avec l'armée.

§ 4. ARMÉE

Recrutement. — L'armée belge se recrute par des engage-
ments volontaires et par des appels annuels réglés par un
tirage au sort.

Le service n'est pas personnel, et le remplacement peut
s'effectuer, soit directement, soit par l'entremise du département de la guerre.

Le contingent annuel est de 13,300 hommes, sur une moyenne
de 62,000 inscrits pour le tirage au sort.

L'effectif des hommes en activité est aujourd'hui, en nombres ronds, 34,000 miliciens, 10,500 volontaires et 5,000 remplaçants ; total, 49,000 hommes.

Obligations des miliciens. — La durée de leur service est fixée à huit années, qui prennent cours à dater du 1er octobre de l'année de l'incorporation.

Les hommes libérés des 9e et 10e classes ne peuvent plus être appelés à l'activité, sauf en cas de guerre ou lorsque le territoire est menacé.

Le Roi peut, au besoin, rappeler à l'activité tel nombre de classes congédiées qu'il juge utile, en commençant par la dernière.

Les miliciens et les remplaçants des huit classes sont envoyés en congé illimité lorsqu'ils ont passé au service actif, à partir du jour de l'appel sous les armes de leur contingent, le temps ci-après déterminé :

Vingt-huit mois, dans le cours des trois premières années, s'ils appartiennent à l'infanterie de ligne, aux chasseurs à pied ou au train ;

Trente-six mois, pendant les quatre premières années, s'ils appartiennent au régiment des grenadiers ou au régiment des carabiniers ;

Trois ans, s'ils appartiennent à l'artillerie de siège, au régiment du génie, à la compagnie des pontonniers, à celle des artificiers ou au bataillon d'administration ;

Quatre ans, s'ils appartiennent aux batteries à cheval, aux batteries montées ou aux escadrons de la cavalerie.

Les miliciens et remplaçants dont le service actif est de vingt-huit mois peuvent être rappelés pour un mois, pendant la quatrième année de leur terme.

Les cinq dernières classes forment le contingent de *réserve*.

Effectifs. — Troupes en solde, d'après les données fournies par le département de la guerre. . . . . 49,300 hommes.

Troupes sans solde . . . . 113,300 »

Total. . . 162,600 »

Ce total se décompose de la manière suivante :

Infanterie	107,000	hommes.
Cavalerie	10,000	»
Artillerie	26,000	»
Génie	6,000	»
Gendarmerie	2,600	»
Autres corps	11,000	»
Total. . .	162,600	»
Officiers	3,500	»
Total général. . .	166,100	»

Voici quel a été, en 1897, le montant des recettes et des dépenses de l'État :

Ressources ordinaires (*budget des voies et moyens*) :

Impôts . . . . .fr.		213,973,762
Péages		188,626,897
Capitaux et revenus		14,187,244
Remboursements		14,051,740
Total. . . fr.		430,839,643
Ressources extraordinaires et spéciales. . . fr.		68,773,245
Total général. . . fr.		499,612,888

Services ordinaires :

Budget de la dette publique . . . . . . .fr.	123,303,850
Budget des dotations.	4,926,538
Budget de la justice	22,695,895
Budget des affaires étrangères	2,848,999
Budget de l'intérieur et de l'instruction publique	25,763,616
Budget de l'agriculture et des travaux publics .	26,962,415
Budget de l'industrie et du travail.	2,936,933
Budget des chemins de fer, postes et télégraphes.	127,679,008
Budget de la guerre	65,670,660
Budget des finances	20,372,593
Budget des non-valeurs et remboursements . .	1,908,122
Total. . . fr.	425,068,629
Services extraordinaires et spéciaux.	86,329,585
Total général. . . fr.	511,398,214

Excédent de recettes (+) ou de dépenses (—)	Services ordinaires . . . +	5,771,014
	Services spéciaux . . . . —	17,556,340
	Ensemble des services . . —	11,785,326

Au 31 décembre 1898, la dette publique proprement dite s'élevait au capital de 2,693 millions, dont 10 millions de francs en bons du Trésor.

Le service de cette dette a exigé, pour l'année 1898, l'allocation de crédits montant ensemble à 96,404,523 francs.

Le chiffre des impôts a augmenté depuis 1880 dans la proportion de 39 p. c. Il était, par tête d'habitant, de 28 francs en 1880 et de 32 francs en 1897.

§ 2. FINANCES PROVINCIALES

La Constitution proclame, en matière de finances provinciales, le principe de la publicité des budgets et des comptes, et subordonne au consentement du conseil provincial, sauf les cas exceptionnels que la loi détermine, l'établissement de toute charge, de tout impôt.

De même que celles de l'État, les dépenses provinciales sont soumises au contrôle de la Cour des comptes. La plupart des règles établies pour la gestion des deniers publics par la loi sur la comptabilité de l'Etat, sont applicables à la comptabilité provinciale.

Chaque année, le conseil arrête le compte des recettes et des dépenses de l'exercice précédent; il vote le budget des dépenses pour l'exercice courant et les moyens d'y faire face.

Le budget des dépenses doit être soumis à l'approbation du Roi.

Le montant des recettes provinciales réunies a été, en 1897, de 17,501,567 francs, dont 13,813,447 francs représentent le produit des impositions provinciales.

Les dépenses se sont élevées, la même année, à 15,789,132 fr.

Quant aux emprunts provinciaux, leur total s'élevait, le 31 décembre 1898, à 32,679,614.

§ 3. FINANCES COMMUNALES

Les mêmes dispositions constitutionnelles qui, en matière provinciale, exigent la publicité des budgets et des comptes, ainsi que le consentement du conseil à l'établissement de charges ou impôts, sont applicables à la matière communale.

Les conseils communaux doivent procéder annuellement, à des dates fixes, au règlement provisoire des comptes de l'exercice précédent, ainsi qu'à la fixation du budget des dépenses et des recettes pour l'année courante. Ils ont le devoir d'inscrire au budget toutes les dépenses que les lois mettent à la charge de la commune sous peine de les y voir inscrire d'office par l'autorité supérieure.

Les budgets et les comptes communaux sont déposés à la maison communale, où chaque contribuable est admis à en prendre connaissance; ils sont, en outre, publiés par voie d'affiches, puis soumis à l'approbation de la députation permanente du conseil provincial, qui les arrête définitivement.

L'assiette et le montant des impositions communales, fixés par le conseil communal, doivent être soumis à l'approbation du Roi.

C'est le collège des bourgmestre et échevins qui est chargé de la gestion des dépenses de la commune, ainsi que de la surveillance de sa comptabilité. Il est tenu de vérifier, au

L'HOTEL DE VILLE DE BRUXELLES

moins une fois par trimestre, l'état de la caisse, laquelle est confiée au receveur communal, et d'en dresser un procès-verbal de vérification qui est soumis au conseil.

Le contrôle des dépenses appartient à la députation permanente.

IX — CULTES

La Constitution consacre, en matière de cultes, les principes suivants :

La liberté des cultes, celle de leur exercice public, sont garanties, sauf la répression des délits commis à l'occasion de l'usage de ces libertés. Nul ne peut être contraint de concourir, d'une manière quelconque, aux actes et aux cérémonies d'un culte ni d'en observer les jours de repos. L'État n'a le droit d'intervenir ni dans la nomination, ni dans l'installation des ministres des cultes; il ne peut défendre à ceux-ci de correspondre avec leurs supérieurs ni de publier leurs actes, sauf, en ce dernier cas, la responsabilité ordinaire en matière de presse, et de publication. Les traitements et les pensions des ministres des cultes reconnus sont à la charge de l'État; les sommes

ÉGLISE SS. MICHEL ET GUDULE

nécessaires pour y faire face sont annuellement portées au budget.

Il y a, en Belgique, quatre cultes *reconnus*, ce sont : les cultes catholique, protestant, anglican et israélite.

La religion catholique romaine est de beaucoup la plus répandue dans le pays.

Le territoire belge est divisé, pour le service du culte catholique, en six diocèses comprenant 185 doyennés.

Le nombre des cures, succursales, chapelles, etc., dont les desservants reçoivent un traitement de l'État, est de 5,246, savoir : cures, 231 ; succursales, 3,014 ; chapelles, 153 ; vicariats, 1,847.

Il existe, en outre, 576 églises et oratoires dont les desservants ne sont point rémunérés par l'État.

A chaque église reconnue est rattaché un conseil de fabrique chargé de l'entretien du temple, de l'administration des fonds affectés à l'exercice du culte, des dépenses destinées à assurer cet exercice, ainsi que du maintien de la dignité dans l'église.

Le conseil de fabrique délibère sur le budget et le compte annuel de l'église, qui est soumis à l'approbation de la députation permanente du conseil provincial s'il s'agit d'églises paroissiales ou succursales, à celle du Gouvernement s'il s'agit d'églises cathédrales.

Le défaut de présentation régulière du budget ou du compte entraîne la suppression de tout subside de la commune, de la province ou de l'État.

Des dispositions analogues existent au sujet de la comptabilité du temporel des cultes protestant, anglican et israélite.

Les libéralités faites, en 1897, aux fabriques d'église et aux séminaires s'élèvent à la somme de 1,331,921 francs.

D'après le recensement de la population de 1890, le nombre des communautés religieuses établies en Belgique était de 1,643 et leur population s'élevait à 4,775 hommes et 25,323 religieuses.

X. — BIENFAISANCE ; PRÉVOYANCE

§ 1. — BIENFAISANCE

La liberté de la charité, combinée avec la liberté d'association, s'exerce en Belgique sans entraves et sans contrôle. La bienfaisance publique est soumise, par contre, à des règles précises et à la surveillance de l'autorité. Les seuls établissements publics de charité sont les hospices et hôpitaux et les bureaux de bienfaisance, dont les administrateurs sont nommés par le conseil communal. La charge de pourvoir à l'assistance des indigents incombe à la commune du *domicile de secours*. La loi prévoit l'intervention directe de la caisse communale dans certaines charges d'assistance publique ; la province et l'État contribuent également par voie de subsides aux frais de traitement et d'entretien de catégories spéciales de malades ou d'infirmes, ainsi qu'aux dépenses de construction d'hôpitaux, d'hospices et d'asiles d'aliénés. Pendant l'année 1897, les bureaux de bienfaisance et les hospices ont reçu des donations entre vifs et des legs dont le montant s'élève à 2,600,000 francs. L'emploi des revenus des pauvres est laissé à l'appréciation du bureau de bienfaisance ; les secours à domicile sont, autant que possible, donnés en nature et par les soins des membres du bureau, par les comités de charité ou par d'autres préposés, conformément à des règlements locaux.

Le bureau de bienfaisance organise aussi un service de santé pour les pauvres ; il en nomme les médecins, les chirurgiens et les accoucheurs, ainsi que les pharmaciens, sous l'approbation du conseil communal.

Les hôpitaux et hospices sont placés, dans chaque localité, sous l'administration d'une commission unique, à laquelle est confiée la gestion de leurs biens, l'administration intérieure, l'admission et le renvoi des ' indigents, la nomination des médecins et des employés, ainsi que l'adjudication des aliments et autres objets nécessaires à ces établissements. Les travaux de construction et de réparation des bâtiments hospitaliers sont soumis à un régime spécial.

Dix-sept instituts snbsidiés par l'État ont été fondés pour recevoir et instruire les sourds-muets et les aveugles ; leur population s'élevait à 1,476 personnes en 1896.

L'orphelinat royal de Messines comptait 200 femmes ; les hospices d'orphelins, d'enfants trouvés, au nombre de 49, comprenaient 2,468 pensionnaires.

Tous les établissements d'aliénés sont soumis à une surveillance permanente exercée par les autorités judiciaires et administratives et par un médecin particulier nommé par le Gouvernement et qui est indépendant du directeur de l'asile ; ceux qui ne satisfont pas aux conditions de la loi ou de leur octroi sont fermés par ordre du Gouvernement. Le nombre des aliénés placés dans des institutions s'élevait, en 1898, à 14,222.

§ 2 INSTITUTIONS DE PRÉVOYANCE

Outre les lois et règlements garantissant des pensions de retraite à ceux qui servent l'État et instituant des caisses spéciales de pension pour les veuves et orphelins des fonctionnaires et employés des administrations publiques, diverses institutions fondées dans un but de prévoyance concourent à développer l'aisance générale et diminuent d'autant les charges très lourdes de la bienfaisance officielle. Telles sont celles qui ont pour objet d'encourager l'esprit d'ordre et d'économie en favorisant l'épargne, d'améliorer les conditions de logement des classes pauvres, d'atténuer pour l'ouvrier les conséquences matérielles des maladies, des accidents, du chômage, etc.

Une caisse de retraite a été instituée par la loi en 1850 ; quinze ans plus tard fut fondée une caisse d'épargne, réunie à la précédente et placée, comme celle-ci, sous la garantie de l'Etat.

En combinant les opérations de l'une ou de l'autre caisse, on peut constituer des rentes viagères à des conditions qui sont à la portée de tous.

Les renseignements statistiques ci-après indiquent le développement considérable qu'ont pris les institutions de prévoyance et de mutualité, et les services qu'elles rendent en particulier aux classes laborieuses.

Caisse générale d'Épargne et de Retraite sous la garantie de l'État. — Au 31 décembre 1898, les dépôts d'épargne s'élevaient à 564,829,271 francs, répartis sur 1,514,810 livrets. Le nombre de livrets nouveaux, en 1898, a été de 259,053.

En défalquant de ces chiffres les opérations de la Caisse d'épargne avec les communes, on trouve qu'il y avait, en 1898, 23 livrets par 100 habitants. Le montant des dépôts par 100 habitants était de 11,652 francs. La moyenne du montant des dépôts par livrets était de 373 francs.

D'après le relevé de 1896, l'épargne scolaire était pratiquée dans 6,090 écoles sur 9,130. Les enfants qui épargnent possédaient ensemble 6,382,900 francs.

Le montant des versements effectués à la Caisse de retraite était, au 31 décembre 1898, de 2,234,113 francs à capital abandonné et de 1,271,588 francs à capital réservé.

Outre la Caisse générale d'épargne et de retraite, plusieurs villes et un certain nombre de grandes banques et de sociétés industrielles ont organisé des caisses particulières d'épargne.

Sociétés de secours mutuels. — Ces sociétés étaient, en 1896, au nombre de 869, avec un avoir de 3,280,373 francs. Outre ces sociétés, qui sont reconnues par le Gouvernement et jouissent de subsides, on a compté 176 sociétés non-reconnues avec un avoir de 928,108 francs, 10 sociétés pour l'achat de provisions d'hiver, 14 sociétés d'affiliation à la Caisse de retraite et 8 sociétés à buts divers.

Le nombre des sociétés de secours mutuel reconnues était de 1,933 en 1898 et de 2,928 en 1899.

Caisse de prévoyance des ouvriers mineurs. — Cette caisse, qui fournit des pensions et secours aux ouvriers houilleurs invalides, comptait, en 1898, 123,220 affiliés, un avoir de 8,664,799 francs. Elle avait payé, pour cette année, 2,008,744 fr. de pension et 766,741 francs de secours.

Caisse de prévoyance et de secours en faveur des victimes des accidents du travail. — Cette institution privée, à l'aide de souscriptions particulières et de subsides, vient en aide aux

victimes les plus intéressantes des accidents du travail.
Elle a distribué, en 1898, 5,607 secours d'un import total de
213,320 francs.

Habitations ouvrières. — La loi du 9 août 1889, modifiée par
la loi du 30 juillet 1892, a créé des comités de patronage chargés de favoriser la construction et la location d'habitations
ouvrières salubres, et leur vente aux ouvriers, soit au comptant,
soit par annuités.

La même loi a autorisé la Caisse générale d'Épargne et de
Retraite à employer une partie de ses fonds disponibles en
prêts faits en faveur de la construction ou de l'achat de maisons ouvrières, après avoir, au préalable, demandé l'avis du
comité de patronage. La Caisse a été, en outre, autorisée à
traiter des opérations d'assurance mixte sur la vie ayant pour
but de garantir le remboursement des prêts consentis pour la
construction ou l'achat d'une habitation.

De plus, la dite loi a exempté de la contribution personnelle
les ouvriers qui ne sont pas propriétaires d'un autre immeuble
que celui qu'ils occupent quand le revenu cadastral de cet
immeuble ne dépasse pas un certain taux. Les actes et procès-
verbaux de sociétés ayant pour objet exclusif la construction,
l'achat, la vente ou la location d'habitations destinées aux
classes ouvrières, sont exempts de timbre et enregistrés gratis.

Un grand nombre de sociétés d'habitations ouvrières se sont
fondées. Elles servent d'intermédiaires entre l'ouvrier et la
Caisse d'Épargne. Celle-ci leur avance les fonds à un intérêt
de 2 1/2 p. c. pour les sociétés de crédit qui acceptent la surveillance de la Caisse, et à un intérêt de 3 p. c. pour les autres.
Les sociétés de crédit sont celles qui s'interdisent la possession d'immeubles et se constituent en vue de favoriser par voie
de *prêts* la construction et l'achat d'habitations ouvrières. Elles
peuvent prendre la forme anonyme ou la forme coopérative.

Les sociétés immobilières ont pour objet la *construction*,
l'achat, la vente ou la location d'habitations destinées aux
classes ouvrières. Elles peuvent également prendre la forme
anonyme ou la forme coopérative.

Au 31 décembre 1897, la Caisse d'Épargne avait avancé
fr. 18,196,081.80 à 84 sociétés de crédit, et fr. 1,500,977.50 à
20 sociétés immobilières.

Le solde des fonds déposés en comptes courants à la Caisse
d'Épargne par les sociétés agréées se montait à fr. 1,456,553.50
à 2 1/2 p. c. et à fr. 233,357.92 à 3 p. c.

Le total des opérations des sociétés en rapport avec la Caisse
d'Épargne s'élevait, à la même date, à fr. 20,264,444.12.

Le nombre total des sociétés d'habitations ouvrières en rapport ou non avec la Caisse d'Épargne était, au 31 octobre 1898,

de 146, soit 101 sociétés de crédit et 45 sociétés de construction. Sur ce nombre, 132 sociétés avaient pris la forme anonyme et 14 sociétés la forme coopérative.

Bourses du travail. — Ces institutions, destinées à faciliter les rapports entre la demande et l'offre de main-d'œuvre, exis tent dans douze de nos villes principales.

Les monts-de-piété, qui jouent un rôle important dans la situa-tion économique des classes travailleuses, surtout en temps de crise, peuvent aussi trouver place dans cet exposé très succinct de nos institutions de prévoyance : dix-sept de nos villes prin-cipales en sont pourvues ; en 1897, ces établissements ont reçu en nantissement 891,778 gages et ont prêté plus de onze millions de francs.

XI. ENSEIGNEMENT PUBLIC

La Constitution belge proclame la liberté absolue de l'ensei-gnement ; toute mesure préventive est interdite ; la répression n'est réglée que par la loi.

Chaque particulier, belge ou étranger, chaque association particulière, peut donc ouvrir des établissements quelconques d'instruction, sans qu'une autorisation ou une déclaration préa-lable soit requise, sans qu'aucune garantie de capacité ou de moralité soit exigée de ceux qui veulent enseigner, sans qu'aucune surveillance spéciale puisse être exercée. Si des abus se produisent dans l'usage de cette liberté absolue, c'est aux autorités chargées de la poursuite et de la répression des délits qu'il appartient d'y porter remède.

Le nombre des établissements d'instruction fondés en Bel-gique, en dehors de l'État, surtout par le clergé, est considé-rable. On compte deux universités libres, dont une, celle de Lou-vain, relève des évêques ; plus de 80 collèges (50 dirigés par les évêques, 30 par des corporations religieuses); plus de 65 écoles moyennes de garçons, dont 25 aux évêques, 24 aux corpora-tions; plus de 150 institutions ou pensionnats de filles, dont 107 dirigés par des religieuses. Enfin, il y a de nombreuses écoles primaires, gardiennes, d'adultes, créées en partie par la congrégation des frères de la doctrine chrétienne et par d'au-tres couvents.

Quant à l'enseignement donné aux frais de l'État, c'est-à-dire du Gouvernement, de la province ou de la commune, la Constitution confie à la loi le soin de le régler. Aucun établis-sement public d'instruction ne peut donc exister ni fonctionner qu'en exécution ou en vertu de la loi.

Les écoles libres, dont l'utilité est reconnue, sont admises parfois à recevoir des subventions et même à revêtir, par voie d'adoption, d'agréation, de patronage, etc., un caractère plus ou moins officiel qui a pour effet de les assimiler, dans une certaine mesure, aux écoles publiques. Elles sont, à ce titre, comprises dans les statistiques dressées par le Gouvernement et dans les chiffres renseignés ci-après.

L'enseignement public donné dans le pays est *primaire, moyen, supérieur* ou *technique.*

Les *écoles primaires* officielles sont créées et organisées par les communes; il doit y en avoir au moins une dans chaque localité.

Les enfants pauvres reçoivent l'instruction gratuitement.

Les instituteurs doivent posséder un diplôme de normaliste ou un certificat de capacité correspondant.

La commune peut adopter des écoles privées présentant toutes garanties et fonder des écoles gardiennes, ainsi que des écoles d'adultes.

L'État, les provinces et les communes sont autorisés à établir des écoles normales primaires et à subsidier les établissements normaux privés régulièrement établis et agréés à ce titre.

Le nombre des institutions primaires, soumises à l'inspection de l'Etat, est le suivant :

Écoles primaires communales . . . 4,354 (475,172 élèves)
» » adoptées et privées
 soumises à l'inspection de l'État . 2,340 (299,817 »)
Écoles gardiennes . . . . 2,065 (194,807 »)
 » d'adultes . . . . 2,299 (102,531 »)
 » normales primaires . . . . 53 (3,697 »)

L'*enseignement moyen* est de deux degrés : supérieur dans les athénées et collèges, inférieur dans les écoles moyennes.

Chaque athénée comprend trois sections : humanités grecques-latines, humanités latines, humanités modernes.

Une section préparatoire est annexée à la plupart des écoles moyennes.

L'État, les provinces et les communes sont autorisés à créer des athénées ou collèges, ainsi que des écoles moyennes pour garçons ou pour filles. Les institutions privées bien organisées peuvent être patronnées par l'autorité publique.

Les membres du corps enseignant sont tenus d'être munis d'un diplôme ou d'un certificat spécial de capacité.

Les écoles normales moyennes sont fondées par l'État.

Le nombre des établissements d'instruction moyenne, officiels ou patronnés, est le suivant :

Athénées royaux et collèges . . . . . 35 (6,797 élèves)
Écoles moyennes pour garçons . . . 88 (15,884 »)
 » » » filles (instituées
 en 1881) . . . . 40 (6,897 »)
Écoles normales moyennes . . . . 4 (148 »)

L'*enseignement supérieur* est donné dans deux universités de l'État, établies, l'une en pays wallon, à Liège, l'autre en pays flamand, à Gand ; chaque université comprend quatre facultés (philosophie et lettres, droit, sciences, médecine). Des écoles spéciales destinées à l'étude de certaines sciences appliquées (génie civil, mines, arts et manufactures, électricité, mécanique) sont annexées à ces institutions.

Les deux universités libres de Louvain et de Bruxelles, légalement admises, comme celles de l'État, à délivrer des diplômes, ont une organisation analogue. Il y a, de plus, à Louvain, une faculté de théologie et un institut agronomique.

Le nombre des étudiants, dans les quatre universités réunies, était de 5,092 en 1898. Sur ce nombre, [1,370 appartenaient aux écoles spéciales.

Une somme très importante est annuellement consacrée à assurer le service et le développement de l'enseignement public aux trois degrés.

La dépense de l'État, d'après les comptes de 1897, a été :

Pour l'enseignement primaire . . . . .fr. 14,236,628
Pour l'enseignement moyen 4,172,847
Pour l'enseignement supérieur 2,080,345

Ces larges subsides ont produit leurs effets. L'instruction a fait des progrès constants.

La proportion de ceux des jeunes gens en âge de milice, c'est-à-dire ayant de 19 à 20 ans, qui ne savaient pas lire et écrire, était, en 1870, de 29.33 p. c. Cette proportion est tombée à 21.66 p. c. en 1880, à 15.92 p. c. en 1890 et à 12.84 p. c. en 1899.

Les écoles et instituts *d'enseignement technique* aux différents degrés, fondés ou subsidiés par l'État, les provinces ou les communes, sont en grand nombre. Les plus importants sont les suivants :

1º *Enseignement militaire* : L'école militaire et l'école de guerre (353 élèves) ; l'école des pupilles de l'armée (438 élèves).

2º *Enseignement industriel* : Les écoles spéciales] ou polytechniques déjà citées, qui sont annexées à chacune des quatre universités du royaume (1,370 étudiants) ; l'école provinciale des mines du Hainaut (267 élèves) ; l'école supérieure des textiles à Verviers (21 élèves) ; les écoles de brasserie (libres) de Gand, Louvain, La Louvière ; les écoles industrielles, au nombre de 57 (17,120 élèves) ; les écoles et cours professionnels et commerciaux, au nombre de 97 (9,919 élèves) ; les ateliers d'apprentissage de tissage subsidiés par l'État, au nombre de 38 (829 élèves).

3º *Enseignement commercial* : L'institut supérieur de commerce à Anvers (250 élèves) ; école supérieure de commerce de l'institut Saint-Louis (33 élèves).

4° *Enseignement ménager* : 245 écoles et classes ménagères avec 9,041 élèves.

5° *Enseignement agricole* : L'école de médecine vétérinaire de l'État (118 élèves); l'Institut agricole et les cinq écoles d'horticulture de l'État (ensemble 247 élèves).

6° *Enseignement artistique* : L'Académie des beaux-arts d'Anvers (1,307 élèves); les académies et écoles de beaux-arts soumises à l'inspection de l'État,] au nombre de 84 (15,196 élèves).

Les quatre conservatoires royaux de musique, à Bruxelles, Anvers, Gand et Liège (5,800 élèves); les autres conservatoires et écoles de musique inspectés par l'État, au nombre de 71 (11,807 élèves).

XII. SCIENCES, LETTRES, BEAUX-ARTS

On peut juger du degré de civilisation d'un pays par les soins qu'il donne et par les encouragements qu'il accorde à la culture des sciences, des lettres et des beaux-arts.

Sous ce rapport, la Belgique ne le cède à aucune autre nation, comme on le verra par l'énumération suivante de ses principales institutions scientifiques, littéraires et artistiques :

L'Académie royale des sciences, des lettres et des beaux-arts ;

La Commission royale d'histoire ;

L'Académie royale flamande ;

L'Académie royale de médecine ;

La Commission centrale de statistique ;

La Commission royale des monuments ;

L'Observatoire royal d'Uccle ;

Le Musée royal d'histoire naturelle ;

Le Jardin botanique de Bruxelles ;

Le Jardin zoologique d'Anvers ;

La Bibliothèque royale, à Bruxelles.

Il existe dans le royaume un nombre assez considérable de *bibliothèques populaires* communales (600 environ) et d'autres *bibliothèques publiques.*

Certaines bibliothèques spéciales méritent d'être citées, entre autres celles de la Chambre et du Sénat, celles des Cours de justice, des Académies, de l'Observatoire, de l'École militaire, des Universités, des divers départements ministériels, notamment la bibliothèque de la Commission centrale de statistique.

La plupart des grandes villes possèdent des cabinets de numismatique.

Encouragements aux sciences et aux lettres. — Pour encourager la culture des sciences et des lettres, le Gouvernement a fondé un certain nombre de prix triennaux, quinquennaux et décennaux, dont voici l'énumération :

Prix *triennaux* de littérature dramatique française et de littérature dramatique flamande. — Médaille d'or de la valeur de 15o francs, plus une somme de 5oo francs au moins et de 1,5oo francs au plus.

Prix *quinquennaux* relatifs à l'histoire du pays, aux sciences historiques, aux sciences sociales, à la littérature française, à la littérature flamande, aux sciences physiques et mathéma tiques, aux sciences naturelles, aux sciences médicales.

Prix *décennaux* relatifs aux sciences philosophiques et à la philologie.

La valeur de chacun de ces prix quinquennaux et décennaux est de 5,ooo francs.

Le Roi a institué, en 1874, un *prix annuel de 25,ooo francs en* faveur du meilleur ouvrage, manuscrit ou **imprimé en Bel**gique, envoyé en réponse à une question dont Sa Majesté se réserve de rédiger le texte.

Le concours est réglé par périodes de quatre ans : pendant les trois premières années de chaque période, il est exclusivement ouvert aux Belges; la quatrième année les étrangers sont admis à y participer.

Il existe aussi un certain nombre de prix fondés par des particuliers, dans le but, d'encourager les œuvres de littérature et d'histoire nationales, ainsi que la publication d'ouvrages relatifs à l'instruction primaire et moyenne, à l'économie sociale et à la statistique.

LE MUSÉE DES ARTS RÉTROSPECTIFS
A BRUXELLES

L'*Académie royale des beaux-arts* d'Anvers (1,3o7 élèves) a pour but principal l'enseignement gratuit de la peinture, de la sculpture, de l'architecture et de la gravure, ainsi que des sciences nécessaires à la culture de chacun de ces arts.

Il existe des académies ou des écoles de dessin dans toutes les localités un peu importantes du pays; leur nombre s'élève à plus de 8o (avec 15,196 élèves).

Grand concours pour le prix de Rome. — Un concours des

beaux-arts a lieu tous les ans à Anvers; il porte successivement, d'année en année, sur la peinture, l'architecture, la
sculpture et la gravure. Les lauréats reçoivent chacun, pen
dant quatre ans, une pension de 5,000 francs, destinée à leur
permettre d'aller se perfectionner à l'étranger.

Expositions générales des beaux-arts. — Indépendamment
de nombreuses expositions locales, tous les trois ans une
exposition générale des beaux-arts (peinture, sculpture, gravure et architecture), organisée par les soins du Gouvernement, est ouverte à Bruxelles aux productions des artistes
vivants, belges ou étrangers.

Des distinctions honorifiques et des encouragements pécu-
niaires sont accordés à la suite de ces expositions.

Citons encore le *Musée royal d'antiquités et d'armures*, les
musées royaux de peinture et de sculpture, le Musée des arts
décoratifs et industriels, tous à Bruxelles.

Théâtres. — Il existe dans le pays une vingtaine de théâtres
régulièrement exploités, et plusieurs autres qui n'ont pas de
troupe permanente.

Des subsides sont accordés par le Gouvernement aux écri-
vains et compositeurs belges qui font représenter leurs œuvres
sur une des scènes du pays.

Journaux. — En 1898, il se publiait, en Belgique, 109 journaux quotidiens, 754 paraissant au moins une fois par semaine,
et 510 à plus longue périodicité.

XIII. COMMERCE

Le commerce, de même que l'industrie, est libre en Belgique.
Chacun a la faculté d'y exercer tel métier, d'y tenir tel débit
qu'il juge convenable, à la seule condition d'être muni d'une
patente et de se conformer aux lois et règlements de police.

Certaines professions sont exemptes de la patente; celle-ci
ne peut être retirée qu'en vertu d'un jugement, dans les cas
que la loi détermine.

Quant aux prescriptions de police, leur domaine est fort
étendu; elles ont pour objet de garantir le public contre les
dangers ou les inconvénients auxquels pourrait l'exposer
l'exercice de certaines professions commerciales dans un lieu
déterminé, ou le mode d'exercice de ces professions.

Les observations qui précèdent s'appliquent au *commerce
intérieur*, lequel comprend les produits qui se fabriquent et
ceux qui se consomment dans le pays même. Son importance
n'a jamais été et ne saurait être statistiquement appréciée.

6

Le commerce extérieur est, selon le point de vue auquel on le considère, *spécial* ou *général*.

Le commerce spécial comprend :

a) *A l'importation*, toutes les marchandises provenant de l'étranger et qui, selon déclaration faite, soit à leur entrée dans le pays, soit à leur sortie de l'entrepôt, sont destinées à la consommation intérieure ;

b) *A l'exportation*, toutes celles qui proviennent du pays même et celles qui, venues de l'étranger, sont assimilées à ces dernières par le règlement des droits d'entrée ou, si elles sont affranchies de ces droits, ont été déclarées, lors de leur entrée dans le pays, être destinées à la consommation intérieure.

Le commerce général comprend :

a) *A l'importation*, toutes les marchandises qui sont entrées en Belgique, quelle que soit leur destination (consommation, mise à l'entrepôt ou transit);

b) *A l'exportation*, toutes celles qui sont sorties du pays, quelle que soit leur provenance (belge ou étrangère).

Les anciens droits différentiels de provenance ou de pavillon, ainsi que les régimes de faveur, ont été abolis.

Un certain nombre de marchandises sont soumises à des droits d'entrée (douanes); mais il n'existe plus de droit de sortie, ni de droit de transit.

Le montant des droits d'entrée perçus en 1898 s'élève à la somme de 45,460,000 francs.

Le commerce de la Belgique est des plus actifs. Il est en progression constante, et son développement, dans les dernières années, a été plus rapide que jamais. On en jugera par les chiffres suivants empruntés aux documents officiels.

Le commerce général (importation et exportation) de la Belgique a été :

> En 1870 de 3,282 millions de francs.
> En 1880 de 4,935   »
> En 1890 de 6,137   »
> En 1898 de 6,298   »

Soit une augmentation de presque 100 p. c. dans les trente dernières années.

Le commerce spécial (importation et exportation) a accusé les chiffres suivants :

Commerce spécial de la Belgique avec les pays étrangers

Années	Importations	Exportations
	(en millions de francs)	
1870	920	690
1880	1,680	1,216
1890	1,672	1,437

Années	Importations	Exportations
	(en millions de francs)	
1895	1,680	1,385
1896	1,776	1,467
1897	1,873	1,626
1898	2,044	1,787

Les importations pour la consommation en Belgique ont donc augmenté de 1,124 millions, soit de 122 p. c. depuis 1870, et de 372 millions, soit 22 p. c. depuis 1890.

Les exportations de marchandises belges ou nationalisées ont augmenté de 1,697 millions, soit 158 p. c. depuis 1870, et de 350 millions, soit 25 p. c. depuis 1890.

L'écart notable que l'on constate entre le montant du commerce général et celui du commerce spécial provient de la part importante que prend dans le commerce général le commerce de transit. La Belgique, par sa situation géographique, joue un rôle considérable dans le commerce international. Sillonnée de voies ferrées, de rivières et de canaux, elle offre toutes facilités au trafic commercial et son importance comme terrain de transit est de premier ordre. La valeur totale des marchandises transitées par la Belgique a été de 851 millions en 1870, 1,008 millions en 1880, 1,511 millions en 1890 et 1,232 millions en 1898.

Le commerce spécial de la Belgique s'effectue avec les pays d'Europe dans la proportion de 70 p. c. environ du total des importations, et de 90 p. c. environ du total des exportations. 30 p. c. des importations proviennent des pays hors d'Europe. 10 p. c. des exportations belges ont pour destination des pays hors d'Europe.

Voici un aperçu des principales marchandises importées et exportées en Belgique en 1898:

Principales marchandises importées en Belgique en 1898
(*Valeur en milliers de francs*)

Grains	383,408
Résines, bitumes et pétrole	94,611
Laine	92,501
Bois de construction	91,802
Matières minérales brutes (chaux, ciment, soufre et minéraux)	70,636
Graines oléagineuses	65,203
Peaux brutes	64,713
Lin, chanvre, etc.	62,191
Produits chimiques	60,148
Café	46,342
Fonte brute et minerai de fer. . . .	43,763
Drogueries	43,057

Houille .	36,374
Coton brut	36,054
Teintures et couleurs	34,812
Machines et mécaniques	28,004
Tissus de coton .	27,823
Vin .	25,723
Cuivre et nickel bruts	25,411
Graisses	22,397
Bestiaux	22,138
Tissus de laine .	21,153

Principales marchandises exportées par la Belgique en 1898
(Valeur en milliers de francs)

Grains et légumes secs	109,005
Houille .	88,061
Verreries .	80,600
Fil de lin, chanvre .	59,647
Fer battu, étiré et laminé	55,487
Lin .	51,773
Peaux brutes	49,716
Voitures p. chem. de fer et tramways	47,618
Produits chimiques	45,411
Machines .	41,087
Engrais	37,998
Graines oléagineuses	37,575
Chevaux ·	34,946
Résines, bitumes et pétrole	30,313
Sucre brut	27,541
Fer et fonte ouvrés	25,842
Viandes	24,333
Tissus de coton .	23,253
Graisses	21,834
Légumes autres que secs	20,282

Mouvement de la navigation. — Il est entré, en 1898, dans les ports belges, 8,335 navires à voiles et à vapeur, jaugeant ensemble 8,233,700 tonnes.

Il en est sorti 8,370 navires à voiles et à vapeur, d'une capacité totale de 8,283,910 tonnes.

Le pavillon national comprenait, à l'entrée, 1,915 navires (1,486,817 tonnes) ; et à la sortie, 1,916 navires (1,486,084 tonnes).

L'effectif de notre marine marchande est de 66 navires (90,971 tonnes), savoir : 60 navires à vapeur, d'un tonnage moyen de 1,487 tonnes, et 6 navires à voiles, d'un tonnage moyen de 289 tonnes. L'effectif des chaloupes de pêche est de 398 ; elles jaugent 9,413 tonnes et sont montées par 1,934 hommes d'équipage.

XIV. INDUSTRIE

§ 1. ADMINISTRATION; INSTITUTIONS; LÉGISLATION

Administration. — Le Ministère de l'Industrie et du Travail a été institué par arrêté royal du 25 mai 1895. Le budget de ce département s'est élevé, en 1897, à la somme de 2,936,933 francs. Il comprend notamment la direction de l'industrie, l'office du travail et l'administration des mines.

Institutions et services publics concernant l'industrie. — Parmi les institutions officielles, on peut mentionner :

1º Le *Conseil supérieur de l'industrie et du commerce,* 2º le *Conseil supérieur du travail,* composés, le premier, d'industriels, de commerçants et de fonctionnaires délégués du Gouvernement; le second, par tiers, de chefs d'industrie, de membres ouvriers et d'économistes. Ces deux conseils donnent leur avis sur les affaires qui leur sont soumises par le Gouvernement:

3º La *Commission permanente des sociétés mutualistes*;

4º Le *Conseil des mines* ;

5º Les *Conseils de prud'hommes,* qui constituent une juridiction spéciale destinée à concilier ou à juger les différends qui surviennent, soit entre des ouvriers, soit entre ceux-ci et les chefs d'industrie; ils sont, de plus, autorisés à réprimer disciplinairement toute atteinte portée à l'ordre ou à la discipline dans les ateliers.

Chacun de ces conseils doit être établi par une loi, qui en détermine le ressort; il se compose de six membres au moins et de seize membres au plus, moitié patrons et moitié ouvriers, qui sont respectivement élus pour trois ans par leurs pairs. Il y a 23 conseils de prud'hommes dans le pays.

6º Le *Conseil de l'industrie et du travail* et les *Conseils de conciliation,* que le Gouvernement a institués par la loi organique du 31 juillet 1889, modifiée par la loi du 20 novembre 1896, dans le but de prévenir les grèves et d'améliorer les relations entre patrons et ouvriers, en aplanissant autant que possible les difficultés qui peuvent surgir entre eux.

Enseignement industriel. — L'État, qui intervient directement dans l'enseignement industriel par ses écoles des mines, des arts et manufactures, etc., annexées aux universités de Liège et de Gand, subsidie des ateliers d'apprentissage, des écoles industrielles ou professionnelles communales, l'école provinciale de l'industrie et des mines du Hainaut, à Mons, des écoles ménagères, etc.

Liberté de l'industrie; mesures de police et de sécurité. — L'industrie, ainsi que toutes les autres branches de travail, est libre en Belgique.

Mais, comme l'intérêt public peut parfois être lésé par l'usage du droit de travailler librement, l'autorité a la faculté de soumettre cet usage à des mesures préservatrices.

Certains établissements industriels, qui sont réputés incommodes, insalubres ou dangereux, ne peuvent même être ouverts que moyennant des autorisations préalables qui, suivant leur nature, sont données par le Gouvernement, l'autorité provinciale ou l'administration communale, après une enquête de *commodo* et *incommodo*.

L'exploitation des mines, minières, carrières, tourbières et celle des usines métallurgiques sont soumises à diverses mesures de police qui ont leur source dans la loi du 21 avril 1810.

Le Gouvernement intervient comme autorité dans l'exploitation des mines, lorsqu'il s'agit de prévenir les dangers qu'elle présente pour les ouvriers, pour les habitants de la surface et, en général, pour la sûreté publique.

Les livrets d'ouvriers, qui étaient autrefois obligatoires, ont cessé d'avoir ce caractère ; l'ouvrier n'est plus tenu de se munir d'un livret. (Loi du 10 juillet 1883.)

La Constitution accorde à tous les travailleurs la liberté de s'associer, de se coaliser, de se concerter pour sauvegarder leurs intérêts ; la loi pénale punit celui qui, par des violences, menaces, défenses, interdictions, voudrait, soit forcer la hausse ou la baisse des salaires, soit porter atteinte au libre exercice du travail ou de l'industrie.

Lois fiscales.—Diverses charges fiscales pèsent sur quelques branches de l'industrie belge. Ainsi, les brasseries, les vinaigreries, les distilleries, les fabriques de glucoses, les fabriques et les raffineries de sucre, paient des droits d'accise ; les exploitations minières sont frappées de l'impôt appelé redevance des mines.

Mesures de protection de l'industrie. — Parmi les mesures protectrices de l'industrie figurent l'institution des brevets, celle des marques de fabrique et celle des modèles et dessins industriels.

Les brevets sont actuellement régis par la loi du 24 mai 1854.

De 1841 à 1898 inclusivement, il a été délivré 89,016 brevets d'invention, 38,162 brevets d'importation et 16,726 brevets de perfectionnement : total 146,057.

Le montant des droits de brevets acquittés dans le cours de la même période s'est élevé à plus de fr. 10,000,000.

De 1854 à 1886, 106,729 brevets sont tombés dans le domaine public par suite du non-payement de la taxe, indépendamment de ceux qui sont arrivés à leur terme de vingt ans, et de ceux, en très petit nombre, qui ont été annulés pour défaut d'exploitation ou par décision judiciaire.

Dans ce nombre ne sont point compris les brevets de perfectionnement non passibles de taxe qui ont suivi le sort du brevet principal: l'augmentation, de ce chef, peut être évaluée à 14 p. c. environ.

En 1898, il a été délivré 6,979 brevets, savoir :

6,148 brevets d'invention ;
309 » d'importation ;
522 » de perfectionnement.

Ils ont produit une recette de 529,810 francs.

La matière des marques de fabrique et de commerce est réglée par la loi du 1er avril 1879.

De 1867 à 1898 inclusivement, il y a eu 13,296 marques de l'espèce déposées, 900 renouvelées et 636 transmises, soit, en tout, 14,832 marques, qui ont rapporté 102,390 francs.

Durant l'année 1898, 737 marques ont été déposées et 97 transmises, sur lesquelles 7,470 francs de droits ont été perçus.

Mesures de protection des ouvriers. Les salaires. — La loi des 16-18 août 1887 pose en principe que les salaires doivent être soldés en monnaie métallique ou fiduciaire au cours légal, et réputant nuls et non avenus tous payements effectués sous une autre forme. Cette loi défend aussi le payement des salaires dans les cabarets et les débits de boisson; elle exige qu'ils soient réglés par quinzaine au maximum, à moins qu'ils ne dépassent cinq francs par jour. Le patron ne peut se soustraire au payement en argent que pour certaines fournitures spécifiées, tels que le logement, les outils, les matières nécessaires au travail, etc.

De plus, les salaires ne peuvent être cédés pour plus de deux cinquièmes ni saisis pour plus d'un cinquième.

Le travail des femmes et des enfants. — Une loi du 13 décembre 1889 a apporté certaines restrictions à l'emploi des femmes et des enfants dans les travaux industriels. Les enfants de moins de 12 ans ne peuvent pas être employés du tout. Les enfants et les adolescents âgés de moins de 16 ans, ainsi que les filles ou les femmes âgées de plus de 16 ans et de moins de 21 ans, ne peuvent être employées au travail après 9 heures du soir et avant 5 heures du matin, ni plus de douze heures par jour, divisées par des repos, dont la durée totale ne peut être inférieure à une heure et demie. Les femmes ne peuvent être employées au travail pendant les quatre semaines qui suivent leur accouchement. Les femmes âgées de moins de 21 ans ne peuvent plus être employées dans les travaux souterrains des mines, minières et carrières.

Règlements d'atelier. — La loi du 15 juin 1896 impose, dans les entreprises industrielles et commerciales, un règlement contenant une série de clauses déterminées par la loi. Il est interdit d'appliquer des pénalités ou amendes non prévues par les règlements. Les amendes ne peuvent dépasser le 1/5 du salaire journalier. Le produit en est employé au profit des ouvriers. Le règlement doit être affiché. Il doit être soumis préalablement aux ouvriers, pour observations.

Sociétés constituées dans un but industriel. — L'industrie belge, à mesure qu'elle se développe, réclame des capitaux de plus en plus considérables, qui ne peuvent être réunis que par voie d'association. La loi organique des sociétés commerciales, en date du 18 mai 1873, donne toutes facilités sous ce rapport. Les sociétés anonymes et les sociétés en commandite par actions ayant pour objet l'exploitation d'établissements industriels, se sont beaucoup multipliées depuis la promulgation de cette loi. Le dénombrement complet n'en a pas été fait; on peut se faire une idée de leur développement, lorsqu'on sait qu'en 1896, il a été fondé 968 sociétés industrielles et commerciales dont 266 anonymes, 181 coopératives; en 1897, 1,033 sociétés dont 277 anonymes et 282 coopératives.

§ 2. STATISTIQUE INDUSTRIELLE

La Belgique n'a pas, échappé aux difficultés qu'ont rencontrées, dans ces derniers temps, toutes les contrées industrielles. Elles se sont particulièrement fait sentir dans ce petit pays grandement producteur.

Plusieurs nations ayant élevé, par leur régime douanier, des barrières fiscales pour entraver l'introduction des produits étrangers, d'importants marchés furent ainsi fermés pour nous : il fallut chercher ailleurs le placement de notre production et tâcher de réduire le prix de revient. Les efforts qui furent faits dans ce sens n'ont pas été stériles et l'industrie belge s'est créée à l'étranger, en Russie et au Congo notamment, de nouveaux et importants débouchés.

Un recensement général des industries a été opéré en Belgique en 1896. Ses résultats d'ensemble ne sont pas encore publiés. Aussi ne pouvons-nous donner un tableau complet de la situation industrielle du pays.

Nous [nous bornerons à indiquer, pour quelques-unes des principales industries, les renseignements essentiels que fournit la statistique officielle.

Voici d'abord, pour ces industries, le chiffre de la production et la valeur de leurs produits en 1880, 1890 et 1898 :

INDUSTRIES	Années	PRODUCTION	VALEURS
		Tonnes	En milliers de francs
Mines de houille	1880 1890 1898	16,886,698 20,365,960 22,088,335	169,680 268,503 242,893
Mines métalliques	1880 1890 1898	306,361 205,090 245,565	5,177 2,502 2,032
Carrières	1880 1890 1898	" " "	38,671 39,280 52,799
Hauts fourneaux	1880 1890 1898	608,084 787.836 979,755	37.276 50,073 57,901
Fabriques de fer	1880 1890 1898	493,326 489,079 514,311 (fer fini) 432,774 (fer ébauché) 485,040 (fer fini)	83,980 (fer fini) 82,988 (fer fini) 65,983 (fer fini)
Aciéries	1880 1890 1898	132,052 221,296 (ling. fondus) 24,278 (ling. battus) 281,817 (produits finis) 653,523 (ling. fondus) 567,728 (produits finis)	17,204 (produits finis 24,889 (ling. fondus) 3,216 (ling. battus) 31,278 (produits finis 59,385 (ling. fondus) 76,610 (produits finis
Usines à zinc	1880 1890 1898	59,880 82,701 119,671	25,802 46,212 59,409
Verreries cristalleries et manuf. de glaces	1880 1890 1898	" " "	35,353 58,341 66,068
		Kilolitres	
Brasseries	1880 1890 1898	923,850 1,077,066 1,370,684	
		Tonnes	
Fabriques de sucre	1880 1890 1858	64,177 163,512 218,118	

Les chiffres moyens des salaires, dans les principales industries, ont été comme suit en 1880, 1890, 1897 et 1898 :

	1880	1890	1897	1898
Mines de houille. . . . . fr.	920	1,117	1,006	1,097 par an
Mines métalliques . . . . »		2.74	2.68	2.44 par jour
Hauts fourneaux. . . . . »		2.82	3.11	3.11 »
Fabriques de fer et usines à ouvrer le fer. . . . . . »		3.32	3.45	3.56 »
Aciéries . . . . »		3.41	3.50	3.57 »
Fonderies et usines à zinc . »		3.39	3.47	2.55 »

Les appareils mécaniques ont pris un grand développement.

Le relevé ci-après fait connaître le nombre des machines et des chaudières à vapeur qui étaient utilisées dans l'ensemble des établissements industriels du pays en 1880, en 1890 et en 1898 :

	MOTEURS A VAPEUR		CHAUDIÈRES A VAPEUR
	Nombre	Force en chevaux	Nombre
1880 . . .	14,060	607,142	15,096
1890 . . .	17,763	1,903,833	18,113
1898 . . .	21,556	1,249,813	20,996

Le nombre des appareils à vapeur a donc augmenté, depuis 1880, de 53 p. c. ; la force en chevaux, de 105 p. c.

XV. AGRICULTURE

§ 1. ADMINISTRATION ET INSTITUTIONS AGRICOLES

Le Ministère de l'Agriculture comprend l'administration de l'agriculture, des eaux et forêts, du service de santé, de l'hygiène et de la voirie communale et des ponts et chaussées. Les crédits prévus au budget de 1900, pour ce département, s'élèvent à un total de 25,141,000 francs.

Institutions officielles. — Parmi les comités consultatifs ressortissant du Ministère de l'Agriculture, on peut citer le Conseil supérieur de l'agriculture, le Conseil supérieur des forêts, le Comité de mariculture, la Commission de pisciculture, le Conseil supérieur d'hygiène publique.

Le pays est divisé en un certain nombre de circonscriptions agricoles. Un comice agricole veille aux intérêts agricoles de chaque circonscription. On comptait, en 1898, 152 comices, avec un total de 25,746 membres. La fédération des comices agricoles d'une province forme la société provinciale d'agriculture qui prend les mesures nécessaires pour propager les améliorations agricoles et pour développer les diverses industries rurales. Le bureau de la Société porte le titre de Commission provinciale d'agriculture.

Une fédération des sociétés d'horticulture est établie, sous les auspices du Gouvernement, entre toutes les sociétés et institutions horticoles.

Les agronomes de l'État, au nombre de 11, sont chargés de vulgariser, par des conférences et des conseils aux agriculteurs, les notions et les procédés de la science agronomique. Sous leur direction, des champs d'expérience sont institués dans chaque province, pour servir à l'enseignement pratique des cultivateurs.

Les agronomes de l'État servent d'intermédiaires officieux entre les cultivateurs et les laboratoires agricoles qui, au nombre de 7, exécutent, d'après un tarif dressé par le Ministre, les analyses qui intéressent l'agriculture.

Une station agronomique de l'État, à Gembloux, est chargée des recherches de chimie et de physiologie végétale et animale appliquées à l'agriculture.

L'enseignement agricole, en tant qu'organisé par l'État, comprend l'Institut agricole de Gembloux (avec ferme modèle, jardins et champs d'expérience), les écoles pratiques d'horticulture et d'agriculture de Vilvorde, de Gand et de Huy, l'école de médecine vétérinaire, à Cureghem.

Groupements agricoles libres. — Le génie de l'association, particulier à la Belgique, a produit sur le terrain agricole des merveilles. Une floraison d'associations a surgi, groupant et développant les divers intérêts des agriculteurs.

Nous citerons d'abord les *ligues agricoles*, dont l'action se limite à une ou plusieurs communes. Presque toutes sont affiliées à un organisme central qui est ou cantonal, ou provincial ou national et qui leur donne l'impulsion des mesures à prendre. On compte 7 fédérations de ligues agricoles englobant 607 ligues agricoles avec 49,284 membres.

Ces ligues ont pour but la défense et l'étude des intérêts agricoles par l'organisation de conférences et la publication d'organes spéciaux.

Outre ces moyens moraux, les ligues mettent en œuvre des moyens matériels et c'est dans leur sein, comme au sein des comices agricoles, que se sont fondés les *syndicats pour l'achat des semences, d'engrais commerciaux, de matières alimentaires pour le bétail et de machines agricoles utilisées par les membres.* Ces sociétés d'achat étaient, en 1898, au nombre de 602 et comptaient 48,747 membres. Le montant des achats effectués, en 1898, s'est élevé à 11,730,764 francs, dans lesquels les engrais figurent pour 6,600,000 francs.

De même, les sociétés ou *syndicats pour la vente du lait, la fabrication ou la vente du beurre et des fromages* (laiteries coopératives) sont en train de prendre un grand développement : 258 de ces sociétés comprenaient, en 1898, 17,022 membres, possédant 71,443 vaches, et elles ont vendu pour 12,802,785 francs.

Les institutions de crédit agricole sont également florissantes. Outre *9 comptoirs de crédit agricole* ayant fait des avances pour plus de 4 millions, on comptait, en 1898, 199 *sociétés coopératives locales de crédit* à responsabilité solidaire et illimitée des membres (type Raiffeisen). Ces sociétés ressortissaient à 6 caisses centrales qui se chargent de recueillir les excédents d'encaisse des sociétés locales et de consentir des prêts provisoires à celles qui manquent exceptionnellement de fonds. Le nombre de prêts consentis, en 1898, a été de 1,933, d'un montant total de 740,000 francs (sur lequel 1,062 prêts de moins de 250 francs). Le montant des dépôts effectués par les cultivateurs à ces sociétés a été de 1,520,257 francs. Les capitaux d'emprunt des sociétés étaient de 2,830,000 francs.

L'assurance du bétail est réalisée dans certaines provinces par des fonds d'assurance, auxquels l'affiliation est obligatoire. Dans toutes les provinces, il existe des sociétés mutualistes d'assurance qui accordent des indemnités égales généralement aux deux tiers de la valeur des animaux sinistrés. Leur nombre est de 509, comptant 49,578 membres et assurant 139,859 têtes de bétail.

Ajoutons encore, pour être à peu près complet, 227 sociétés apicoles avec 8,680 membres, et 130 sociétés horticoles avec 17,871 membres.

§ 2. — STATISTIQUE AGRICOLE

L'agriculture belge, après avoir traversé une période de grande prospérité, a subi, à partir de 1875, une crise intense, qui s'est manifestée par l'avilissement des prix de la plupart des produits du sol, une diminution de la valeur vénale de celui-ci et une réduction du taux des fermages. La crise, en se prolongeant, a amené une modification dans le système d'exploitation du sol : sur plusieurs points du pays, on a restreint ou abandonné la culture des céréales, pour se livrer plus largement aux diverses spéculations dont le bétail fait l'objet; elle a puissamment contribué, d'ailleurs, à introduire dans les fermes des instruments de travail perfectionnés, et à développer l'emploi des engrais chimiques.

Les nouveaux modes de culture semblent avoir exercé une action sur le nombre et l'étendue des exploitations agricoles. En effet, alors que de 1866 à 1880 leur nombre s'était élevé de

744,007 à 910,396, il est retombé en 1895 à 829,625, soit une diminution de 9 p. c.

A cette date de 1895, un recensement général de l'agriculture a permis de constater que la répartition des exploitations agricoles, d'après leur importance, était la suivante :

458,120 exploitations		de 5o ares au plus.
85,921	»	de 51 ares à 1 hectare.
90,312	»	de 1 à 2 hectares.
101,512	.,	de 2 à 5 —
49,065	»	de 5 à 10 —
28,151		de 10 à 20 —
8,162		de 20 à 30 —
3,187		de 3o à 40 —
1,601		de 40 à 5o —
3,584	.,	de plus de 5o hectares.

Ce sont exclusivement les exploitations de moins de 5 hectares, et notamment celles de moins de 2 hectares dont le nombre a diminué depuis 1880 (84,569). Au contraire, les exploitations au delà de 10 hectares ont augmenté de 3,789.

Étendue et subdivision du domaine agricole. — Sur les 2,945,589 hectares qui constituent le territoire belge, le domaine agricole comprend 2,607,514 hectares, savoir :

1,916,690 hectares	en cultures diverses.
521,495	—	de bois.
169,329	—	de terrains incultes.

L'étendue du sol exploité a diminué, de 1880 à 1895, de 97,443 hectares, soit 3 p. c., ce qui représente une diminution annuelle moyenne de 6,496 hectares. L'étendue territoriale non utilisée par l'exploitation agricole était de 338,075 hectares, soit 11.47 p. c. en 1895.

L'étendue occupée par les cultures ordinaires accuse une diminution de 66,880 hectares depuis 1880. Les terrains boisés ont augmenté de 32,072 hectares. Les terrains incultes ont été réduits de 62,635 hectares.

Relativement à 1880, l'étendue générale des terres exploitées par leurs propriétaires a diminué de 147,291 hectares, et celle des terres occupées par des locataires a augmenté de 49,847 hectares. Il y avait, en 1895, 1,287,155 hectares, soit 49 p. c. exploités par les propriétaires et 1,320,359 hectares, soit 51 p. c. en location.

Population agricole. — La population qui se livre habituellement aux travaux de l'agriculture était en 1895, d'après les chiffres du recensement, de 1,204,810 personnes, y compris les employés de ferme.

Cette population était en 1880 de 1,199,319 personnes. Il y a donc en 1895 une augmentation de 5,491 personnes.

Le rapport des travailleurs agricoles avec la population générale, qui était de 21.77 p. c. en 1880, est descendu en 1895 à 18.79.

La moyenne des travailleurs agricoles employés par 100 hectares, qui était de 60 en 1880, s'est élevée à 64 en 1895. Cette augmentation ne porte que sur les membres de la famille occupés habituellement aux travaux agricoles, tandis que le nombre des domestiques à gages a diminué.

Animaux utilisés en agriculture. — Le recensement de 1895 a établi les chiffres suivants pour les principales espèces d'animaux utilisés en agriculture :

Chevaux . . .	271,527,	soit 14.16 par 100 hect. cultivés
Bêtes à cornes .	1,420,978	» 74.13 » » »
Moutons . . .	235,722	» 12.29 » » »
Porcs	1,163,133	» 60.63 » » »
Boucs, chèvres et chevreaux .	241,045	» 12.57 » » »

Le commerce des animaux [domestiques utilisés en agriculture est une des grandes ressources de notre agriculture. Un relevé des transactions faites sur nos foires et marchés, en 1898, accuse pour la vente des chevaux et bestiaux :

Animaux	Nombre	Prix moyen
Chevaux adultes du pays . . .	63.289. . .	fr. 699
Poulains	16,704.	. . . 494
Taureaux	20,749.	. . . 301
Bœufs	43,745.	. . . 330
Vaches laitières	131,922.	. . . 301
Bouvillons.	42,250.	. . . 148
Génisses	86,962.	. . . 219
Veaux	90,866.	. . . 93
Moutons	14,462.	. . . 29
Agneaux	19,966.	. . . 20
Porcs	171,619.	. . . 63
Cochons de lait.	425,420.	. . . 17

Nature, superficie et produits des diverses cultures. — Les espèces végétales que l'on cultive en Belgique sont : les principales céréales et le sarrasin, les légumineuses (féveroles, pois et vesces), les plantes industrielles (chanvre, lin, colza, tabac, houblon, chicorée, betterave à sucre), les plantes racines (betteraves fourragères, carottes, navets, rutabagas, turneps, pommes de terre), et les plantes fourragères (trèfles divers, luzerne, sainfoin, serradelle, ray-grass.

Voici un tableau de l'étendue des principales cultures et du produit des principales denrées agricoles en 1895

NATURE		Surface cultivée en 1895.	PRODUCTION		
			Moyenne par hectare. (résultat de 10 annees)		Total en 1895
		Hectares			
Céréales et farineux	Froment d'hiver et froment d'été . . .	180,376	Kilogr.	1,931	Kilogr. 348,252,664
	Epeautre . . .	33,854	id.	1,442	id. 48,811,216
	Seigle	283,376	id.	1,786	id. 505,926,532
	Orge	40,244	id.	2,149	id. 86,496,316
	Avoine. . . .	248,694	id.	1,759	id. 437,422,571
	Sarrasin . . .	4,701	id.	1,215	id. 5,712,983
Légumineuse :	Féveroles. . .	15,964	id.	1,924	id. 30,715,525
Plantes industrielles	Chanvre { Filasse. Graine.	611	id Hecto. litre	955 »	id. 583,505 Hectol. litre »
	Lin { Filasse. Graine.	30,515	Kilogr. Hect. litre 4.54	520	Kilogr. 15,860,657 Hectol. 138,574,75
	Colza . . .	1,807	Kilogr.	1,564	Kilogr. 2,826,846
	Tabac . . .	2,148	id.	2,123	id. 4,560,645
	Houblon . . .	3,705	id.	1,316	id. 4,875,871
	Chicorée . . .	12,756	id.	24,713	id. 315,240,772
	Betteraves à sucre	54,100	id.	31,700	id. 1,714,924,651
Plantes-racines	Betteraves pour le bétail . .	40,562	id.	44,730	id. 1,814,312,355
	Carottes sur jachère . . .	3,827	id	21,867	id. 83,688,365
	Carottes en culture dérobée .	16,799	id	11,485	id. 192,951,024
	Navets sur jachère . . .	9,412	id.	21,482	id. 202,214,536
	Navets en culture dérobée .	136,964	id	18,779	id. 2,572,024,387
	Pommes de terre	184,690	id.	14,515	id. 2,68 ,805,233
Fourrages	Trèfle incarnat.	15,085	id.	18,477	id. 278,264,390
	Trèfle rouge. .	98,704	id.	23,430	id. 2,312,815,795
	Luzerne . . .	16,099	id.	26,083	id. 419,883,030
	Sainfoin . .	7,339	id.	15,733	id. 115,368,422
	Spergule . . .	26,555	id.	12,481	id. 331,430,913
	Prairies fauchées, pâturées et vergers, foin . . .	444,984	id.	3,456	id. 1,535,030,951
	Prairies fauchées, pâturées et vergers, regain . . .		Hect.	1,574	id 700,615,728

On a constaté, depuis 1880, une diminution considérable dans les cultures des céréales et farineux. Ces cultures qui occupaient, en 1880, 32 p. c. du territoire, ne s'étendent plus en 1895 que sur 27 p. c. de la superficie territoriale. Il y a diminution également pour les plantes industrielles et les pommes de terre.

La culture de la betterave à sucre s'est beaucoup étendue, elle a gagné 21,472 hectares, soit 66 p. c.

Pour les plantes racines, les fourrages et les prairies, il y a une augmentation de 80,674 hectares. Ces cultures qui ont pour objet l'alimentation du bétail et qui, en 1880, occupaient 20 p. c. du territoire, s'étendent aujourd'hui sur 23 p. c. de la surface territoriale.

Les prairies fauchées ou pâturées et les vergers ont une superficie de 389,102 hectares, correspondant à 19.61 p. c. de l'étendue cultivée; les jardins potagers et légumiers occupent 41,868 hectares, les pépinières d'arbres forestiers, fruitiers et d'agrément 3,025, les oseraies 3,347. Enfin, diverses cultures ont une superficie de 3,441 hectares, et les parcs 15,726 hectares.

Indépendamment des cultures principales, on obtient en Belgique des récoltes supplémentaires de navets, de carottes et de plantes fourragères, par des cultures dérobées, qui s'étendent à 190,810 hectares, qui donnent ainsi deux récoltes annuelles.

Valeur vénale des terres, taux des loyers ; salaires des ouvriers. — La valeur vénale moyenne des terres labourables, qui était, en 1880, de 4,261 francs l'hectare, était descendue, en 1895, à 2,838 francs; diminution : 1,423 francs, soit 33 p. c.

Les prairies ont également diminué de valeur : 4,143 francs l'hectare en 1880; en 1895, 3,204; diminution : 939 francs, soit 23 p. c. Cette diminution atteint 2,000 francs dans la Flandre orientale et le Hainaut.

La valeur des prairies excédait celle des terres labourables, en 1895, de 366 francs. Cet excédent se rencontre dans toutes les provinces sauf deux : la Flandre orientale, où la valeur des prairies est inférieure (229 fr.), et le Hainaut, où il y a équivalence.

La valeur locative des terres labourables est également inférieure à celle des prairies, sauf dans la Flandre orientale. Les prix moyens des fermages des terres labourables et des prairies, qui étaient en 1880 respectivement de 107 et de 125 fr., sont descendus à 90 et à 105 francs en 1895.

Le salaire des ouvriers agricoles a diminué depuis 1880. La moyenne du taux des salaires était, en 1895, de fr. 1.98 pour les hommes et fr. 1.22 pour les femmes sans nourriture, et de fr. 1.21 pour les hommes et de fr. 0.74 pour les femmes avec

nourriture. Il y a une diminution de quelques centimes sur les chiffres de 1880.

Les salaires agricoles sont les plus élevés dans la province de Namur (fr. 2.43 ou fr. 1.62 pour les hommes sans ou avec nourriture) et dans les provinces de Luxembourg, Hainaut et Liège. Ils sont les plus bas dans le Limbourg (fr. 1.44 ou fr. 0.84 pour les hommes sans ou avec nourriture).

Matériel agricole. — L'emploi des instruments agricoles perfectionnés a fait de grands progrès en Belgique depuis une trentaine d'années. On y compte 5,528 semoirs et plantons mécaniques, 703 faucheuses, 700 faneuses, 2,073 rateaux à cheval, 1,112 moissonneuses, 10,197 machines à battre les grains, 2,264 écrémeuses centrifuges, 3,402 réfrigérants, etc.

XVI. VOIES DE COMMUNICATION ; TRANSPORTS

Le territoire belge est sillonné de nombreuses voies de communication de toute espèce : fleuves et rivières navigables ou flottables, canaux, routes pavées ou empierrées, chemins de fer de grande communication, chemins de fer vicinaux et tramways. Elles appartiennent à l'État, aux provinces, aux communes ou à des concessionnaires.

L'État a le monopole du service des postes, de celui des

LA GARE DE TOURNAI

télégraphes, des téléphones ; la plus grande partie des lignes de chemins de fer est également entre les mains de l'État.

Voies navigables et flottables. — Le réseau des voies navigables et flottables présente un développement de 2,193 km[286].

La Belgique possède neuf ports maritimes : Anvers, Bruges, Bruxelles, Gand, Louvain, Nieuport, Ostende, Selzaete et Termonde.

On a transporté en 1897, sur 1,631 kilomètres de voies navigables, 36,377,094 tonnes de marchandises diverses, qui y ont effectué un parcours moyen de 17.8 kilomètres.

Le montant des droits de navigation, pendant cette année, a été de 1,661,984 francs.

Routes. — Les routes de l'État, les routes provinciales et les routes concédées ont un développement de 9,189 kilomètres, savoir :

Routes de l'État.	7,487 kilomètres.
Routes provinciales . . .	1,577 ' »
Routes concédées	125 »
Total . .	9,189 kilomètres.

En y ajoutant les routes communales, on obtient un réseau de 25,000 kilomètres.

Chemins de fer de grande communication. — Le développement des chemins de fer en Belgique a été extrêmement rapide. Le premier réseau a été décrété en 1834; en 1865, l'importance des lignes était de 2,300 kilomètres, dont 750 appartenant à l'État; en 1896, le réseau s'étendait sur 4,584 kilomètres, dont 3,310 appartenant à l'État. En 1897, plusieurs lignes importantes ont été rachetées à des Compagnies par l'État qui possède aujourd'hui presque tout le réseau.

La longueur totale des lignes, exploitées par l'État ou pour son compte à la fin de 1898, est de 3,984 kilomètres 712 mètres; celle des lignes exploitées par des Compagnies est de 549 kilomètres 274 mètres, ce qui fait un total de 4,533 kilomètres 986 mètres, soit 154 kilomètres de chemins de fer exploités par 1,000 kilomètres carrés de la superficie du territoire. C'est le réseau le plus serré du monde.

Il comprend 1,445 stations et haltes, 2,940 locomotives et voitures à vapeur, 67,631 véhicules de transport. Le nombre des fonctionnaires, employés et ouvriers est de 58,157 pour l'État et 5,668 pour les Compagnies. Le parcours kilométrique des trains est estimé à 51,426,352 sur les chemins de fer de l'État et à 5,965,610 sur les chemins de fer des Compagnies.

Le nombre des voyageurs transportés en 1898, par l'État, a été de 101,957,734, et celui des voyageurs transportés par les Compagnies, de 14,524,644. On a compté, sur les chemins de fer de l'État, 36 millions, et sur les chemins de fer des Compagnies 12 millions de tonnes de grosses marchandises.

Les recettes de l'exploitation des chemins de fer ont été : pour l'État, de 183,950,659 francs ; pour les Compagnies, de 24 millions 835,703 francs. Les dépenses : pour l'État, de 112,902,679 francs ; pour les Compagnies, de 10,827,142 francs.

Le coefficient d'exploitation a été de 58.79 pour l'État et de 43.59 pour les Compagnies.

Chemins de fer vicinaux. — Les chemins de fer vicinaux ont pris une grande extension, grâce à la combinaison financière sur laquelle leur construction repose.

Une loi du 28 mai 1884, qui a été complétée par celle du

24 juin 1885, autorise le Gouvernement à aprouver les statuts d'une société anonyme constituée à Bruxelles sous la dénomination de *Société nationale des chemins de fer vicinaux*, et fixe les conditions générales auxquelles des voies de l'espèce peuvent lui être concédées pour un terme égal à sa durée.

Pour former le capital nécessaire à l'établissement de chaque ligne, et éventuellement à son matériel d'exploitation, la Société émet une série d'actions de mille francs, dont les deux tiers au moins doivent être souscrits par l'État, les provinces et les communes intéressées. Toutefois, l'intervention de l'État, comme souscripteur d'actions, ne peut dépasser la moitié du capital nominal de chaque ligne, à moins qu'une loi n'en dispose autrement.

L'État, les provinces, ainsi que les communes qui justifient des ressources nécessaires, peuvent se libérer, par annuités, en quatre-vingt-dix ans; les titres des annuités ainsi souscrites sont immédiatement remis à la Société, et sont inaliénables.

La Société peut émettre des obligations en représentation des annuités qui lui sont dues : elle a été autorisée, par arrêté royal du 6 juillet 1885, à créer des obligations à primes et à l'intérêt de 2 1/2 p. c., remboursables en 90 ans, par voie de tirage au sort. L'État garantit envers les tiers l'intérêt et l'amortissement des obligations pendant la même durée, jusqu'à concurrence d'une somme de 600,000 francs annuellement.

Chaque série d'actions a droit, dans certaines limites, aux bénéfices produits par la ligne à laquelle elle se rapporte.

Le bénéfice net de chaque ligne est réparti entre les actionnaires de celle-ci, à concurrence de 4 1/2 p. c. du capital versé, ou du montant de l'annuité correspondante à titre de premier dividende.

Après déduction des tantièmes attribués à l'administration, l'excédant sert : pour 1/4 à constituer un fonds de prévision, pour 3/8 à payer un second dividende, et pour 3/8 à former un fonds de réserve qui est destiné à couvrir les pertes éventuelles de la Société, ainsi qu'à étendre et à améliorer le réseau.

Après quatre ans et demi d'existence, en 1888, la Société nationale avait livré à l'exploitation vingt-sept lignes de chemins de fer vicinaux mesurant ensemble 470 kilomètres, et elle avait en construction quatorze lignes d'un développement de 294 kilomètres.

Au 31 décembre 1898, la longueur moyenne exploitée était de 1,578 kilomètrès. Les recettes totales ont été de 7,939,434 fr. Les dépenses de 5,296,804 francs. Par train-kilomètre, la recette est de 1 franc, la dépense de fr. 0.67.

Postes. — Aux termes de la Constitution, le secret des lettres est inviolable.

L'État possède, pour la réception, le transport et la distribution des lettres, un monopole qui se justifie par l'importance de la responsabilité en pareille matière.

La recette faite, en 1898, s'élève à fr. 22,634,951.11 ; la dépense à fr. 12, 425,263.02.

Voici quel a été le mouvement des postes en 1880, en 1890 et en 1898 :

	1880	1890	1898
Lettres privées. . . .	73,419,058	95,484,491	123,040,221
» de service. . . .	11,653,250	16,567,965	23,455,915
Cartes postales.	18,116,228	36,865,077	53,174,433
» Cartes de visite sous enveloppe ouverte	»	4,383,756	5,877,504
Journaux	71,830,000	94,639,558	122,454,701
Imprimés	36,673,000	73,599,461	107,950,411
Echantillons	2,674,000	3,675,217	6,255,470
Papiers d'affaires	452,000	1,124,994	1,687,712
Mandats-poste	1,950,418	1,657,175	2,113,948
Bons de poste	»	965,976	1,274,201
Effets de commerce (encaissement).	933,755	1,873,160	2,473,112
Effets de commerce (acceptation)	6,331	36,014	39,993
Quittances déposées	1,134,961	3,694,666	5,846,189
Coupons et titres amortis (encaissement)	»	164,620	163,180
Abonnements souscrits. .	267,812	281,974	454,190
Exprès (envois de toute nature)	73,602	630,447	1,651,229
Caisse d'épargne Livrets	54,464	511,595	1,177,423
Dépôts (solde fr.) .	30,176,984	192,290,375	120,426,114
Caisse de retraite Nombre de versements . . .	»	335	216,623
Montant . . .	»	22,926	1,540,366
Lettres tombées au rebut . .	129,310	168,594	2 07,705
Agents postaux.	4,214	5,375	6,479
Bureaux de poste ·	765	819	973

La moyenne des lettres privées de toute espèce soumises à la taxe et expédiées en Belgique a été par habitant :

En 1880 . 13.20. En 1890 . . 15.73. En 1898 . . 18.44

La moyenne des cartes postales a été par habitant :

En 1880 . 3.28. En 1890 . . 6.07. En 1898. . . 7.97

Télégraphes. — Il y a, en Belgique, 6,379 kilomètres de lignes télégraphiques comportant 33,396 kilomètres de fils conducteurs.

Le nombre des agents du télégraphe est de 5,033, celui des agents auxiliaires de 4,519, celui des bureaux ouverts au public 1,058 et celui des appareils en service de 2,126.

En 1898, il a été expédié 3,113,715 télégrammes pour l'intérieur du pays, et 2,523,654 pour l'étranger, auxquels s'ajoutent 481,742 dépêches en transit, soit un total de 6,119,111 télégrammes privés. Les dépêches de service ont été au nombre de 4,162,757.

En 1898, le montant des frais d'exploitation a été de 5 millions 317,597 francs et celui des recettes de 4,130,464 seulement.

L'établissement des lignes télégraphiques a coûté 9 millions 540,899 francs.

Téléphones. — L'emploi des téléphones en Belgique date de 1884. La plupart des lignes ont été établies par des Compagnies privées, puis reprises par l'État, qui a maintenant le monopole du service téléphonique.

La longueur totale des fils est de 31,575 kilomètres. Le nombre d'abonnés est de 12,343.

LA GARE DE BRUGES

En 1898, le nombre de communications à l'intérieur du réseau s'est élevé, en moyenne, à 80,531 par jour; il y a eu, en outre, 1,277,826 communications pour transmission de dépêches télégraphiques.

Les relations téléphoniques interurbaines ont été de 323,375 en 1898; les relations internationales, de 99,515.

XVII. SYSTÈME MONÉTAIRE; INSTITUTIONS DE CRÉDIT

§ I. SYSTÈME MONÉTAIRE

Le système monétaire actuellement en vigueur en Belgique a pour base la convention internationale de 1865 et l'acte additionnel de 1885, qui constituent,en *Union monétaire*,la Belgique, la France, la Grèce, l'Italie et la Suisse, pour ce qui concerne le poids, le titre, le module et le cours de leurs espèces d'or et d'argent.

Le double étalon est implicitement maintenu avec le rapport de 1 à 15 1/2.

Monnaies de billon. — Il n'est rien stipulé à cet égard dans la convention de 1885.

Les monnaies de nickel de 5, 10 et 20 centimes continuent d'avoir cours en Belgique, ainsi que les pièces de cuivre de 1 et de 2 centimes.

Nul n'est tenu d'accepter, pour chaque payement, plus de 5 francs en monnaie de nickel, ni plus de 2 francs en monnaie de cuivre ; mais la monnaie de nickel est toujours échangeable aux caisses publiques contre des monnaies de payement.

LA MALLE D'OSTENDE-DOUVRES
VUE DE L'ESTACADE D'OSTENDE

Fabrication ; surveillance. — En principe, le monnayage est libre, en ce sens que chaque particulier peut apporter des matières d'or ou d'argent au change de la monnaie, et en demander la transformation en monnaies de payement.

La fabrication des monnaies est confiée à un entrepreneur qui a le titre de *directeur de la fabrication ;* il opère, sous la surveillance du Gouvernement, aux prix d'un tarif fixé par arrêté royal.

Cette surveillance est exercée par une administration spéciale dirigée par un *commissaire des monnaies,* sous l'autorité du Ministre des Finances. Ce fonctionnaire juge, conformément à la loi, du titre et du poids des monnaies fabriquées ;

il décide des questions relatives au titre et à la marque des lingots et espèces, à la légalité des poinçons ou des coins de l'État et aux fausses monnaies ; enfin, il veille à l'exécution des lois monétaires et des lois relatives à la garantie des matières et ouvrages d'or et d'argent.

Le commissaire des monnaies est assisté, dans l'exercice de ses fonctions, par un contrôleur au change et au monnayage, un inspecteur des essais et des essayeurs chimistes.

Statistique des monnaies fabriquées en Belgique. — L'Hôtel des Monnaies, à Bruxelles, a fabriqué, depuis 1832, pour la valeur suivante :

Pièces d'*or*.	. . . .	fr.	598,642,745	00
Id.	d'*argent*	»	556,842,745	95
Id.	de *nickel*.	»	10,605,898	20
Id.	de *cuivre*.	»	8,724,959	67
	Total . .	fr.	1,174,816,348	82

§ 2. INSTITUTION DE CRÉDIT

Il n'existe en Belgique qu'une seule *banque d'émission*, la Banque nationale, instituée par la loi du 5 mai 1850.

Son capital, entièrement versé, est de 50 millions de francs.

Ses opérations sont les suivantes : escompte et recouvrement d'effets de commerce ; avances sur lingots, monnaies et fonds publics nationaux ; comptes courants ; opérations en matières d'or et d'argent ; dépôts.

Elle est chargée du service de caissier de l'État.

Le tableau ci-contre montre la situation des principaux comptes, à différentes époques, avec le taux moyen de l'escompte.

Nous avons parlé plus haut des institutions officielles et libres qui pourvoient au crédit agricole.

Un grand nombre de sociétés commerciales, banques, etc., sont fondées dans le but de procurer au commerce et à l'industrie les instruments de crédit dont il a besoin. Rien qu'en 1897, il a été fondé 108 sociétés semblables dont 83 sous la forme coopérative.

Il y a notamment aussi les *Unions du crédit*, qui procèdent des banques de dépôt et d'escompte, et ont pour but de procurer au commerce, à l'industrie, ainsi qu'aux petits patrons et détaillants, dans la limite de leur solvabilité matérielle et morale, les capitaux qui leur sont nécessaires.

Il en existe une à Bruxelles, Charleroi, Gand, Liège, Mons, Tournai et Verviers.

— 106 —

Au 31 décembre	ENCAISSE métallique	Portefeuille (non compris les fonds publics)	PRÊTS sur fonds publics	FONDS publics	BILLETS de banque en circulation	COMPTES courants créditeurs	RÉSERVE	TAUX moyen de L'ESCOMPTE
1860	63,023,535	155,958,745	4,468,872	3,347,475	117,899,960	81,825,144	5,328,542	3.23
1870	95,614,523	196,233,878	3,813,830	2,602,286	202,528,520	81,319,921	14,708,334	3.37
1880	98,787,206	283,992,826	7,787,090	33,166,186	339,969,510	72,142,896	14,789,929	3.35
1890	103,413,340	312,670,661	7,587,900	49,852,104	404,721,600	67,723,926	22,409,773	
1898	117,087,292	424,795,032	34,150,000	49,913,427	544,652,040	98,975,211	27,074,742	3.40

Les *banques populaires* (sociétés coopératives) étaient au nombre de 22, au 31 décembre 1897 ; elles comptaient ensemble 13,341 sociétaires.

Le chiffre d'affaires du dernier exercice était de 309 millions 170,723 francs.

GROUPE I

ÉDUCATION ET ENSEIGNEMENT

—

CLASSE I

ENSEIGNEMENT PRIMAIRE

L'espace réservé à l'enseignement primaire étant **très res-**treint, l'Administration centrale s'est vue dans l'inéluctable nécessité de réduire et de condenser les éléments constitutifs de son exposition.

Celle-ci comprend deux parties bien distinctes : *l'une géné-rale*, dans laquelle figurent les documents essentiels relatifs : 1º à la législation et à l'organisation de l'enseignement primaire; 2º aux progrès réalisés et aux résultats obtenus à la date du 31 décembre 1899; *l'autre spéciale*, dans laquelle on fait res-sortir : 1º les tendances utilitaires professionnelles de l'école populaire belge; 2º le développement de ses œuvres d'ordre moral et social.

La partie spéciale est restreinte aux branches d'enseigne-ment suivantes : dessin et travail manuel (pour garçons), agri-culture (pour garçons), travaux à l'aiguille et économie domestique (pour filles). Elle comprend, en outre, comme œuvres d'ordre social et moral : l'enseignement antialcoolique, l'épargne scolaire et les mutualités de retraite.

Pour chacune de ces spécialités, les documents, travaux et collections exposés indiquent : 1º l'organisation; 2º les moyens intuitifs d'enseignement; 3º les moyens de perfection-nement et de vulgarisation; 4º les résultats obtenus.

Des imprimés, affichés dans les divers compartiments du salon de l'enseignement primaire, donnent de plus amples détails sur le caractère de chaque exposition partielle.

EXPOSANTS DE LA CLASSE I

Enseignement primaire — Education de l'enfant
Enseignement des adultes

Administration Centrale de l'enseignement primaire.
Rue de Louvain, 3, Bruxelles.
Organisation et situation de l'enseignement primaire;
ses tendances professionnelles; ses œuvres sociales.

Derbaix, François. — Instituteur, à Fayt-lez-Seneffe.
Appareil pour l'enseignement intuitif de la lecture élémentaire.

Kieckens, Oscar. — Alost.
Méthode d'écritures. — Calligraphie, ronde et gothique.

CLASSE 2

ENSEIGNEMENT SECONDAIRE

Vu l'étroit espace dont elle dispose, l'administration de l'Enseignement moyen s'est trouvée dans la nécessité de borner son exposition au double point de vue *économique et social*.

A. Le point de vue *économique* comprend l'organisation :

1º De l'**enseignement commercial** dans les *20 Athénées Royaux* et dans les *6 Sections spéciales* annexées aux Ecoles moyennes de garçons (Anvers, Limbourg, Vilvorde, Waremme), et de filles (Charleroi, Malines). A cet enseignement se rattache celui des **langues vivantes** spécialement dans ses rapports avec les relations commerciales;

2º De l'**enseignement agricole** dans *4 Athénées Royaux* (Chimay, Liège, Ostende, Tongres), dans *25 Ecoles moyennes de garçons* (Andenne, Beauraing, Boom, Diest, Fleurus, Flobecq, Fosses, Hasselt, Jumet, Laeken, Lessines, Limbourg, Maeseyck, Menin, Mons, Neufchâteau, Péruwelz, Rœulx, Saint-Ghislain, Saint-Nicolas, Soignies, Spa, Vilvorde, Visé, Waremme) et dans la *Section spéciale* annexée à l'Ecole moyenne de garçons à Jodoigne;

3º De l'**enseignement industriel** dans la *Section spéciale* annexée à l'École moyenne de Pâturages;

4º De l'**enseignement maritime** dans *2 Athénées Royaux* (Anvers, Ostende) et dans *2 Ecoles moyennes de garçons* (Blankenberghe, Nieuport);

5º De l'**enseignement de la Gymnastique** dans *les Ecoles moyennes de garçons*, depuis la réorganisation de ces Ecoles en 1897;

6º De l'**enseignement du Dessin** dans *les Ecoles moyennes de filles*, en rapport avec l'enseignement des travaux à l'aiguille;

7º De l'enseignement des Travaux à l'aiguille dans les *Ecoles moyennes de filles*, spécialement dans ses rapports avec l'enseignement du Dessin ;

8º De l'enseignement de l'Économie Domestique dans *les mêmes Ecoles*.

B. Le point de vue *social* comprend deux sortes de mesures :

1º Les mesures prises pour combattre le fléau de l'alcoolisme ;

2º Celles prises pour assurer la protection des animaux.

A ces deux points de vue, l'administration de l'Enseignement moyen s'est efforcée de suivre un seul et même plan. Elle expose d'abord l'*organisation*, puis les *moyens employés*, enfin les *résultats obtenus*.

L'organisation est suffisamment mise en lumière au moyen de brochures, de tableaux et de fardes. Les moyens employés sont représentés sous forme de photographies, de cartes, de matériel didactique, de rapports sur les diverses méthodes. Enfin les résultats obtenus, qui consistent notamment en devoirs d'élèves et en collections, sont déposés dans diverses fardes ou dans le musée.

Dans toutes les parties de son exposition, l'Administration s'est fait un cas de conscience de ne présenter que l'état réel, actuellement existant, de l'enseignement moyen de l'Etat.

CH. TILMAN,
Inspecteur général,
Délégué du Gouvernement.

EXPOSANTS DE LA CLASSE 2

Enseignement secondaire

(Enseignement secondaire des garçons : enseignement classique ;
enseignement moderne. — Enseignement des jeunes filles)

Administration Centrale de l'enseignement moyen.
Rue de Louvain, 3, Bruxelles.
Documents divers relatifs à l'organisation, aux moyens employés et aux résultats obtenus (enseignement spécial et mesures sociales).

Dries, Louis-François. — Rue du Fort, 82, Bruxelles.
Livre de gymnastique avec chants. Musique de E. De Poerck. — La gymnastique à l'école primaire, à l'école gardienne et au jardin d'enfants.

Gymnase Happel. — Avenue des Arts, 132, Anvers.
Un ouvrage intitulé : *Sportologie* : gymnastique, natation, patinage, escrime, promenade, jeux, cyclisme, canotage, équitation, par J. Happel.

Simon, Alexandre. — Architecte, à Namur.

Album contenant : des projets d'écoles primaires, gardiennes et normales pour filles.

CLASSE 3

ENSEIGNEMENT SUPÉRIEUR

L'Enseignement supérieur est donné en Belgique dans quatre universités : deux universités de l'État, à Gand et à Liège ; deux universités libres, à Bruxelles et à Louvain. Bruxelles, Gand et Liège ont chacune cinq facultés : *Philosophie et Lettres, Droit, Médecine, Sciences, Faculté technique.* L'université de Louvain, réunissant la faculté technique à celle des sciences, a en outre la *Théologie.*

Par la loi du 20 mai 1876, les quatre universités ont reçu le droit de conférer des grades légaux, à la condition d'en soumettre les diplômes au visa d'une commission spéciale d'entérinement chargée de s'assurer que les dispositions de la loi ont été observées.

Un jury central et des jurys spéciaux, composés d'un nombre égal de professeurs de l'Enseignement de l'État et de l'Enseignement libre, sont chargés d'examiner les candidats qui ont fait des études en dehors des universités.

Les matières des examens conférant des grades légaux sont réglées par la loi du 10 avril 1890, modifiée par celle du 3 juillet 1891. L'enseignement est organisé dans les quatre universités de manière à s'y conformer. Chaque université a institué en outre des cours facultatifs, plus ou moins nombreux et différents dans chacune d'elles et portant sur des matières spéciales : En Philosophie et lettres, l'archéologie, l'histoire de l'art, le sanscrit, l'hébreu, l'arabe, le syriaque, les langues iraniennes, le chinois, l'histoire ancienne de l'Orient, le droit musulman, la mythologie, etc. En Droit, le droit industriel, la comptabilité industrielle et commerciale, la psychiâtrie envisagée au point de vue médico-légal. En Sciences, la géologie appliquée et l'hydrologie, etc. En Médecine, la pathogénie et la thérapeutique générale des maladies infectieuses, la bactériologie, les maladies des pays chauds, la clinique des maladies mentales, etc.

L'enseignement oral est complété : en philosophie et lettres, par des exercices pratiques d'histoire ancienne et moderne, de philosophie, de critique littéraire, de philologie grecque et latine ; en droit, par des exercices pratiques de droit criminel, d'économie politique, de droit notarial ; en sciences et en médecine, par les exercices et les travaux de laboratoire. Les diverses universités ont actuellement des laboratoires d'anatomie, d'anatomie comparée et de zoologie, de botanique, de chimie, de chimie industrielle, de physique, de physiologie, d'hygiène, d'anatomie pathologique, de pharmacie ; les cliniques internes, externes, ophtalmologiques, des maladies syphilitiques, des maladies de la peau, obstétricale, des maladies du larynx, du nez et des oreilles, des maladies des enfants et des vieillards. Certaines universités ont en outre : une école des sciences politiques et sociales, un institut agronomique, un institut électro-technique, un institut d'astronomie, une école des langues orientales, etc.

Les cours constituant l'enseignement supérieur sont donnés dans chaque *université de l'État* par quatorze professeurs en philosophie, treize en sciences, huit en droit, quinze en médecine, dix dans la faculté technique. D'assez nombreux chargés de cours complètent l'enseignement dans toutes les facultés. Les autorités académiques sont le recteur, le secrétaire du Conseil académique, les doyens des facultés, le Conseil académique et le Collège des assesseurs. Le Conseil académique se compose des professeurs assemblés sous la présidence du recteur ; le Collège des assesseurs se compose du recteur, du secrétaire du Conseil académique et des doyens des facultés. Le recteur est nommé par le Roi pour trois ans ; le Conseil académique élit chaque année son receveur et propose à la nomination royale deux professeurs comme candidats pour la place de secrétaire ; les doyens et les secrétaires des facultés sont choisis annuellement par les professeurs de chaque faculté. Enfin, il y a près de chaque université de l'État un commissaire du Gouvernement sous le titre d'administrateur-inspecteur de l'Université ; ce fonctionnaire, nommé par le Roi, doit résider dans la ville où se trouve l'université.

Les *universités libres* ont une organisation analogue.

A Bruxelles, la nomination des professeurs et de l'administrateur-inspecteur émane d'un conseil d'administration et le recteur est nommé pour deux ans par tous les professeurs réunis en assemblée générale. Le conseil d'administration est composé de vingt membres, parmi lesquels le bourgmestre de Bruxelles, l'administrateur-inspecteur, le recteur et le pro-recteur, des membres choisis dans le conseil communal, le conseil provincial et le conseil des hospices, des professeurs délégués par leurs collègues, etc. Le corps enseignant se compose de 69 professeurs, 8 chargés de cours et 32 agrégés.

L'université de Louvain est dirigée par un recteur, nommé par le corps épiscopal de Belgique ; il est assisté d'un vice-recteur, d'un conseil rectoral composé des doyens des facultés, d'un secrétaire et d'un inspecteur du matériel. Le vice-recteur et les professeurs sont également nommés par le corps épiscopal, le premier après avis du recteur, et les seconds sur sa présentation. Il y a actuellement 11 professeurs à la faculté de théologie et un chargé de cours; 11 professeurs à la faculté de droit; 14 à la faculté de médecine; 20 à la faculté de philosophie et lettres; 37 et 1 chargé de cours à la faculté des sciences; plus huit chargés de cours spéciaux à l'École des sciences politiques et à celle des sciences commerciales.

Aux universités sont annexées diverses Écoles spéciales : l'Université de l'Etat à Gand comprend l'École du Génie Civil délivrant les diplômes d'Ingénieur des Constructions civiles et une Ecole des Arts et Manufactures.

L'Université de Liège possède l'École des Arts et Manufactures et des Mines qui forme la Faculté technique et qui délivre les diplômes d'Ingénieur civil des mines et des diplômes d'Ingénieur des arts et manufactures, d'Ingénieur mécanicien et d'Ingénieur électricien. L'Université libre de Bruxelles possède également une École spéciale délivrant les diplômes d'Ingénieur des constructions civiles, d'Ingénieur civil des mines, et d'Ingénieur des arts et manufactures. Enfin, à l'Université catholique de Louvain se trouvent annexées diverses Écoles spéciales : d'abord celle des arts et manufactures, du génie civil et des mines délivrant les diplômes d'Ingénieur civil des mines, d'Ingénieur des constructions civiles, d'Ingénieur des arts et manufactures et mines, d'Ingénieur constructeur, d'Ingénieur architecte et d'Ingénieur électricien; l'École de Brasserie forme des Ingénieurs brasseurs et l'École supérieure d'agriculture délivre le diplôme d'Ingénieur agricole.

Les étudiants sont au nombre de 743 à l'Université de Gand, dont 120 étrangers.

Les étudiants sont au nombre de 1,490 à l'Université de Liège, dont 309 étrangers.

Les étudiants sont au nombre de 981 à l'Université de Bruxelles, dont 149 étrangers.

Les étudiants sont au nombre de 1,905 à l'Université de Louvain, dont 168 étrangers.

EXPOSANTS DE LA CLASSE 3

Enseignement supérieur — Institutions scientifiques

de Munck, Émile. — Arts graphiques, Saventhem.
Un livre intitulé : *Contribution au progrès des arts graphiques.*

Jadoul, Léopold. — Charleroi (Nord).
Théorie nouvelle des parallèles, basée sur la démonstration du postulatum d'Euclide.

..armoyer. — Rue d'Espagne, 192, Bruxelles.
Grammaire anglaise à l'usage des Français.
French Grammar à l'usage des Anglais.
Homonymes, Synonymes anglais.
Recueil de morceaux choisis avec notes anglaises.

Legavre, Jean. — Auditeur militaire du Hainaut, à Mons
Ouvrages de Droit pénal militaire, procédure pénale n
taire belge. Livres, brochures.

Meerens, Léon. — Bruxelles.
Collection complète de la *Revue pratique du Notariat.*

Université libre de Bruxelles.
Dispositifs d'expériences, tableaux, diagrammes, photo
phies, préparations, publications.

Exposants : MM. les professeurs Anspach, De Key
Denis, Demoor, Errera, Héger, Laurent et Tassel; M. de
chef des travaux graphiques; M. Depauw, conservai
général des collections; Mlles Stefanowska et Jotey
MM. Bullot, Impens, Lor, Querton et Wybauw.

Université de Liège.
Collections, appareils, produits, modèles, photograph
Exposition collective de MM. les professeurs Dechan
L. Fredericq, Gerard, Habets, Henrijean, Jorissen, Krutv
Malvoz et Swaen.

Université catholique de Louvain.
Diagrammes statistiques, tableaux d'enseignement,
duits chimiques nouveaux, travaux de professeurs, tra
d'élèves. — Bibliographie académique. — Photographi
locaux universitaires.

Exposent spécialement : MM. les professeurs Dau
De Walque, Louis Henry, Paul Henry, E. Hubert, T
Van Gehuchten, Venneman et Vierendeel.

Université de Gand.
Tableaux d'enseignement, produits chimiques n
travaux de professeurs et d'élèves, photographie
lations universitaires.

EXPOSANTS DE LA CLASSE 4

Enseignement spécial artistique

Beyer, Gustave. — Professeur à Gand.
Méthode de violon. Exercices journaliers p
instrument.

EXPOSANTS DE LA CLASSE 5
Enseignement spécial agricole

Collectivité des écoles ménagères agricoles sous le haut patronage du Ministère de l'Agriculture, à Bruxelles.
Tableaux, documents, concernant l'enseignement agricole.

Collectivité des écoles régionales agricoles sous le haut patronage du Ministère de l'Agriculture, à Bruxelles.
Tableaux, documents, etc., concernant l'enseignement, l'économie rurale, etc.

Versnick, L. — Instituteur communal, Borsbeke-lez-Alost.
Matériel d'enseignement agricole. Tableaux et collections diverses.

CLASSE 6

ENSEIGNEMENT TECHNIQUE DE BELGIQUE

Au 31 décembre 1899, il existait en Belgique 471 établissements d'instruction technique, subsidiés par le Département de l'Industrie et du Travail.

Ces institutions se répartissent de la manière suivante :

A. ÉCOLES PROFESSIONNELLES POUR JEUNES FILLES :

1° Ecoles et classes ménagères	252 avec environ	10,500	élèves.
2° Ateliers d'apprentissage. .	4 id.	250	id.
3° Cours professionnels . . .	3 id.	160	id.
4° Écoles professionnelles . .	40 id.	4,800	id.

B. ECOLES PROFESSIONNELLES POUR GARÇONS :

1° Ateliers d'apprentissage et écoles professionnelles de tissage des Flandres . .	37 avec environ	650	élèves.
2° Ateliers d'apprentissage pour la taille des pierres .	14 id.	400	id.
3° Cours professionnels . . .	9 id.	300	id.
4° Écoles professionnelles . .	24 id.	1,700	id.
C. ÉCOLES ST-LUC	5 id.	1,700	id.
D. ÉCOLES INDUSTRIELLES . .	59 id.	19,500	id.
E. ÉCOLES SUPÉRIEURES TECHNIQUES.	9 id.	750	id.
F. COURS COMMERCIAUX ET SCIENTIFIQUES	15 id.	2,600	id.
	471 id.	43,310	id.

Le nombre de professeurs et de maitresses est d'environ 2,050.

Quelle que soit la dénomination particulière sous laquelle
on désigne ces institutions d'enseignement technique, il y a
lieu de les classer suivant deux grandes divisions dont chacune répond à un but défini et bien distinct : ce sont les
Écoles industrielles et les Écoles professionnelles.

Les premières ont pour but de donner à l'ouvrier une
instruction scientifique théorique qu'il ne peut acquérir dans
l'atelier, de développer son intelligence en l'initiant à la connaissance des lois générales qui président aux transformations
de la matière, afin de le soustraire graduellement à la tyrannie
de la routine et de lui procurer les moyens d'augmenter la
valeur économique de son travail et d'améliorer par cela
même sa condition matérielle.

Ces cours comprennent l'arithmétique, la géométrie, les
éléments de la physique, de la chimie, de la mécanique, des
notions d'hygiène et d'économie industrielle, et toujours le
dessin approprié aux métiers exercés par les élèves. Puis,
chaque école, suivant la région où elle est installée, comprend
des cours spéciaux de chimie, de métallurgie, d'exploitation
des mines, de constructions civiles, d'électricité, etc., etc.

L'école professionnelle est double, c'est-à-dire qu'elle est à
la fois théorique et pratique ; elle a surtout en vue d'enseigner
à l'ouvrier la connaissance de son métier.

En Belgique, le Département de l'Industrie et du Travail,
duquel dépendent les Écoles techniques, ne prend pas l'initiative de la création de ces écoles. Ce sont des institutions
essentiellement communales ou libres, mais le Gouvernement
les subsidie largement, à la condition qu'elles se soumettent
à l'inspection des fonctionnaires nommés pour les surveiller.
De même, les programmes des études, les budgets et les
comptes, ainsi que les horaires doivent lui être soumis annuellement.

En même temps que se développaient dans une large mesure
les relations industrielles et commerciales de la Belgique avec
la Russie, le Congo et les pays d'Extrême Orient, un grand
nombre de *cours publics et d'écoles commerciales* s'organisaient.
Ces cours, où les langues vivantes et les études commerciales
forment la base de l'enseignement, ont pris depuis un certain
temps un sérieux développement.

Les ateliers d'apprentissage constituent un enseignement
spécial et ils ont rendu, surtout dans les Flandres, pays de
l'industrie des textiles, les plus grands services : ils ont aidé
notamment à transformer les procédés de travail et à introduire plusieurs branches nouvelles d'industrie.

Écoles et classes ménagères

La Belgique peut revendiquer l'honneur d'avoir pris l'initia-

tive d'organiser pratiquement cet enseignement. Ces institutions furent créées en 1889 et aujourd'hui le Gouvernement en
subsidie déjà 25a. Cet enseignement s'adresse uniquement
aux filles et enfants d'ouvriers et il a pour but d'apprendre
aux femmes comment on tient un ménage avec ordre et
économie.

Le programme des études, toujours très rempli, est plus ou
moins développé suivant l'âge des élèves. Il comprend cependant toujours :

1° *Comme cours théoriques*, des leçons d'hygiène et d'économie domestique et les soins à donner aux enfants et aux
malades ;

2° *Comme exercices pratiques* :

A. L'entretien et la propreté de l'habitation et des meubles ;

B. Le lavage et le repassage du linge ;

C. Les travaux à l'aiguille, la coupe et la confection de
vêtements usuels, le raccommodage du linge et des vêtements ;

D. La cuisine ;

E. Enfin, pour les communes rurales, les travaux au jardin
potager, les soins à donner à la basse-cour.

Le Gouvernement subventionne, dirige et fait inspecter les
écoles et classes ménagères dont la fondation est laissée à l'initiative privée ou aux communes.

Nous sommes heureux de constater que les résultats obtenus
sont des plus encourageants et que ces institutions rendent des
réels services à la classe ouvrière.

L'Inspecteur général,
Eug. ROMBAUX.

EXPOSANTS DE LA CLASSE 6

Enseignement spécial industriel et commercial

Buyse, Omer. — Professeur. — Rue des Ailes, 60, Bruxelles.
1. Écoles professionnelles en Allemagne et en Autriche.
2 Écoles techniques en Allemagne.
3. Écoles techniques anglaises.

Corbisier, Jean. — Professeur, à Nivelles.
Traité de géométrie pour l'ouvrier.

École professionnelle d'armurerie.
Rue Agimont, 11, Liège.
Statuts, règlement, programme, horaire des cours, résul-
tats obtenus.

Frezin, Jules. — Architecte, professeur à l'école industrielle
de Schaerbeek-Bruxelles.
Rue Royale-Sainte-Marie, 165, Bruxelles.

Cours pratique de projections à l'usage de l'enseignement professionnel.

Ministère de l'Industrie et du Travail. — Bruxelles.
Direction de l'enseignement industriel et professionnel.
Documents, tableaux, statistiques relatifs à l'enseignement ménager, professionnel, industriel, commercial et technique.

M. et Mᵐᵉ Ernest Stienon.
Rue Armand-Campenhout, 15, Bruxelles.
Sténographie : ouvrages et planches coloriées. — Études de mœurs chez les animaux.

Vohy, Jean-Baptiste. — Ouvrier-menuisier, à Gourdinnes.
Manuscrit d'un livre de dessin géométrique spécialement à l'usage de l'ouvrier menuisier.

GROUPE II

ŒUVRES D'ART

Le groupe II fait l'objet d'un catalogue spécial illustré comprenant la reproduction de toutes les œuvres exposées par la Belgique.

GROUPE III

INSTRUMENTS ET PROCÉDÉS GÉNÉRAUX
DES LETTRES, DES SCIENCES ET DES ARTS

—

CLASSE 11

TYPOGRAPHIE — IMPRESSIONS DIVERSES

La Belgique a été une des terres classiques de l'imprimerie. Même, s'il faut en croire le conservateur des archives de la ville de Bruges, M. Louis Gilliodts, l'honneur de la découverte de l'impression au moyen de caractères mobiles en fonte reviendrait à notre pays, à un Brugeois, Jean Britto. Mais en attendant que les érudits se mettent d'accord sur ce point si essentiel pour l'histoire de l'imprimerie, la Belgique garde pour elle des gloires non contestées : Thierry Martens, qui fonda sur notre sol les plus importants ateliers d'imprimerie du xve siècle, et publia l'œuvre d'Érasme; Christophe Plantin, le chef d'une famille illustre dans les annales de l'imprimerie, qui donna son nom à cette célèbre officine Plantinienne, laquelle en une seule année — 1566 — publia cinquante ouvrages et la « Bible polyglotte » en quatre langues, un monument en 8 volumes in-folio, véritable merveille du travail humain. Devons-nous rappeler, d'autre part, que le premier volume des *Acta Sanctorum*, cette œuvre colossale des Bollandistes, vit le jour chez l'imprimeur Meursius d'Anvers, en 1643, avec tant d'autres productions remarquables dont les titres sont sur les lèvres de tous les bibliophiles et qui constituent des chefs-d'œuvre de l'art d'imprimer ?

STEEL PLANT, A. ANVERS

Aux vicissitudes sans nombre que traversa notre pays au xvııı⁰ siècle, aux obstacles de toute nature qui se dressèrent devant elle, l'industrie typographique belge résista courageusement : elle était l'âme immortelle de notre race, elle résumait la pensée libre de la Belgique. Toutefois, son activité fut fort réduite. A Anvers, l'ancienne cité des Plantin et des Moretus. il ne se produit durant cette longue période d'effacement aucun livre digne d'attention. Par contre, à Louvain — la docte cité universitaire — se crée l'*Imprimerie académique,* d'où sortent quelques publications considérables. Sous Joseph II, l'effervescence des idées nouvelles mises en honneur par la Révolution brabançonne vint un instant ranimer l'art typographique; mais la réunion de notre pays à la France, en faisant de Bruxelles, d'Anvers, de Louvain, de simples villes de province; détourna des publications belges l'intérêt des lettrés : l'attraction était ailleurs, à Paris.

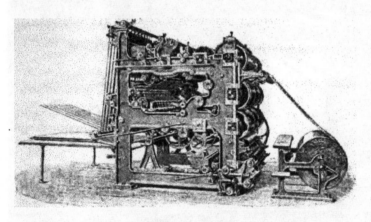

PRESSE ROTATIVE

Le principe de la liberté de la presse, inscrit dans la loi fondamentale du royaume des Pays-Bas, donna un essor sans précédent à l'imprimerie, et les ateliers de typographie surgissent dans tous les coins du pays, répondant à l'appel de la pensée, délivrée du bâillon politique. Wahlen dirige une imprimerie dont les produits rivalisent avec ceux des meilleures maisons de l'étranger. De Wasme et Jobard vulgarisent l'invention nouvelle de la lithographie. Vander Maelen ouvre son *Établissement géographique,* et de ses presses sortent des œuvres cartographiques, étonnantes d'envergure pour un établissement privé et dont l'exécution frappe l'attention encore aujourd'hui, à une époque où les procédés de la cartographie sont si perfectionnés.

Notre émancipation politique vint favoriser au plus haut degré l'épanouissement de l'industrie typographique. Sous l'aiguillon du principe juste et réconfortant de la propriété intellectuelle, nos imprimeurs furent obligés de donner une orientation nouvelle à leur activité. Si, dès ce moment, l'industrie typographique belge s'imposa le devoir de s'alimenter uniquement à l'esprit national, ses productions par contre portèrent le sceau de l'originalité, le caractère de notre race. Observation bonne également à noter, maints éditeurs se sont imposé depuis la tâche noble entre toutes de donner à l'idée belge un cadre en harmonie avec la forme parfois si piquante, le tour d'esprit si savoureux, la sève si puissante du terroir flamand ou wallon. Les publications que nos principaux éditeurs ont faites en ces derniers temps témoignent, en effet, de leurs préoccupations artistiques; il semble qu'il y ait entre eux une saine et louable rivalité pour faire revivre les traditions luxueuses des impressions plantiniennes et elzéviriennes.   E. MONTHAYE.

EXPOSANTS DE LA CLASSE II

Typographie — Impressions diverses
(Matériel, procédés et produits)

Bénard, Auguste. — Imprimeur et lithographe, éditeur.
Rue Lambert-le-Bègue, 13, Liège.
Livres d'art, impression typographique en trois couleurs. Imprimés de commerce, de luxe et autres. Chromolithographie, catalogues industriels. Affiches artistiques.

Bulens, Charles. — Éditeur, Bruxelles.
Impressions typo-, litho- et chromolithographiques. Travaux industriels, administratifs et de commerce. Spécialité d'éditions de grand luxe.

Dricot, F., & Cⁱᵉ. — Photogravure.— Rue de la Prospérité, 19, Bruxelles.
Un tableau comprenant des épreuves de phototypographie, chromotypographie et photolithographie en noir et couleurs.

Dricot, F., & Cⁱᵉ. — Photogravure.— Rue de la Prospérité, 19, Bruxelles.
Un panneau comprenant des photolithographies, des phototypographies, clichés et épreuves.

Géhenniaux, Gaston. — Huy.
Travaux d'impressions artistiques en or, argent, couleurs.
Tableaux-annonces. Étiquettes pour étalages. Articles de réclame.

Goffart, J.-L. — Imprimeur-lithographe. Lithographe de l'Académie Royale de Belgique. — Rue Masui, 196, Bruxelles.
Spécimens de travaux en lithographie et chromolithographie.

Goossens, J.-E. — Lithographie, typographie.

Rue du Houblon, 33, Bruxelles. Maisons rue Gérando, 20, Paris, et rue de Wazemmes, 4, Lille.

Impressions lithographiques et typographiques en noir et en couleurs.

Hotermans, Th. — Boulevard du Nord, 134-136, Bruxelles.

Têtes de lettres, brochures et imprimés commerciaux.

Laurent, Louis-Ghislain. — Imprimerie litho- et typographique. — Rue de Ruysbroeck, 35, Bruxelles.

. Impressions lithographiques et typographiques.

Lesigne, A. — Imprimeur-éditeur, relieur, Bruxelles.

Spécimens d'impressions typographiques en noir et en couleurs. Publications illustrées et autres en volumes reliés et brochés; titres de rentes; impressions diverses.

Vᵉ Monnom. — Imprimerie typo- et lithographique.

Rue de l'Industrie, 32, Bruxelles.

Imprimés divers; livres; titres de rentes; affiches illustrées.

Strickaert-Deschamps, Jules. — Lithographe, chromolithographe. — Rue de Flandre, 179, Bruxelles.

Impressions litho- et chromolithographiques, industrielles, commerciales et artistiques.

Weissenbruch, P. — Imprimeur du Roi. — Rue du Poinçon, 45. Livres et journaux illustrés.

CLASSE 12
PHOTOGRAPHIE

Dans le vaste champ des perfectionnements apportés aux procédés si primitifs de Niepce et de Daguerre, les Belges ont le droit de revendiquer, eux aussi, leur contingent de science et d'ingéniosité. Rappelons sommairement que si Maddox, King et Burgers, en Angleterre, Bayard et Gaudin, en France — pour ne citer que ceux-là — ont pu préconiser, avec succès, le procédé au gélatino-bromure au lieu du collodion humide, ils avaient profité dans une large mesure des travaux de notre illustre chimiste Stas sur les diverses modifications que peut subir le bromure d'argent. Rappelons encore que notre compatriote, M. Van Monckhoven, montrait, dès 1875, que la transformation du bromure blanc en bromure vert plus sensible peut être obtenue presqu'immédiatement par l'action de l'ammoniaque.

L'introduction en Belgique du procédé au gélatino-bromure d'argent par M. Van Monckhoven a fait naître dans notre pays une nouvelle industrie qui, tous les jours, prend une extension plus grande : celle de la fabrication des plaques et des papiers photographiques. Cette industrie, très modeste à ses débuts, puisqu'elle n'occupait qu'un nombre infime d'ouvriers avec des installations les plus rudimentaires, a pris un développement considérable. Ses produits s'écoulent couramment pour notre consommation propre et s'exportent à l'étranger où ils sont très recherchés et rivalisent avec ceux des firmes les plus estimées.

La phototypie, cette application industrielle de la photographie qui est venue donner à l'art typographique une impulsion si vive, cet instrument par excellence de la propagation de l'idée par l'image, est brillamment représentée en Belgique. Il existe, dans notre pays, des maisons importantes, qui sont constamment à l'affût de toutes les nouvelles découvertes des procédés les meilleurs, et qui n'hésitent pas à faire des sacrifices, parfois énormes, pour les mettre en œuvre. On sait d'ailleurs que c'est en Belgique que les premiers essais sérieux de photolithographie ont été tentés et que, malgré les difficultés inhérentes à ces recherches initiales, celles-ci ont été couronnées d'un plein succès. Si, à ce moment, cette intéressante application de la photographie à l'imprimerie n'a pas pu se développer, c'est uniquement parce que les prix de revient étaient trop élevés. Cette circonstance ne s'est plus produite dès que des procédés mécaniques eurent été inventés et appliqués. E. MONTHAYE.

EXPOSANTS DE LA CLASSE 12

Photographie

(Matériel, procédés et produits)

Administration des Ponts et Chaussées (Service photographique). — Rue de Louvain, 38, Bruxelles.
Panneaux de vues photographiques des travaux maritimes en cours d'exécution.
(Voir Génie civil, groupe VI, classe 29.)

Arthur, H. — Photographe. — Rue Vander Meulen, 4, Bruxelles.
Agrandissements photographiques au crayon.

Aubry, C., fils. — Phototypie. — Rue des Chevaliers, 10, Bruxelles.
Spécimens : l'Art monumental belge et la Grand'Place de Bruxelles.

Belot, Ch. — Fabricant d'appareils de photographie.
Rue du Poinçon, 24, Bruxelles.
Obturateurs, chambres-détectives et accessoires.

Mlle Bevenot, Emilie. — Photographies peintes.
Rue Théodore-Verhaegen, 12, Bruxelles.

Crosset, Aug. — Photographie. — Enclos des Récollets, 88, Verviers.
Portraits photographiques.

Gevaert, L., & Cie. — Papiers photographiques. — Vieux-Dieu, Epreuves photographiques.

Établissements Jean Malvaux (Société anonyme). — Photogravure. — Rue de Launoy, 43, Bruxelles.
Photogravures, photochromogravures en trois couleurs.

Mirac. — Rue de Loxum, 3o, Bruxelles.
Appareils photographiques de poche pliants, se chargeant avec bobines ou pellicules plates en pleine lumière ou avec plaques.

Tackels, D. — Fabricant de plaques et papiers photographiques; produits Iris. — Boulevard Léopold, 21, Gand.
Epreuves obtenues sur différents papiers Tackels et au moyen de plaques Tackels. Diapositives au bromure, chlorure, etc.

Van Gele, Auguste. — Avenue des Germains, 45, Bruxelles.
Agrandissements photographiques.

Van Monckhoven. — Plaques et papiers photographiques.
Boulevard d'Akkerghem, 74, Gand.
Plaques et papiers divers.
Bruxelles, 1888, Médaille d'or. — Paris, 1889, Médaille d'or. — Bruxelles, 1897, Diplôme d'Honneur. — Gand, 1899, Hors Concours, membre du Jury.

Mme Vloeberghs, amateur. — Bruxelles.
Réductions en photographies diapositives de 15 vitraux de l'église Sainte-Gudule, représentant l'histoire du Saint Sacrement de Miracle.

CLASSE 13

LIBRAIRIE — ÉDITIONS MUSICALES — RELIURE

La classe 13 nous présente de beaux spécimens de la librairie artistique, de l'édition de luxe. Ici encore nos éditeurs se sont inspirés des plus pures traditions nationales et dans les procédés polygraphiques si nombreux, utilisés pour la vulgarisation de la pensée par la figure, la Belgique s'est souvenue de son passé et notamment de cette illustre école de gravure qui, sous l'impulsion du grand Rubens, donna à l'art flamand un vif éclat et devint l'instrument de propagande par excellence de la peinture flamande et de sa gloire. Il existe en Belgique des firmes de tout premier ordre dont les publica-

-tions très artistiques, malgré leur prix relativement peu élevé, sont recherchées par les bibliophiles, friands des belles éditions et peuvent soutenir avantageusement la comparaison avec les maisons de vieille réputation d'autres pays. Nous avons le droit de dire, en tout cas, qu'il n'est pas un progrès accompli dans l'art industriel de la gravure, pas un perfectionnement dans la fabrication du papier qui ne soit accepté chez nous et appliqué parfois avec une grande ingéniosité. Sur ce terrain encore, nos concitoyens peuvent accepter la lutte de toute confiance avec les éditeurs les mieux cotés de l'étranger.

La véritable origine de la reliure date des XIIe et XIIIe siècles, époque où l'on fit usage pour l'écriture de parchemin. Durant ces premiers siècles de son existence, elle fut plutôt l'œuvre de bijoutiers, d'émailleurs ou d'orfèvres.

Jusqu'au XVe siècle, le travail du relieur fut lourd et parfois même grossier. L'usage du papier et surtout la découverte de l'imprimerie vinrent apporter un changement complet dans la reliure, celle-ci dès lors va devenir aussi parfaite que la typographie même et le *métier* se transforme en un *art* dont le principe n'a plus tari. Du XVIe au XVIIIe siècle, l'Italie et plus encore la France ont vu naître une pléiade d'artistes relieurs dont nous pouvons aujourd'hui admirer les chefs-d'œuvre dans les bibliothèques publiques — la Bibliothèque de Bourgogne entre autres — et dans les collections d'amateurs. Le commencement du XIXe siècle a été une époque de décadence. Heureusement que les premières Expositions organisées à Paris excitèrent le goût des praticiens et des amateurs. Depuis ce moment, l'art a fait de réels progrès et les reliures contemporaines peuvent rivaliser avec celles des plus célèbres artistes des siècles précédents.

La qualité supérieure des matières premières : papier, carton, cuir, etc., les améliorations apportées dans l'outillage et notamment dans la gravure des fers à dorer, les arts du dessin, la technique de la décoration, plus développés, plus répandus de nos jours, ont surtout contribué à l'état de perfectionnement actuel du travail de la reliure. Grâce aux efforts tentés par quelques praticiens du pays, nos amateurs peuvent à présent leur confier sans crainte l'habillement de livres précieux. Les productions des relieurs belges ne le cèdent en rien, comme goût et comme exécution, aux travaux des marques françaises et étrangères les plus renommées.

Ajoutons, pour finir, que la reliure belge n'est pas restée étrangère à l'évolution artistique que subissent en ce moment les autres arts de la décoration et que l'Exposition qui s'ouvre, à Paris, à l'aurore du XXe siècle, permettra à nos compatriotes

comme aux visiteurs des autres nations d'apprécier, en pleine
connaissance de cause, les créations les plus récentes de nos
principaux relieurs belges.   E. MONTHAYE.

EXPOSANTS DE LA CLASSE 13

Librairie — Éditions musicales — Journaux — Affiches
Reliure
(Matériel et produits)

Mme Beyer, successeur de V. Gevaert. — Editeur de musique.
Rue Digue-de-Brabant, 14, Gand.
Musique imprimée.

Bibliographie de Belgique, journal officiel de la Librairie. —
Directeur : M. Ernest Vandevelde.
Avenue de la Brabançonne, 12, Bruxelles.
Collection de la *Bibliographie* et publications du Cercle
belge de la Librairie.

Boitte, Arthur. — Editeur.
Rue du Magistrat, 11, Bruxelles.
L'art flamand : Histoire complète des Beaux-Arts en
Belgique.

Bruylant, Emile. — Imprimeur-éditeur.
Rue de la Régence, 67, Bruxelles.
Livres et publications, travaux d'impression et d'édition.

Claessens, Paul. — Relieur-doreur.
Rue de Berlaimont, 24, Bruxelles.
Reliures d'art.

**Compagnie générale d'impressions et d'éditions Lyon-
Claesen** (Société anonyme). — Imprimerie.
Rue Saint-Pierre, Bruxelles.
Impressions artistiques et géographiques, éditions diverses
par tous procédés.

Faes, Gustave. — Vente et édition de musique.
Rue aux Lits, 25, Anvers.
Morceaux de musique.

Goffart, J.-L. — Editeur-lithographe.
Rue Masui, 196, Bruxelles.
Spécimens de modèles de peinture, panneaux décoratifs,
fleurs, paysages, etc.

Hoste, Ad., Imprimerie C. Annoot-Braeckman. — Imprimeur et lithographe. — Rue du Calvaire, 23, Gand.
Livres, revues scientifiques et travaux de ville.

Katto, J.-B.; Katto, Gustave, successeur. — Editeur de musique. — Rue de l'Écuyer, 52, Bruxelles.
Editions musicales.

Lamertin, Henri. — Éditeur-Libraire.
Rue du Marché-au-Bois, 20, Bruxelles.
Publications scientifiques.

Laurent, Louis-Ghislain. — Imprimeur-typographe et litho-graphe.
Rue de Ruysbroeck, 35, Bruxelles.
Typographie, lithographie, reliure.
Impressions typo- et lithographiques, reliures, etc.

Lebègue, J., & Cie. — Éditeurs-libraires.
Rue de la Madeleine, 46, Bruxelles.
Livres classiques, ouvrages de science et de littérature en langue française et flamande.

Librairie spéciale des Beaux-Arts, Lyon, Edgard. — Édi-teur. Rue Berckmans, 8, Bruxelles.
Ouvrages de librairie artistique et littéraire, publications périodiques, estampes, etc., éditions de luxe.

L'Offre et la Demande en Brasserie et Le Bulletin pratique du Brasseur. — Journaux.
Place Communale, 18 et 20, Forest-lez-Bruxelles.
1º *L'Offre et la Demande en Brasserie ;*
2º *Le Bulletin pratique du Brasseur.*

Mertens, Adolphe. — Imprimeur-lithographe, Chromolitho-graphe.
Rue d'Or, 14, Bruxelles.
Albums typographiques et lithographiques, livres, ouvrages scientifiques et périodiques, ouvrages divers en chromo-lithographie et en typographie, ouvrages d'édition.

Romberg, Maurice. — Avenue Maurice, 30, Bruxelles.
Dix planches en lithographie en couleurs représentant des types de l'armée belge. Ouvrage peint, lithographié et édité par Maurice Romberg.

Rykers, Ve & fils. — Relieur.
Rue de la Paille, 18, Bruxelles.
Volumes reliés, mosaïqués et dorés.

Schepens & Cie. — Éditeurs-libraires.
Rue Treurenberg, 16, Bruxelles.
Ouvrages de librairie.

Vanderpoorten, J. — Imprimeur-éditeur. — Gand.
Livres classiques et illustrés. Editions typographiques musicales.

Weissenbruch, P. — Imprimeur du Roi, Imprimeur-éditeur.
Rue du Poinçon, 45, Bruxelles.
Livres et journaux illustrés.

Zech & fils. — Éditeurs. Imprimeurs, libraires, relieurs.
Braine-le-Comte.

Impressions, livres et ouvrages. Reliures ordinaires, d'art et de luxe. Médaille d'or en 1889.

CLASSE 14

CARTES ET APPAREILS DE GÉOGRAPHIE ET DE COSMOGRAPHIE, TOPOGRAPHIE

La Belgique s'honorant, à bon droit, d'avoir vu naître deux illustres géographes, Mercator et Ortelius, qui a fourni à Ferraris l'occasion de faire l'un des plus beaux ouvrages topographiques qui aient été exécutés, peut revendiquer un rang des plus honorables dans la cartographie. Nous avons cité ailleurs l'œuvre de Ph. Vander Maelen dont les cartes, selon l'expression de M. le général Hennequin, le très compétent directeur de l'Institut cartographique militaire, resteront des modèles, au double point de vue de leur conception et de leur exécution. Il nous faut aussi mettre en vedette l'œuvre de cet Institut cartographique lui-même. Nous n'avons pas à faire ici son éloge, sa réputation étant trop bien établie. On sait, en effet, — en Belgique comme ailleurs — que cet établissement produit des œuvres les plus remarquables et qu'il ne se réalise pas un progrès scientifique ou matériel qui ne soit aussitôt par lui mis à contribution et utilisé, au grand profit de la diffusion de l'instruction à tous les degrés.   E. MONTHAYE.

EXPOSANTS DE LA CLASSE 14

Cartes et appareils de géographie et de cosmographie
Topographie

Carniaux, E. — Rue Vanderlinden, 93, Bruxelles.
Itinéraires topographiques, avec et sans profil du terrain (Belgique; pays limitrophes). Cartes cyclistes. Divers.

Félix, Jules. — Docteur, professeur à l'Université nouvelle.
Avenue Louise, 397. — Bruxelles.
Carte des eaux médicinales naturelles de l'Europe, du Dr Jules Félix, dressée par M. Bertrand avec la collaboration de MM. Onésime et [Élisée Reclus, directeurs de l'Institut géographique de l'Université nouvelle de Bruxelles.

Hyacinthe Jacquemin. — Régent à l'Ecole moyenne de Lessines. — Enseignement.

9

Lessines (Hainaut) Belgique. — Enseignement.
Brochures cartographiques en trois parties.

Lebègue, J., & Cie. — Éditeurs.
Rue de la Madeleine, 46, Bruxelles.
Globes terrestres et célestes et cartes géographiques.

Mertens, Ad. — Imprimeur, lithographe, chromolithographe
Rue d'Or, 14, Bruxelles.
Cartes géographiques, hydrographiques, physiques, topographiques.

CLASSE 15

INSTRUMENTS DE PRÉCISION — MONNAIES
ET MÉDAILLES

La Belgique n'a pas la prétention de posséder la « spécialité » de la fabrication des instruments de précision. Toutefois notre pays en fabrique, et cela constitue un progrès considérable quand on constate qu'il y a un demi-siècle la Belgique était — sauf pour la construction des balances de précision — absolument tributaire de l'étranger en ce qui concerne cette branche de l'industrie.

Nous avons en Belgique des travailleurs capables de construire à la perfection — celui qui écrit ces lignes a pu s'en assurer plus d'une fois — les instruments les plus délicats et les plus précis, de façon à mériter à leurs auteurs une réputation qui a dépassé nos frontières. Ils constituent une véritable élite par le fini, l'exécution délicate et la précision parfaite de leurs fabricats.

L'industrie des médailles paraît se réveiller enfin du long sommeil où elle s'était engourdie. Grâce au bon goût de nos artistes, servis par une technique professionnelle de premier ordre, par la grande habileté de nos ouvriers ciseleurs, on voit, à la montre de nos bijoutiers en renom, des médailles dont les tendances à faire revivre les traditions si pures de l'art ancien méritent; à notre avis, les encouragements les plus chaleureux.   E. MONTHAYE.

EXPOSANTS DE LA CLASSE 15
Instruments de précision — Monnaies et Médailles
(Matériel, procédés et produits)

H.-L. Becker's Son & Co, H.-L. Becker, Directeur.
Balances et poids de précision.
Rue Masui, 210, Bruxelles.

Balances et poids de précision et de haute précision
pour la physique et la science, pour les monnaies, les
laboratoires, les pharmaciens, etc., etc.

Belot, Ch. — Fabricant de phonographes et accessoires.
Rue du Poinçon, 24, Bruxelles.
Phonographes, accessoires, cylindres enregistrés.

Comptoir Central d'optique. — Rue des Fripiers, 50, Bruxelles.
Instruments de précision.

Legrand, Louis, & Cie. — Instruments et appareils de précision.
Avenue de Jemappes, Mons.
Appareils et instruments de précision pour les sciences et
l'industrie.

Ve Wéry, Alexis. — Mécanicien-constructeur.
Rue des Carmes, 4, Liège.
Étoile mobile pour le rayage des canons, théodolite,
tachéomètre, niveau d'Egault, niveau Lenoir, boussole,
suspension à la Cardan, compas. Verniers, palmeers, jauges,
mètre-étalon, vis micrométriques.

CLASSE 16

MÉDECINE ET CHIRURGIE

Parmi les maîtres qui illustrèrent l'art de guérir, la Belgique
peut réclamer pour elle quelques figures glorieuses — tels
André Vésale, le créateur de l'anatomie, Jean Palfyn, l'inventeur du forceps, et J.-B. Van Helmont, qui le premier découvrit
le rôle important des ferments dans l'organisme vivant, et
bien d'autres dont les noms devraient être évoqués ici.

Que dire des maîtres contemporains ? Faut-il rappeler le
nom du baron Seutin, praticien formé à la rude école des
champs de bataille, chirurgien éminent, nourri à la source
même des plus illustres traditions de l'art de guérir et qui
devait imprimer au mouvement chirurgical de son pays un
essor si remarquable ? Faut-il citer les travaux de tous ces
professeurs d'université qui ont honoré de leur science et de
leur labeur les annales de l'Académie de Médecine ? Ce
serait sortir des limites qui nous sont tracées ; nous crain-
drions, d'ailleurs, de commettre des oublis regrettables, tant
est longue la liste des savants belges qui se sont attaqués,
souvent avec succès, à la résolution des grands problèmes qui
captivent les chercheurs à une époque où l'esprit d'analyse
n'a jamais été poussé aussi loin.

Dans le domaine des sciences médicales, comme ailleurs,
la Belgique n'a pas été la dernière à s'assimiler les découvertes
nouvelles ; plusieurs de celles-ci ont même vu le jour sur notre

sol,:Nous n'en voulons pour preuve — entre,bien d'autres — que celle de.l'application de la.radiographie aux procédés de la chirurgie. A peine la découverte du docteur Röntgen fut-elle connue qu'on se préoccupa dans notre pays de l'introduire pour le traitement des malades.de nos grands établissements hospitaliers. Dès la fin de 1896, une installation radiographique complète fonctionnait à l'hôpital militaire d'Anvers; une seconde entrait en activité, en octobre 1897, à l'hôpital militaire de Bruxelles. Cette dernière, parfaitement aménagée, comporte le matériel nécessaire à l'exécution de radiographies de toute grandeur jusqu'au format 40 × 50; la bobine Ruhmkorff donne facilement une étincelle de quarante centimètres de longueur. Cette installation de l'hôpital militaire de Bruxelles servit.même de modèle aux hôpitaux civils de la capitale et à d'autres hôpitaux de la province. Aujourd'hui, à la suite de l'introduction dans la chirurgie des rayons Röntgen, les fractures sont traitées avec une sûreté complète, et la présence dans.le.corps humain de corps étrangers se révèle avec la plus grande facilité.

Les salles de cliniques universitaires, si judicieusement comprises, les instituts spéciaux qui, grâce à de généreuses initiatives, s'élèvent dans nos grandes villes, permettant aux jeunes intelligences éprises de l'inconnu, des mystères de la vie, de se livrer aux études biologiques et microscopiques les plus complètes, les travaux de nos professeurs si souvent couronnés par les corps savants de l'étranger : tout cela constitue un ensemble qui fait grandement honneur à la patrie d'André Vésale et de Van Helmont.   E. MONTHAYE.

EXPOSANTS DE LA CLASSE 16

Médecine et Chirurgie

Maison Clasen, Georges. — Bruxelles.
Docteur Plettinck-Bauchau, à Bruges.
Appareils amovibles, attelles articulées et à coulisses (en aluminium) pour le traitement de toutes les fractures du membre supérieur, prévenant déformations et ankyloses.

Debin, Jules. — Pharmacien-bandagiste.
Avenue des Viaducs, 15, Charleroi.
Bandages herniaires, sans ressort; brevetés en France.

Dumonceau, Amand. — Spécialiste herniaire.
Rue Woeringen, 7, Bruxelles.
Appareils herniaires, nouveau système.
Ceinture Dumonceau brevetée, confectionnée entièrement en cuir, sans ressorts d'acier et sans élastiques, avec comprimation à volonté,.et préservatif contre la double hernie.

Dupont, Émile. — Docteur. — Rue Goffart, 12, Bruxelles.
Album de radiographies chirurgicales.

Henrard, Étienne. — Docteur. — Av. du Midi, 105, Bruxelles.
Album d'épreuves radiographiques.

Lust, Eugène. — Docteur, médecin en chef d'ambulance de la
Croix-Rouge de Belgique. — Rue de la Limite, 27, Bruxelles.
1° Brancard-civière métallique pliant;
2° Appareil lacto-stérilisateur;
3° Un volume : *Cours de bandage.*

Goffart, J.-L. — Imprimeur lithographe. — Lithographe de
l'Académie Royale de Belgique. —Rue Masui, 196, Bruxelles.
Planches d'anatomie, de biologie, de sciences, etc.

Leemans, Martin. — Orthopédiste, bandagiste, expert breveté. — Chaussée d'Alsemberg, 1, Bruxelles.
Orthopédie générale.
Trois jambes artificielles pour différents cas d'amputa-
tion; un pied artificiel mécanique; une main artificielle
mécanique; un corset-prothèse mécanique; deux bandages
herniaires mécaniques.

Maternité Ste-Anne. — Rue Boduognat, 41, Bruxelles.
Couveuses d'enfants. Mobilier. Appareils médicaux de la
Maternité Sainte-Anne.

Mme Roels. — Rue Gustave-Demanet, 32, Laeken.
Lit mécanique, à sangles mobiles, permettant d'immo-
biliser le malade pour le retourner et donner accès facile à
la région postérieure du corps. Lit hygiénique supprimant
les matelas, etc., et à chevet mobile.

Simon & fils. — Docteurs. — Rue Haute, 108, Bruxelles.
Institut aérothérapique.
Un spiro-pneumatomètre ou dynamomètre des mécanismes
organiques du corps humain.

Vanstratum, H. — Chirurgien-dentiste.
Avenue des Arts, 33, Anvers.
Dents artificielles, produits de l'art dentaire.

CLASSE 17

INSTRUMENTS DE MUSIQUE

Dans certaines branches de cette fabrication, la Belgique
peut réclamer un rang des plus honorables. Notre industrie
des instruments de musique, comme le constatait déjà, avec
sa compétence reconnue, M. Mahillon, lors de l'Exposition

de 1889, est entrée, elle aussi, dans ce mouvement de re
ration artistique qui entraine les luthiers et les fabri
d'orgues et de pianos à revenir aux anciens procédés ou
au moins, à compléter le travail du procédé mécaniqu
une main-d'œuvre artistique et éclairée. Nous sommes
autorisés à dire que nos facteurs sont en état de fabr
des instruments pouvant soutenir la concurrence frança
certainement, à tous les points de vue, la comparaison
les produits similaires des autres pays. Les récomp
obtenues par eux aux expositions étrangères ainsi que l'i
tance du chiffre de l'exportation de leurs pianos le pro
surabondamment.

La fabrication des instruments à vent, dans laque
maison Sax, non encore oubliée de nos jours, s'était fai
si belle réputation, est représentée en Belgique pai
maisons de tout premier ordre. Nos instruments en
flûtes, clarinettes, hautbois et bassons, rivalisent avant
sement avec les produits des autres pays, et quant aux ir
ments en cuivre, nous n'avons plus rien à envier aux i
cants de l'étranger dont nous avons été si longtemps
taires.

É. MONTHAYE,
Capitaine-Commandant d'état-major,
Professeur à l'Ecole de guerre de Be
Secrétaire du groupe III.

EXPOSANTS DE LA CLASSE 17

Instruments de Musique

Bernard, André. — Fabricant luthier.
Boulevard de la Sauvenière, 148, à Liège.
Un quatuor d'instruments de musique à archet.

Degroot, Romain. — Luthier. — Quaregnon.
Violons : Cinq en sapin et érable.
Deux en noyer d'Amérique (brevet 1898).
(Spécialité de fabrication).

De Heug, P. — Fabricant de pianos.
Place du Centre, 362, Marcinelle (Charleroi).
Un piano à cordes obliques, grand modèle.

De Smet. — Fabricant de pianos. — Rue Royale, 99, Brux
Pianos.

Hautrive. — Fabricant de pianos. — Rue Van Schoo
Bruxelles.
Pianos.

Mougenot. — Fabricant d'instruments à cordes.
  Montagne de la Cour, 23, Bruxelles.
    Instruments de musique à cordes.

Poncelet, G. — Anches d'instruments de musique.
  Rue Potagère, 46, Bruxelles.
    Anches plates et autres, tampons pour instruments de musique et matières premières.

Van Hyfte frères. — Place du Lion-d'Or, Gand.
    Deux pianos-buffets à cordes croisées.

SERAING

GROUPE IV

MATÉRIEL ET PROCÉDÉS GÉNÉRAUX
DE LA MÉCANIQUE

—

CLASSE 19

MACHINES A VAPEUR

Dans ces dix dernières années, l'importance de la construction mécanique en Belgique est devenue de plus en plus grande.

Les anciennes firmes ont soutenu brillamment leur réputation ; elles se sont toutes agrandies parfois dans des proportions très considérables ; certaines d'entre elles ont plus que quadruplé leur production.

De nouveaux ateliers se sont créés, des usines nouvelles sortent de terre encore et l'impulsion créatrice, vigoureuse, de ces derniers temps, qui a donné déjà des résultats remarquables, en promet d'autres encore sous le triple adjuvant du développement toujours plus général des constructions électro-mécaniques, de l'outillage industriel à fournir aux pays neufs et de l'expansion coloniale entraînant presque fatalement les constructions maritimes.

Les machines à vapeur s'exécutent au point de vue de l'aspect avec une harmonie d'ensemble à laquelle participent les lignes générales des bâtis et les bonnes proportions de tous les organes.

On s'est efforcé d'obtenir pour les pièces de mouvement la plus grande résistance et la plus faible usure, pour toutes les parties, la plus grande facilité de démontage et de réparation, l'entretien le moins coûteux et le fini le plus parfait.

Le perfectionnement de l'outillage a amené l'exécution des organes suivant un calibrage absolu et une interchangeabilité complète.

L'herméticité de fermeture des soupapes et autres distributeurs ; l'étanchéité des pistons a fait l'objet de soins toujours plus méticuleux. Certains constructeurs n'hésitent pas pour en donner la preuve à faire marcher leur machine à simple effet en enlevant le fond du cylindre.

Pour réaliser la variabilité de la détente par le régulateur, il règne au point de vue des systèmes, entre les divers ateliers de construction, un éclectisme et un internationalisme absolu; il est bon de noter toutefois qu'il existe divers systèmes belges qui rivalisent avantageusement avec les meilleurs connus.

Une série de perfectionnements d'ordre thermique ont amené la construction de machines à espaces morts toujours plus réduits, à parois encaissantes soigneusement polies sur le trajet de la vapeur évoluante, à chauffage du piston moteur et de sa tige, à disposition rationnelle des enveloppes.

La vapeur surchauffée, dont les avantages n'ont jamais été contestés mais dont l'usage entrainait des difficultés pratiques notamment d'étanchéité et de graissage, s'emploie dorénavant avec succès dans certains types de machine créés en Allemagne, mais exécutés en Belgique.

Les moteurs à grande vitesse sont l'objectif principal de fabrication de certaines firmes et la régularité de marche de ces moteurs est assurée par des dispositifs de grande sensibilité.

Dans toutes les classes de moteurs à vapeur, les plus grands soins sont apportés à l'exécution des accessoires, tels que garnitures de paliers, tuyauteries et appareils automatiques spéciaux de graissage et de purge.

La résultante caractéristique de ces diverses améliorations se trouve dans les garanties de consommation de vapeur très réduite que n'hésitent pas à donner actuellement tous les bons constructeurs.

Au surplus, la spécialisation garde toute son importance, tant au point de vue du prix de revient avantageux des types de machines que chaque atelier se choisit, que des résultats qu'il peut en attendre.

La chaudronnerie s'est développée parallèlement à la construction des moteurs et les chaudières marines, les chaudières à foyers intérieurs, les chaudières tubulaires, les économiseurs, etc., sortant des usines belges, sont appréciées comme ils le méritent et trouvent à l'exportation des débouchés importants.

En dehors des outillages de ports tels que grues et cabestans hydrauliques et des outillages d'usines proprement dits tels que trains de laminoirs, convertisseurs, poches de coulée, grues d'aciéries, pour lesquels certains ateliers se sont acquis une réputation qui a pu se marquer d'autant mieux que la création d'usines nouvelles en Russie, en Belgique, etc., a provoqué un grand accroissement de demandes, il ne sera pas inutile d'attirer l'attention sur les installations qui nécessitent l'action directe d'un moteur à vapeur.

Dans l'industrie métallurgique, on peut citer les puissantes machines soufflantes système Compound, les machines Reversing de plusieurs milliers de chevaux pour laminoirs.

Dans l'industrie minière, les machines d'extraction allant à 1,200 et 1,500 mètres de profondeur ; les machines d'exhaure souterraines, ou bien celles de surface à action directe dont on peut faire deux classes, l'une à allure rapide dans le cas de certaines pompes marchant à 1^{m}20 de vitesse de piston, l'autre à marche lente mais de très grande puissance, dans le cas de communications hydrauliques.

Dans l'industrie des transports : sur terre, les dernières locomotives Compounds de très grande force, sur mer, les grosses machines marines pour steamers à roues et à hélice.

Dans l'industrie électrique, les groupes électrogènes de 1,000 chevaux et plus, avec dynamo-volant.

Ces machines sont fournies par les constructeurs belges dans les meilleures conditions de concurrence ; elles soutiennent avantageusement la lutte, par exemple, pour l'outillage des charbonnages dans des pays comme l'Allemagne, où le développement industriel s'est cependant marqué de façon si remarquable.

Outre les moteurs à vapeur, la Belgique a continué à construire les moteurs à gaz et à pétrole et l'industrie du cycle et de l'automobile a amené la création d'usines spé-

LES GRUES DU PORT D'ANVERS

ciales dont les produits sont justement appréciés.

Une innovation réside dans l'emploi des gaz des hauts fourneaux pour actionner de puissants moteurs. Après des essais faits avec des machines de force moyenne, on en est venu dans les derniers mois de 1899 à mettre en train, avec plein succès, des moteurs à gaz de 500 chevaux de force.

La métallurgie est appelée à recueillir de très sérieux bénéfices de cette génération directe de l'énergie par les gaz des fourneaux sans passer par la production coûteuse de vapeur dans des chaudières; d'autant plus que le rendement thermique des moteurs à gaz est plus avantageux que celui des moteurs à vapeur.

Les machines frigorifiques spécialisées par quelques maisons seulement trouvent dans l'industrie de la brasserie une vulgarisation très rémunératrice. Des installations très réussies ont été faites par nos constructeurs, même à l'étranger, notamment en Angleterre.

Dans les machines-outils nous pouvons enregistrer, en même temps que l'accroissement du nombre des maisons spécialistes, un développement constant des fabricats de chacune de celles-ci; aussi bien pour le travail des métaux que pour le travail du bois, nous arrivons à lutter contre les fabriques américaines, anglaises, françaises et allemandes.

CANON-LEGRAND.

L'exportation des machines et mécaniques a atteint :

en 1893	30,861,000
1894	32,545,000
1895	25,314,000
1896	33,848,000
1897	37,215,000
1898	41,087,000

EXPOSANTS DE LA CLASSE 19

Machines à vapeur

Maison Beer (Société anon.). — Jemeppe-s/Meuse.
Constructions mécaniques et électriques.
Machine à vapeur à détente variable par le régulateur.
Grand prix, premier prix concours des machines à vapeur,
Bruxelles 1897.

Société anonyme des ateliers de construction H. Bollinckx,
Ateliers de construction. Chaussée de Mons, 95, Bruxelles.
Une machine à vapeur Compound à condensation de mille chevaux.

Société anonyme des Ateliers Carels frères. — Gand.
Construction de machines à vapeur et locomotives.
Une machine horizontale à vapeur à soupapes Sulzer, force mille chevaux en marche normale, à vitesse accélérée (cent tours par minute), construite spécialement pour attaque directe d'une dynamo montée sur l'arbre de couche.

De Naeyer & Cie. — Constructeurs. — Willebroeck.

Un groupe de quatre chaudières multitubulaires avec réchauffeurs, système De Nayer & C^{le}, de 327 m$_2$ chacune, installé dans l'usine Suffren pour le service général de la force motrice, et un groupe de six chaudières semblables, installées dans l'usine La Bourdonnais pour le service général de la force motrice de la section française.

Surface de chauffe totale des deux groupes : 3,270 m^2.

Dervaux, Alfred. — Ingénieur-constructeur.
Boulevard du Nord, 73, Bruxelles.

Épurateurs automatiques d'eau par la chaux ou par l'ébullition et filtres à nettoyer automatiques. Médaille d'or et prix unique de mille francs, Bruxelles 1897 ; Paris 1889, médaille d'argent ; Anvers 1894, médaille d'or..

Ferbeck, Max. — Welkenraedt.
Construction de cheminées d'usines en briques radiales.
Des plans et photographies de cheminées.
Médailles d'or aux Expositions de Bruxelles 1888 et 1897.

Heinrichs, Jos. — Constructeur-mécanicien.
Hodimont-Verviers.
Une machine à vapeur de 40 chevaux.

Établissements Piedbœuf, Jacques (Société anonyme).
Chaudronnerie. — Jupille.
Une chaudière Cornwall galloway à deux foyers.
Diamètre 2^{m}480, longueur 11^{m}000, timbre 10 atmosphères, force en chevaux 300.

J. Preud'homme-Prion. — Ateliers de construction-fonderie.
Huy.
Machine à vapeur Jumelle-Compound, à vitesse accélérée à grande régularité, force 250 chevaux à 125 tours. Distribution par soupapes commandée par mouvement positif ou à connexion rigide ; à détente variable par le régulateur système Hartung ; admission variant de 0 à 85 p. c. Un tableau montrant diverses pièces de la distribution.

Société civile des Usines et Mines de houille du Grand-Hornu. — M. Firmin Rambeaux, administrateur.
Mines de houille et ateliers de construction.
1° Une machine de 60 chevaux à détente variable par le régulateur. 2° Une aquarelle représentant une vue de l'Établissement à vol d'oiseau.

Société anonyme liégeoise pour la construction de machines.
Construction de machines, pièces de forges et de fonderie.
Rue Grétry, 160.
Machine horizontale à vapeur de 35 chevaux effectifs, détente variable par le régulateur. Vitesse normale, 120 tours.

Société anonyme des forges, usines et fonderies.

Gilly (près Charleroi).

Machines et mécanique en général.

Une machine à vapeur horizontale de la force de 120 chevaux à distribution par soupapes à détente variable par le régulateur et à condensation.

Société anonyme des Joints dilatables.

Rue Joseph II, 51, Bruxelles.

Joints pour conduites d'air chaud, d'eau ou de vapeur sous pression constitués par une plaque métallique perforée garnie d'étoupe ou d'amiante.

Société anonyme des moteurs à grande vitesse.

Rue Côte-d'Or, à Sclessin (Liège).

Ateliers de construction et fonderies.

Machines à vapeur système *Carels breveté*, verticales compound à grande vitesse pour la commande directe de dynamos.

Un moteur de 200 chevaux 370 tours.

```
»    »    » 100    »    470    »
»    »    » 18     »    760    »
```

Un condenseur à mélange.

Anciens ateliers de construction Van den Kerchove (Société anonyme). — Machines à vapeur.

Coupure n° 203. — Gand.

1° Une machine à vapeur de 1,000 chevaux indiqués compound avec dynamo-volant travaillant à la pression de 8 à 9 atmosphères avec ou sans condensation, vitesse de rotation 83 tours.

2° Une machine à vapeur à grande vitesse système Willans de 180 chevaux indiqués attaquant directement une dynamo, pression 8 atmosphères sans condensation, vitesse de rotation 450 tours.

3° Une machine à vapeur à grande vitesse système Willans de 90 chevaux indiqués attaquant directement une dynamo, pression 8 atmosphères sans condensation, vitesse de rotation 470 tours.

Vandercleyen, Jules. — Rue Haute, 68. — Bruxelles.

Calorifuges en forme de toutes dimensions.

Ateliers Walschaerts. — Ernest Mennig successeur. — Place de Constantinople, 62, Saint-Gilles-Bruxelles.

Construction des machines motrices et mécaniques,

Une machine à vapeur horizontale, à condensation, à soupapes équilibrées. Type D, à bâti court, pour actionnement direct ou par courroie des dynamos, laminoirs, etc.

EXPOSANTS DE LA CLASSE 20

Machines motrices diverses

Maison Beer (Société anonyme). — Jemeppe-s/Meuse, Belgique.
Constructions mécaniques et électriques.
Moteur Simplex de 25 chevaux, système Delamare Debou-
teville pour gaz pauvre et riche.

Société anonyme des Établissements Fetu-Defize.
Ateliers de construction de machines, outils et moteurs.
Quai de Longdoz, 49, Liège.
Quelques moteurs à gaz et une locomotive à benzine.

Société anonyme des ateliers de construction de la Meuse à
Liège. — Grosse construction mécanique.
Une locomobile à pétrole, brevet Hornsby Akroye, de
9 1/2 chevaux effectifs.

Société anonyme John Cockerill. — Seraing.
Construction mécanique.
Machine soufflante actionnée directement par un moteur
à gaz de la force de 500 chevaux, système Delamare-Debou-
teville.

Les ateliers de Bruxelles (Société anonyme).
Rue de Birmingham, 52 à 64, Bruxelles.
Ateliers de construction et fonderie de fer.
Deux moteurs à pétrole verticaux, type pilon, dont un de
4 chevaux et un de 6 1/2 chevaux effectifs.

**Société anonyme d'électricité et de constructions méca-
niques.** — Avenue Van Volxem, 421, Bruxelles-Midi. Électricité et constructions mécaniques, notamment : moteurs
à gaz et à pétrole.
Moteur à gaz, moteur à pétrole, accumulateurs électriques.

La Photolithe (société anonyme).
Applications générales de l'acétylène.
Place de la Cathédrale, 9, Liège (Belgique).
Un moteur à acétylène; un appareil producteur d'acéty-
lène; un chauffe-bain à l'acétylène; diverses menues appli-
cations.

EXPOSANTS DE LA CLASSE 21

Appareils divers de la mécanique générale

Maison Beer (Société anonyme). — Jemeppe-s/Meuse.
Constructions mécaniques et électriques.
Transport par câble sans fin, système Heckel.

Decq, E., & Cie. — Manufacture de courroies de transmission. Rue du Boulet, 21 et 23, Bruxelles.

Courroies de transmission en cuir, crin, coton, chanvre et balata; onguent ciré et accessoires divers.

Usines Foidart et Rosenthal (Société anonyme). — Constructions mécaniques. — Quai du Hainaut, 63, Bruxelles.

Paliers à rouleaux pour transmissions et machines, moyeux à rouleaux pour roues de tous véhicules.

Veuve J. Lechat & Cie. — Manufacture générale de courroies de transmission. (Veuve J. Lechat et H.-J. Laroche, ingénieur E. C. P. — Dépôt à Paris, 16, avenue de la République. Rue Fiévé, 22, Gand.

Courroies coton, courroies cuir, courroies balata, courroies poil de chameau, courroies chanvre, etc., appareils tendeurs pour courroies, produits pour l'entretien et l'assouplissement des courroies.

de Marneffe, H., & Cie. — Quai Mativa, Liège.

Fabrique de ressorts pour toutes espèces d'applications mécaniques.

Société anonyme des anciens Établissements Léon Lobet. Fabrique de courroies et articles cuirs. — Verviers.

Courroies en cuir et autres articles en cuir, équipements militaires, etc.

Thiry, François. — Pecq.

Système de Paulée empêchant la courroie de glisser. Presses hydrauliques pour la défense des côtes.

Tombeur, Joseph. — Appareils extincteurs. Rue de l'Enseignement, 34, Bruxelles.

Système Parafeu Tombeur, composé de la « Solution Tombeur », antifeu très puissant, projeté sur le feu par des appareils nouveaux et très pratiques, savoir :

1° *Le Parafeu*, pour les petits incendies;

2° *Le Doseur Parafeu* s'applique aux installations d'eau:

3° *L'Express Parafeu* est destiné à l'usage des corps de pompiers.

EXPOSANTS DE LA CLASSE 22

Machines-outils

Maison Beer (Société anonyme). — Jemeppe-s/Meuse. Constructions mécaniques et électriques.

Marteau pilon automatique, cisaille poinçonneuse.

Charlet, Adolphe, & Cie. — Machines-outils. Boulevard Botanique, 22, Bruxelles.

Machine à couder.

Ateliers Demoor (Firme M. Demoor).
Constructions mécaniques, machines-outils.
Chaussée d'Anvers, 273, Laeken-lez-Bruxelles.
Machines-outils perfectionnées pour le travail des métaux.

Despaigne. H. — Ingénieur-constructeur.
Rue Berckmans, 148, Bruxelles.
Machines de boulonnerie, machine à laminer à chaud les *tire-fonds* coniques, machines à tailler les limes, marteaux mécaniques, machines automatiques à *vis à bois*, machine à clous, presse à rivets, machine à pitons.

Société anonyme des Établissements Fetu-Defize. — Ateliers de construction de machines-outils, moteurs à gaz et à pétrole.
Quai de Longdoz, 49. Liège.
Une série de machines-outils pour l'usinage des métaux.

Société anonyme : « Le Progrès Industriel ».
Machines et outils de précision.
Rue des Croisades, 14, Bruxelles.
Machines-outils : Tours. Machines à fraiser, machines à tailler et diviser les engrenages. Machines spéciales. Machines universelles à travailler les métaux.
Récompenses aux Expositions universelles d'Anvers 1894, grand-prix ; Bruxelles 1897, grand-prix.

Trusson. Jean. — Avenue d'Auderghem, 132, Bruxelles.
Machines à coudre, à broder, à retourner, à graver sur bois, métaux, cristaux, pierres et sur nacre.

Mabille. Valère. — Maître de Forges. — Mariemont.
Une machine à essayer les métaux, force 50 tonnes.

GROUPE V

ÉLECTRICITÉ

—

L'industrie électrique est probablement celle qui, en tous pays, a fait le plus de progrès depuis la dernière exposition de Paris.

En 1889, la science électrique était déjà bien assise, mais les applications de l'électricité n'avaient quitté que depuis peu de temps l'ère des tâtonnements et des méthodes empiriques. Aussi à cette époque, l'industrie électrique était forcément assez limitée et ne pouvait qu'ébaucher des travaux ou tenter des applications, promesses pour l'avenir. En tous pays ces promesses ont été tenues et partout les progrès réalisés sont remarquables.

Sans vouloir prétendre qu'en Belgique, — où l'outillage était déjà formé et où l'on ne pouvait en créer un nouveau de toutes pièces comme dans les pays neufs, — les progrès de l'électricité soient plus sensibles et les applications plus nombreuses ou plus parfaites qu'en d'autres contrées, il est permis d'affirmer que l'étape franchie pendant les dix dernières années est des plus considérable et qu'à l'heure présente, spécialement dans les applications, la Belgique se trouve parmi les nations les plus favorisées.

Pendant la première partie de la décade écoulée la construction belge n'a pu suffire aux besoins de notre industrie, qui a commencé par devoir acquérir à l'étranger une bonne partie de son matériel d'exploitation, mais depuis lors elle s'est fortement développée et nos firmes de constructions ont acquis une grande réputation, même au loin, où elles sont devenues les fournisseurs de plusieurs grandes exploitations étrangères.

Pour se faire une idée des développements de l'industrie électrique de construction, il suffit de comparer la situation des principales firmes belges en 1889 et actuellement.

En 1889, la construction du matériel électrique (dynamos, moteurs, lampes, appareils de mesure, etc.) ne comprenait guère que trois usines. Aujourd'hui, il en existe un grand nombre et les firmes anciennes ont augmenté leur personnel ouvrier et technique, ainsi que leur capital, dans une proportion qui varie de 1 à 6, pour atteindre jusque 1 à 20. Nous avons plusieurs usines au capital de 12 millions occupant au delà de 2,000 ouvriers et plus de 200 ingénieurs et employés.

Des accroissements semblables sont constatés dans les autres domaines de la construction électrique ; notamment dans la construction des appareils pour la téléphonie que nous exportons en grande quantité, ainsi : un grand nombre des bureaux centraux des villes étrangères ont été construits en Belgique. Quant aux accumulateurs, leur fabrication est l'objet de développements constants, et les tentatives des inventeurs pour perfectionner ces appareils deviennent chaque jour plus nombreuses.

La Belgique possède également des constructeurs s'occupant des autres spécialités de l'électricité : la fabrication des câbles, des lampes, des paratonnerres, des appareils de mesure, des appareils de télégraphie et du petit matériel électrique, etc.

Mais une branche de l'industrie, devenue particulièrement florissante, est celle de l'installation des appareils électriques.

La multiplicité et l'importance des firmes, s'occupant accessoirement ou principalement de montage, témoignent du grand nombre d'applications que l'électricité a reçues dans l'industrie belge. Il n'est plus guère d'usine en Belgique qui ne possède (au moins pour l'éclairage ou la force motrice) d'installation électrique, et quelques-unes possèdent de véritables stations centrales d'électricité, toutes les transmissions mécaniques étant supprimées et toutes les manœuvres se faisant électriquement. Il en est ainsi notamment dans plusieurs charbonnages, carrières, laminoirs, fabriques d'armes, manufactures, etc.

Les applications de l'électricité mentionnées ci-dessus ne constituent que des applications accessoires de l'électricité à l'industrie.

Si ces applications sont nombreuses, les industries électriques d'exploitation proprement dites, c'est-à-dire les exploitations d'éclairage électrique, de traction électrique, de télégraphie et téléphonie électriques, d'électrochimie, d'électro-métallurgie, etc., existent également en Belgique en nombre très considérable.

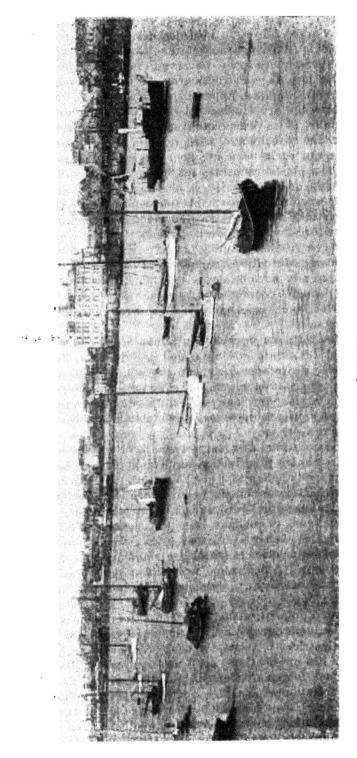

RADE D'ANVERS

Alors qu'en 1889, il n'existait, en dehors des installations privées, que quelques petites installations electriques d'éclairage, comme les secteurs Tudor et des Galeries Saint-Hubert, à Bruxelles, et alors qu'à cette epoque quelques essais de traction électrique avaient seuls eté tentés (tramways de Bruxelles, rue de la Loi), actuellement toutes les installations d'éclairage et de traction électriques pourraient difficilement être citées.

Pour l'éclairage électrique, les villes ou communes de Bruxelles, Anvers, Liège. Ixelles, Ostende, Charleroi, Spa, Wavre, Dinant, Seraing, Antoing, Thuin, Péruwelz, Boitsfort, Ruysbroeck, Droogenbosch, Lembecq, Tubize, Virginal, Messancy. Berchem, Ninove, Merbes-le-Château, Stavelot, etc., possèdent des stations centrales, presque toutes à courant continu.

Quelques petites communes des Flandres, desireuses d'installer l'éclairage électrique, ont employé un moyen original pour se procurer le capital nécessaire, et s'assurer une clientèle. Les paysans, déjà réunis en sociétés coopératives agricoles ou de laiterie, ont annexé à ces installations communes une petite station électrique appartenant à la coopérative et fournissant à forfait, dans toutes les fermes, l'éclairage électrique à un prix très avantageux.

A côté de ces exploitations minuscules d'éclairage électrique. il en existe de très importantes, comme l'installation communale de Bruxelles, la Société d'Électricité d'Anvers, etc.

A Bruxelles, les 3 usines communales comprennent une puissance de machines, qui atteindra cette année 6,000 chevaux, avec des batteries d'une capacite totale de $2 \times 11,000$ ampères-heure et un reseau comprenant 270 kilomètres de câbles. Les lampes installées dépassent l'équivalent de 80,000 lampes de 16 bougies; le capital engagé est d'environ 6 1/2 millions de francs et les recettes annuelles dépassent un million de francs, alors que pour l'éclairage le prix moyen de vente de l'énergie électrique n'est que de 60 centimes environ le kilowatt-heure. La distribution est à 3 fils sous 2×110 volts.

A Anvers, le mode de distribution est le même; la station comprend 3 machines de 1,000 chevaux et des batteries de $2 \times 7,500$ ampères-heure; le capital social est de 6,000,000 de francs et jles lampes reliées représentent la valeur de 40,000 lampes de 16 bougies.

La traction électrique est appliquée sur la plupart des lignes de tramways de la Belgique ou exploitées à l'étranger par des Belges. Elle est appliquée également sur certaines lignes du chemin de fer de l'Etat et sur certains canaux.

A Bruxelles, la traction électrique est établie partiellement sur les lignes de la Société des Tramways Bruxellois et de l'ancienne Société d'Ixelles-Boendael, actuellement reprises par la première; elle est établie également sur la ligne de la Petite-

Espinette (tramways vicinaux). La traction électrique existe encore sur le tramway de Cointe, les tramways liégeois, les tramways Est-Ouest de Liège, à Liège, les tramways de Verviers, de Gand, d'Ostende-ville, d'Ostende-littoral, du Centre à Charleroi, etc.

Tous ces tramways sont à prise de courant par trolley sur conducteur aérien, sauf ceux d'Ostende-ville et de Gand, qui sont à accumulateurs, et certaines lignes de tramways bruxellois, qui sont à caniveau souterrain

Ces lignes ont été toutes équipées électriquement postérieurement à 1889 et leurs installations sont généralement importantes : c'est ainsi que les tramways bruxellois (sans les nouvelles lignes reprises à l'Ixelles-Boendael) possèdent 56 kilomètres de voie simple à traction électrique, avec 102 voitures automotrices et une station électrique de 1,750 kw. de puissance. La ligne de la Petite-Espinette a 18 kilomètres de voie simple, avec 24 automotrices et une puissance de station de 450 kw. La Société Est-Ouest de Liège à 12.5 kilomètres de voie simple, avec 22 automotrices et une station de 330 kw. Les tramways liégeois comprennent 18 kilomètres de réseau, avec 42 voitures automotrices. Dans le Centre les chemins de fer vicinaux ont une station de 675 kw., alimentant un réseau de 20 kilomètres de voie simple parcouru par 17 voitures automotrices, etc., etc.

Outre ces exploitations de tramways électriques régies par des sociétés, l'Etat Belge, qui exploite les chemins de fer, a mis en service depuis six mois des voitures électriques de 45 tonnes mues par accumulateurs, sur les lignes à grand écartement : Anvers-Lierre, Anvers-Cappelen. Cinq voitures sont en service sur ces lignes où elles font un service de navette entre des trains trop espacés. La longueur d'un trajet aller et retour est de 30 kilomètres environ. L'Etat Belge a encore mis en exploitation, l'an dernier, la ligne électrique vicinale Mons-Boussu. Le matériel comprend 12 voitures motrices et 12 voitures à remorquer. Les trains comprennent une voiture motrice et une remorquée, et le trajet à parcourir est d'environ 22 kilomètres aller et retour. L'usine de production d'énergie située à Quaregnon central comporte trois unités de 125 kw.

Les diverses applications de traction électrique mentionnées ci-dessus sont toutes à courant continu, et à 500 volts généralement.

Il existe en Belgique une seule entreprise de traction utilisant les courants triphasés à haut voltage. C'est celle de la Société de traction électrique sur les voies navigables, qui a la concession du halage électrique des bateaux sur le canal de Bruxelles à Charleroi (80 kilomètres). L'exploitation se fera avec des locomotives-treuils, à raison d'une vitesse de 2 à 5 kilomètres à l'heure. Deux usines centrales doivent desservir cette

.... direction électrique entre
.... sur la batterie de Quinze ....
.... ville et de Uccle, ...
.... à Corroy[?]-village[?] ....

LA PORTE DE HAL A BRUXELLES

ligne. L'une à Oisquercq, de 450 HP sous 6,000 volts triphasés, alimentant 47 kilomètres de Bruxelles à Seneffe, avec 60 locomotives; l'autre, à Roux, desservant de même les 33 kilomètres restants.

Certaines parties de ces canaux, spécialement les biefs les plus longs ou traversant des agglomérations, ou des tunnels, sont exploitées par des remorqueurs électriques au nombre de 6 et de la force de 10 chevaux. Les locomotives et les remorqueurs empruntent le courant à des lignes triphasées à basse tension, parallèles aux lignes de haute tension; des transformateurs à bains d'huile ramènent la tension de ces dernières aux potentiels d'emploi des électromoteurs.

La navigation cessant avec le jour, les lignes primaires, mentionnées ci-dessus, servent également à l'éclairage des communes traversées et à des transports locaux de force motrice. Les communes de Ruysbroeck, Oisquercq, Lembecq, Tubize sont desservies actuellement par ces lignes.

Comme on le voit, l'emploi de l'électricité pour la traction est très répandu en Belgique. Les applications à la chimie ou à la métallurgie ne sont guère aussi importantes pour l'instant, mais tout porte à croire que, cette partie de la science électrique se précisant et se développant, ces applications deviendront bientôt aussi nombreuses que celles du domaine de l'éclairage ou de la traction.

Parmi les applications intéressantes de l'électrochimie et de l'électrométallurgie en Belgique, il faut citer : l'épuration des eaux alimentaires par l'ozone, dont il est fait usage pour la distribution d'eau de Blankenberghe; l'application de l'électricité pour la fabrication de la soude, de l'alumine, etc. Des sociétés viennent de se former, et leur exploitation doit commencer incessamment, pour l'utilisation de procédés électrolytiques dans la sucrerie et la tannerie; enfin, il existe à Bruxelles diverses firmes s'occupant de soudure électrique, de galvanisation, d'électrolyse, etc.

La télégraphie et la téléphonie, qui constituent les applications de l'électricité exploitées depuis le plus longtemps, continuent à progresser rapidement en Belgique; on s'en rendra aisément compte en comparant la situation de ces deux administrations de l'Etat en 1889 et en 1900.

Les télégraphes exploités en Belgique depuis 1846 représentaient, en 1899, un capital de 5,840,000 francs. Cette année-là le réseau télégraphique comprenait 5,466 kilomètres de lignes et les télégrammes transmis s'élevaient à 5,172,810.

En 1899, le capital engagé dans les télégraphes monte à 13,145,900 francs avec un réseau représentant 6,380 kilomètres de lignes. Le nombre de télégrammes transmis atteint actuellement 6,567,900.

Pour les téléphones, les progrès sont encore plus considérables. Les premiers réseaux concédés ont été exploités dès 1883. Le premier réseau exploité directement par l'État s'est ouvert, en 1886, à Ostende. Les autres réseaux concédés ont été successivement repris par l'État en 1889, 1893, 1894. Les abonnés au téléphone étaient, en 1889, de 5,733 pour l'ensemble des réseaux. En 1899, ce nombre est porté à 12,753. L'étendue du réseau téléphonique est passé, de 1889 à 1899, de 18,454 kilomètres de fils à 46,260 kilomètres; enfin, le capital engagé est actuellement de 7,913,000 francs.

Outre cette exploitation de téléphones régie par l'État, il existe une application intéressante de téléphonie réalisée par une Société de téléphonie privée. Cette Compagnie établit à ses frais, dans les immeubles, des petits réseaux privés téléphoniques, avec postes domestiques : et les installations ainsi exécutées par cette Société sont mises à la disposition du locataire de l'immeuble, moyennant le paiement d'un abonnement annuel, qui représente tous les frais de location et d'entretien.

Par ce qui précède, l'on peut constater que les applications, les industries ou les entreprises électriques sont, en Belgique, prospères et nombreuses.

Leur multiplicité rend, de jour en jour, plus nécessaire la création d'un bureau de métrologie pour les appareils électriques. Cette question importante est d'ailleurs à la veille d'une solution; les bureaux du Ministère de l'industrie et du travail s'en occupent, et la Société belge des Électriciens, qui a consacré à cette question plusieurs séances, est sur le point d'allouer une aide pécuniaire à la réalisation de ce desideratum.

L'industrie électrique belge en retirera tout profit, comme elle aurait tout avantage également à voir vulgariser l'enseignement de l'électricité. Grâce aux écoles professionnelles et industrielles créées dans la plupart des grands centres, il est formé un personnel subalterne instruit théoriquement et pratiquement.

Mais il serait à souhaiter que cet enseignement professionnel, utile dans toutes les industries, soit encore plus étendu pour l'électricité ; car les extensions rapides des applications électriques font qu'il n'est pas possible de trouver, pour toutes les installations nouvelles, le personnel convenable nécessaire, alors que les écoles industrielles sont fréquentées, cependant, par un grand nombre d'élèves et d'auditeurs, et qu'un enseignement spécial de l'électricité est actuellement compris dans le programme de la généralité de ces établissements.

Les Universités belges de Bruxelles, Gand, Louvain — et spécialement l'Université de Liège et l'École provinciale des mines, à Mons —etc., toutes les écoles supérieures ont notablement développé l'enseignement pratique et théorique de l'électricité.

Pour montrer le succès de ces établissements, il suffira de mentionner l'institut Montefiore-Levi, annexé à l'Université de Liège, et dont la réputation est universelle. Il forme chaque année une pléiade d'ingénieurs belges et étrangers ; nombreux sont les Russes, les Italiens, les Français, etc., qui viennent y suivre les cours, témoignant ainsi de la renommée de cet Institut. Le nombre d'élèves augmente même dans de telles proportions, que l'on a dû, pour éviter l'encombrement des locaux, rendre plus rigoureuses les conditions d'admission à l'École.

Tels sont, sommairement et incomplètement esquissés, les principaux progrès, dans le domaine de l'électricité, réalisés en Belgique depuis 1889.

Nul doute que la prochaine décade ne soit marquée par des progrès encore plus considérables : le chemin parcouru depuis 1880 en est le gage.

Depuis cette époque, à dater de laquelle l'électricité a vraiment pris place comme industrie spéciale, jusqu'en 1889, l'on a pu constater le développement des applications téléphoniques et télégraphiques, ainsi que des essais nombreux et intéressants, dans le domaine de la traction et de l'éclairage où les applications restaient cependant restreintes.

De 1889 à 1900, il a été permis d'assister à la réalisation des promesses de l'électricité dans les applications relatives à l'éclairage et à la traction, et, dans cette même période, l'électrochimie et l'électrométallurgie s'affirmaient comme voies nouvelles ouvertes à la science électrique.

A la prochaine décade, il est réservé de voir l'établissement définitif, pratique et complet, de l'électricité dans le domaine des industries chimiques et métallurgiques.

M. T.

EXPOSANTS DE LA CLASSE 23

Production et utilisation mécanique de l'électricité

Anciens ateliers de construction Van den Kerchove (Société anonyme). — Machines à vapeur.
Coupure n° 203. — Gand.

1° Une machine à vapeur de 1,000 chevaux indiqués compound avec dynamo-volant travaillant à la pression de 8 à 9 atmosphères avec ou sans condensation, vitesse de rotation 83 tours.

2° Une machine à vapeur à grande vitesse système Willans

de 180 chevaux indiqués attaquant directement une dynamo, pression 8 atmosphères sans condensation, vitesse de rotation 450 tours.

3° Une machine à vapeur à grande vitesse système Willans de 90 chevaux indiqués attaquant directement une dynamo, pression 8 atmosphères sans condensation, vitesse de rotation 470 tours.

Maison Beer(Société anonyme).— Jemeppe-s/Meuse.
Constructions mécaniques et électriques.
Dynamo de 32 kw.
Dynamo de 18 kw.
Moteur de 1.8 kw.

Compagnie internationale d'électricité (Société anonyme). —
Liège — Fabrication de dynamos, moteurs, lampes à arc, appareils de levage, bloc à tréfiler, etc.
Installations minières.
Stations centrales, locomotives et tramways électriques.
Un groupe électrogène triphasé de 1,000 HP, 2,200 volts.
Une génératrice triphasée de 65 kilowatts.
Un transformateur : Moteur triphasé 125 HP, 2,200 volts, dynamo continu 100 kilowatts, 220 volts.
Groupes électrogènes à courant continu de 180 HP, 500 volts et 70 HP, 220 volts.
Un truck de tramway.
Une grue électrique.
Un bloc à tréfiler.
Une pompe centrifuge.
Moteurs à courant continu.
Moteurs à courant triphasé.
Tableaux de distribution.

Électricité & hydraulique (Société anonyme). J. Dulait, administrateur-gérant. — Usine à Charleroi (Belgique) et à Jeumont (France).
Entreprises générales d'installations électriques et hydrauliques. Usines de construction.
1. Un groupe électrogène de 1,000 chevaux effectifs composé d'une machine à vapeur Bollinckx attaquant directement une dynamo « Dulait » à courant triphasé à 2,000 volts, 80 tours.
2. Un groupe électrogène de 500 chevaux composé d'une machine à vapeur compound à 3 cylindres verticaux attaquant directement une dynamo « Dulait » à courant monophasé à 2,000 volts, 142 tours.
3. Un groupe électrogène de 150 chevaux effectifs composé d'une machine à vapeur à grande vitesse « Carels » attaquant

directement une dynamo « Dulait » à courant continu à 500 volts, 450 tours.

4. Un groupe électrogène de 15 chevaux effectifs composé d'une machine à vapeur à grande vitesse « Carels » attaquant directement une dynamo « Dulait » à courant continu à 230 volts, 750 tours.

5. Un atelnateur à courant triphasé de 150 kilowatts pour attaque par courroie.

6. Un moteur à courant monophasé de 1/2 cheval.

7.   »   »   »   de 6 chevaux.

8.   »   triphasé   de 1/4 cheval.

9.   »   de 1 cheval.

10.   de 6 chevaux.

11.   »   »   »   de 15 chevaux.

12. Un transformateur statique à courant monophasé de 5 KW.

13. Un transformateur statique à courant triphasé de 10 KW.

14. Une dynamo à courant continu de 6 KWs.

15.   »   »   »   de 16 KWs.

16.   »   ..   »   de 40 KWs.

17. Un moteur cuirassé à courant continu de 4 chevaux.

18.   »   »   »   »   de 10 chevaux.

19.   »   protégé   »   »   de 10 chevaux.

20. Un moteur pour tramways de 10 chevaux effectifs.

21.   »   »   de 20 chevaux effectifs.

22.   de 30 chevaux effectifs.

23.   »   »   de 50 chevaux effectifs.

Appareils divers pour équipements électriques.

Voir dans la Section des Mines les perforatrices électriques, et les moteurs cuirassés pour mines ainsi que dans la 'Section des Chemins de fer l'équipement électrique d'une voiture à boggies pour chemins de fer et celui d'un truck de voiture pour tramways.

Ateliers Jaspar (Société anonyme).—Électricité et mécanique. Rue Jonfosse, 2 et 20, Liège.

Groupe électrogène à vapeur, dynamos et moteurs de différents types pour éclairage et transport de force.

Un groupe électrogène à vapeur de 70 HP à 200 volts, 470 tours.

Une génératrice 100 kilowatts, 240 volts, 600 tours.

Une génératrice 60 kilowatts, 240 volts, 650 tours.

Une génératrice 40 kilowatts, 240 volts, 750 tours.

Une génératrice 15 kilowatts, 1,000 tours.

Une génératrice 7 kilowatts, 1,300 tours.

Un moteur cuirassé 20 chevaux, 1,000 tours.

Un moteur cuirassé 10 chevaux, 1,000 tours.

Un moteur tripolaire 5 chevaux, 1,200 tours.
Tableau de distribution.
Pièces détachées et accessoires.

Société anonyme des moteurs à grande vitesse. — Rue Côte-d'Or, à Sclessin (Ougrée) province de Liège. — Directeur M. Paul Rolin.

Un groupe électrogène de 170 HP
Un groupe électrogène de 110 HP.
»   »   »   » 25 »

avec tous les accessoires nécessaires au fonctionnement de ces groupes.

EXPOSANTS DE LA CLASSE 24
Électrochimie

Administration des télégraphes de Belgique.
Piles primaires et secondaires.

L'Étincelle. — Electricité.
Rue Vanderlinden, 20-22, Schaerbeek-Bruxelles.
Accumulateurs électriques.

L'Électricité à domicile par les moteurs à gaz ou à pétrole (Société anonyme). — Electricité et constructions mécaniques, notamment moteurs à gaz et à pétrole.
Avenue Van Volxem, 421, Bruxelles-midi.
Moteurs à gaz, Moteurs à pétrole, Accumulateurs électriques.

Solvay & Cie. — Soude et produits chimiques.
Rue du Prince-Albert, 25, Bruxelles.
Soude, potasse et chlorure de chaux électrolytiques; photographies et maquettes d'installations électrolytiques.

Thiry, François. — Pecq.
Piles dont le zinc se relève automatiquement.
Fils électriques de sûreté empêchant les interruptions de courant.

EXPOSANTS DE LA CLASSE 25
Éclairage électrique

Maison Beer (Société anonyme). —Jemeppe-s/Meuse.
Constructions mécaniques et électriques.
Lampe à arc, démarreur à deux sens de marche, tableau complet.

EXPOSANTS DE LA CLASSE 26
Télégraphie et téléphonie

Administration des télégraphes de Belgique.
Appareils télégraphiques et téléphoniques, organes, outillage, plans, cartes, publications, etc.

Davin-Glibert, Jean. — Menuiserie mécanique.
Rue de l'Orient, 6, Etterbeck-Bruxelles.
Cabine téléphonique brevetée, insonore, à doubles parois, dernier système adopté par l'Etat belge.

Dechenne, Gustave-Albert. — Fabricants. — Phonographes.
Seraing-s/Meuse (Liège).
Phonographe-intégral ; poly-phonogrammes continu.

EXPOSANTS DE LA CLASSE 27

Applications diverses de l'électricité

Administration des télégraphes de Belgique.
Appareils de mesure, horloges électriques, matériel de ligne.

GROUPE VI

GÉNIE CIVIL — MOYENS DE TRANSPORT

—

COUP D'ŒIL GÉNÉRAL

Sous l'égide, et on peut le dire, sous l'impulsion d'une haute personnalité dont les préoccupations patriotiques sont particulièrement dirigées vers le développement de notre industrie et l'expansion de sa production, les grands travaux publics — les œuvres de l'ingénieur et du constructeur — ainsi que les moyens de transport et de communication ont pris, depuis la dernière Exposition universelle de Paris, une importance et une extension vraiment admirables dans notre pays.

L'assainissement et l'embellissement des grands centres, ainsi que les progrès incessants de l'industrie, à tous les degrés, ont glorieusement caractérisé ces dix dernières années en Belgique, comme on en peut juger par sa participation à l'Exposition de 1900 et comme le marquent les indications, forcément succinctes, qui suivent.

CLASSE 28

MATÉRIAUX, MATÉRIEL, PROCÉDÉS DU GÉNIE
CIVIL ET TRAVAUX PUBLICS

Dans ces dernières années, la Belgique a notablement développé les industries qui se rapportent aux matériaux, matériel et procédés du Génie civil. L'impulsion donnée à la construction par les pouvoirs publics a eu, naturellement, sa répercussion dans ce domaine.

Les industries qu'alimentent les chantiers de construction s'en sont très heureusement ressenties; la fabrication des chaux et des ciments, notamment, s'est accrue dans des proportions considérables.

C'est ainsi que, dans les grands travaux publics maritimes,

si importants en Belgique dans ces derniers temps, on a vulga-
risé les procédés ingénieux et pratiques des fondations à l'air
comprimé et on a pu voir au nouveau port d'escale de Bruges-
Zeebrugge, les fondations de la grande jetée, constituées à
l'aide de monolithes de 2,500 à 3,000 tonnes de béton dont
l'emploi s'est tout de suite généralisé.

Le matériel de terrassements à sec, notamment les excava-
teurs, continue à être utilisé pour le creusement de bassins
ainsi que le matériel de dragage, mais celui-ci a subi une véritable transformation par l'intervention des dragues-suceuses
et des dragues à double effet.

Un matériel de ce genre, très ingénieux, est en fonctionnement dans l'Escaut, à l'aval d'Anvers. La société John Cocke-

LE PONT DE HERSTAL-WANDRE

rill a construit des spécimens de puissantes dragues du type
Bates, destinées au creusement des passes du Volga, dont les
rendements atteignent de 4,000 à 5,000 mètres cubes de matière
solide à l'*heure*.

La Belgique poursuit d'une manière continue le perfectionnement de son outillage économique. Près de 200 millions de
francs sont engagés dans les travaux maritimes d'Anvers, de
Bruges-Heyst, de Gand, d'Ostende, de Bruxelles (1).

Le réseau des voies navigables se complète par la mise à

(1) Un catalogue spécial relatif à ces travaux se trouve dans le palais du
génie-civil. Il donne une description générale de l'ensemble des travaux publics
de Belgique et il consacre des chapitres spéciaux à chacun des ports en cours
d'exécution dans le pays. Chacun de ces ports aura un rôle spécial à remplir
— port d'escale — port de grande navigation — port de cabotage — port de
transit.

grande section du canal de Charleroi à Bruxelles et par l'achèvement du canal du Centre, où sont établis quatre ascenseurs
capables d'élever chacun, à 17 mètres de hauteur, un bateau de
300 tonneaux.

Les chemins de fer, à leur tour, mettent leurs installations au
niveau des nécessités croissantes du trafic et, sous ce rapport,
l'État Belge a résolu de mettre le matériel d'exploitation du
vaste réseau national à la hauteur de tous les besoins et à l'abri
de toutes les crises d'intensité.

UN BARRAGE DE LA MEUSE

Les travaux d'extension, d'embellissement et d'assainissement des villes ont également pris en Belgique un développement merveilleux : à Bruxelles, la grande avenue de Tervueren
de 67 mètres de largeur, recoupant un grand nouveau boulevard de ceinture extérieure, prépare à notre capitale une
expansion considérable : autour de la capitale rayonneront
bientôt en tous sens de grandes voies de communication qui
auront autant de charmes que de pratique utilité, car elles
seront larges, aérées, bien plantées, et des tramways électriques, dus à l'initiative de la puissante *Compagnie des
Tramways Bruxellois*, les emprunteront pour relier étroitement et rapidement les communes voisines à la capitale.

À Anvers, s'ouvrent également de vastes artères de pénétra-
tion. Gand dégage ses vieux monuments. Bruges a brisé la
vieille enceinte de ses remparts, restaure et approprie, avec
un soin jaloux, les merveilles architecturales de sa splendeur
moyenageuse. Ostende se transforme, et les autres coquettes
cités balnéaires de notre littoral, prises d'une louable émula-
tion, seront bientôt réunies par une digue-promenoir continue
allant de La Panne à Knocke.

G. DU BOSCH.   M. LEVIE.

EXPOSANTS DE LA CLASSE 28

Matériaux, Matériel, procédés du Génie civil et Travaux publics.

Canon-Legrand, L. — Ingénieur-Constructeur.
Mons. (Usines en Belgique, France et Italie.)
Chemins de fer portatifs ; accessoires ; wagonnets divers.

Carrières et fours à chaux et à ciments du Coucou (Société anonyme). — Antoing.
Chaux pulvérisées. Ciment Portland. Ciment romain. Blocs de béton. Statues en ciment. Collection de certificats et de procès-verbaux d'essais délivrés par les fonctionnaires de pays divers.

Carton, Louis. — Ateliers de construction. Installation complète d'usines à ciment et chaux en poudre. Construction d'appareils de concassage et de broyage.
Faubourg de Valenciennes, Tournai.
Appareils de concassage et de broyage pour ciments, chaux, etc. Plans d'installations d'usines à ciment. Embarilleurs et ensacheurs-peseurs automatiques, système Carton (breveté). Sécheur rotatif Cummer et tunnels-sécheurs pour la fabrication du ciment artificiel. Transporteurs et élévateurs.
Exposition de Bruxelles 1897, médaille d'or et prix de concours.

Coiseau, L., & Cousin, Jean. — Ingénieurs, constructeurs des ports et du canal maritime de Bruges, à Zeebrugge.
Photographies et dessins de leurs travaux.

Compagnie générale des Conduites d'eau. — Liège.
Objets et documents y relatifs.
Entreprise et exploitation de distribution d'eau et de gaz.
Tuyaux coulés verticalement en seconde fusion.
Récompenses aux Expositions de : Paris 1878, Amsterdam 1883, Anvers 1885, Barcelone 1888, Anvers 1894, Bruxelles 1897, Grand-prix de métallurgie.
Voir même classe les expositions de la Compagnie : Santander (Espagne), Bucharest (Roumanie), Plovdio (Bulgarie), Eaux d'Alicante (Espagne), Eaux d'Utrecht et d'Arnhem (Hollande), Banlieue de Naples (Italie), Banlieue de Paris : fondées par la Compagnie générale des Conduites d'eau.

Fiévé, G., & Cie. — Manufacture de carreaux en ciment comprimé. — Boulevard Lousberg, 22, Gand.
Carreaux de dallage en ciment comprimé.

Héreng, Victor. — Bétonnage. — Rue du Viaduc, 78, Ixelles.
40 blocs en béton.

Levie frères. — Ciment Portland artificiel.
Cronfestu.
Ciment et matières premières servant à sa fabrication.

Société anonyme des usines Dufossez & Henry. — Cronfestu-Morlanwelz. — Ciment Portland artificiel.
Matières premières et produits finis en bocaux.

EXPOSANTS DE LA CLASSE 29
Modèles, plans et dessins de travaux publics

Administration des ponts et chaussées. — Rue de Louvain, 38, Bruxelles.
Maquette et plan du port d'Ostende. Plan du canal de Gand à Terneuzen. Panneaux de vues photographiques des travaux maritimes en cours d'exécution.

Coiseau, L., & Cousin, Jean. — Ingénieurs, constructeurs des ports et du canal maritime de Bruges. — Zeebrugge.
Maquette du port à la côte. Photographies.

La Chronique des travaux publics. — Directeur : M. Georges du Bosch. — Bi-hebdomadaire. — Rue des Trois-Têtes, 18, Bruxelles.
Collections, plans et dessins.
Diplôme d'honneur à l'Exposition universelle de Bruxelles 1897 (section du Génie civil).

Ministère de l'Agriculture et des Beaux-Arts. — Bruxelles.
Maquette de l'ancienne abbaye de Villers, en Brabant; reproduction à l'échelle de 0.05 pour 1.00 de l'église et des bâtiments claustraux, rétablis dans leur état primitif (XIIIe siècle.) — Exécutée par le sculpteur M. Flossemans, de Bruxelles, d'après les plans et sous la direction de l'architecte Ch Licot, chargé par le Gouvernement de la restauration des ruines.

Société anonyme du Canal et des Installations maritimes de Bruxelles. — Rue du Canal, 47, Bruxelles.
Une maquette des ports de Bruxelles et des gares avoisinantes. Un tableau des ports de Bruxelles. Un tableau du canal maritime de Bruxelles au Rupel.

Vierendeel, A. — Professeur, ingénieur en chef. — Bruges.
Plans d'un nouveau système de ponts métalliques. Etudes de constructions métalliques diverses.

Ville d'Anvers.
Plan en relief des bassins et des installations maritimes.

Ville de Gand. — Port de Gand.
Maquette et plan des installations maritimes de Gand.

CLASSE 30

CARROSSERIE — CYCLE ET AUTOMOBILE

La carrosserie belge a sa renommée faite depuis plus d'un siècle; en effet, en 1800, on trouvait à Bruxelles trois grandes maisons de construction de voitures de luxe : les maisons Simon père, Talmont et Van Calk, connues dans l'Europe entière. La firme Talmont comptait parmi ses clients Napoléon Ier, et on peut voir, à Londres, au Musée Tussaud, des voitures de voyage ayant appartenu à Napoléon Ier et construites par Talmont. Depuis lors, l'industrie de la carrosserie n'a fait que grandir en Belgique et, à chaque Exposition, de nouveaux fabricants rivalisent de bon goût, d'élégance, et surtout de solidité. Aussi, la carrosserie belge, à laquelle l'expansion de l'automobilisme a ouvert de nouveaux débouchés, voit son exportation devenir de plus en plus importante : la Hollande, la Russie, la République Argentine, le Brésil, l'Angleterre même sont des clients fidèles de nos firmes.

On sait quelle importance l'industrie nouvelle du cycle et de l'automobile a prise en cette fin de siècle : la Belgique n'est pas restée étrangère à cet imprévu développement du machinisme des transports par axe. Tout de suite elle s'est mise dans le mouvement et, dès la première exposition organisée, en 1895, par le *Véloce-Club bruxellois*, on fut à même d'enregistrer les énergies nouvelles que nos ingénieurs et nos industriels apportaient à vulgariser les nouveaux moyens de transport. Si bien qu'aujourd'hui on compte plus de vingt-cinq firmes importantes pour la construction d'automobiles, de luxe et de commerce, et que, parmi ces firmes qui luttent avantageusement avec les firmes similaires de l'étranger, il en est qui exploitent leurs propres brevets et font prévaloir des moteurs originaux appréciés à l'égal des meilleurs engins du dehors. Aussi, voit-on la Belgique, de gros importateur qu'elle était il y a dix ans, devenir sérieux exportateur de cycles et d'automobiles.

G. DU BOSCH.　　　　　　　　　　M. LEVIE.

EXPOSANTS DE LA CLASSE 30

Carrosserie — Cycle et Automobile

Barbier frères. — Swevezeele-lez-Bruges. — Fabrique de voitures (usine à vapeur).

Une voiture de luxe.

Closset, Ch. — Carrosserie de luxe. — Liège.

Deux voitures dont un mylord et un landaulet, exposés dans la collectivité belge.

H. De Bruyn fils. — Carrossier. — Rue du Damier. 27 et 29. Bruxelles.
  Mail-coach.

D'Ieteren frères. — Carrossiers de la Cour.
  Chaussée de Charleroi, 54, Bruxelles.
  Coupé trois-quarts, frein à levier, mylord à grandes ailes.

Électricité et hydraulique (Société anonyme). — Entreprises générales d'installations électriques et hydrauliques. Ateliers de construction.
  J. Dulait, administrat.-gérant. Usine de Charleroi.
  Une voiture automobile électrique et une voiture automobile au pétrole.

Établissements Pieper (Société anonyme). — Cycles et automobiles. — Liège.
  Bicyclettes; pièces détachées pour cycles; motocycles; automobiles.

Fabrique nationale d'armes de guerre (Société anonyme). — Cycles et automobiles. — Herstal-lez-Liège.
  Bicyclettes à chaîne et sans chaîne. Voiturettes, automobiles, moteurs.

Foidart, Mathieu. — Rue de Mérode, 141, Bruxelles.
  Une voiturette automobile.

Gamette Albert. — Liège.
  Une voiture à deux roues.

Kumpf, W.-M. fils. — Automobiles et moteurs.
  Rue des Croisades, 14, Bruxelles.
  Une voiture automobile. Deux moteurs, etc.

Michel et fils.
  rue de France, 25, Bruxelles.
  Voiture de luxe et voiture de commerce.

Société anonyme des ateliers Germain. — Monceau-s/Sambre. — Matériel de chemins de fer et tramways. Voitures automobiles.
  Un châssis de voiture automobile moteur Daimler-Phénix de 6 chevaux.
  Un moteur Daimler-Phénix de 12 chevaux.
  Une transmission de changement de vitesse pour moteur de 12 chevaux.

Vanden Plas. — Carrossier. — Rue Van Brée, 9, Anvers.
  Deux voitures de luxe.

Vanden Plas. — Carrosserie de luxe.
  Rue des Drapiers, 4 et 6, Bruxelles.
  Deux voitures de luxe.

Van Roosbroeck, Ant.-J. — Carrosserie de luxe brevetée.
  Avenue de la Brabançonne, 11 et 13, Bruxelles.

Un coupé muni d'essieux à billes, glaces miroir intérieur.
Distinctions expositions précédentes.
1° Exposition universelle d'Anvers 1894, médaille d'or.
2° » » de Bruxelles 1897, hors concours
en collectivité. Obtenu aux concours du Gouvernement des
desiderata des différentes branches de la carrosserie réunie,
l'unique prime (mille francs).

Verschueren, J., & Sœurs. — Carrosserie
Rue des Prémontrés, 14, Liège.
Une voiture dite coupé.

Verwilt, Ém. — Rue Quellin, 6 et 8, Anvers.
Un mylord à capote automatique.

CLASSE 32

MATÉRIEL DE CHEMINS DE FER ET DE

TRAMWAYS

C'est en 1836 que Cockerill construisit les premières locomotives, à peine une année après l'établissement en Belgique
du premier chemin de fer. Depuis cette époque, de nombreuses
usines se sont installées sur tous les points du pays, suivant,
pas à pas, le développement du réseau national et les besoins
toujours croissants des pays étrangers.

La Belgique fabrique actuellement du matériel de tous les
types, tant roulant que fixe, et elle s'est admirablement
outillée pour produire rapidement dans les conditions les plus
économiques.

Le dernier progrès réalisé — l'application de l'électricité à
la traction et à l'éclairage — a trouvé immédiatement son
application chez nos industriels et, actuellement, de nombreuses lignes ont été équipées avec du matériel du dernier
type exclusivement construit en Belgique.

Notre pays compte actuellement :

10 ateliers pour locomotives ; 14 pour voitures ; 26 pour
wagons ; 40 pour le matériel fixe et de 60 à 70 pour les pièces
détachées, telles que ferrures, boîtes à huile en fer forgé, en
acier coulé et en fonte, pièces coulées en fonte, en acier,
nickel, bronze, etc. ; les passementeries, les courroies, les
boulons, les rivets, les crampons, etc., etc.

Notre production annuelle dépasse 90,000,000 de francs, dont
70,000,000 sont absorbés par l'exportation.

Ces ateliers occupent 22,000 ouvriers et nécessitent une force
motrice de 5,000 chevaux. Grâce au perfectionnement de l'outil-

lage industriel et à l'intelligence de la population ouvrière, la réputation des produits belges est devenue universelle et, malgré les barrières douanières qui se dressent de toute part, la Belgique étend, de jour en jour, l'importance et la valeur de son action sur le marché du monde.

En dehors des firmes qui s'adonnent à la fabrication du matériel de chemins de fer proprement dit, nos grandes exploitations de tramways produisent elles-mêmes le matériel dont elles ont besoin. Ces firmes ont monté, à cette fin, de vastes et puissants ateliers et on peut dire que, grâce à elles, comme aussi aux usines qui font simultanément le matériel de railway et le matériel de tramway, le type des voitures-trams a fait en

UN WAGON-LIT

Belgique, comme élégance, confort et résistance, des progrès que bien des pays étrangers, et non des moindres, ne connaissent pas encore.

La Belgique peut revendiquer d'avoir puissamment contribué au confort des voyages dans l'Europe entière, grâce à la Compagnie Internationale des wagons-lits et des grands express européens.

Fondée en 1873, par un ingénieur belge, cette Compagnie avait au début un capital de 500,000 francs et 58 voitures : aujourd'hui, son capital représente plus de 100 millions et le nombre des voitures s'élève à un millier. Son réseau couvre l'Europe et s'étend en Asie et en Afrique. En 1877, elle introduit le wagon-restaurant. En 1883, elle crée l'Orient-express et aujourd'hui, elle exploite plus de vingt express internationaux et trains de luxe, dont le plus important est le Transibérien.

GEORGES DU BOSCH,   MICHEL LEVIE,
Secrétaire adjoint.   Secrétaire du Groupe VI

LOCOMOTIVES

L'Administration des chemins de fer de l'Etat Belge a été amenée, dans ces derniers temps, à adopter le foyer profond pour ses locomotives express pour lignes de niveau, en vue de faire face aux accroissements continus de charge et de vitesse des trains internationaux qui empruntent son réseau ainsi que pour certains de ses trains d'intérieur.

Les locomotives alimentées de combustible menu ont long-temps rendu de signalés services; mais elles furent insuffi-santes devant les exigences nouvelles, bien que leur grille eût été portée en dernier lieu jusqu'à 4 m² 71.

Il était superflu de demander à une nouvelle augmentation de grille la puissance nécessaire pour les besoins à desservir. L'expérience avait prouvé que les locomotives à grille de 4 m² 71 sont, outre leur construction déjà compliquée, d'un entretien onéreux et d'une conduite du feu pénible pour un seul chauffeur.

Un combustible meilleur s'imposait. L'industrie nationale belge ayant, en ces dernières années, développé la fabrication de la briquette, ce combustible était tout désigné et l'adoption du foyer profond s'ensuivait.

L'emploi de la briquette, brûlée en couche épaisse, comporte un foyer de dimensions modérées, de forme rationnelle, de construction économique. L'alimentation de la grille est facile, de fatigante qu'elle était avec les anciens types, à allure forcée.

En raison de la plus grande propreté du combustible et de la parfaite combustion des gaz, le coût kilométrique en char-bon n'a pas augmenté.

La vaporisation étant abondante, les démarrages et remises en vitesse après ralentissements sont rapides, de même, les charges remorquées et les vitesses atteintes sont notablement supérieures, grâce à une activité plus énergique du feu.

D'autre part, l'adoption d'un boggie à l'avant de la locomotive, lequel n'est pas toujours réalisable avec les foyers en surface, aide à la conservation de la voie et assure à la locomotive une grande stabilité aux vitesses élevées.

MATÉRIEL A VOYAGEURS

Les chemins de fer de l'État Belge ont adopté, d'une façon générale, les voitures à trois essieux ; cependant, un certain nombre de voitures montées sur boggies sont réservées principalement aux trains internationaux.

Les derniers types de voitures sont à couloir latéral et à W.-C.

Le couloir latéral est fort apprécié par les voyageurs ; il leur permet de faire choix d'une place commode, même pendant la marche du train ; il évite que des voyageurs se trouvent isolés et exposés à des attentats criminels dans des compartiments complètement séparés du reste du train ; enfin, grâce à ce couloir, on a pu reporter le W.-C. le plus loin possible des compartiments.

Dans les voitures de 2e classe on n'admet plus que trois ou quatre voyageurs par banquette, suivant que les voitures sont ou ne sont pas pourvues de couloir. Cette mesure a permis de munir les sièges d'accoudoirs et d'appuis-tête qui augmentent considérablement le confort. En outre, la largeur de ces compartiments a été portée de 1m,3 à 2 mètres. Ces voitures sont chauffées à la vapeur ; l'éclairage électrique est du système Stoen.

Parmi les véhicules intéressants créés en dernier lieu par les chemins de fer de l'État Belge, il faut citer les grands fourgons à bagages montés sur trois essieux ou sur boggies ; la longueur de la caisse a permis d'aménager des compartiments pour colis postaux et pour colis en

INTÉRIEUR D'UNE VOITURE DE LUXE

douane en transit, ce qui procure l'avantage de supprimer le wagon fermé qui sert actuellement à ces transports.

MATÉRIEL A MARCHANDISES

Le progrès le plus important réalisé dans les wagons à

marchandises est l'augmentation de la capacité de chargement. En modifiant la suspension et en remplaçant les essieux par des pièces plus fortes, on a pu porter à 12 et même à 15 T. le tonnage d'un grand nombre de wagons de 10 T.

Pour les nouveaux wagons charbonniers acquis dans ces dernières années, on a, en même temps, augmenté la capacité de la caisse.

Ces caisses cubent 19 m3 500, de sorte qu'on peut y charger 15 tonnes des charbons les moins denses.

M. l'ingénieur en chef Bika, inspecteur général des chemins de fer de l'Etat Belge, cherche à donner aux châssis des wagons une rigidité très grande; il a créé dans ce but le wagon à châssis avec croisillon en acier coulé.

Cette rigidité du châssis évite à la caisse les fatigues provenant des déformations des anciens châssis; elle permet de rendre la caisse très légère et d'un entretien facile.

Les chemins de fer de l'Etat Belge ont construit des wagons réfrigérants pour le transport des denrees alimentaires.

Dans ces wagons, les réservoirs à glace n'ont pas d'action directe sur l'intérieur du wagon, ce qui évite la condensation dans l'espace réservé au chargement des denrées, des vapeurs d'eau contenues dans l'air.

L'air, venant de l'intérieur du wagon, entre dans le compartiment des réservoirs à glace par la partie supérieure, se refroidit et descend à travers les refroidisseurs en abandonnant l'eau dont il était chargé; il rentre ensuite, froid et sec, dans le wagon à travers des conduites aménagées entre les deux cloisons du double plancher.

Les chemins de fer de l'Etat Belge possèdent depuis longtemps des wagons à chevalet pour le transport des grandes caisses de glaces; les anciens wagons pouvaient transporter des caisses de 6m × 4m20 × 0m20.

L'industrie produisant maintenant des glaces de dimensions plus grandes, l'Etat Belge vient de faire construire trois wagons à chevalet sur lesquels on pourra charger, sans sortir des limites du gabarit, des caisses de 6m30 × 4m45 × 0m40.

LA SOCIÉTÉ NATIONALE DES CHEMINS DE FER
VICINAUX

La Belgique a, en fait de chemins de fer à grande communication, le réseau plus serré que dans aucun autre pays et qui comprend 154 kilomètres de chemins de fer exploités par 1,000 kilomètres carrés de la superficie du territoire. Elle a complété ces moyens de communication par une organisation unique dans le monde : celle des chemins de fer vicinaux, qui ont pour objet de relier les communes entre elles et aux chemins de fer du grand réseau.

La Société Nationale des chemins de fer vicinaux a été instituée en vertu de la loi du 28 mai 1884, modifiée et complétée par celle du 24 juin 1885.

Sa durée, comme celle des concessions qui lui sont accordées, est illimitée.

L'établissement des lignes a lieu, en général, sur les routes et chemins existants. A la date du 31 décembre 1899, il y avait 81 lignes en exploitation mesurant 1,750 kilomètres ; sur ces 1,750 kilomètres de lignes en exploitation, il y en avait 1,247 sur routes et chemins existants et 503 sur siège spécial. Les acquisitions des terrains nécessaires en dehors de la voirie publique sont faites au nom de l'Etat.

A la même date, la longueur des lignes concédées était de 2,300 kilomètres et le capital constitué était de 119 millions 351,000 francs, soit 77 kilomètres par 1,000 kilomètres carrés.

La formation des capitaux de premier établissement de chaque ligne se fait à l'intervention de l'Etat, des provinces et des communes et, le cas échéant, des particuliers, à la décharge de ces dernières, sous forme de souscriptions d'actions.

Aucun rapport n'a été déterminé par la loi quant à leur intervention. Deux prescriptions seulement visent ce point : 1° l'intervention de l'Etat ne peut être supérieure à la moitié du capital, c'est la règle qu'il applique actuellement ; 2° l'intervention des particuliers ne peut dépasser le tiers.

Les pouvoirs publics se libèrent généralement de leurs souscriptions par annuités.

Les actions souscrites par les particuliers doivent se libérer entièrement à des époques à déterminer par l'administration.

Le capital de chaque ligne concédée est représenté par une série d'actions portant un numéro spécial.

En représentation des annuités qui lui sont dues par les pouvoirs publics, la Société Nationale a contracté des emprunts au moyen d'émissions d'obligations, autorisés par arrêté royal et garantis par l'Etat, en vertu de la loi instituant la Société Nationale ; les titres sont revêtus du visa du Trésor.

L'Etat fait à ses caisses, en lieu et place de la Société Nationale, comme son mandataire, le payement des intérêts échus et le remboursement des obligations amorties.

La Société Nationale a adopté depuis son institution le système de l'affermage de l'exploitation de ses lignes à l'industrie privée sous le contrôle direct de l'administration centrale, lui laissant ainsi, selon les vœux du Gouvernement, une part dans l'œuvre des chemins de fer vicinaux.

La recette réalisée pendant l'exercice de 1899 a été de 8 millions 836,228 francs.

L'armement de ces lignes comporte :

348 locomotives ;
926 voitures à voyageurs ;
197 fourgons à bagages ;
2,643 wagons divers.

Deux chemins de fer vicinaux concédés à la Société Nationale sont actuellement exploités par la traction électrique. Le service est respectivement assuré par 34 et 17 voitures électromotrices et par 22 et 16 voitures de remorques. La partie urbaine d'une ligne vicinale est exploitée par chevaux.

MALLE D'OSTENDE-DOUVRES

La Belgique a exporté (commerce spécial) des voitures pour chemins de fer et de tramways pour une valeur de :

en 1894 . . . . 35,901,000 francs
en 1895 . . . . 36,466,000 »
en 1896 . . . . 30,978,000 »
en 1897 . . . . 37,846,000 »
en 1898 . . . . 47,618,000 »

Les exportations (commerce spécial) ont atteint les chiffres suivants :

CHAUX

en 1889 328,023,641 kilos. d'une valeur de 3,608,000
en 1890 357.473,942 »   »   »   » 3,932,000

en 1891	373,670.563	kilos.,	d'une	valeur	de	4,110,000
en 1892	385,399.335	»	»	»	»	4,239,000
en 1893	404,038.794	»	›	»	»	4,040,000
en 1894	411,803,344	»	‹‹	»	»	4,015,000
en 1895	436,635.371	››	»	»	»	4,301,000
en 1896	477,213,349	»	‹‹	»	»	4,701,000
en 1897	520,587,633	»	›	››	»	5,180,000
en 1898	546,199.915	»	››	»	»	5,462,000

CIMENTS

en 1894	195,532,780	kilos,	d'une	valeur	de	5,866,000
en 1895	273,807,477	»	»	»	»	8,214,000
en 1896	277,615,017	››	»	»	»	8,328,000
en 1897	322,023,678	»	»	»	»	10,305,000
en 1898	419,131,234	»	»	»	»	14,205,000

EXPOSANTS DE LA CLASSE 32

Matériel de chemins de fer et tramways

Administration des chemins de fer de l'État Belge.
Bruxelles.
Un wagon à charbon de 15 tonnes, système Bika.

Compagnie Internationale des wagons-lits et des grandes lignes européennes. — Transport de voyageurs.
Rue Ducale, 29, Bruxelles.
Une voiture-salon-buffet à 35 places et divers organes concernant le matériel des voitures de luxe.

Canon-Legrand. — Matériel de chemin de fer.
Usines à Quaregnon (Belgique), Raismes (Nord-France), Savigliano (Italie). — Mons.
Un wagon fermé, 5 tonnes, État belge, avec frein à main.

Max Dogniaux. — Roux.
Grilles pour locomotives.

Électricité et hydraulique (Société anonyme). — Entreprises générales d'installations électriques et hydrauliques. Ateliers de construction.
J. Dulait, administrat.-gérant. Usine de Charleroi-Belgique.
1º Truck avec appareillage électrique pour voiture de tramway;
2º Une voiture à boggies pour chemin de fer (État Belge) équipée pour la traction électrique par accumulateurs (en collectivité avec la société Nicaise et Delcuve de La Louvière);
3º Un train de roues monté avec moteur électrique pour voiture de chemin de fer.

Henricot, Émile. — Forges, fonderie, aciérie.
Court-Saint-Étienne.
> Boîtes à huile pour tous véhicules de chemin de fer.
> Pièces diverses en acier coulé.

La Métallurgique, société anonyme de construction.
Matériel de chemins de fer et de tramways.
Place de Louvain, 1, Bruxelles.
> Une voiture de deuxième classe, à boggies, pour chemins de
> fer à écartement normal ;
> Une voiture électrique automotrice pour tramways à voie
> de 1 mètre.
> Un wagon de 25 tonnes à 4 essieux pour chemin de fer à
> voie normale.

La société de travaux Dyle et Bacalan. — Constructeurs.
Avenue Matignon, 15, Paris.
> Voiture de 2ᵉ classe, à boggies Fourgon à bagages, à
> boggies.

Usines Ragheno (Société anonyme). — Ateliers de construc
tion de voitures-wagons. — Malines.
> Voitures de 2ᵉ classe à 3 essieux avec W.-C.

Société anonyme des ateliers de construction de la Meuse.
Grosse construction mécanique. — Sclessin (Liège).
> 1º Une locomotive-tender, type 15 État Belge, pour
> voyageurs, à 4 roues couplées boggies et train porteur.
> 2º Une locomotive d'usine à 4 roues pour voie normale.

Société anonyme des ateliers Nicaise et Delcuve, pour la
voiture, à La Louvière, et **Société anonyme d'électricité et
hydraulique,** à Charleroi, pour la partie électrique.
> Une voiture électrique, automotrice, nouveau modèle des
> chemins de fer de l'Etat Belge, roulant sur ses essieux
> pesant environ 40,000 kilos.

**Société anonyme des Ateliers de construction, forges et
aciéries de Bruges.** — Atelier de construction, aciérie
matériel de chemin de fer, chantier naval. — Bruges.
> Un wagon fermé à 4 portes avec frein à main pour l'Etat
> Belge.

Société anonyme des forges et ateliers de Seneffe. — Construction de matériel de chemins de fer fixe et roulant.
Seneffe (Hainaut).
> Un wagon chevalet pour transport de glaces.

Société anonyme des forges, usines et fonderies de fer.
Ateliers de construction de locomotives, machines fixes,
wagons, etc. — Haine-St-Pierre.

Une locomotive à marchandises à 6 roues accouplées E. B.
Une petite locomotive industrielle.

Société anonyme des forges, fonderies et ateliers du Midi de Charleroi. Admin.-dél. Pierart. — La Croyère.

1º Une locomotive-tender de 18 tonnes, pour écartement voie normale ;

2º Wagon 15 tonnes en fer et tôle embouties type E. B. portes latérales.

Société anonyme des ateliers Germain. — Matériel de chemins de fer et tramways. Voitures automobiles. Monceau-s/Sambre.

Un fourgon à 3 essieux pour trains de voyageurs.

Société anonyme de St-Léonard. — Construction de machines et outils. — Rue Saint-Léonard, 1, Liège.

Une locomotive pour trains de marchandises rapides à six roues couplées pour les chemins de fer de l'Etat Belge.

Société anonyme des usines et fonderies de Baume et Marpent. — Matériels fixe et roulant pour chemins de fer et tramways. Ponts et charpentes. Haine-Saint-Pierre.

Wagon boxe type Etat Belge.

Usines de Braine-le-Comte (Société anonyme). — Constructions métalliques, ponts, charpentes, matériels fixe et roulant de chemins de fer, tramways, etc., etc. Braine-le-Comte.

Une voiture de 3e classe sur boggies.

Usines Foidart et Rosenthal (Société anonyme). — Constructions mécaniques. — Quai du Hainaut, 63, Bruxelles.

Diverses roues munies de boites avec mouvements à billes et à rouleaux pour voitures de chemin de fer, tramways, omnibus et automobiles.

Société Franco-Belge. — Construction de machines et de matériels de chemins de fer. Avenue de l'Opéra, 10, Paris. Ateliers à La Croyère (Belgique) et Raismes (près Valenciennes).

Une locomotive. Une voiture à voyageurs.

Médaille d'or, Paris 1867; médaille de progrès, Vienne 1873; médaille d'or, Paris 1878; médaille d'or et diplôme d'honneur, Anvers 1885; diplôme d'honneur, Anvers 1894; diplôme d'honneur, Bruxelles, 1897.

Vanden Berghe, C. — Directeur technique de la Société anonyme d'électricité et hydraulique. — Charleroi.

Locomotive électrique de mines. Voitures de tramway électrique. Voitures automobiles électriques.

Zimmermann-Hanrez & Cie. — Ateliers de construction, fonderie et chaudronnerie.
Monceau-s/Sambre.

Locomotive-tender à voyageurs pour trains légers à 4 roues couplées, type 5 État Belge.   '

La Métallurgique (Société anonyme de construction .
Matériel de chemins de fer et tramways.
Place de Louvain. 1, Bruxelles.

Chaudières avec foyer, système Docteur, à parois réfractaires avec admission d'air chaud au-dessus de la grille. par circulation alternative entre les briques et l'enveloppe extérieure. — Foyer applicable aux chaudières multitubulaires ou autres locomotives, tramways, etc.. ainsi qu'aux fours à réchauffer. utilisant les flammes perdues à la production de vapeur.

EXPOSANTS DE LA CLASSE 33

Matériel de la Navigation de Commerce

De Wilde, Hubert. — Pêcherie, 68, Gand (Belgique).
Colliers de sauvetage.

Mathéï, I. — Garches (Seine-et-Oise).
Une photographie du navire « Charles», premier transporteur de pétrole en vrac du monde. de construction belge.

GROUPE VII

AGRICULTURE ([1])

L'AGRICULTURE BELGE

« Sous le rapport de la fertilité du sol, la Belgique n'a pas
» été très favorisée par la nature. Sur l'étendue totale, qui
» est de 2,945,516 hectares, environ un tiers, ou 818,000 hec-
» tares appartiennent à la grande plaine cimbrique, sable
» maigre et infertile; 420,000 hectares sont pris par le terrain
» schisteux et rebelle de l'Ardenne, et 487,000 hectares par
» l'argile froide du Condroz. Il ne reste donc qu'un peu plus
» du tiers, soit 944,000 hectares de bonnes terres.

» Malgré ces désavantages naturels, le travail bien dirigé
» de l'homme en a fait le pays le mieux cultivé et le plus pro-
» ductif de l'Europe, et, ce qu'il y a de plus remarquable,
» c'est que cette supériorité agricole, la Belgique la doit à la
» merveilleuse culture de la partie la moins fertile de son
» territoire, les Flandres.

» La Belgique est le pays le mieux cultivé et le plus produc-
» tif du monde, car elle nourrit la population la plus dense :
» 181 habitants par 100 hectares. A ce compte, la France
» aurait 95 millions d'habitants, et, si elle était aussi peuplée
» que les Flandres, 272 habitants par 100 hectares, elle en
» compterait 143 millions. La Belgique a, relativement à la
» superficie :
» Plus de capital agricole;
» Plus de bétail;
» Plus d'engrais;
» Plus de terres arables;
» Plus de terres consacrées aux céréales;
»   »   »   »   aux plantes industrielles;

---

(1) Les exposants du groupe VII sont répartis entre le Palais de l'Agriculture et des Aliments et le Chalet spécial belge La Campagnarde.

12

» Plus de terres consacrées à la culture maraichère;
» Plus de produit brut;
» Une plus grande valeur vénale des terres;
» Des fermages plus élevés;
» Plus de forces et de soins appliqués à la terre;
» Plus de voies de communication et de chemins de fer.»

Ces lignes, écrites par Emile de Laveleye lors de l'Exposition et du Congrès international de Paris, en 1878, peuvent être réimprimées aujourd'hui, car les faits qu'elles résument sont tout aussi vrais en 1900 qu'il y a vingt-deux ans.

Les modifications qui se sont produites pendant cette période n'ont fait qu'ajouter aux titres qui placent notre agriculture belge au tout premier rang.

La *densité de notre population* s'est accrue : en 1895, elle était de 218 habitants par kilomètre carré pour tout le royaume; de 363 dans la province de Brabant, et de 330 dans la Flandre Orientale. Dans certaines parties purement agricoles elle atteint la densité de 350 habitants par kilomètre carré.

Pour apprécier la signification de ce chiffre de 218 habitants par kilomètre carré, il faut comparer la densité de la population des autres Etats. La densité de la population est en Angleterre 110, en Allemagne 97, en France 71, en Autriche 66. La Hollande arrivait au deuxième rang avec 147 habitants.

Cette densité de notre population influence l'agriculture belge à divers points de vue, parmi lesquels nous citerons le bon marché de la main-d'œuvre, et la nécessité de la libre entrée des matières servant à l'alimentation de l'homme.

La perfection de l'agriculture de nos provinces flamandes est due en grande partie à la proportion considérable du travail manuel, toujours plus parfait que le travail mécanique: la terre y est traitée en terre de jardin et donne des récoltes aussi abondantes et plus variées que les produits des sols les plus riches. La statistique récente (1895), dressée par le Ministère de l'Agriculture, indique comme moyenne du salaire agricole (sans nourriture) dans les provinces flamandes le chiffre très bas de fr. 1.59 pour les hommes, et de fr. 1.22 pour les femmes, avec des minima qui atteignent fr. 1.10 dans certaines localités du Limbourg. Dans la partie méridionale et wallonne le salaire moyen est de fr. 2.53 pour les ouvriers agricoles.

C'est grâce à ces salaires peu élevés, ainsi qu'à la culture très intense, que nos cultivateurs peuvent soutenir la concurrence des pays d'outre-mer, qui nous inondent de leurs produits à bon marché.

Le budget des travailleurs agricoles exige dans ces conditions un maximum d'économie et d'industrie pour ne pas solder en déficit ; aussi, la Belgique est-elle remarquable au point de vue des petites industries accessoires pratiquées par les ouvriers agricoles : dans la partie flamande du pays, l'ouvrier consacre en hiver ses heures de loisir au tissage à domicile ; sa femme fabrique des dentelles très recherchées ; tous deux exploitent un petit lopin de terre, et nourrissent une ou deux vaches, quelques chèvres et de nombreux lapins destinés au marché de Londres. Très attaché à sa terre, et pratiquant les mœurs simples et l'activité infatigable de ses ancêtres, l'ouvrier agricole est resté jusqu'ici, pour son plus grand bien, étranger aux mouvements violents qui remuent et ruinent les populations industrielles.

Aussi nos travailleurs sont-ils fort recherchés à l'étranger, et notamment en France où 45,000 Belges concourent annuellement aux travaux d'entretien et de récolte des betteraves et des céréales.

*_**

La Belgique est avant tout une région de petite culture : les économistes la prennent fréquemment comme exemple de ce que peut le travail personnel du cultivateur exploitant de ses propres mains et de celles de sa famille, et appliquant à une étendue restreinte toutes les ressources de l'agriculture la plus intensive. Sur 829,625 exploitations couvrant le sol belge, il en est 785,039 qui n'ont pas 10 hectares ; 923 fermes seulement comptent plus de 100 hectares.

Ces petites exploitations entretiennent un bétail très nombreux, nourri de la manière la plus rationnelle, une énorme quantité d'aliments commerciaux, tourteaux et farines, étant annuellement achetée par nos cultivateurs.

Le nombre de chevaux atteint, en 1895, 271,527 pour tout le royaume, soit 9.21 par kilomètre carré ; ce chiffre n'est atteint que par la Grande-Bretagne ; il est en France de 5.6, en Prusse de 6.5 (1878).

Le nombre des bêtes bovines est en Belgique de 868,641, soit 48.2 par kilomètre carré. Nous sommes donc en progrès considérable sur 1876 ; à cette époque la statistique internationale accusait pour la Belgique 42.2 bêtes bovines par kilomètre carré ; pour l'Angleterre 25.7, pour la Prusse 24.5, pour la France 22.1.

Ces chiffres montent considérablement si l'on envisage les parties les plus riches au point de vue agricole.

La Flandre Orientale atteint pour le bétail le chiffre moyen de 74.8 sur une superficie de plus de 300,000 hectares ; cette province ne donnait, en 1878, que le chiffre de 62 têtes par 100 hectares ; elle a donc augmenté son capital-bétail de plus de un cinquième.

La fertilité des terres belges est considérable, grâce au capital d'exploitation très élevé qui leur est consacré, et qui atteint fréquemment 1,000 et même 1,500 francs par hectare.

Le *froment* d'hiver, en 1896, donnait, pour tout le royaume, un produit moyen de 26 hectol. 86. Ce chiffre montre les progrès accomplis par l'application rationnelle des engrais chimiques et le choix des variétés : avant 1870, nous dépassions avec peine 20 hectolitres. Le produit moyen des provinces de Hainaut, des Flandres Orientale et Occidentale, où la grande majorité des terres peuvent porter du froment, est de 30 à 31 hectol. 70. Les bonnes récoltes montent dans les meilleures terres jusque 4,000 kilos, soit 51 hectol. par hectare.

Les *betteraves à sucre* donnent un rendement moyen de 30,000 kilos environ, rendement qui monte dans les bonnes années à 34,000 et 38,000 kilos pour des provinces entières. En 1896, la moyenne pour la Flandre Occidentale était de 38,777 k. La richesse en sucre de 2,350 analyses faites à Gembloux, en 1896, était de 13.70; en 1897, la moyenne de 1.318 analyses accusait 14.61 p. c. de sucre.

Les résultats de ces deux cultures principales suffisent pour démontrer le très haut état de fertilité atteint par nos exploitations. L'instruction technique du cultivateur belge est très avancée, grâce, d'une part, aux conférences nombreuses organisées chaque année par le Gouvernement, et à la fondation de nombreux syndicats agricoles, qui fournissent les engrais et aliments au plus bas prix et aux meilleures conditions.

*_**

Les *Associations agricoles* se sont beaucoup développées en Belgique depuis quelques années.

Une des formes d'association les plus populaire a pour but la fabrication du beurre dans des *laiteries coopératives*. Voici la progression du nombre de ces usines agricoles :

1887	4	1891	23	1895	78
1888	4	1892	27	1896	138
1889	7	1893	36	1897	271
1890	19	1894	55	1898	327

En 1897, ces laiteries groupaient déjà 17,022 cultivateurs, et travaillaient à raison de 6 centimes à 1 centime par litre de lait.

Une autre forme d'association a pour but de fonder des *caisses locales d'épargne et de crédit*, d'après le système Raiffeisen; leur développement fut aussi très rapide :

1892	1	1895	35	1898	200
1893	4	1896	77	1899	230
1894	16	1897	159		

Certaines de ces caisses communales ont des encaisses de plus de 90,000 francs: beaucoup ont plus de 30,000 francs.

La loi du 21 juin 1894 autorise la Caisse générale d'Épargne et de Retraite de Belgique à prêter des fonds à ces caisses rurales, par l'intermédiaire de caisses centrales. Toutefois les fonds déposés par les cultivateurs atteignent actuellement un chiffre double des sommes empruntées, ce qui permettra de se passer, à bref délai, de l'intervention de la Caisse générale d'Épargne.

Les Caisses Raiffeisen participent fréquemment à l'achat de machines, à la fondation de laiteries, distilleries, etc.

L'*Assurance mutuelle contre la mortalité du bétail* est très répandue. En 1897, il existait 436 de ces assurances locales, comptant 41,000 membres, assurant 119,253 têtes de bétail d'une valeur totale de plus de 40 millions de francs. Cette forme d'assurance est beaucoup préférée en Belgique à l'assurance obligatoire qui fonctionne dans une des provinces et qui n'a pu s'introduire dans les autres parties du royaume. Des sociétés d'assurance mutuelle contre la mortalité des chevaux sont actuellement en voie de création dans un grand nombre de localités.

Les *Sociétés de consommation*, ayant surtout pour but l'achat des matières premières agricoles (engrais, semences, aliments) et des machines, sont très développées dans le royaume. Elles ont puissamment contribué à propager l'emploi des méthodes agricoles modernes. Leur chiffre d'achat dépasse de beaucoup les chiffres correspondants accusés dans les syndicats des pays environnants. Ainsi la Ligue des Paysans des provinces du Rhin (Allemagne) achetait, en 1895, 7,500,000 kilos d'engrais chimique pour ses 40,000 membres; la Ligue des Paysans de Louvain (Belgique) n'avait que 20,000 membres en 1895, mais achetait plus de 11,000,000 de kilos d'engrais : ce fait était du reste à prévoir, en raison de l'intensité sans égale de l'agriculture belge.

Il est intéressant, pour montrer combien les cultivateurs de la Belgique font usage de toutes les ressources de la science agricole et savent dépenser au besoin pour augmenter leur rendement, d'indiquer ici les quantités achetées par la Ligue de Louvain pendant le courant de l'année 1898. Ce tableau montre aussi la variété des engrais et aliments employés.

(V. page suivante.)

Section des achats en commun de la Ligue des Paysans de Louvain

Engrais :

Nitrate de soude . . .	915,450	kilos
Sulfate d'ammoniaque.	51,201	—
Guano.	379,343	—
Engrais composés . .	693,275	—
Superphosphate . . .	1,378,573	—
Scories de déphospho- ration	5,598,975	—
Engrais potassiques .	642,275	—
Chaux.	873,050	—
Divers.	2,185,323	—

12,771,465 kilos : valeur fr. 657,989.09).

Aliments pour bétail :

Farine de lin. . . .	3,182,371	kilos
Tourteaux d'arachide.	38,350	—
Tourteaux de cocotier	385,810	—
Farine de coton . . .	321,101	—
Sons et rebulets . . .	884,880	—
Maïs	937,583	—
Tourteaux de maïs. .	58,098	—
Divers	346,545	—

6,154,738 kilos : valeur fr. 857,583.97.

Le total des achats de cette seule association monte donc, pour 1898, à fr. 1,515,573,06.

***

Cet aperçu rapide et forcément très incomplet montre que l'agriculture belge est restée digne, à tous les égards, de sa réputation séculaire. Intelligemment et généreusement soutenue par le Gouvernement, elle a fait preuve de beaucoup d'initiative et d'esprit de progrès. Elle a notamment appliqué d'une manière presque générale les enseignements de la science agricole, tant au point de vue des cultures que de l'élevage des chevaux et du bétail ; enfin, depuis quelques années, elle s'est courageusement engagée dans la voie de l'association. Les résultats qu'elle peut enregistrer dès maintenant accusent des progrès tellement rapides que l'on peut prédire pour un avenir prochain l'enrôlement dans les associations rurales de tous nos cultivateurs belges.

EDMOND LEPLAE,

Professeur à l'Université de Louvain, délégué de la classe 35

EXPOSANTS DE LA CLASSE 35

Matériel et procédés des exploitations rurales

De Vriendt, André. — Forest-lez-Bruxelles.

Tourbe litière. Fumier de tourbe.

De Vuyst, Paul, Gand, et Parteous, directeur de la Portable Building Cⁿ, Manchester.

Plans et devis pour écoles temporaires de laiterie.

Frennet-Wauthier, Louis. — Fonderie et ateliers de construction. — Ligny.

Un arracheur de betteraves. Un arracheur, décolleteur nettoyeur de betteraves. Semoir à planter les **graines** de betteraves en lignes interrompues.

Grand-prix, Bruxelles 1897.

Tixhon-Smal, Pierre. — Machines agricoles.

Herstal-lez-Liège.

Une batteuse ; un manège.

LA LAITERIE

La laiterie doit être rangée parmi les industries qui, en Belgique, ont fait le plus de progrès depuis 1889. La première écrémeuse centrifuge parut en 1881, au Concours de Gand, mais elle ne s'introduisit que dans quelques grandes exploitations : deux ou trois sociétés industrielles au plus se formèrent pour organiser des laiteries.

L'élan date de 1888-1889, grâce à l'association coopérative et à l'enseignement agricole.

A cette époque, la Coopérative d'Oostcamp donna l'exemple et attira de toutes parts les agronomes et les spécialistes, qui vinrent sur place constater les résultats obtenus

Le Gouvernement commença une campagne de vulgarisation, en créant des écoles de laiteries et en organisant des conférences.

LAITIÈRE FLAMANDE

La statistique agricole, dressée en 1895 par le département de l'agriculture, constate l'existence de :

Écrémeuses centrifuges à bras . . 2,152

Écrémeuses centrifuges à vapeur . 112

Aujourd'hui le nombre d'écrémeuses à bras dépasse 2,500, celui des écrémeuses à vapeur 150. Il existe plus de 300 laiteries coopératives. La production du beurre a augmenté d'une façon notable et dépassera bientôt les besoins de notre consommation intérieure. Les laiteries étudient les moyens d'organiser l'exportation, et cherchent à perfectionner leur travail pour fournir aux marchés étrangers des produits dépassant en qualité ceux de leurs concurrents.

C'est dans ce but que, depuis deux ans, une dizaine de fédérations ont été créées pour grouper les laiteries coopératives.

Un des beaux résultats obtenus par une de ces fédérations, la « Campagnarde », c'est l'organisation du « Pavillon de l'Agriculture » à l'Exposition universelle.

P. DE VUYST,

Inspecteur de l'agriculture.

EXPOSANTS DE LA CLASSE 37

Matériel et procédés des industries agricoles

Ateliers de construction d'écrémeuses centrifuges (Système Mélotte). —Veuve Mélotte, constructeur à Remicourt (Liège).
Ecrémeuses centrifuges.

Armand Collard-Bovy. — Directeur des écoles de laiterie de l'État, Verviers.
Plans de laiteries modèles.

Durant. Victor. — Ingénieur agricole. — Rue Longue-Vie, Bruxelles.
Appareils et procédés pour la chimie laitière.

Gillain, P. — Rue Veek, Anvers.
Appareils de laiterie : écrémeuses Laval, baratte et malaxeur, etc.

Installation de laiteries mécaniques.
Laiterie belge modèle « Alexandra ».

Laiterie coopérative (Société anonyme). — Borsbeke.
Tableau-aquarelle de la laiterie.

Laiterie coopérative. — Laiterie. — Buvrinnes.
Un tableau de laiterie.

Laiterie coopérative St-Joseph. — Laiterie. — Caulille.
Un tableau de laiterie.

Laiterie coopérative. — Solre-s/Sambre.
Tableau de laiterie.

Laiterie coopérative de Basel. — Laiterie, à Basel.
Un tableau-vue de la laiterie.

Laiterie coopérative de la Couronne. — Gozée, près Thuin
Deux tableaux de la laiterie.

Laiterie coopérative « Royal Beurre ». — Laiterie, à Sivry.
Un tableau de laiterie.

Laiterie coopérative de Barbençon. - - Laiterie.
Un tableau de la laiterie.

Laiterie coopérative de Feluy-Arquennes.
Un tableau de la laiterie.

Laiterie « Cœur des Flandres ». — Ruysselede.
Un tableau de laiterie.

Laiterie de la Lys. — Deurle.
Tableau de laiterie.

Laiterie « Rooden Molen ». — Zèle.
Tableau de laiterie.

Laiterie de Londerzeel. — Londerzeel.
Un tableau de la laiterie.

Maenhaut. — Représentant, à Lemberge.
Un tableau de la laiterie de Lemberge.

Mercier, Antoine. — Ingénieur, directeur du laboratoire de
Virton.
Butyromètre centrifuge, breveté, pour le dosage du beurre
dans le lait et ses dérivés.

Vve Mélotte. — Constructeur. — Remicourt (Liège.
Ecrémeuses centrifuges Mélotte.

Ministère de l'Agriculture de Belgique. — Industrie laitière.
Produits de la laiterie et sous-produits de la ferme.
Instruments employés dans la laiterie. Accessoires.

Ministère de l'Agriculture de Belgique (Musée Commercial
et Agricole).
Modèles des produits avicoles, races belges et flamandes.

Baron **Peers.** — Oostcamp.
Tableaux, photographies, etc., de la laiterie coopérative
d'Oostcamp.

Persoons, Jules, et frère. — Constructeurs.
Thildonck-lez-Louvain.
Nouvelles écrémeuses centrifuges belges 1898. Trois écré-
meuses à bras. Une écrémeuse à vapeur.

Mme Roels. — Laitière. Rue Gustave-Demanet, 32, Bruxelles.
  Cruche à lait avec mesure faisant fonction de couvercle.

Tixhon-Smal, Pierre. — Machines agricoles.
  Herstal-lez-Liège.
  Ecrémeuse centrifuge « séparateur facile ».

Mlle de Villers. — Laiterie. — Grandchamps, Chin.
  Un tableau de laiterie.

Pas, G. — Rue de la Station, Malines.
  Ustensiles, vases, récipients en cuivre pour laiteries. Objets
  de collection.

Schoonjans et Geens. — Gand.
  Appareils de laiterie.

Société coopérative de Loenhaut. — J. Montens d'Ooster-
  wyck. — Laiterie.
  Un tableau de laiterie.

Société coopérative « Les Cultivateurs du Hainaut ». —
  Enghien.
  Une écrémeuse centrifuge W à main, un contrôleur de lait,
  une baratte, un malaxeur.

Union laitière belge. — Bruxelles.
  Un tableau statistique des laiteries affiliées.

STATISTIQUE AGRICOLE

Considérée dans son ensemble, l'agriculture belge est l'une des plus progressive du monde.

Pour juger de l'ensemble des faits qui la caractérisent, il suffira de résumer d'après les dernières publications officielles les éléments statistiques relatifs : à l'étendue des cultures, au dénombrement des animaux domestiques, au dénombrement des exploitations, au faire-valoir direct et indirect, à la valeur vénale et locative de la terre, aux machines.

Ces données seront complétées par les renseignements concernant le commerce international des produits agricoles, la statistique des associations coopératives et mutuelles et le relevé des encouragements officiels.

Étendue des cultures

	1880	1895
Étendue générale des cultures (comprenant les cultures ordinaires, les bois et les terrains incultes)	2,704,957 Hes	2,607,514 Hes 84
Étendue non exploitée. . . .	240,758 »	338,043 » 04
Étendue territoriale . . .	2,945,715 Hes	2,945,557 Hes 38

A répartir comme suit :

Céréales et farineux	934,663 Hes	809,691 Hes 19
Légumineuses.	33,093 »	26,324 » 94
Plantes industrielles . .	64,150 »	51,641 » 70
Betteraves à sucre	32,627 »	54,099 » 07
Plantes-racines fourragères. .	36,153 »	53,801 » 38
Plantes fourragères	185,778 »	192,923 » 62
Pommes de terre.	199,357 »	184,690 » 61
Prairies fauchées, pâturées, vergers.	389,103 »	444,983 » 54
Jardins potagers.	39,724 »	41,868 » 08
Divers : vignobles, pépinières, oseraies, jardins d'agrément, jachères	68,922 »	56,666 » 43
Bois	489,423 »	521,494 » 78
Terrains incultes.	231,964 »	169,329 » 00
Étendue non exploitée. . .	240,758 »	338,083 » 04
Total . .	2,945,715 Hes	2,945,557 Hes 38

Il résulte de ces chiffres que, tandis que les emblavures en céréales diminuent, les prairies prennent plus d'extension ainsi que la culture des plantes fourragères et de la betterave à sucre.

Les terrains incultes diminuent par suite du boisement en même temps qu'augmente le domaine agricolement non exploitable, par suite de l'extension des villes, des voies de communication et des industries.

Statistique des animaux domestiques

Année 1880 (dénombrement au 15 septembre

PROVINCES	CHEVAUX	BÊTES BOVINES	BÊTES A LAINE	PORCS	ABEILLES (RUCHES)
Anvers . . .	15,415	125,622	26,269	43,227	14,162
Brabant . . .	36,806	186,528	24,439	90,816	7,155
Flandre Occid.	25,234	185,888	22,944	86,931	6,017
Flandre Orient.	25,754	215,408	37,452	107,406	7,888
Hainaut . . .	49,509	166,882	63,201	50,293	6,791
Liège	23,581	135,417	34,250	89,865	8,764
Limbourg . .	14,058	104,664	33,851	65,156	17,351
Luxembourg .	21,060	141,723	74,730	60,309	18,530
Namur . . .	28,831	120.683	48,264	52,372	10,379
Totaux. .	240,248	1,382,815	365,400	646,375	97,037
Races de chevaux étrang.	31,726				
	271,974				

Année 1895 (dénombrement au 31 décembre)

PROVINCES	CHEVAUX	BÊTES BOVINES	BÊTES A LAINE	PORCS	ABEILLES (RUCHES
Anvers . . .	16,638	130,061	25,110	91,399	12,421
Brabant . . .	36,710	188,751	21,195	166,488	10,352
Flandre Occid.	25,903	204,249	16,419	181,034	5,148
Flandre Orient.	23,446	224,700	32,354	208,679	2,267
Hainaut . . .	45,225	185,555	50,392	74,088	12,790
Liège	24,793	142,356	11,867	163,874	10,407
Limbourg . .	12,763	105,217	23,447	99,251	13,859
Luxembourg .	17,290	122,937	33,006	89,978	19,188
Namur . . .	24,939	117,152	26,932	88,341	17,358
Totaux. .	227,707	1,420,976	235,722	1,163,133	107,790
Races de chevaux étrang.	43,820				
	271,527				

Malgre la diminution de l'effectif général, on peut cependant affirmer que l'élevage des chevaux s'est accru dans ces dernières années. Il en est de même en ce qui concerne les bêtes bovines.

Ainsi tandis qu'en 1880, sur 240,248 chevaux indigènes il y en avait 64,907 àgés de moins de 3 ans, soit 27 p. c. de jeunes chevaux, en 1895, sur 227,707 chevaux il y en avait 68,352 àgés de moins de 3 ans, soit 35 p. c. La statistique de 1895 accuse une différence en plus de 47,869 jeunes bêtes bovines comparativement à celle de 1880.

Ces chiffres prouvent que c'est dans l'élevage du cheval, du bétail et du porc que les fermiers cherchent leurs revenus.

L'élevage du cheval indigène fait de très sérieux progrès, et les pouvoirs officiels s'efforcent d'encourager les éleveurs suivant une méthode rationnelle qui assure la détention entre leurs mains des meilleurs reproducteurs des races chevalines indigènes.

LE CHEVAL BELGE

L'élevage du cheval de trait est devenu très populaire en Belgique.

L'élevage du bétail est aussi efficacement soutenu dans plusieurs provinces du pays et on attend les meilleurs résultats de ces encouragements. L'élevage du porc s'est fortement développé dans ces dernières années. Quant aux moutons, les troupeaux deviennent de plus en plus rares.

Dénombrement des exploitations

Faire-valoir direct et indirect

	1880		1895	
	FAIRE VALOIR DIRECT	FAIRE VALOIR INDIRECT	FAIRE VALOIR DIRECT	FAIRE VALOIR INDIRECT
Exploitat. de moins de 1 H.	179,276	415,100	139,989	404,652
» 1 à 5 »	80,165	145,898	58,532	133,291
» 5 à 10 »	19,306	29,084	18,244	30,821
» 10 à 20 »	10,007	15,976	10,263	17,888
» 20 » 30 »	2,498	5,251	2,585	5,578
» 30 à 40 »	890	2,133	933	2,254
» 40 à 50 »	372	1,042	456	1,145
» 50 et au-dessus »	1,015	2,388	917	2,667
	293,524	616,872	231,919	598,296

Division :

	1880	1895
En faire-valoir direct pour la totalité . . .	217,120	168,267
» » » » pour plus de la moitié.	76,404	63,052
» » » indirect pour la totalité . . .	445,528	436,183
» » » » pour plus de la moitié.	171,344	162,123
Nombre des exploitations .	910,396	829,625

Valeur vénale et locative des terres

PROVINCES	1880		1895	
	VALEUR VÉNALE	VALEUR LOCATIVE	VALEUR VÉNALE	VALEUR LOCATIVE
Anvers	2,762	78	2,413	73
Brabant	5,083	141	3,431	112
Flandre Occidentale .	4,310	119	3,447	105
Flandre Orientale . .	5,851	132	3,839	119
Hainaut	5,429	145	3,262	102
Liège	4,998	142	3,075	103
Limbourg	3,015	83	2,089	83
Luxembourg	1,505	44	1,074	34
Namur	2,899	77	1,973	58
Royaume : moyenne. .	4,261	107	2,838	90

1880

Valeur vénale du domaine agricole en général : 9,431,413,345 fr.

1895

Valeur vénale du domaine agricole en général : 6,583,453.178 fr.

La valeur vénale du domaine agricole a donc diminué de 33 p. c. et la valeur locative de 17 p. c.

Cette diminution est due surtout au bas prix des grains, le prix de la main-d'œuvre, la difficulté de se procurer les bras nécessaires, etc. Cette diminution vénale et locative des terres n'atteint cependant pas les limites aussi élevées qu'on lui attribuait. Grâce aux progrès réalisés chaque année, les rendements augmentent et la situation générale ne peut que s'améliorer.

Les machines agricoles

Le recensement des machines agricoles, telles que machines à battre, locomobiles, moissonneuses, faucheuses, faneuses, rateaux et semoirs à cheval, donne pour 1880 le chiffre total de 12,221 machines. En 1895, le nombre de ces mêmes machines est de 20,313, soit une augmentation de 8,092 machines. L'emploi des machines agricoles s'est donc accru d'une manière sen-

sible. Cette extension s'explique par la rareté de la main-d'œu
vre Chaque année, 45,000 ouvriers agricoles belges vont en
France faire la moisson, le travail des betteraves, etc. Cet
exode temporaire des ouvriers belges à l'époque des récoltes
force nécessairement les cultivateurs de recourir chaque
année davantage à l'emploi des machines. La fabrication belge
se trouve ainsi fort stimulée et peut se perfectionner constamment.

Commerce des principales denrées agricoles en 1895

DENRÉES	IMPORTATIONS MISES EN CONSOMMATION	EXPORTATIONS DES MARCHANDISES BELGES OU NATIONALISÉES
Avoines . . . . . kil.	96,784,005	11,101,038
Betteraves . . . . »	176,291,580	12,945,383
Beurre . . . . . . »	7,547,282	3,138,042
Chicorées (racines vertes et séchées) . . . . kil.	163,949	56,464,948
Cire . . . . »	381,326	226,979
Engrais et tourteaux . »	173,022,708	204,359,563
Farines, sons, moutures. »	95,305,907	65,128,565
Fromages. . . . . »	6,462,313	63,809
Froment, epeautre, mé- teil . . . . . . kil.	1,357,480,610	326,717,104
Fruits de toutes espèces fr.	7,416,564	7,541,079
Graines oléagineuses . kil.	246,823,858	92,565,285
Houblon . . . . . »	1,780,253	1,182,960
Lait . . . . fr.	254,194	557,793
Légumes verts et secs . kil.	18,462,095	12,531,388
Malt. . . . . . . »	20,093,563	916,286
Margarine . . . . »	6,096,833	1,968,542
Miel . . . . »	1,421,997	673
Orge . . . . . . »	243,849,079	38,897,485
Œufs . . . . . pièce.	151,191,127	110,276,787
Pommes de terre . . . kil.	65,170,798	52,540,661
Récoltes et fourrages . »	68,496,849	34,883,768
Sarrasin . . . . . »	7,506,613	2,241,040
Seigle . . . . . . »	33,675,838	18,573,397
Sirop et mélasse . . »	2,256,626	34,672
Sucre brut . . . . »	9,858,942	124,006,197
Sucre raffine . . . »	518,478	48,234,006

Industries agricoles

124 sucreries ont fonctionné pendant la campagne de 1894-95
et ont eu une prise en charge de 208,956,865 kil.

2,934 brasseries ont travaillé 161,638,135 kil. de farines imposables ; 116,992 hectolitres de contenance imposable (ancien
régime) ont été en outre déclarés; production totale 12 millions
230,308 hectolitres; production par brasserie : 4,197 hectolitres.

Coopératives et autres sociétés mutuelles agricoles

Les sociétés coopératives et mutualistes ont reçu une vive impulsion durant ces dernières années. On trouvera ci-après, résumés sous forme de tableau statistique, les principales données relatives au nombre de ces associations existant en 1898.
Les cultivateurs belges s'aperçoivent de plus en plus que par l'association bien comprise ils peuvent sérieusement contribuer au relèvement de leur situation. (Voir ci-contre un tableau.)
Il faut y ajouter encore pour le royaume
9 comptoirs de prêts agricoles ;
3 fédérations mutualistes de réassurance des bêtes bovines, auxquelles sont affiliées 246 sociétés locales:
3 sociétés anonymes et coopératives d'assurance du bétail ;
8 sociétés pour les pertes occasionnées par la grêle, dont 3 sous forme anonyme, 2 sous forme coopérative et 3 mutuelles.

ENCOURAGEMENTS OFFICIELS

Le budget de l'Agriculture pour l'exercice 1899 s'élève à la somme de 8,269,015 francs répartis comme suit :

Inspection de l'agriculture et service des agronomes de l'État . . . . Fr.	166,000
Inspection vétérinaire. . . . . »	200,000
Indemnités pour animaux abattus par ordre de l'autorité, etc. . . . . »	1,400,000
Amélioration des races d'animaux domestiques.»	500,000
Sociétés agricoles provinciales, comices, etc.. subsides . . . . »	190,000
Concours, expositions, congrès, etc. . . . . »	70,000
Enseignement vétérinaire. . . . . . . »	173,700
Enseignement agricole supérieur . . . . »	592,000
Jardin botanique de l'État . . . . . »	93,400
Eaux et forêts . . . . »	707,665
Laboratoires d'analyses . . . . »	206,250
Encouragement pour l'extension et l'amélioration de la voirie vicinale . . . . . »	3,970,000
Total. . Fr.	8,269,015

Ed. de Burbure de Wesembeek.

Les exportations de chevaux ont été :

en 1889 . .	22,439	chevaux	en 1894 . .	22,260	chevaux
en 1890 . .	19,814	»	en 1895 . .	24,633	»
en 1891 . .	21,545	»	en 1896 . .	26,904	»
en 1892 . .	19,554	»	en 1897 . .	30,112	»
en 1893 . .	17,587	»	en 1898 . .	29,987	»

PROVINCES	COMICES AGRICOLES	LIGUES AGRICOLES	SYNDICAT D'ÉLEVAGE	Syndicats pour l'achat des semences, machines, etc.	LAITERIES coopératives	CAISSES RAIFFEISEN	Sociétés mutualistes pour l'assurance du bétail	Sociétés mutualistes d'assurances des chevaux
Anvers	19	86	16	80	12	24	71	...
Brabant	19	93	6	89	30	42	107	...
Flandre Occidentale	13	35	10	31	5	27	9	1
Flandre Orientale	27	36	130	39	27	16	191	8
Hainaut	12	46	...	53	29	24	13	2
Liège	14	87	7	89	9	15	22	1
Limbourg	13	94	6	88	80	29	93	...
Luxembourg	18	104	7	97	56	21	1	...
Namur	17	21	5	36	10	1	2	...
TOTAUX	149	607	187	602	258	199	509	12

EXPOSANTS DE LA CLASSE 38

Collectivité des écoles régionales d'agriculture.
Écoles de Nieuport, Thielt, Gand, Hasselt, Vilvorde, Avel-
ghem, Leuze, Sottegem, Grammont, La Louvière, Waremme,
Chimay, Dinant, Huy, Carlsbourg et Virton.
Tableaux, documents, etc., concernant l'agriculture des
divers régions.

Collectivité des Écoles ménagères agricoles.
Écoles d'Heverlé, Bouchout, Isque, Virton, Herve, Brugelette, Oosterloo et Bastogne.
Tableaux, objets, etc., concernant le programme d'études
de ces écoles.

Comice agrcole d'Herzele. — M. Versnick, secrétaire.
Borsbeke-lez-Alost.
Collections, tableaux, diagrammes, etc.
Grand-prix. Gand 1899.

Devuyst. — Ingénieur agricole. — Rue de la Station, 5, Gand.
Ouvrages agricoles.

Fédération des syndicats d'élevage. — Gand, Flandre Orient.
Tableaux synoptiques et statistiques, cartes, photographies.

Institut agronomique de l'Université de Louvain.
Rue des Récollets, 31, Louvain.
Programme d'étude; plans et photographies.
Travaux des professeurs et des anciens élèves.
Revue générale agronomique (8 années).

Ministère de l'Agriculture. — Bruxelles.
Tableaux, documents concernant la statistique, l'agronomie, etc.

Petermann, A. — Directeur de la station agronomique de
l'État. — Gembloux.
Plans des installations. Publications du personnel. Compte
rendu des recherches avec planches photographiées.

Revue générale agronomique (Hegh, rédacteur en chef). —
Rue de Forest, 63, Uccle.
Spécimen de la Revue.

Syndicat agricole de Landen (Soc. coop.). — Fabrique d'acide
sulfurique, de superphosphate et d'engrais composés.
1º Tableau donnant la vue des Usines du Syndicat.
2º Tableau-diagramme des affaires du Syndicat;
3º Brochure contenant l'historique du Syndicat:
4º Le journal *La Coopération Agricole* contenant les rapports des exercices 1896-1897, 1897-1898, 1898-1899, qui
marquent le chemin parcouru à ce jour.

Van Nérom, Léon-Charles. · Agronome
Boulevard d'Anvers, 37, Bruxelles.

Cartes et statistiques agricoles, forestières et apicoles de
la Belgique.

EXPOSANTS DE LA CLASSE 39

J.-E. De Bruyn. — Termonde.
Huiles végétales et tourteaux.

Delange, C. — Directeur de la Société coopérative pour l'amé
lioration des semences, à Borsbeke.

1° Tableaux et rapports concernant les travaux de la
Société. 2° Échantillons de semences.

Hensmans, Léon. · Décortication de pois. — Cortenberg.
Pois entiers, pois décortiqués, déchets provenant de cette
décortication et propres à l'alimentation du bétail !

Vande Voorde, P.-J.-H. — Agronome.
Fabrique du Ford's Calfmeal. Chaussée de Mons, 382,
Anderlecht-Bruxelles.

Ford's Calfmeal, aliment indispensable pour l'élevage des
poulains, veaux, gorets et autres jeunes animaux.

EXPOSANTS DE LA CLASSE 40

Bruneel, O. Laiterie d'Astene, Gand.
Produits de la laiterie.

Crémerie Ste-Suzanne. Chaussée de Haecht, 17, Bruxelles.
Lait, beurre, œufs et fromages.

EXPOSANTS DE LA CLASSE 41

De Clercq, René. Houblons et tous les articles pour brasseurs
Rue des Moulins, 37, Alost.

Houblons d'Alost, récolte 1899.

Expositions : Anvers 1894, hors concours, membre du Jury.
Amsterdam 1895 : médaille d'or. Bruxelles 1897 : hors con
cours, membre du Jury.

De Kien. Léonard, successeur de Boutry Van Isselsteyn et Cie.
Teillage mécanique. Courtrai.

Lins bruts, lins toilles (en gerbe, en graines, en filasse).

Le Clercq, Isidore et Hector. Glucoserie, amidonnerie.
Firme : Hyacinthe Le Clercq. Quai Baudouin, Alost
Sucres intervertis Dexvert, Colorants, Articles pour bras
series, etc. Houblons d'Alost et de toutes provenances.

Veys, A. & Th., frères. Houblons.
Vlamertinghe lez Poperinghe.

Houblons Poperinghe villages, de la récolte 1899.

EXPOSANTS DE LA CLASSE 42

Collectivité des fédérations d'apiculture de Belgique.
Bruxelles.
   Produits, instruments, cartes et publications apicoles.

   Liste des Sociétés d'Apiculture formant la Collectivité
   1º Fédération apicole du Hainaut et extensions ;
   2º Union apicole du Hainaut-Brabant et extensions ; ·
   4º Fédération apicole de Condroz-Hesbaye ;
   3º Fédération apicole du Bassin de la Meuse ;
   5º Fédération apicole des deux Flandres ;
   6º Chambre syndicale belge d'Apiculture.

Decroly. Raphaël. — Fabrique de ruches à cadres mobiles.
Sur le Brul, à Renaix.
   Ruches feuilletables basculantes.

EXPOSANTS DU CHALET DE L'AGRICULTURE

« LA CAMPAGNARDE »

QUI N'APPARTIENNENT PAS AU GROUPE VII

Van Bellinghen-Tomberg, Hubert. — Ardoises à crochets
brevetées. — Rue Hôtel-des-Monnaies, 47, Bruxelles.
   Panneaux en bois et fer, toiture mansardée, etc.

Van Massenhove, Henri. — Architecte.
Avenue Brabançonne, Bruxelles.
   Plans et maquette du pavillon de l'agriculture. **Plans de**
constructions flamandes.

Montleal. — Artiste peintre, professeur à l'Académie.
Avenue de la Renaissance, Bruxelles.
   Toiles, panneaux de décoration. (Groupe II, classe 7.)

Smits-Van Acker, K. — Artiste sculpteur sur bois. — Eecloo.
   Sculptures sur bois. (Groupe II, classe 9.)
Springal. — Statuaire.
Rue des Grands-Carmes, 19, Bruxelles.
   Laitière flamande. Animaux de ferme. (Groupe II, classe 9.)

Fabronius, Edouard. — Rue Neuve, 11, Bruxelles.
   Photographies en tous genres. (Groupe III, classe 12.)

L'ENSEIGNEMENT AGRICOLE EN BELGIQUE

Les débuts de l'enseignement agricole belge remontent à
l'année 1849 ; les institutions agricoles officielles furent rema-
niées en 1860 et reçurent leur organisation actuelle par la loi
du 4 avril 1890.

Parallèlement aux écoles de l'État se développèrent de nombreuses écoles libres, embrassant l'enseignement à tous les degrés : ces établissements reçurent pour la plupart des subsides officiels.

Enfin, l'instruction des agriculteurs fit des progrès marqués depuis la fondation des syndicats d'achat, des laiteries coopératives, des caisses de crédit, etc. Les réunions périodiques des membres de ces sociétés constituent de véritables conférences, où les cultivateurs discutent le pour et le contre des nouvelles méthodes de culture et s'instruisent mutuellement.

* *
*

1° *Enseignement primaire.* — Dans la plupart des écoles primaires, des notions d'agriculture ont été portées au programme; divers moyens sont mis en œuvre pour intéresser à l'agricul-

L'EMBOUCHURE DE L'ESCAUT (TABLEAU DE VERWÉE)

ture le maître et l'élève, notamment par voie de primes, par organisation de sociétés pour la protection des oiseaux insectivores, pour la destruction des insectes, etc.

Beaucoup d'instituteurs d'école primaire sont pourvus de petites collections de graines, engrais, modèles d'appareils, tableaux, etc. Cet essai d'enseignement agricole primaire est conduit avec prudence pour ne pas nuire aux études primaires fondamentales, dont le programme n'est déjà que trop chargé.

2° *Enseignement moyen.* — Cet enseignement est fort étendu en Belgique; il embrasse l'agriculture proprement dite et l'horticulture, et s'adresse aussi bien aux jeunes gens qu'aux jeunes filles.

L'État belge possède une école moyenne pratique d'agriculture, à Huy, et deux écoles moyennes d'horticulture et d'agriculture, à Gand et Vilvorde. Dans les institutions privées, l'école d'agriculture des Frères de la Doctrine chrétienne, à Carlsbourg, enseigne l'agriculture, l'horticulture et la brasserie, au moyen d'installations très complètes : l'Institut agricole de La Louvière est l'émule de l'école de Carlsbourg, et reçoit comme lui un subside de l'État.

Un enseignement agricole moyen complet se donne également dans un grand nombre d'établissements d'enseignement libres, qui reçoivent un subside officiel moyennant un nombre minimum d'élèves inscrits dans la section agricole, la présence du matériel (collections, etc.) pour l'enseignement intuitif et l'observation d'un programme déterminé : plusieurs de ces instituts sont fort complètement installés. Des écoles libres d'arboriculture et d'horticulture également subsidiées, fonctionnent à Liège, Tournai, Mons et Virton.

PAVILLON « LA CAMPAGNARDE »

Des cours spéciaux d'agriculture se donnent dans plusieurs écoles moyennes et athénées de l'État, par des conférenciers nommés par le Département de l'agriculture. Des cours analogues sont organisés dans les instituts privés. Ces cours ne comprennent ordinairement qu'une trentaine de leçons.

L'enseignement agricole moyen pour jeunes gens est donc réalisé d'une manière très complète, sans qu'il en résulte beaucoup de frais pour le Gouvernement. L'État s'efforce de provoquer et d'encourager autant que possible l'initiative privée, tout en se réservant le droit de contrôler l'enseignement par l'intermédiaire de ses Agronomes officiels et d'Inspecteurs de l'Agriculture.

L'enseignement agricole moyen pour jeunes filles se donne dans une dizaine d'écoles ménagères, généralement très bien outillées, fondées par des particuliers et subsidiées par l'État.

3° *Enseignement superieur*. — Il se donne à l'Institut agricole de l'État, à Gembloux. fondé en 1861, et entretenu aux frais de l'État.

Un institut agronomique libre, non subsidié, faisant partie de la faculté des sciences de l'Université de Louvain, a été fondé en 1878 sur le modèle de l'Institut national agronomique de Paris.

Ces deux établissements délivrent le diplôme d'ingénieur agricole. La durée des études est de trois ans; une quatrième année facultative prépare aux spécialités : agronomie, sylviculture, industries agricoles.

Nous pouvons rattacher à l'enseignement agricole l'Ecole de médecine vétérinaire de l'État, de Cureghem. la seule école vétérinaire du royaume.

Enseignement par voie de conférences publiques. — C'est le mode d'enseignement agricole dont les fruits sont les plus immédiats : il est très répandu en Belgique, et a porté l'instruction technique du cultivateur à un niveau très élevé. Jusque vers 1890 ces conférences avaient assez peu de succès, malgré les efforts des Agronomes de l'État, conférenciers nomades correspondant aux professeurs départementaux ou régionaux des autres pays. Depuis lors, cependant, l'emploi des engrais commerciaux. des tourteaux et aliments divers s'introduisit, l'utilité des machines fut plus généralement admise, les cultivateurs comprirent les lacunes de leur instruction, ainsi que les avantages pratiques des méthodes nouvelles, des associations de crédit, d'épargne, d'assurance, etc., qu'on leur recommandait dans ces conférences. Aujourd'hui les cours d'adultes, donnés chaque hiver au nombre de près de 300, recrutent un nombreux auditoire et répondent pleinement à l'attente de leurs organisateurs.

Les cours organisés par l'Etat sont donnés par des ingénieurs agricoles ou par les instituteurs; un jury officiel spécial délivre, après examen, un diplôme de conférencier agricole diplômé aux personnes qui ne sont pas pourvues du diplôme d'ingénieur agricole. Toutefois, les plus grands efforts sont faits pour unifier l'enseignement et pour ne le confier qu'à des titulaires ayant fait les études agricoles complètes, et notamment à des ingénieurs agricoles.

Les Agronomes de l'État ayant une besogne administrative de plus en plus absorbante, on leur a adjoint des aides temporaires, porteurs du diplôme d'ingénieur agricole, chargés de donner les conférences ordinaires, sur l'emploi des engrais, l'alimentation, les sociétés d'assurance et de crédit, la comptabilité, les machines, la laiterie, etc.; le nombre des aides temporaires sera probablement augmenté dans la suite, de manière à donner plus de garantie scientifique au corps des conférenciers.

Les associations agricoles libres organisent aussi des conférences, et même des conférences données par les cultivateurs eux-mêmes : c'est un enseignement mutuel. Ce système fonctionne très régulièrement dans certaines associations et donne les meilleurs résultats.

*
* *

Cours spéciaux. — Des cours spéciaux divers ont pour but l'enseignement de l'arboriculture, de la culture maraîchère, de la maréchalerie, de l'apiculture, de la pisciculture, etc.

L'enseignement de la laiterie est organisé d'une manière complète. Il comprend une école permanente pour jeunes gens (Borsbeke) et des écoles généralement temporaires pour jeunes filles ; de plus, de nombreuses conférences sont données dans toute l'étendue du pays. Cet enseignement a puissamment contribué au développement des laiteries coopératives en Belgique.

Des spécialistes portant le titre de Conseillers de laiterie sont chargés par l'État de contribuer à l'enseignement de la laiterie et de fournir aux intéressés tous les renseignements qu'ils désirent.

*
* *

L'enseignement des industries agricoles se donne dans les Instituts supérieurs de Louvain et de Gembloux ; une école d'enseignement supérieur de la Brasserie, avec un programme complet de trois années d'études, fonctionne à l'Université de Louvain. Une autre école de brasserie existe à Gand et reçoit un subside de l'État ; des cours de brasserie sont organisés dans les écoles d'enseignement moyen de Carlsbourg, La Louvière, Gand, etc.

Deux écoles de sucrerie sont établies à Waremme et à Glons.

*
* *

Station agronomique et laboratoires d'analyse

La station agronomique de l'État est établie à Gembloux ; elle est pourvue d'installations complètes et d'un corps de chimistes spécialement chargé des études, expériences, et analyses demandées par le Département de l'agriculture.

Des laboratoires d'analyse placés à la disposition du public existent à Anvers, Hasselt, Liège, Gembloux, Louvain et Mons ; des laboratoires communaux et provinciaux existent à Bruges, Roulers et Courtrai, dans la province de Flandre Occidentale.

Les analyses sont exécutées à un tarif très réduit, et même

gratuitement pour les cultivateurs achetant une quantité suffisante de matières premières agricoles : cette mesure a eu l'influence la plus favorable sur l'assainissement du commerce des engrais.

EDM. LEPLAE,
Professeur a l'Université de Louvain.

GROUPE VIII

HORTICULTURE ET ARBORICULTURE

—

MATÉRIEL ET PROCÉDÉS DE L'HORTICULTURE
ET DE L'ARBORICULTURE

Depuis l'Exposition de 1889, de grands progrès ont été réalisés dans la construction des serres et des abris vitrés et cette industrie occupe actuellement d'importantes usines. Les défauts que l'on reprochait aux serres en fer sont, en grande partie, atténués aujourd'hui par l'emploi combiné de ce métal et du bois.

L'usage du thermosyphon s'est généralisé et la forme des chaudières varie à l'infini. Lorsque les incrustations causées par les eaux calcaires ne sont pas à craindre, la préférence est donnée au système tubulaire. Les anciennes chaudières, dites en fer à cheval, sont très fréquemment employées. Les plus usitées sont celles de dimensions moyennes, pouvant se placer sans fondations ou sans enveloppes en maçonnerie et qui permettent aisément des visites ou des réparations.

Semblables appareils, pesant de 500 à 700 kilogrammes, peuvent chauffer environ 500 mètres de tuyaux de 0^m09 de diamètre extérieur. On estime à 5,000 le nombre de calories qu'elles produisent par kilogramme de combustible.

Dans les localités où il peut être obtenu à un prix peu élevé, le chauffage des thermosyphons au moyen du gaz s'est peu à peu répandu. Certains grands établissements horticoles emploient le chauffage à la vapeur, soit par rayonnement, soit par insufflation d'air chaud et de vapeur dans des conduits en briques poreuses, placés sous les tablettes. Ce système a pris de l'extension depuis la création de serres à toitures multiples.

Le développement des établissements de grande production horticole a nécessité la construction d'installations nouvelles.

Les serres de dimensions restreintes ont été remplacées par des serres à plusieurs travées. Celles-ci ont, en moyenne, une largeur de 6 mètres sur 30 mètres de longueur. La jonction des travées, formant gouttière, est supportée par une arcade en fer T dont les deux branches ont un écartement de 0m60. A l'entour de la serre règne une tablette d'un mètre de large. Les sentiers ont 0m90.

Les couvertures de serres se sont peu modifiées. L'ombrage s'obtient au moyen de claies en bois léger ou de toiles d'un prix peu élevé. On se contente souvent d'un badigeon au lait de chaud.

ARBRES, ARBUSTES, PLANTES ET FLEURS
D'ORNEMENT

L'architecture des jardins ainsi que leur ornementation sont en grands progrès. Les principales villes du royaume rivalisent pour l'embellissement de leurs promenades publiques. Les cours donnés dans les écoles d'horticulture ont formé un certain nombre d'architectes paysagistes habiles à profiter des mouvements naturels du sol ou à lui donner des formes appropriées à la dimension et à la situation du terrain. La grande extension donnée aux plantations dans nos principales cités n'a pas eu pour seule conséquence d'améliorer les conditions hygiéniques des centres populeux, mais elle a développé le goût des plantes par l'uti-

UN VERGER

lisation de nombreuses espèces aux formes élégantes, au feuillage attrayant et aux floraisons brillantes. Les squares et les jardins, débarrassés peu à peu des procédés de la mosaïculture, tendent à se rapprocher du style régulier ou paysager, s'harmonisant avec les constructions qu'ils entourent.

Les squares du Petit-Sablon, du Palais des Académies, du Quartier Léopold, à Bruxelles, peuvent être cités comme modèles. Le soin avec lequel sont entretenus les jardins publics se retrouve dans les jardins particuliers. En général, le nombre des espèces nouvelles d'arbres et d'arbustes n'a guère augmenté, mais une plus grande quantité de variétés y sont utilisées. Les plantations sont plus étudiées et plus judicieusement choisies, en vue d'obtenir des effets permanents. Les végétaux ligneux à belles fleurs ou à feuillage ornemental sont de plus en plus recherchés.

De tout temps, la culture des plantes a été populaire en Belgique. Déjà en 1366, les échevins de la ville de Gand assignaient des places sur les marchés à ceux qui en faisaient le commerce. Aujourd'hui, dans toutes les villes, la vente des fleurs a pris un développement étonnant. Des établissements spéciaux ont été créés en vue d'en approvisionner les marchés et les magasins, chaque jour plus nombreux. En certaines saisons ces fleurs atteignent des prix très élevés. Ainsi, en décembre et janvier, la fleur de Cattleya se paye jusqu'à 2 francs ; les Cypripèdes, les *Odontoglossum crispum*, 1 franc par fleur, le Lilas 7 à 8 francs par paquet de dix à douze branches, etc. Chaque jour, on expose en vente, aux Halles de Bruxelles, des quantités de fleurs provenant du midi de la France et qui trouvent de très nombreux acquéreurs.

Le chiffre des importations de plantes et de fleurs a été, en 1898, de 1,445,272 fr. et celui des exportations de 5,990,913 fr. Ce sont particulièrement les villes de Gand, de Bruxelles, de Bruges, les communes de Saint-Gilles, Loochristy, Auderghem, etc., qui exportent le plus de fleurs et spécialement celles d'Orchidées.

PLANTES DE SERRES, ETC.

Le commerce des plantes à bon marché, telles que certains Palmiers, les Araucaria, Aspidistra, Ficus, Azalées, Camellias, Fougères, Erica, etc., a pris un essor si remarquable que leur culture est devenue une réelle industrie. Les horticulteurs s'attachent à produire rapidement et économiquement les espèces les plus demandées. Il en est résulté une transformation complète et une spécialisation des cultures belges. Autrefois, les horticulteurs ne reculaient devant aucune difficulté afin de produire de beaux exemplaires de plantes, de genres très divers d'une culture souvent difficile ou ingrate. Ils mettaient leur amour-propre à obtenir des spécimens remarquables par leur développement ou la beauté de leur floraison, attendant sans trop d'impatience l'amateur qui les payait d'un prix souvent très élevé. A cette époque l'horticulture était plutôt un art, tandis qu'actuellement elle a pris un caractère industriel. On cherche aujourd'hui à produire, en un minimum de temps, une quantité de plantes, d'espèces en nombre limité, bien venues.

sè vendant à bas prix, mais dont la vente est rapide et certaine. Les acheteurs tiennent plus à la fraicheur et à « l'effet » qu'à la rareté. De là, la création de vastes installations, pourvues d'un matériel propre à assurer les conditions les plus avantageuses et en même temps les plus économiques, de lumière, de chaleur et d'humidité. Aidés par leurs connaissances en physiologie végétale, les horticulteurs se rendent compte des besoins des plantes, arrivent à les multiplier avec certitude, sans aucun tâtonnement, et à assurer leur rapide développement.

Le principal centre de la grande culture horticole est toujours la banlieue de Gand. En moins de dix ans, le nombre des établissements y a plus que doublé. En 1889, on y comptait 108 établissements occupant environ 300 ouvriers et jardi-

LE JARDIN BOTANIQUE DE BRUXELLES

niers. En 1898, la statistique renseignait 279 établissements occupant plus de 600 travailleurs. Ces chiffres ne comprennent que les horticulteurs soumis au droit de patente, mais à côté de ceux-ci existent une foule de petites installations dont les propriétaires se livrent à la culture de certains genres de plantes sans l'assistance de personnes étrangères à la famille. Aux environs de Bruxelles et de Bruges, l'horticulture a pris un essor semblable. Les cultures commerciales y abondent. Autour de Liège, d'Anvers et d'autres villes encore, le même mouvement s'est accentué. Aussi, le voyageur qui traverse la Belgique en chemin de fer peut voir des champs entiers livrés à la culture de spécialités telles que : Azalées, Bégonias tubéreux, Spirées, Conifères, Rhododendron, etc., etc., situés à proximité de petites fermes auxquelles sont annexées deux ou trois serres. Tous ceux que préoccupent les problèmes sociaux s'intéresent à ce merveilleux développement d'une industrie créant l'union de l'usine végétale et du foyer domestique.

Les progrès de l'horticulture ont été favorisés par l'enseignement largement donné en Belgique. A côté des écoles de l'État, à Gand et à Vilvorde, d'autres écoles ont été fondées à Mons, à Tournai, à Liège et dans d'autres villes encore. Des conférences nombreuses, des leçons pratiques initient le public aux procédés, aux méthodes de la science des cultures, pour lesquelles le cultivateur belge possède des aptitudes spéciales. Il se rend compte du mouvement commercial et des nécessités du marché. Du jour au lendemain, il abandonne ou reprend les cultures les plus diverses. Il n'est pas rare de voir des serres consacrées une année à la culture des Palmiers ou des Fougères, se remplir l'année suivante d'Azalées, d'Orchidées ou d'autres plantes recherchées.

Les Sociétés d'horticulture ont contribué dans une large mesure à la diffusion de la science horticole et ont répandu partout l'amour des fleurs. Elles organisent des expositions, ouvrent des concours, instituent des meetings qui réunissent les amateurs et les professionnels. L'une des plus anciennes est la Société royale d'Agriculture et de Botanique de Gand qui, indépendamment de ses expositions ordinaires, convie, tous les cinq ans, à des floralies internationales les producteurs du monde entier. Ces solennités ont pour effet de resserrer les liens qui les unissent et permettent d'apprécier les progrès accomplis. A côté de cette Société consacrée surtout à l'art horticole, un organisme spécial, « la Chambre syndicale des horticulteurs belges », a pour but de protéger et de veiller aux intérêts généraux de l'industrie horticole.

Enfin, plus de trente Sociétés, ayant leur siège dans la capitale et la banlieue ainsi que dans les principales villes et communes des diverses provinces, donnent constamment des preuves de vitalité et d'activité par des expositions de fleurs, de fruits, de légumes, par des conférences généralement suivies par de nombreux auditeurs et par des distributions de plantes et de graines.

Une autre cause de prospérité pour l'industrie horticole réside dans l'étendue sans cesse croissante des relations commerciales avec les pays coloniaux.

Il y a plus d'un demi-siècle qu'un horticulteur de Gand, Aug. Van Geert, livrait à Libéria des plants de Caféiers. Aujourd'hui plusieurs établissements importants s'appliquent à la multiplication et à la préparation d'espèces destinées aux plantations coloniales. C'est par milliers qu'on y élève des

LA FORÊT DE SOIGNES

plants à Caoutchouc, des Cacaos, des Quinquinas, des Caféiers, etc., destinés aux colonies et qui font l'objet d'importantes transactions commerciales.

Indépendamment des installations dont nous venons de parler, on compte en Belgique un grand nombre de serres renfermant de riches et précieuses collections. Nous citerons parmi les établissements publics, le jardin botanique de l'État à Bruxelles, le jardin botanique de l'Université de Liège, les Écoles de Gand et de Vilvorde. Différents particuliers possèdent également des cultures remarquables. Celles du domaine de Laeken, où Sa Majesté le Roi des Belges a réuni un ensemble de végétaux d'un mérite et d'une splendeur exceptionnels, occupent le premier rang.

PLANTES POTAGÈRES

D'après le dernier recensement, les jardins potagers ou légumiers occupaient en Belgique 41,868 hectares et les vergers 47,591 hectares. Ces chiffres ne comprennent pas toute l'étendue des terres consacrées à la culture maraîchère, un grand nombre de légumes étant compris parmi les cultures agricoles. Une augmentation de 2,000 hectares a été constatée en ces dix dernières années. Cependant, malgré cet accroissement, la Belgique ne produit pas encore assez de légumes pour sa consommation. En 1898, il a été importé 19,760,285 kil. représentant une valeur de 2,568,837 francs. Les exportations se sont élevées à 17,629,991 kilog. d'une valeur de 2,291,899 francs.

ARBRES FRUITIERS ET FRUITS

L'augmentation des vergers est due aux efforts persévérants du Gouvernement et des Sociétés en vue de développer chez les populations de la campagne les connaissances théoriques et pratiques de la culture des arbres fruitiers. Le choix des arbres est devenu plus judicieux, leur plantation plus soignée, leur entretien plus rationnel. Les vergers sont plantés principalement de pommiers et de poiriers. Les pommes font l'objet d'exportations qui se sont élevées en 1898 à 5,848,663 kilog. d'une valeur de 1,286,706 francs.

La culture du raisin sous verre occupe l'activité des habitants de diverses localités. Elle a pris naissance à Hoylaert, de là elle s'est répandue dans les communes voisines et même dans d'autres provinces. Elle suffit amplement à la consommation et, malgré les droits presque prohibitifs dont ces produits sont frappés dans certains pays, le chiffre des exportations de raisins frais s'est élevé en 1898 à 296,807 kilog. d'une valeur de 697.496 francs.

Dans certaines parties du pays, les fraises, les prunes, les groseilles font l'objet d'un commerce important et atteignent des prix très rémunérateurs.

GRAINES, SEMENCES

ET [PLANTES DE L'HORTICULTURE ET PÉPINIÈRES

Le commerce des graines est entre les mains de nombreux détaillants. Un bureau de contrôle pour les semences de céréales, de plantes fourragères, etc., est établi à l'Institut agricole de Gembloux, chargé également de l'analyse des divers engrais. La plupart des graines de fleurs proviennent de l'étranger. De nombreuses pépinières fournissent, à des conditions avantageuses, des arbres fruitiers, des arbres et arbustes d'ornement, des plants d'essences destinées à la plantation des routes et au reboisement.

Le résumé qui précède est nécessairement fort incomplet, mais il démontre que l'horticulture a pris un essor et accompli des progrès qui lui ont acquis une importance capitale dans notre pays.

Le Secrétaire du VIIIe groupe,
L. LUBBERS,
Chef de culture au Jardin Botanique
de l'Etat à Bruxelles.

GROUPE IX

FORÊTS

CHASSE — PÊCHE — CUEILLETTES

—

L'INDUSTRIE DES ARMES AU PAYS DE LIÈGE

La fabrication des armes à feu au pays de Liège remonte à peu près au milieu du XIVe siècle, mais les nombreux essais que l'on tenta alors pour créer une arme chargée à poudre sont restés inconnus.

Les armes portatives ou armes à feu à la main apparurent vers le XVe siècle.

Les premières furent le canon et le fusil à la main, tous deux ajustés sur des crosses droites très lourdes, difficiles à manier, chargés au moyen de pierres, de balles de fer ou de plomb, et allumés au moyen d'une mèche.

Après vinrent l'arquebuse et le mousquet, tous les deux construits avec des platines à mèche (serpentin), idée suggérée par la détente de l'arbalète pour faire arriver instantanément la mèche allumée au bassinet.

A la même époque on vit apparaitre les arquebuses à croc.

L'arquebuse est mentionnée pour la première fois par Philippe de Commines dans son récit de la bataille de Morat, en 1476.

Le mécanisme compliqué de l'arquebuse fut modifié en 1517 par l'application du rouet.

La platine à rouet fut inventée à Nuremberg, vers 1517.

L'arquebuse à rouet fut généralement donnée à la cavalerie, tandis que, pour cause d'économie, on conserva à l'infanterie le fusil à mèche.

La platine à silex fut le principal perfectionnement apporté aux armes à feu.

La première platine fut faite en France, vers 1635; son emploi s'est perpétué jusqu'à nos jours. Elle a donné rapidement lieu à des modifications sérieuses.

La simplicité de la platine à silex — le chien et le silex — rendirent les armes à feu d'un usage général; ce n'est qu'à partir de cette époque que l'industrie des armes commence à mériter un nom particulier, celui d'Armurerie liégeoise, qu'elle a si glorieusement porté depuis.

Les premiers exportateurs d'armes de Liège furent des marchands de clous, une classe de citoyens qui déjà possédaient

LIÈGE

depuis des temps immémoriaux des relations commerciales avec les pays les plus éloignés; les premiers fabricants de canons de fusils, des forgerons, et les premiers faiseurs de bois, des charpentiers.

Par la suite, ces derniers furent appelés des « faiseurs de bois, d'arquebuses », ils formèrent l'un des trente-deux bons métiers de la Ville, mais les forgerons de canons (garnisseurs de canons) restèrent une subdivision des forgerons (bon métier des febves). Ils étaient régis par des règlements spéciaux et sévères.

Au XVIe siècle, il n'existait à Liège aucune dénomination spéciale pour les armuriers. La division du travail était rigoureusement observée; on ne pouvait pratiquer un autre métier que le sien sans encourir une amende de 3 florins d'or.

Toutes ces choses étaient réglées par les gouverneurs, jurez, rentiers, clercqs et officiers respectifs des métiers. Les résolutions prises étaient approuvées par l'autorité supérieure et avaient force de loi (1).

D'après des documents tirés des chartes, nous croyons être autorisé à répéter qu'alors l'armurier proprement dit n'était point connu, et que ce fut à partir de l'application du chien au fusil que l'industrie des armes put revendiquer un baptême particulier.

L'activité qui régna ensuite à Liège fut prodigieuse; les luttes intérieures, l'invasion des armées étrangères, tous ces désastres de la guerre qui continuaient à ruiner le pays furent une source exceptionnelle de prospérité pour l'armurerie. On pouvait à peine suffire aux demandes qui affluaient de l'extérieur. Liège fournissait des armes et des munitions à tous les partis.

Les progrès de l'armurerie ne se ralentissant point, il fallut bientôt penser à réglementer cette nouvelle et déjà remarquable industrie. C'est ce que les bourgmestres de la Cité sollicitèrent et obtinrent par l'ordonnance du 10 mai 1672, approuvée le 29 août même année, qui visait l'établissement d'un Banc d'Épreuves des armes à feu.

A partir de cette époque, on vit l'armurerie liégeoise prendre une importance tous les jours plus grande; le nombre d'ouvriers armuriers crut dans d'énormes proportions et dans tous les pays du monde on se plut à reconnaître la supériorité des armes de fabrication liégeoise dont on louait le fini du travail.

L'habileté des ouvriers armuriers liégeois était reconnue dans tous les pays du monde, et l'on ne tarda point à voir des ouvriers armuriers liégeois se rendre en France, en Angleterre, en Allemagne et en Autriche, car on leur offrait des salaires très élevés.

Nous croyons intéressant à ce propos de faire état d'un acte extrait du protocole du notaire Carlier, qui se trouve au dépôt des archives de l'État à Liège, que nous devons à l'amabilité de M. Van de Casteel, archiviste de l'État, à Liège.

Ce document prouve qu'en 1723, des ouvriers liégeois furent engagés pour travailler à la « Manufacture roialle de sa Majesté Prussienne establie à Postdam et Spandoz ».

Il y a lieu de noter également, qu'avant l'établissement de la Manufacture d'armes à Postdam et à Spandau, le roi de Prusse avait sa manufacture d'armes à Liège — ce qui est prouvé par différents actes notariés où on trouve la mention de « Monsieur de Creytzen, Capitaine au service de sa Sacrée

---

(1) Chartes et privilèges des 32 bons métiers de la ville de Liège (métier des charpentiers).

» Majesté le Roy de Prusse, commandé pour l'examen et visite
» des armes qui se fabriquent en cette ville de Liége pour les
» armées de sa ditte Majesté ».

*_**

A partir de 1846, on prit de nouvelles mesures concernant
l'épreuve des armes; on comprenait que l'avenir de l'armurerie liégeoise était étroitement lié à un bon et rigoureux
système d'épreuves.

Les syndics du Banc d'Epreuves, qui avaient d'abord été
choisis par l'autorité locale, furent désignés par la voie élec-
tive par les fabricants d'armes, réunis en Assemblée générale,

UN ATELIER DE RECOUPEUR

sous la présidence du Gouverneur de la province de Liége.

Ils eurent pour principale mission d'organiser la visite des
canons après l'épreuve.

Toute une série d'arrêtés royaux touchant la question des
épreuves virent le jour. Citons, parmi les plus importants, les
arrêtés royaux du 8 septembre 1846, 20 décembre 1849, qui
vinrent fortifier l'autorité du Directeur du Banc d'Épreuves,
et celui du 16 juin 1853.

Les armuriers étrangers ne restèrent point insensibles à
cette transformation du Banc d'Epreuves belge, à laquelle ils
attribuaient en partie les succès de l'armurerie liégeoise; des
députations de fabricants furent envoyées à Liège.

Une Commission anglaise vint, en 1856, visiter le Banc
d'Épreuves liégeois, et un rapport qui fut dressé par elle rend
hommage au Gouvernement belge.

Le rapporteur s'exprime en ces termes :

« Grâce à l'appui de leur Gouvernement, nous voyons les
» fabricants d'armes belges faire de rapides progrès et deve-
» nir de redoutables rivaux sur les marchés étrangers (1). »

D'autres commissions, composées d'officiers supérieurs
étrangers, ont également visité le Banc d'Épreuves de Liège
et ont unanimement apprécié les garanties offertes par les
règlements belges.

Elles ont pu constater que la condition la plus complète de
solidité que puissent offrir les armes belges ne réside pas
seulement dans les stipulations de ces règlements, mais
qu'elles résultent également d'une suite de coutumes admises
de tout temps et par le fabricant d'armes et par l'ouvrier
armurier.

Il y a lieu de noter que la division du travail existe d'une
manière absolue dans la fabrication des armes ; chaque catégorie d'ouvriers a sa spécialité ; en fait de connaissances col-
lectives, elles ne se rencontrent que chez le fabricant ; à celui-ci
revient le mérite de la distribution du travail, l'art de créer
un fusil.

La chose capitale qu'un armurier doive acquérir, c'est la
connaissance du canon, et voici pourquoi :

Établissons d'abord qu'un fusil de chasse, un Lefaucheux,
par exemple, subit trois épreuves : la première, sur canons
isolés ; la seconde, sur canons soudés ; la troisième, lorsque les
canons sont complètement achevés et munis de leur bascule.

Si les canons crèvent à la première charge (sur canons isolés),
le canonnier perd le fruit de son travail ; il doit remplacer les
canons crevés, sans aucune indemnité. Le canonnier a donc le
plus haut intérêt à ne fournir que de bonne matière.

Si les canons crèvent à la seconde épreuve (sur canons soudés), ce n'est plus seulement le canonnier qui est en cause, c'est
le garnisseur. Il perd également le fruit de son travail pour
n'avoir pas visité assez soigneusement ses canons avant de
se mettre à l'œuvre.

Si les canons crèvent à la troisième épreuve, tous ceux qui
ont concouru à les garnir, à les façonner, à les parer, en subissent les conséquences ; comme les premiers, ils perdent inévi-
tablement le fruit de leur travail.

Il résulte de cette coutume liégeoise, que l'on ne parviendra
à introduire dans aucun règlement étranger, que toute la responsabilité incombe au travailleur ; qu'il est tenu, dans son

(1) Voir à ce sujet les « Recherches historiques sur l'épreuve des armes à feu
au pays de Liège », par Alphonse Polain, 2e édition considérablement augmentée
par Jules Polain.

propre intérêt, de visiter, de surveiller, de scruter chaque canon.

Ajoutons que cette police du canon s'exerce sur toute espèce d'armes, fines ou communes, sans aucune distinction. Avec une telle organisation, on conviendra qu'il serait difficile, sinon impossible, de pouvoir achever une arme belge offrant un danger quelconque (1).

Dans un travail intéressant,publié en 1846 par Greener dans la *The Science of gunnery by Greener*, London, E Churton, 26, Holles Street, 1846, in-8°, on lit, pages 200 à 201 :

« Il nous est impossible d'entrer en concurrence au prix où » en sont les articles étrangers.

» Je ne veux pas dire par là que les produits belges soient » mauvais, ce n'est nullement le cas, et c'est ce que l'on com- » prendra facilement en lisant les règlements du Banc » d'Epreuves de Liège.

» Ils ont des fusils qui sont bons et à bas prix. Ils ne sont » pas inférieurs aux nôtres et, grâce au Banc d'Epreuves, on » en est sûr.

» Nous nous verrons exclus de tous les marchés étrangers » et supplantés par nos concurrents.

» Leurs fusils ne crèvent pas comme vos fusils anglais, dit » l'étranger.

» Mais, non seulement au point de vue moral, on doit les » rejeter, mais aussi leur usage prouvera que nous serons » exclus par les Liégeois de tous les marchés d'exportation.

» Leur système d'épreuve est excellent — n'importe si c'est » un fusil de cinq ou de six cents francs — l'un et l'autre » devront être soumis à une double épreuve; la première, » les canons à l'état brut, et la seconde, lorsqu'ils sont prêts à » être exportés ; de sorte que si l'un ou l'autre fabricant » se laissait emporter par l'avidité du gain,quelle ne serait pas » sa punition, ayant des canons qui éclateraient?

» La punition pour avoir livré des canons non éprouvés est » bien plus sévère à Liège que chez nous...

» Le Banc d'Epreuves de Liège se trouve placé sous le con- » trôle du Gouvernement et c'est ici que se montre la bien- » veillance paternelle de celui-ci.

» L'intérêt général de ses sujets lui est cher. »

Rappelons également, pour mémoire, l'enquête générale (2) ordonnée en 1860 par le Gouvernement de Paris, au sujet du traité de commerce avec l'Angleterre,dans laquelle il est parlé

(1) Voir à ce sujet: « The Science of gunnery » by Greener. London,E. Chur ton, 1846.

(2) Voir « Recherches historiques » déjà citées.

des intérêts belges et reconnu le mérite de notre industrie liégeoise.

D'autres arrêtés royaux visant le Banc d'Épreuves de Liège furent encore pris par le Gouvernement belge, mais c'est en 1888 et en 1889 que parurent tout d'abord une loi portant réglementation de la situation du Banc d'Épreuves des armes à feu établi à Liège et ensuite un règlement général du même Banc.

Cette loi et ce règlement fixèrent d'une façon définitive tout ce qui a rapport aux épreuves belges.

***

En 1891, le Gouvernement fit paraître au *Moniteur* un arrêté royal établissant à Liège des épreuves facultatives à l'aide des poudres vives.

L'Angleterre, la France, l'Autriche, l'Allemagne possèdent actuellement leur banc d'épreuves. Tous les gouvernements comprennent que l'épreuve des armes est indispensable. La sécurité publique est en jeu, il faut la sauvegarder en édictant des mesures sévères contre tous ceux qui livrent des armes pouvant éclater dans les mains des personnes qui s'en servent.

Ces mesures répressives sont particulièrement indispensables de nos jours parce que la concurrence est poussée à l'extrême, ce qui amène un abaissement de prix considérable pour les commandes et par suite des salaires pour l'ouvrier excessivement réduits,

UN ATELIER DE GARNISSEUR

Depuis quelques années déjà la fabrication des armes au pays de Liège a subi une transformation.

A côté de la fabrication des armes à domicile où on doit faire appel à l'intelligence et à l'habileté des ouvriers, on voit se créer des usines très importantes dans lesquelles on fabrique entièrement l'arme de chasse d'un type déterminé.

La machine pour des types d'armes spéciaux prend pour une grande partie la place de l'ouvrier auquel on ne demande que peu de qualités; mais nous ne croyons pas que jamais elle puisse le remplacer lorsque l'on veut obtenir des spécimens d'armes où le talent de l'ouvrier est appelé à leur donner un cachet tout spécial.

Les deux industries peuvent vivre et vivront côte à côte, sans peut-être se nuire beaucoup.

Les bons armuriers, et ils forment encore légion au pays de Liège, trouveront toujours de l'ouvrage; ils seront recherchés dans l'avenir comme par le passé.

C'est ce qu'a compris l'union des fabricants d'armes lorsqu'elle a créé son École professionnelle d'armurerie où les jeunes gens peuvent acquérir les connaissances indispensables à tout ouvrier d'élite

L'union des fabricants d'armes a eu raison de penser à l'avenir, elle a voulu empêcher la disparition des bons ouvriers garnisseurs, basculeurs, ajusteurs, etc., qui font la gloire et la réputation de l'armurerie liégeoise à l'étranger.

Elle a voulu éviter que la facilité qu'éprouve l'ouvrier de travailler à la machine ne lui fasse désirer d'abandonner le travail manuel à domicile qui demande des connaissances multiples et variées.

**

En terminant cette notice, nous ajouterons que le nombre d'armes éprouvées à Liège depuis 1820 jusqu'en 1898 (inclus) s'élève à 57,288,545.

JULES POLAIN,
Secrétaire du Groupe IX.

La valeur des *armes* exportées a été :

en 1894	12,430,000	francs
en 1895	14,307,000	»
en 1896	15,807,000	»
en 1897	15,300,000	»

Tableau général des armes à feu éprouvées à Liège pendant une période de 78 ans, soit de 1820 à 1898 (inclus)

ANNÉES	Fusils à un coup	Fusils à deux coups	Fusils Bords	Pistolets d'Arçon	Pistolets de poche et revolvers	Fusils de guerre	TOTAL
1820 et 1831 (Inclusivement)	423,892	98,376	153,202	190,140	327,402	394,499	1,587,511
1832	29,064	13,145	»	18,444	80,040	189,795	330,488
1833	62,961	20,256	6,073	36,072	68,618	102,877	296,857
1834	95,167	28,104	9,320	32,332	68,132	44,455	277,510
1835	100,488	24,337	7,129	31,074	98,976	74,608	336,612
1836	152,044	24,846	8,438	44,172	140,608	71,651	441,769
1837	103,083	23,041	16,316	24,910	87,448	39,300	294,098
1838	56,753	21,226	13,906	20,708	105,274	31,542	249,409
1839	38,019	20,006	10,349	21,548	88,438	44,202	222,562
1840	49,379	23,935	9,094	23,374	88,208	18,448	212,438
1841	91,011	27,347	10,947	30,166	88,564	19,569	267,604
1842	85,561	25,511	7,092	34,416	103,726	22,744	279,050
1843	63,821	24,956	9,838	24,360	99,692	30,162	252,829
1844	79,424	27,816	14,931	50,540	117,758	31,209	321,678
1845	85,941	29,665	17,015	41,992	156,614	36,121	367,348
1846	125,037	35,188	8,754	40,004	204,144	24,525	437,652
1847	134,307	44,154	15,046	34,008	241,338	26,541	495,394
1848	71,155	37,709	16,575	21,116	258,806	115,014	520,375
1849	106,304	50,635	24,724	45,972	284,086	58,338	570,059
1850	138,546	67,537	23,116	28,796	289,374	44,063	591,432
1851	151,553	61,559	19,865	46,594	202,302	60,378	542,251
1852	159,264	57,405	17,908	39,260	172,006	58,005	503,848
1853	166,390	76,030	14,920	38,908	300,714	68,477	665,439

ANNÉES	Fusils à un coup	Fusils à deux coups	Fusils Bords	Pistolets d'Arçon	Pistolets de poche et revolvers	Fusils de guerre	TOTAL
1854	190,586	108,796	15,727	38,066	309,094	78,720	740,989
1855	193,640	80,811	39,163	41,584	263,042	96,250	714,490
1856	211,153	103,711	40,620	41,842	257,280	82,879	737,485
1857	208,967	99,392	21,344	54,130	232,492	66,194	742,519
1858	198,211	74,723	39,114	38,502	181,660	62,563	594,773
1859	168,553	58,160	34,275	35,016	180,042	113,250	589,296
1860	139,352	80,605	52,981	30,272	189,090	179,660	671,960
1861	126,500	69,383	26,863	23,708	189,452	248,746	684,652
1862	93,475	69,925	55,642	32,232	202,310	325,689	779,273
1863	145,461	83,394	23,058	219,558	34,738	256,888	763,097
1864	202,216	96,616	13,682	276,970	46,131	177,752	813,367
1865	109,422	80,172	21,574	256,302	54,353	144,084	665,907
1866	139,056	97,874	8,513	197,736	65,003	42,148	550,330
1867	160,907	122,541	4,455	154,832	69,644	77,892	590,271
1868	144,105	100,424	3,959	250,086	96,423	106,397	701,394
1869	183,289	172,097	10,305	254,294	141,155	30,193	791,333
1870	219,498	166,088	7,482	139,756	267,392	59,862	860,078
1871	186,150	124,287	27,999	97,692	228,458	35,058	699,644
1872	179,806	154,470	49,471	149,448	269,121	29,841	832,157
1873	216,150	151,791	20,644	121,022	275,005	48,747	833,359
1874	239,595	141,823	30,818	177,032	279,676	53,768	922,712
1875	214,783	112,034	42,932	83,362	275,260	18,827	747,198
1876	153,085	78,932	37,678	45,362	299,847	11,338	626,242
1877	167,084	80,677	51,410	37,970	341,100	26,136	704,377
1878	183,806	113,121	26,747	51,732	403,649	48,686	827,741

ANNÉES	Fusils à un coup	Fusils à deux coups	Fusils Bords	Pistolets d'Arçon	Pistolets de poche et revolvers	Fusils de guerre	TOTAL
1879	180,103	139,759	28,313	48,988	371,725	38,217	807,105
1880	226,677	164,013	21,905	49,660	389,626	47,878	899,759
1881	232,200	175,114	88,682	40,258	428,051	93,907	1,058,212
1882	277,446	186,418	79,229	52,420	423,940	88,693	1,108,146
1883	233,671	186,792	66,863	45,380	408,437	47,875	989,018
1884	219,325	187,981	84,559	42,520	426,069	72,008	1,032,462
1885	178,361	159,683	56,805	11,774	413,333	20,129	840,085
1886	509,723	259,191	42,208	27,448	450,475	30,748	1,319,793
1887	637,736	343,864	38,564	19,165	416,746	35,988	1,492,063
1888	696,856	341,755	54,919	30,217	406,150	27,634	1,557,531
1889	831,126	403,047	34,833	26,722	466,992	36,308	1,799,028
1890	935,260	474,290	63,266	23,121	451,548	24,092	1,971,577
1891	993,037	493,667	50,255	17,820	469,692	28,514	2,052,985
1892	609,366	289,977	49,624	18,079	500,759	74,983	1,542,788
1893	649,644	344,956	35,978	37,708	449,586	148,538	1,666,410
1894	681,730	353,570	27,814	40,560	399,318	136,041	1,639,083
1895	790,840	407,854	19,017	47,434	417,291	103,770	1,786,206
1896	768,173	410,957	19,512	37,495	426,339	133,513	1,795,989
1897	749,115	399,116	14,166	23,504	445,021	81,878	1,712,800
1898	911,358	488,376	21,374	26,547	485,219	35,134	1,968,708
	18,315,761	9,695,011	2,038,900	4,434,232	17,470,702	5,833,939	57,288,545 (1)

(1) Ne sont point compris dans ce nombre : 1o les canons reconnus défectueux après l'épreuve ; 2o les produits de la Manufacture d'armes de l'État.

EXPOSANT DE LA CLASSE 50

Produits des exploitations et des industries forestières

Société anonyme « Ratania ». — Bruxelles.
Produits du jonc, du rotin, du bambou, fibres du Congo
éclisses de toute nature, etc.

EXPOSANTS DE LA CLASSE 51

Armes de chasse

Cartoucheries Russo-Belge (Société anonyme). — Fabrication
des munitions de chasse, de tir et de guerre. — Liège.
Cartouches de guerre en usage dans les diverses armées.
Munitions de tir et de chasse de tous systèmes.

Poudrerie royale de Wetteren, Cooppal & Cie (Société anonyme). — Fabrication de poudre à tirer. — Wetteren.
1° Poudres de chasse noires. 2° Poudres de chasse sans
fumée en grains et lamellaire.

Courally, Ferd., successeur d'Auguste Lebeau. — Armes de
haut luxe. — Rue Mosselman, 51, Liège.
Fusils de chasse, carabines de chasse, revolvers, pistolets
de tir, canonnerie et pièces de démonstration.

Drissen, Ferd. — Liège.
Fusils de chasse et revolvers exposés dans la collectivité
des fabricants d'armes belges.

École professionnelle d'armurerie. — Armurerie.
Rue Agimont, 11, Liège.
Armes de chasse, pièces pour armes de chasse, outils, etc.

Établissements Pieper (Société anonyme). — Armes. — Liège.
Fusils de chasse. Carabines de salon. Revolvers de luxe.

Evrard, Alexandre. — Fabrique d'armes.
Place de la Vieille-Montagne, 4, Liège.
Fusils de chasse et de tir aux pigeons.

Fabrique nationale d'armes de guerre (Société anonyme). —
Armes à feu. — Herstal-lez-Liège.
Fusils de chasse et pièces mécanisées. Pistolets Browning.
Carabines.

Francotte, Auguste, & Cie. — Armes de luxe. — Liège.
Fusils. Carabines de chasse, de tir. Pistolets de salon, de
tir. Revolvers. Carabines Martini-Francotte, démontage
instantané.

E. Heuse-Lemoine. — Fabrique de canons de fusils. Nessonvaux-lez-Liège.

Canons de fusils de chasse en damas et en acier et tout ce qui se rattache à leur fabrication.

Jazowski, J. — Rue Royale, 62a, Bruxelles.

Fourrures et pelleteries non confectionnées.

Lochet-Habran, L. — Fabrication de canons en acier. Jupille-lez-Liège.

Canons en acier Lochet, en acier M. S. B., en acier surfin pour fusils Lefaucheux de chasse, 2 coups, avec crochet forgé tiré de la barre même, bout dépassant idem, différents modèles de canons carabines pour fusils de chasse, bascules et pièces mécanisées pour fusils.

Manufacture Liégeoise d'armes à feu (Société anonyme). — Fabrication mécanique d'armes fines : Fusils de chasse, carabines et revolvers, de tous genres et pour tous les pays. — Rue du Vertbois, 54, Liège.

Fusils de chasse, carabines et revolvers.

Nagant, Léon. — Fabrique d'armes. — Quai de l'Ourthe, 49, Liège.

Revolvers de luxe, de concours.

Niquet, J. — Fabricant d'armes. — Rue de l'Université, 46, Liège.

Fusils de chasse et carabines de chasse.

Récompenses obtenues : Paris 1878, médaille de bronze; Bruxelles 1888, médailles d'or et d'argent; et Paris 1889, médaille d'argent.

Société anonyme des explosifs de Clermont, Muller et Cie. — Poudre de chasse et de guerre. — Boulevard de la Sauvenière, 119, Liège.

Poudres de chasse et de guerre, cartouches et munitions de toutes espèces.

EXPOSANTS DE LA CLASSE 52

Produits de la chasse

Delattre, Auguste. — Mons.

Collection d'oiseaux et mammifères empaillés.

Van de Casteele, G., Fils. — Filature de crin animal. Fabrication brevetée de crin comprimé. — Gand.

Crin animal frisé. Crin comprimé (Tri chopièse).

Médailles d'or : Paris 1878-1889. Amsterdam 1883. Anvers 1885. Bruxelles 1897. Croix d'honneur : Amsterdam 1895.

PÊCHE FLUVIALE

Un rapport officiel publié en 1866 constatait que nos cours d'eau étaient à peu près complètement dépeuplés.

Depuis lors, le Gouvernement a fait de grands efforts pour apporter des remèdes à cette situation lamentable.

1° Il a fait voter :

a) La loi du 19 janvier 1883, qui coordonne et confirme les anciennes dispositions prises pour sauvegarder le poisson et abandonne au pouvoir exécutif le soin de déterminer, suivant les nécessités, les temps, saisons et heures d'interdiction, les modes et engins de pêche prohibés;

b) La loi du 5 juillet 1899 modifiant la précédente et instituant notamment un permis de pêche.

Il attribue avec raison une importance capitale à une bonne organisation de la surveillance de la pêche; c'est le but principal de cette dernière loi.

2° Il cherche à empêcher la pollution des eaux, mais c'est là une tâche difficile dans un pays aussi industriel que le nôtre.

3° Il repeuple les cours d'eau et les étangs par des déversements d'alevins. L'importance des achats est annuellement pour 1899 à 1901 de :

50,000 saumons communs ;
5,000   »   de Californie ;
10,000 ombres ;
5,000 ombres des ruisseaux ou truites des fontaines ;
5,000 truites des lacs ;
100,000 truites arc-en-ciel ;
10,000 truites communes.

4° Il étudie les moyens pour établir aux divers barrages de la Meuse, des passages ou échelles à saumons, permettant aux salmonides de remonter vers les frayères où ils sont nés, ou bien où on les a déposés à l'état d'alevin.

Ajoutons qu'une commission internationale franco - hollando-belge, instituée dans le but de rechercher les moyens de repeupler le bassin de la Meuse, a signalé la nécessité de réglementer la pêche en Hollande, de façon à ne pas entraver complètement la remonte des géniteurs sortant de la mer.

La plupart de ces mesures prises par le Gouvernement atteignent leur but. La consommation du poisson d'eau douce a considérablement augmenté et le commerce du poisson suit une marche ascendante. M. Hasaert, l'ancien chef de service à la minque de Bruxelles, assure que, depuis dix ans, le commerce de poisson d'eau douce est devenu au moins vingt fois plus important. Ce mouvement ascendant dans la consommation du poisson d'eau douce se constate à peu près dans toutes les villes.

PÊCHE MARITIME

En suivant la côte belge, de la frontière française à la frontière hollandaise, nous rencontrons successivement les ports de pêche suivants : La Panne, Coxyde, Oostdunkerke, Nieuport, Ostende, Blankenberghe et Heyst.

Ostende est le plus important de tous ; nul port de marée, sur le littoral de Belgique, de France, ni de Hollande, ne présente pour les navires des conditions plus favorables. Les pêcheurs français et anglais, soit par intérêt, soit poussés par le vent, y apportent fréquemment le produit de leur pêche ; les Hollandais y envoient souvent de fortes cargaisons de poissons pour y être mises en vente, surtout quand, en Hollande, le marché est encombré.

Il existe à Ostende depuis quelques années un bassin de carénage, construit par les soins du Gouvernement et dont les pêcheurs peuvent disposer gratuitement. Ostende a également une cale sèche.

En 1832, il existait 70 embarcations de pêche ; en 1842, 87 ; en 1852, 22 ; en 1862, 166. Il y en a actuellement 286, dont 145 canots, pêchant dans les eaux territoriales, c'est-à-dire en deçà de 3 milles à partir de la laisse de basse mer.

Depuis 1885, Ostende est doté d'un grand nombre de Steam-Trawlers ou chalutiers à vapeur. Avant cette époque et depuis 1883 seulement, il n'y existait que deux vapeurs. On y compte actuellement plusieurs sociétés pour la pêcherie à vapeur. Il existe, en outre, des armateurs isolés et des associations qui possèdent des vapeurs.

La force motrice des Steam-Trawlers est d'environ 40 à 60 chevaux nominaux ; leur tonnage est en moyenne de 60 à 80 tonnes. Leur équipage se compose, outre le patron, de 5 ou 6 pêcheurs, d'un premier et souvent d'un second mécanicien, ainsi que de un ou deux chauffeurs.

A aucune époque de notre histoire, la consommation du poisson n'a été aussi grande qu'actuellement. Autrefois la marée, ou poisson de mer frais, était presque inconnue à l'intérieur du pays. Aujourd'hui, grâce à la rapidité et à la facilité des moyens de transport et à la multiplication des lignes télégraphiques et téléphoniques, donc à la rapidité de transmission des offres et des demandes, la marée constitue une denrée importante du commerce des centres populeux, même les plus éloignés de la côte. Si l'exportation des produits de la pêche vers les principales villes de l'Europe est considérable, la consommation n'en suit pas moins une marche ascendante à l'intérieur du pays ; chaque ville, quelque peu importante, a maintenant sa minque aux poissons ; les magasins de poissons se multiplient et les

CHALOUPE GRÉÉE POUR LA PÊCHE A HAUTE MER

cartes des restaurants comprennent régulièrement- un ou plusieurs plats de poissons.

La minque d'Ostende est une des plus importantes du continent. Son chiffre d'affaires varie entre 3 1/2 et 4 1/2 millions de francs par an.

Les Steam-Trawlers contribuent pour une large part à l'approvisionnement de la minque. Les étrangers viennent régulièrement débiter leurs marchandises à Ostende, où ils trouvent de grands avantages.

Contrairement à ce qui existe en France, où l'on a rétabli depuis quelques années des droits d'entrée qui équivalent à des droits prohibitifs pour certaines espèces de poissons, l'entrée en Belgique est absolument libre. Les pêcheurs étrangers disposent gratuitement à Ostende d'un bassin de marée très commode attenant à la minque, qui est desservi par un chemin de fer passant devant l'une des portes. D'autre part, les chaloupes de pêche étrangères, ni à leur entrée, ni à leur sortie, ne sont tenues de prendre à bord un pilote,

UN BASSIN DE PÊCHE A BLANKENBERGHE

et si elles jugent la présence de celui-ci utile, ce qui n'arrive presque jamais, elles bénéficient d'une réduction de 5o p. c. sur le tarif de la navigation en général. Les formalités douanières pour les barques de pêche sont des plus élémentaires et des plus faciles. Enfin, vu l'importance du marché, où les marchands, tant de l'intérieur que de l'étranger, trouvent toujours en quantité suffisante la marchandise la plus variée ; étant donné l'excellent outillage des chemins de fer de l'Etat, qui comprend des wagons frigorifiques aménagés spécialement pour le transport de la marée ; grâce à la rapi dité des transports, au bas prix relatif des tarifs spéciaux pour les expéditions de poissons frais, et comme nous l'avons dit, à l'extension de nos réseaux téléphonique et télégraphique, les ordres de vente sont toujours nombreux et importants, le poisson atteint ainsi toujours un prix rémunérateur ; aussi les expéditions se font-elles dans tous les sens, jusqu'en Russie même.

Du reste, la supériorité du poisson pêché par nos marins est reconnue par tous. Ce fait provient des soins donnés, en mer, aux produits de la pêche et à l'empressement que mettent les pêcheurs à les rapporter au marché.

Le expéditions de poissons provenant de divers ports du littoral, faites annuellement par voie ferrée, peuvent s'estimer, en moyenne, à près de douze

BASSIN DE PÊCHE A OSTENDE

millions de kilogrammes ; huit millions environ restent en Belgique et 800,000 kilogrammes vont en Allemagne, le reste dans d'autres pays. Il y a quelques années, avant que les droits prohibitifs sur le poisson étranger ne fussent établis en France, nous expédions dans ce pays plus de 1 1/2 million de kilogrammes. Depuis cette époque, ce chiffre a considérablement diminué. Dans ces expéditions, Ostende d'abord, Bruxelles ensuite, puis Anvers entrent pour la plus large part. Le poisson de Blankenberghe alimente les marchés du pays, ceux du nord de la France, de Paris et de l'Allemagne occidentale.

Dans les chiffres cités, nous ne comprenons pas le trafic de plus en plus considérable d'huitres, de moules, de crevettes, de salicoques, de conserves de poissons.

Depuis un certain nombre d'années déjà, l'élevage de l'huitre a pris une très grande extension à Ostende ; Blankenberghe suit l'exemple ; à Nieuport des essais très satisfaisants ont eu lieu.

Grâce à sa qualité supérieure, à la facilité et à la rapidité des moyens de transport, l'huitre *Royale d'Ostende* est connue maintenant dans l'Europe entière. L'Allemagne surtout constitue un débouché important pour ce produit.

Les eaux d'Ostende, de Blankenberghe, de Nieuport conviennent admirablement pour l'engraissement de l'aristo-cratique mollusque, c'est la qualité de l'eau qui fait la qualité de l'huître. Les parcs sont alimentés en même temps par l'eau salée et par l'eau douce ; leur mélange en proportion convenable est des plus importants ; les matières organiques et les infiniment petits que l'eau douce renferme constituent la nourriture de l'huître. L'élevage exige plus d'expérience qu'on ne le pense et plus d'un, croyant qu'il ne s'agissait que de semer du naissain pour retirer quelques mois après des huîtres négociables, a perdu des capitaux souvent impor-tants. Il faut des soins de tous les instants.

Signalons encore l'exportation sans cesse croissante des homards et des langoustes vers Paris et l'Allemagne. Ce commerce devient d'année en année plus important.

(Extraits de *Forêts, Chasses et Pêches*, publié sous le patronage du Ministère de l'Agriculture.)

EXPOSANT DE LA CLASSE 53

Engins, instruments et produits de la pêche
Aquiculture

Laloux, Henri. — Préparation d'éponges. — Rue Paradis, 7, Liège.

Eponges brutes, éponges préparées.

CHALOUPE CÔTIÈRE DE 12 TONNES
CANÔT A CREVETTES

GROUPE X

ALIMENTS

—

CLASSE 55

MATÉRIEL ET PROCÉDÉS DES INDUSTRIES
ALIMENTAIRES

Le matériel et les procédés de fabrication des différentes industries s'occupant des produits alimentaires ont marqué une étape de progrès très sensibles depuis l'Exposition de 1889.

Certaines industries, notamment la sucrerie et la brasserie, sont arrivées à mettre la Belgique sur le pied d'égalité avec les premières puissances du monde et, si la première de ces industries a pu obtenir des résultats de plus en plus remarquables par les perfectionnements apportés dans l'outillage de la diffusion et de la cuite, la seconde s'est élevée d'un coup au rang des industries les plus importantes du pays.

Avec la brasserie, la malterie a fait aussi de grands progrès en demandant à la mécanique des moyens plus pratiques et plus sûrs, donnant un résultat plus parfait, plus complet.

Des usines importantes ont été créées pour la fabrication de la bière et du malt, et, loin d'être encore tributaire de l'étranger, la Belgique peut maintenant soutenir la concurrence dans les pays lointains par l'importance de son exportation.

Ce développement considérable de la brasserie belge est dû, en grande partie, aux progrès réalisés par les constructeurs belges et l'on a pu voir depuis quelques années des Sociétés fondées par des brasseurs belges ériger des brasseries importantes à l'étranger avec des appareils entièrement exécutés en Belgique.

Plusieurs grandes brasseries à fermentation basse et à fermentation haute ont adopté les chaudières chauffées à la vapeur, abandonnant complètement le chauffage à feu nu.

L'application du froid, d'une façon plus complète et plus judicieuse grâce aux perfectionnements apportés par les constructeurs belges, a beaucoup contribué à accentuer les progrès de la brasserie tout aussi bien dans la fermentation haute que dans la fermentation basse, et plusieurs brasseries à fermentation haute ont fait depuis peu l'application de machines frigorifiques pour le refroidissement de leurs salles de fermentation.

L'emploi des machines frigorifiques tend à se généraliser de plus en plus en Belgique ; les applications s'étendent dans toutes les branches de l'industrie alimentaire et, si la glace est employée actuellement d'une façon presque générale, nous voyons les industriels et les commerçants recourir aux chambres froides à refroidissement artificiel pour la conservation des aliments (viandes, fruits, légumes), de même que la brasserie a encore recours au froid artificiel pour la conservation d'une façon presque indéfinie d'un de ses produits les plus importants : le houblon.　　　　　　　　　B. LEBRUN,

Délégué de la classe 55

EXPOSANTS DE LA CLASSE 55

Matériel et procédés des industries alimentaires

Amylo (Société anonyme). — Exploitation de brevets relatifs à la saccharification et à la fermentation des matières amylacées par les mucidinées saccharifiantes.
Rue du Luxembourg, 34, Bruxelles.

1º Cuve de fermentation aseptique pour le travail des matières amylacées en distillerie, d'après le procédé Collette et Boidin ;

2º Plans et modèles d'usine travaillant par le procédé « Amylo » (brevet Collette et Boidin) ;

3º Echantillons divers des matières premières employées et des produits obtenus.

Lebrun, Bruno. — Ateliers de construction mécanique.
Nimy.

Dans le Palais de la Belgique : Appareil frigorifique pour le refroidissement des caves de la dégustation des bières belges, avec dynamo-motrice à courants polyphasés.

Dans les Halls : Une machine à vapeur de 40 chevaux. Une dynamo de 33 kilowatts.—Un appareil frigorifique pour le refroidissement de la dégustation des bières belges.— Un échangeur de température avec chambre froide. — Un réfrigérant à lait à détente directe d'ammoniaque. — Un réfrigérant à bière à détente directe d'ammoniaque. — Pompes rotatives. — Pompes centrifuges.

Ponty, Julien, & Cⁱᵉ. — Ateliers de construction:
Bruxelles-Tourcoing (Nord).

Appareils pour le filtrage et l'embouteillage des bières.

Société anonyme des Ateliers Patte (Directeur : Albert
Ruelle). — Ateliers de construction. Dour.

Appareil de cuite en mouvement, pour sucrerie (système
Reboux breveté).

Zoetholdt.
Rue Gallaert, 17, Bruxelles.

Pompes et appareils de débit dans le Palais de Belgique
et à la dégustation des bières belges, groupe 10.

CLASSE 56

AMIDON DE RIZ

La découverte de l'amidon de riz a marqué un progrès très
réel dans la fabrication des empois. Anciennement, ceux-ci
étaient tirés du froment, du maïs ou blé de Turquie, de la
pomme de terre même. Ces empois divers avaient pour principal inconvénient d'abîmer le linge, l'empesage lui donnant la
rigidité du bois, et le rendant *cassant*. De plus, ces amidons
jaunissaient assez rapidement l'objet empesé, surtout s'il était
en coton.

Ce fut donc un grand pas fait dans la voie du progrès quand
on songea à utiliser le riz pour la production de l'amidon, et à
peine cette fabrication fut-elle entrée dans le domaine pratique, que son succès se dessina d'une manière très nette.

En effet, outre sa blancheur très caractéristique, et son
grain d'une finesse incomparable, les ménagères eurent tôt
fait de remarquer ses très réelles qualités, qui sont, entre
autres : d'empeser le linge sans le raidir, sans le rendre
cassant, en lui gardant une souplesse qui le rend agréable à
porter; de lui donner un brillant qu'aucun autre amidon ne
peut acquérir, sans préparations nocives pour le linge, et surtout, qualité suprême pour la ménagère, de lui garder son
linge bien blanc, à bon marché, sans le détériorer.

Ceci dit, d'autres facteurs intervinrent encore dans la vulgarisation de ce produit: le besoin de luxe et de confort qui est
la caractéristique de notre époque, et qui favorise si largement
la prospérité des affaires en général, prospérité dont le résultat le plus direct a été le relèvement des salaires.

L'économie que permet l'emploi de l'amidon de riz contribua
également à son succès : la ménagère obtenant un effet meil-

leur et plus grand avec la même quantité d'amidon *de riz*, délaissa bientôt les autres empois.

Or, si nous considérons qu'en Belgique l'amidon de riz pur a été travaillé avec un soin particulier, et que c'est ici surtout qu'il a fait — en sa fabrication — les plus réels progrès, quoi d'étonnant à ce qu'il ait fini par refouler tous les produits similaires? Car c'est une constatation à faire, que l'amidon de riz belge est parvenu à s'imposer non seulement en son pays, mais partout même où la nation n'est pas pauvre, comme en certains pays qu'il n'est pas nécessaire de nommer, et qui restent fidèles à ce qui *coûte le moins*, directement bien entendu, et où les notions d'économie ne sont que peu développées.

En Belgique même, les amidons hollandais, allemands et anglais ne se vendent plus qu'en très faibles quantités.

La supériorité des produits belges réside dans l'uniformité de la qualité. De grands efforts ont été faits pour atteindre ce but: l'organisation raisonnée du travail a marché de pair avec le perfectionnement des machines, très coûteuses en général, et qui ont nécessité des études très suivies et des sacrifices de toutes sortes. Aussi, actuellement, nos usines sont-elles outillées de telle sorte, qu'elles suffiraient à parer à une augmentation de la demande, même si celle-ci dépassait les prévisions les plus optimistes. La Belgique peut, en effet, se flatter d'avoir la plus grande amidonnerie du monde entier.

Pour terminer, disons qu'aux États-Unis, où l'emploi de l'amidon de maïs était seul connu, on commence à l'abandonner pour l'amidon de riz, malgré le tarif douanier si peu favorable aux produits étrangers.

Peu de produits belges ont mieux contribué à faire connaître le nom de notre pays que ne l'a fait l'amidon de riz. Dans les contrées les plus lointaines, nos compatriotes ont eu la surprise et la satisfaction de trouver dans les magasins et dans les bazars les paquets et les boîtes d'amidon de riz sortant des usines belges.

Les exportations d'amidon (commerce spécial) ont été :

en 1889	7,341,682	kilos
en 1890	7,336,556	»
en 1891	7,399,382	»
en 1892	7,561,977	»

MALTERIE

Cette industrie, établie en Belgique avant 1870, était peu connue à cette époque.

Le brasseur fabriquait alors son malt lui-même, mais depuis, l'augmentation considérable de la consommation de la bière et la création constante de nouvelles usines ont donné à la production du malt un accroissement rapide et fort grand. Il n'y a plus de province, plus de grande ville qui n'ait une ou plusieurs malteries en activité ; quelques-unes sont montées pour produire annuellement cinq millions de kilos et au delà.

Il n'y a pas de pays au monde où il se débite tant de types différents de bière à fermentations haute, basse, mixte et spontanée qu'en Belgique.

La malterie belge, qui a suivi et appliqué tous les progrès, est montée actuellement d'après les systèmes les plus récents et les plus perfectionnés. Elle produit tous les nombreux genres de malts nécessaires à ces bières de goût, de couleur et de genres spéciaux

Quatorze de nos principaux malteurs exposeront leurs produits à Paris ; la plupart ne sont pas des inconnus pour les brasseurs et distillateurs, car leurs malts ont paru avec avantage à toutes les grandes Expositions internationales depuis 1885.　　　　　　　　　A. DUMON DE MENTEN,
Délégué de la classe 56.

MEUNERIE

Nous n'avons pas de statistique récente nous permettant de donner des chiffres exacts au sujet de cette industrie qui continue à être, au point de vue de la valeur de sa production, une des plus importantes du pays.

La dernière statistique officielle publiée (celle de 1883) donnait sur la meunerie les renseignements suivants :

Nombre d'établissements : 4,077.

Nombre de moteurs mécaniques :

A vent. .	2,045 réprésentant	12,629 chevaux-vapeur		
A eau . .	1,963	—	12,891	—	—
A vapeur.	685	—	9,411	—	—

Nombre de paires de meules : 9,412.

Production : 1,064,632 tonnes d'une valeur de 322,159,907 fr.

Depuis lors, cette industrie s'est complètement transformée ; un changement radical s'est fait dans nos moulins de 1880 à 1885 : pour la mouture du froment, les appareils à cylindres ont remplacé les meules. Celles-ci ne se rencontrent plus guère que dans les petits moulins de campagne, généralement activés par le vent ou par l'eau ; elles y servent surtout à la mouture d'autres céréales, notamment à la mouture de l'orge fourragère, très importante dans notre pays et aujourd'hui la principale, presque la seule occupation de ces petites usines.

La mouture du froment est devenue le monopole presque exclusif des moulins à cylindres.

Le nombre de ceux-ci avait, il y a dix à quinze ans, atteint le chiffre de près de 200. Une crise de surproduction en fut la conséquence et nous avons vu disparaître des usines de faible importance ou placées dans des conditions peu favorables.

Bien que dans la dernière décade peu de nouvelles usines aient été érigées et que quelques-unes seulement aient été agrandies, la production est aujourd'hui encore au-dessus des besoins de la consommation.

Le nombre des meuneries à cylindres ne dépasse pas 140; leur capacité varie de 50 à 1,000 ou 1,500 sacs de blé, il en est même deux qui peuvent travailler plus de 2,000 sacs par jour.

Ces usines, généralement installées dans les grands centres de consommation ou dans leur voisinage, sont en général très bien outillées et beaucoup de celles qui avaient été montées à neuf de 1880 à 1885, ont, dans ces dernières années, été l'objet de nouvelles transformations comportant les derniers perfectionnements.

L'importance de la production de la meunerie belge dépasse aujourd'hui 30,000 sacs par 24 heures, soit par an environ 11,000,000 de quintaux, dont la valeur, malgré la baisse du prix du blé, est de plus de 200 millions de francs.

UN MOULIN A VENT

Cette production est écoulée presque exclusivement dans le pays; l'exportation n'atteint pas 200,000 quintaux, dont la majeure partie va en Hollande; 40 à 50,000 quintaux de farine de gruau trouvent, grâce à leur qualité, un débouché en Angleterre.

L'outillage perfectionné de nos moulins et la qualité de leurs produits nous permettraient de lutter avec succès sur les marchés allemands et français s'ils ne nous étaient fermés par des régimes douaniers aux droits prohibitifs. Nous en avons eu la preuve : en 1898, lorsque la France abaissa pendant deux mois les droits d'entrée sur le froment et la farine, nous avons pu durant cette courte période y envoyer plus de 130,000 quintaux de nos farines. Elles y furent très goûtées, mais avec le retour au tarif, momentanément suspendu, ce mouvement dut prendre fin.

Cette situation explique l'abstention de la meunerie belge à l'Exposition de 1900; elle ne tirerait aucun profit des frais qu'elle aurait pour montrer la perfection de son travail et faire connaître ses produits.

MARCOTTY,
Président de l'association générale
des meuniers belges.

EXPOSANTS DE LA CLASSE 56

Produits farineux et leurs dérivés

Boelens, Honoré. — Malterie. — Lokeren.
Malts pour brasserie et distillerie.

Borremans-Van Campenhout, Aug. — Malterie et **brasserie** de l'Abbaye. — Forest-lez-Bruxelles.
Malts de toutes provenances. Farines de maïs déshuilées pour brasseries.

Brasseur Frères. — Malterie « Le Renard ».
Plaine de Hesse, 35, Anvers.
Malts de diverses provenances pour brasseries.

Brulé, Max. — Malterie. — Baulers (Nivelles).
Malts pour brasseries et distilleries.

Dandelooy, Joseph. — Malterie à vapeur.
Merxem-lez-Anvers.
Malts de toutes provenances pour brasseries et distilleries.

De Beys, Camille. — Malterie
Rue du Rossignol, 27-37, Anvers.
Malts de toutes provenances pour brasseries et distilleries.

De Boeck Frères.
Rue François-Delcoigne et rue Vanhoegaerden, 40, Koekelberg (Bruxelles).
Malts pour brasseries et distilleries.

D'Hoedt-Cauwe, J. — Malterie industrielle. — Bruges.
Malts.

Vᵉ Dingemans, Alex. — Malterie à vapeur des Poldres.
Stabroek-Anvers.
Orges et malts.

Malts pour fermentations haute et basse. Président du
Dumont Frères. — Laiterie, — Chassart.

Jury : Expositions universelles : Anvers 1894, Amsterdam 1895, Bruxelles 1897.

Dumont Frères. — Malterie. — Chassart.

Malts d'escourgeon indigène, d'escourgeon d'Espagne et d'escourgeon de Californie; malts d'orge chevalier de Moldavie, d'orge chevalier de Californie et d'orge de Champagne.

Société anonyme des Usines Remy. — Amidonnerie.
Louvain.

Amidon Remy garanti de riz pur. Fabrication journalière : 80,000 kilogrammes. Usine à Wygmael (Louvain), à Heerdt et à Gaillon (Eure). Grand-prix 1889 et, depuis, hors concours.

Van Roye, Em. — Malterie. — Hal.

Malt pour bières à fermentations haute, basse et spontanée; malt pour distillerie.

Anvers 1894 : médaille d'argent; Amsterdam 1895 : médaille d'or; Bruxelles 1897 : hors concours, membre du Jury.

Van Tilt Sœurs (Directeur : Kolz). — Brasseurs et malteurs. — Louvain.

Malts d'orges et d'escourgeons pour bières à fermentations haute et basse.

Wielemans-Ceuppens. — Brasserie et malterie.
Bruxelles-Midi.

Malts de toutes provenances pour brasseries et distilleries.

CLASSE 57

BOULANGERIE

Depuis 1889, la boulangerie a fait des progrès énormes en Belgique où le pain de froment est pour ainsi dire seul consommé; elle est devenue une véritable industrie, sous l'impulsion de puissantes sociétés coopératives de consommation.

La qualité des farines s'est beaucoup améliorée par suite des perfectionnements de l'outillage des meuneries. Le régime douanier belge, permettant la libre entrée des froments, et l'importance sans cesse grandissante du port d'Anvers qui est le grand port d'importation de l'Europe Centrale, amènent en Belgique à peu de frais les froments de tous les pays du monde.

Le meunier belge a donc des facilités incomparables pour composer sa mouture d'un mélange de froments judicieusement choisis pour obtenir une farine ayant une belle blancheur, une bonne gonfle, un excellent rendement et une grande valeur nutritive. C'est une erreur de croire, en effet, qu'une farine est d'autant moins nutritive qu'elle est plus blanche, car dans les diverses farines d'un même froment l'assimilabilité par la digestion augmente avec la blancheur et avec la bonne élimination du son.

L'emploi de la levure pressée de fabrique s'est substitué partout à celui de la levure de bière, qui donnait un pain de goût moins franc, moins bien levé et à maille moins régulière.

Cet usage s'est surtout répandu depuis la loi de 1896, qui en donnant plus de liberté au distillateur a permis l'établissement d'un assez grand nombre de fabriques de levure. Celles-ci ont une force de production qui suffit facilement à tous les besoins de la boulangerie et rend l'importation des levures étrangères très difficile.

Tandis qu'autrefois, dans les grandes villes surtout, la boulangerie était installée dans des caves relativement mal aérées d'un entretien difficile, aujourd'hui la fabrication du pain se fait presque toujours dans des locaux situés au rez-de-chaussée, parfaitement ordonnés et d'une propreté parfaite.

Le pétrissage à la main disparait pour faire place au travail dans des pétrins mécaniques, mus par des machines à vapeur ou par des moteurs à gaz. C'est là un progrès considérable au point de vue de l'hygiène et de la propreté, et en même temps une diminution de la main-d'œuvre et la suppression d'un labeur toujours pénible.

Les fours chauffés à la houille avec enfournement et défournement mécaniques se substituent aux fours à bois. Ils sont beaucoup plus économiques, permettent un travail continu et offrent de très grandes facilités pour assurer une cuisson régulière et précise.

La fabrication du pain de luxe, appelé encore pain viennois, est devenue d'une importance très grande dans les villes et nos boulangers fabriquent des produits pouvant rivaliser avec les plus parfaits de l'étranger.

EXPOSANTS DE LA CLASSE 57

Produits de la boulangerie et de la pâtisserie

Buelens, Pierre. — Boulanger.
Rue du Collège, 14, Ixelles.
Produits de la boulangerie.

Deheuvel, Théodore. — Boulanger.
Chaussée de Mons, Cureghem-Anderlecht.
Produits de la boulangerie.

Delhaize Frères et Cie. — Fabrication de biscuits secs et pains d'épice. — Rue Osseghem, Bruxelles.
Biscuits secs et pains d'épice.

De Vleeschouwer. — Boulanger.
Rue Hancart, 1, Schaerbeek.
Produits de la boulangerie.

Huleu, Victor. — Boulanger. — Rue Lebeau, 63, Bruxelles.
Produits de la boulangerie.

Joors, Léon. — Boulanger.
Rue de la Montagne, 37, Bruxelles.
Produits de la boulangerie.

Raedemaeker, Victor. — Boulanger.
Rue Haute, 321, Bruxelles.
Produits de la boulangerie.

Rooryck, Florent. — Boulanger.
Rue Royale, 162, Bruxelles.
Produits de la boulangerie.

Schollaert, Bernard. — Boulanger.
Rue Saint-Lazare, Saint-Josse-ten-Noode.
Produits de la boulangerie.

Société Belge-Néerlandaise de meunerie-boulangerie, système Schweitzer, capital 1 million. — Meunerie-boulangerie. — Rue Henri-Maus, 3, Bruxelles.
Meunerie-boulangerie, système Schweitzer, en marche.

Syndicat des Patrons-boulangers. — Boulangerie.
Bruxelles.
Produits de la boulangerie.

Timmermans, Corneille, fils. — Boulanger.
Chaussée de Wavre, 139, Ixelles.
Produits de la boulangerie.

Vanderkelen, Victor. — Biscuiterie « Le Lion ».
Rue des Moutons, 38, Louvain.
Biscuits et pains d'épice.

Verspecht. — Boulanger.
Boulevard de la Senne, Bruxelles.
Produits de la boulangerie.

CLASSE 58

CONSERVES DE POISSONS, DE LÉGUMES
ET DE FRUITS

Lors de la dernière Exposition de Paris, en 1889, l'industrie des conserves alimentaires n'existait en Belgique qu'à l'état rudimentaire. Dans leurs tâtonnements et leurs essais, les petits fabricants qui se livraient à cette industrie la voyaient sans débouchés possibles. Préparant quelques conserves pour une clientèle restreinte, ils n'étaient pas outillés et n'avaient guère autour d'eux de personnel capable de les aider à lutter avec leurs concurrents des pays voisins.

Frappé de cet état de choses et de la lutte inégale qu'avaient à subir ces industriels, le Gouvernement décréta un droit de 15 francs aux 100 kilogs sur les conserves étrangères à leur entrée en Belgique. Depuis, cette industrie s'est développée dans des proportions considérables. Le débouché du Congo a permis à cette industrie de s'outiller, de former un personnel en prévision de transactions nombreuses et continues et bientôt nos fabricants se sont mis à la hauteur des besoins et ont pu lutter comme prix, comme qualité, comme importance de production avec les établissements qui avaient auparavant envahi notre marché.

De puissantes usines se sont montées depuis qu'elles pouvaient, par suite de ces droits de 15 francs aux 100 kilogs, espérer un bénéfice légitime et rémunérateur. Cette industrie est donc bien assise, et peut lutter avec les établissements renommés de l'étranger.

L'ancienne boîte soudée qui a donné lieu à de véritables empoisonnements a été remplacée chez nous par la boîte sertie.

Celle-ci, d'une innocuité parfaite, a le grand avantage de permettre d'en préparer des milliers par jour et d'enfermer ainsi le légume quelques heures après la cueillette en lui conservant ainsi son arome. La boîte soudée ne le permettait pas.

L'industrie des confitures a pris également chez nous un grand développement grâce à la détaxe des droits d'accises sur le sucre, détaxe accordée par le Gouvernement en 1897.

Elle permet aux fabricants, assez nombreux, de fournir à des prix très bas des confitures préparées exclusivement de jus de fruits et de sucre. C'est ainsi que les prix auxquels on les livre à la classe ouvrière sont inférieurs à ceux du beurre et même de la margarine.

Quant à l'industrie des pâtes alimentaires elle est parfaitement représentée dans notre pays, sa production annuelle peut être évaluée à 2,500,000 kilogrammes, mais il est difficile de se renseigner sur l'importance des importations, ces produits étant classés sous une même rubrique que les produits similaires.

Les conserves de poissons n'ont pas encore pris chez nous le développement des industries citées plus haut. A part quelques fumeries de harengs et d'esprots à Bruges, à Nieuport, à La Panne, un établissement à Ostende où l'on préparait l'esprot en sardine, c'était jusqu'à ces derniers temps tout ce que nous possédions. Grâce à l'appui du Gouvernement, l'abbé Pype, aumônier de la marine belge et directeur de l'École professionnelle de pêche, vient de créer à Ostende et d'annexer, son école, un établissement modèle pour la préparation et la conservation des produits de la mer.

16

Nous dirons quelques mots, pour finir, d'une industrie peu connue et qui, cependant, offre un réel intérêt, c'est celle de la torréfaction des cafés, représentée dans notre pays par quelques établissements très importants où l'on fait la torréfaction, le lavage et le polissage.

L'exportation de ces produits prend graduellement du développement, grâce au procédé de l'enrobage qui conserve à la précieuse graine son arome délicat pendant un temps indéfini.

A. DELACRE,
Secrétaire du Groupe X.

EXPOSANTS DE LA CLASSE 58

Conserves de viandes, de poissons, de légumes et de fruits

Maison H. Bertram, R. Van Meenen successeur.
Rue de Prusse, 1, Bruxelles-Midi.
Choucroute, conserves alimentaires.

Fabrique internationale de conserves alimentaires « Le Soleil » (Société anonyme). — Neckerspoel, 405, Malines.
Spécimens de leur fabrication de conserves de légumes et de viandes, en boîtes et en flacons.

Société anonyme « La Corbeille ». — Directeur : Julien Vande Poel. — Wespelaer.
Conserves de légumes et cerises au naturel en flacons et boites métalliques.

Société anonyme « Ox-Beef ». — Fabrication d'extraits de viande. — Avenue du Boulevard, 14, Bruxelles.
1º Extraits de viande ;
2º « Carnigen » poudre de viande soluble.

CLASSE 59

CHOCOLAT ET BISCUITS

La fabrication du chocolat ne se pratiquait en Belgique, en 1870, que dans une douzaine de fabriques : l'importation était considérable. Aujourd'hui, plus de cinquante fabriques produisent des quantités énormes, qui non seulement alimentent le marché indigène, mais permettent également une exportation considérable.

Ce revirement est dû en grande partie à la surveillance exercée sur cette industrie par le service d'hygiène, établi par le Gouvernement pour le contrôle des denrées alimentaires.

Le Conseil supérieur d'hygiène publique a défini le chocolat : un mélange de fèves de cacao et de sucre aromatisé ou non. Seul un produit réalisant ces conditions peut être vendu sous le nom de chocolat. Et non seulement le service de l'hygiène a pour mission de surveiller l'exposition et la vente des produits divers destinés à l'alimentation, mais encore son mandat s'étend aux fabriques dont il a à contrôler les approvisionnements dans l'intérêt de la santé publique et de la bonne renommée de l'industrie belge en général. Le contrôle sévère du Gouvernement a rassuré le corps médical, qui aime à recommander cet aliment complet et réparateur aux convalescents, aux anémiés et aux dyspeptiques. Il est en même temps une grande garantie pour l'étranger, qui sait qu'en Belgique le chocolat ne peut être falsifié et que les usines belges ont dû abandonner les produits à bon marché pour chercher le succès dans la finesse et le bon goût.

La fabrication des biscuits de table a pris également dans notre pays une très sérieuse extension. Nous étions auparavant tributaires des Anglais pour ce genre d'articles très demandés ; actuellement la Belgique compte environ une dizaine de fabriques, dont quelques-unes très importantes et parfaitement outillées. Quelques-unes d'entre elles luttent avantageusement comme qualité, finesse de goût et présentation avec les produits antérieurement les plus renommés.

Nous donnons les chiffres du mouvement de ces deux industries pour 1898. Toutefois pour les biscuits les chiffres sont incomplets parce que ceux contenant moins de 20 p. c. de sucre sont compris dans la rubrique « Denrées alimentaires » non spécialement spécifiées.

A. DELACRE,
Secrétaire du Groupe X.

EXPOSANTS DE LA CLASSE 59

Sucres et produits de la confiserie ; condiments et stimulants

Compagnie Continentale pour la Torréfaction des cafés (Société anonyme, capital 2 millions), ancienne firme : Van Leckwick et Cie. — Cafés torréfiés. — Produits alimentaires. — Anvers.

Cafés torréfiés en boîtes en fer-blanc, caissettes et paquets. — Médaille d'or : Anvers 1894 ; Bruxelles 1897 ; diplôme d'honneur : Gand 1899 ; — Succursales à Rotterdam, Amiens, Santander (Espagne). Fournisseur de l'Etat indépendant du Congo.

Delhaize frères et Cⁱᵉ. — Fabrication de chocolats, confiserie et torréfaction de cafés. — Rue Osseghem, Bruxelles.
Chocolats, produits divers de la confiserie et cafés.

Fabrique internationale de Conserves Alimentaires « Le Soleil » (Société anonyme). — Neckerspoel, 405, Malines.
Spécimens de leur fabrication de confiture en boîtes et en flacons, de fruits au sirop et de fruits au naturel.

Firme De Ronne-Delanier. — Fabrication de chicorée.
Coupure, 257, Gand.
Chicorée manufacturée.

Le Clerq, Isidore et Hector (firme Hyacinthe Le Clercq). — Glucoseries, amidonneries.
Quai Baudouin, Alost.
Sucres intervertis. — Colorants. — Houblons d'Alost et de toutes provenances. — Articles pour brasseries.

Raffinerie Tirlemontoise. — Sucreries et raffinerie.
Tirlemont.
Sucres raffinés et cristallisés,

(Voir ci-contre un tableau.)

	ENTRÉE	MISES EN CONSOMMATION	EXPORTATION GÉNÉRALE	EXPORTATION DE MARCHANDISES BELGES	TRANSIT
Cacao en fève et pelures de cacao	2,868,605 kil. VALANT 5,020,058 fr.	2,613,523 kil. VALANT 4,573,665 fr.	1,445,843 kil. VALANT 2,530,225 fr.	1,188,957 kil. VALANT 2,080,675 fr.	256,886 kil. VALANT 449,550 fr.
Beurre de cacao . . .	1,266,814 kil. VALANT 3,800,442 fr.	339,498 kil. VALANT 1,018,494 fr.	993,434 kil. VALANT 2,980,002 fr.	66,018 kil. VALANT 198,054 fr.	927,316 kil. VALANT 2,781,948 fr.
Chocolat	869,904 kil. VALANT 2,609,712 fr.	410,490 kil VALANT 1,231,470 fr.	469,323 kil. VALANT 1,407,969 fr.	15,715 kil. VALANT 47,145 fr.	453,608 kil. VALANT 1,360,824 fr.
Cacao préparé broyé, racahout, tapioca, etc. . . .	209,631 kil. VALANT 419,262 fr.	22,983 kil. VALANT 45,966 fr.	186,583 kil. VALANT 373,166 fr.	238 kil. VALANT 476 fr.	186,345 kil. VALANT 372,690 fr.
Biscuits contenant de 20 à 50 p. c. de sucre, fruits confits, marmelades, confitures, pâtisseries, etc.	3,626,657 kil. VALEUR 6,527,980 fr.	703,122 kil. VALEUR 1,265,620 fr.	3,128,520 kil. VALEUR 5,631,337 fr.	143,102 kil. VALEUR 344,584 fr.	2,985,418 kil. VALEUR 5,283,753 fr.

A. DELACRE.

EXPOSANTS DE LA CLASSE 60

Vins et eaux-de-vie de vin

Castermans-Moreeuw. P. — Vins. — Rue Saint-Jacques, 15, Bruges.
Vins.

Catteau-Brias, H. — Rue du Marché-au-Bois, 18, Bruxelles.
Vins.

Cloquet, Jules. — Propriétaire de marques commerciales. Négoce de vins, gros et demi-gros. — Rue de Mérode, 72, Bruxelles.
Bordeaux et bourgognes en bouteilles.

Compagnie coloniale et vinicole. — Denrées coloniales, vins et spiritueux. — Rue Lavallée, 7, Molenbeek-Bruxelles.
Vins.

Coumans-Daniéls, G. — Marchand de vins. —Rue du Rêwe, 2, Liège.
Vins divers.
Médaille d'or : Bordeaux 1895. Diplôme d'honneur : Anvers 1894.

Cuvelier. E.-J. — Rue de la Porte-Rouge, 5, Bruxelles.
Vins.

Delrue, Emile. — Barre-Saint-Brice, 20, Tournai.
Vins.

De Groot-Tallon. — Rue de Bertaimont, 10, Mons.
Vins.

Distilleries Réunies (Armand De Ridder). — Commerce de vins. — Rue de Namur, 4-6, Louvain.
Vins.

Doudlet et Nelis. — Place Royale, Bruxelles.
Vins

D'Hanens-Nobels. H. — Saint-Nicolas-Waes.
Vins divers.
Médaille d'argent : Bruxelles 1897.

Gardelle. J.-L. — Vins et spiritueux. — Rue de Paris, 21, Bruxelles.
Vins.

Gerok, Charles. — Kipdorp, 25, Anvers.
Vins.

Mabille. Ernest, et Fils. — Négociants en vins. — Binche.
Vins divers.

Masure. P. (Central Tienda). — Boulevard Anspach, 53-56, Bruxelles.
Vins d'Espagne et du Portugal.

Mertens, J.-F.-A. — Vins, liqueurs, spiritueux. — Louvain.
Vins en bouteilles.

Mertens, Emmanuel. — Négociant en vins. — Anvers.
Vins de Bordeaux et de Bourgogne en bouteilles.

Nandrin, F. — Distillateur-liquoriste. — Liège.
Liqueurs : Bitter de Crète ; Royal Curaçao ; Elixir de Vichy ; Amer blanc au gingembre ; Panaché Kirsch cerises.

Nelis, Eugène. — Négociant en vins. — Rue de Brabant, 254. Bruxelles.
Vins élevés à Bruxelles.

Nicolet frères. — Vins et spiritueux. — Verviers (Entrepôt central pour la Belgique, l'Allemagne et la Hollande).
Vins de Bordeaux. Vins de Bourgogne. Spécialité vieux bourgognes en bouteilles.

Oronce, Imbert. — Rue du Marché, 9, Bruxelles.
Champagne Côte St-André, O. Imbert et Cie. Apéritif : Gentiane Imbert.

Papin-Dupont (Société anonyme). — Mons.
Vins.

Peyrot, Pierre, et Cie (Successeur de Pierre Peyrot Père). — Négociants en vins et Spiritueux. — Rue Vieille-Bourse, 33, Anvers.
Vins rouges et blancs de France en bouteilles.
Chevalier de l'Ordre de Léopold, Membre du Jury supérieur, Anvers 1894. — Chevalier de l'Ordre de N.-D. de Villa Viciosa. Vice-Président du Jury, Anvers 1885. — Médaille d'argent : Bordeaux 1895. Médaille d'or : Bruxelles 1897.

Quinet, A., et Tondreau (Successeur, Ch. Quinet). — Mons.
Vins.

Romdenne, Louis. — Distillateur-liquoriste, vins et spiritueux. — Rue Van Eyck, 50, Bruxelles.
Vins divers

Schmidt, Emile. — Rue Cornet-de-Grez, 1, Bruxelles.
Vins.

Steenackers, R., et Cie. — Négociants en vins. — Anvers.
Vins fins d'Espagne et de Portugal.

Tiberghien-Delevoy, G. — Marché Saint-Jacques, 47^2, Anvers.
Vins
Exposition Amsterdam 1895 : Hors concours, membre du Jury.

Vanden Bussche, J., firme Nihoul-Meugens, établie en 1838.—
Négociant en Vins. — Rue Haute, 21, Anvers.
    Vins divers.
    Expositions Universelles : Anvers 1894, Bordeaux 1895,
Bruxelles 1897. Membre du Jury.

Vanden Hoff, E., et C¹ᵉ. — Rue Bonne-Femme, 30, Liège.
    Cognac mondial.

Wodon, Gustave. firme Wodon-Merken. — Rue Féronstrée,
Liège.
    Vins.

CLASSE 61

LA FABRICATION ET LE COMMERCE DES LIQUEURS EN BELGIQUE

La Belgique resta longtemps tributaire de la Hollande et de
la France pour les liqueurs fines. Mais, depuis 1870, un grand
nombre d'usines se sont édifiées pour la fabrication des
liqueurs.

La perfection des produits indigènes, jointe au bon marché
relatif, détermina les fabricants étrangers à établir, sur notre
sol même, des distilleries pour pouvoir conserver la clientèle
qu'ils approvisionnaient antérieurement de dehors. Il en
résulta une concurrence très grande qui eut pour résultat la
production de liqueurs de plus en plus parfaites; aussi, la
Belgique possède-t-elle actuellement des installations qui font
l'admiration des distillateurs étrangers, tant sur le rapport de
la finesse des fabricats que de la perfection de l'outillage.

DISTILLERIE

La grande distillerie industrielle ne date que du commencement du XIXᵉ siècle, quand vers 1820, Cellier Blumenthal créa
la distillation continue. Son collaborateur Armand Savalle,
directeur de trois usines en Hollande, perfectionna les nouveaux appareils et notamment ceux de la rectification servant
à purifier les alcools distillés.

C'est vers l'époque de l'invention des colonnes distillatoires,
par Cellier Blumenthal, que la Belgique commença à s'intéresser sérieusement à la fabrication des genièvres. En 1832,
elle produisait 166,742 hectolitres d'alcool à 50°; les contenan-
ces imposables étaient alors de 3,031,681 hectolitres, tandis
qu'en 1895, à la veille de la nouvelle législation, 4,024,893 hectolitres de matières imposables donnaient un rendement officiel
d'alcool de 628,431 hectolitres à 50°, soit un rendement réel de
près de 680,000 hectolitres.

Aucun article de consommation ne donne une base imposable aussi fructueuse que l'alcool. En Belgique, le trésor public a, comme dans les autres pays, tire profit de la consommation du genièvre. La taxation a été très variable.

On a généralement divisé les distilleries en deux catégories : les industrielles ou officiellement non agricoles et les agricoles, et l'on a accordé à celles-ci une modération de l'accise, d'autant plus efficace que le taux de la prise en charge n'a cessé de monter.

Avant 1833, la réduction était de 20 p. c., elle fut supprimée alors ; à cette époque, le droit de fabrication était de 22 centimes par hectolitre de matières employées pour la production de l'alcool.

Ce droit a été élevé successivement à 40, à 60 centimes, puis à 1 franc, à fr. 1.50, à 2.42, à fr. 4.55 et ainsi de suite jusqu'à une moyenne d'environ 14 francs, avec la base de 64 francs par hectolitre d'alcool.

En 1837, la modération de droit en faveur des distilleries dites agricoles avait été rétablie, au taux de 10 p. c. d'abord, à 15 p. c. à partir de 1841.

Parmi les lois votées par le Parlement concernant la distillerie, il faut citer celle des 18 juillet 1833, 27 juin 1842, 5 janvier 1844, 5 mai 1850, 20 décembre 1851, 6 juin 1853, 20 décembre 1868, 15 mai 1870, 13 août 1873, 19 décembre 1874, 30 juillet 1883, 16 septembre 1884, 20 décembre 1886, la codification du 18 juillet 1887, la nouvelle loi du 15 avril 1896 contenant 161 articles !

Autrefois on percevait l'impôt sur la cuve-matière, laissant aux distillateurs tout le bénéfice des progrès industriels.

Le rendement réel dépassait le rendement légal. Il en résultait des excédents de fabrication indemnes de droits et ces excédents augmentaient régulièrement.

On commença par diviser les matières premières employées en plusieurs classes, suivant leur richesse au point de vue de la distillerie. Il y eut six classes, la première subdivisée en quatre catégories. En outre, on fit une distinction entre les distilleries travaillant sans emploi de macérateur et les distilleries travaillant avec emploi de macérateur.

Ensuite le Gouvernement surveilla le rendement afin de fixer annuellement les droits pour chaque catégorie de matières premières, d'après les moyennes constatées par les Agents de l'Administration. La quotité de l'accise s'obtenait en appliquant au rendement légal le taux de la décharge à la sortie, qui était, avant la loi de 1886, de 64 francs par hectolitre.

Le rendement moyen servait de base à la fixation du taux de la prise en charge pour l'année suivante.

Les industriels qui obtenaient des rendements supérieurs à la moyenne y trouvaient un profit; ceux qui restaient au-dessous étaient en perte.

Les grandes distilleries du pays produisent pour plus de 3 millions de francs de résidus servant à l'alimentation de 4,000 têtes de bétail.

Voici la statistique de l'importation; de la fabrication et de l'exportation des eaux-de-vie :

	Moyennes des céréales		1895
	1871-1880	1881-1890	
Importations			
Mise en consommation hect.	12,020	13,017	18,286
Distilleries industrielles			
Nombre. . .	99	59	30
Contenances imposables hect.	4,798,842	2,893,083	2,694,689
Distilleries agricoles			
Nombre. . .	262	231	185
Contenances imposables hect.	530,175	423,978	330,204
Ensemble			
Nombre. . .	361	289	215
Contenances imposables hect.	5,329,016	3,317,061	3,024,893
Rendement légal alcool à 50° hect. . .	510,710	541,126	628,431
Distilleries de fruits			
Nombre. . .	3	1	6
Rendement . . hect. . . .	8	3	24
Exportation			
hect. . .	69,728	32,247	4,764
Droits perçus. . . . . fr.	22,436,737	31,061,672	49,438,596

Avant 1896, la législation belge empêchait la production de la levure dans les distilleries. Cette substance est cependant indispensable pour la fabrication de l'alcool. Nos industriels dépensaient annuellement des millions de francs pour importer cette matière.

En 1895, la Belgique recevait de l'étranger pour 9,535,092 fr. de levure destinée à la distillerie et à la boulangerie; la Hollande lui en fournissait pour 4,832,383 fr., la France pour 2,898,062 fr., l'Angleterre pour 1,562,205 francs.

En 1898, cette importation était tombée à 1,294,402 francs dont 953,760 francs des Pays-Bas et 334,235 francs de la France.

Ce résultat est la conséquence de la réforme de 1896 qui permet à nos distillateurs de recueillir le levain et de fabriquer la levure.

La loi de 1896 a complètement transformé le régime fiscal appliqué à la distillerie. Le droit d'accise n'est plus prélevé sur la contenance des vaisseaux; il est pris sur les flegmes ou alcools produits. Il a été porté depuis de 64 francs à 100 francs par hectolitre à 50º de l'alcoomètre de Gay-Lussac à la température de 15º du thermomètre centigrade.

Malgré la perception du droit sur le rendement réel et l'élévation de la taxe de 64 à 100 francs, le législateur a néanmoins maintenu la modération d'impôt de 15 p. c. en faveur des distilleries dites agricoles qui cultivent pour leur propre compte, dans un rayon de 5 kilomètres de l'usine, des terres labourables dans la proportion de 10 hectares par chaque hectolitre d'eau-de-vie à 50º, avec un maximum de 400 litres, pris en charge par 24 heures.

Si le distillateur agricole produit de la levure destinée à la vente, la prise en charge ne peut dépasser 3 hectolitres par 24 heures.

Les distillateurs agricoles, dont l'usine était en activité dans le courant de 1894 ou de 1895, ont pu continuer la rectification des flegmes, mais dans ce cas la réduction du droit se limitait à 10 centimes; par contre, la proportion des terres labourables est réduite à 3 hectares par hectolitre d'eau-de-vie.

Les autres distillateurs agricoles ne peuvent produire que des flegmes (produits de premier jet); ils sont tenus de livrer en totalité et exclusivement à des rectificateurs ou à des distillateurs industriels, les flegmes qui ne seraient pas exportés ou dénaturés pour des usages industriels.

La loi de 1896 a créé une nouvelle catégorie de distilleries agricoles, celle des sociétés coopératives. Les cultivateurs seuls peuvent en faire partie. Le Gouvernement détermine les conditions que doivent remplir ces sociétés ainsi que les sociétaires.

D'après l'arrêté royal du 5 novembre 1896, les distilleries agricoles coopératives ayant au moins 15 membres peuvent fabriquer 1,200 litres alcool par 24 heures; elles obtiennent également une réduction de 15 p. c. sur l'impôt.

Le nombre de distilleries agricoles passa de 177 en 1896 à 194 en 1897.

Le 23 mars 1899, un nouvel arrêté royal fixait plus nettement les conditions exigées des sociétés coopératives voulant bénéficier de la modération de droit: le maximum de la prise en charge pour les usines de cette catégorie était abaissé à 6 hectolitres par période de 24 heures. Cependant, pour les sociétés dont les statuts primitifs avaient été publiés au *Moniteur* avant la circulaire ministérielle du 9 juillet 1898 annonçant une modification prochaine, le maximum restait fixé à 12 hectolitres; il était limité à 11 hectolitres pour les sociétés dont les statuts primitifs avaient été publiés au *Moniteur* ou soumis à l'Administration entre cette date et celle du 1er janvier 1899. Ces maxima doivent être abaissés graduellement de 1 hectolitre par an, à partir du 10 août 1900.

En 1891, la production de l'alcool a été de 588,185 hectolitres à 50°: en 1892, elle a été de 567,822 hectolitres; en 1893, de 581,370: en 1894, de 581,731. En 1895, en prévision de l'augmentation du droit, la quantité fabriquée atteint le chiffre officiel de 628,421 hectolitres. En 1896, on ne fait que 546,741 hectol., en 1897 on arrive de nouveau à 582,645 hectol., et en 1898 a 593,102 hectolitres.

Voici la statistique pour 1898 :

Importations	hectolitres
Mises en consommation	12,484
Distilleries industrielles	

Nombre 26.

Production	427,535
Distilleries agricoles	

Nombre 182.

Production	165,806
Production totale	593,341
Exportation.	23,951
Droits perçus . . . . fr.	49,438,596

La production, par province, en 1898, ressort comme suit :

	Nombre de distilleries actives.		Quantités de flegmes produits à 50 degrés.
Anvers	19	hectol.	167,760
Brabant	38	»	102,683
Flandre Occidentale . . .	21	»	37,742
Flandre Orientale	69	»	69,499
Hainaut	13	»	117,510
Liège	14	»	42,343
Limbourg	22	»	45,334
Luxembourg	—		—
Namur	12	»	10,231
	208		593,102

PH. RAEYMACKERS,
Anvers,
Délégué de la classe 61.

EXPOSANTS DE LA CLASSE 61

Sirops et liqueurs: spiritueux divers: alcools d'industrie

Cambier & Courtot. — Rue Saint-Joseph, Ostende.
Liqueurs.

Catteau-Brias, H. — Marché-au-Bois, 18, Bruxelles.
Liqueurs.

Claeys-Bartier, Edmond. — Fabrication de liqueurs. Bruges.
Liqueurs en bouteilles.

Compagnie coloniale et vinicole. — Denrées coloniales, vins
et spiritueux. — Rue Lavallée, 7, Molenbeek-Bruxelles.
Liqueurs.

Coumans-Daniels, G. — Distillateur.
Rue du Rêwe, 2, Liège.
Liqueurs diverses : Spécialités : bitter de Liège ; Elixir
La Liégeoise. Médaille d'or, Madrid 1890 ; Bordeaux 1895 ;
Diplôme d'honneur Anvers 1894.

Cuvelier, E.-J. — Rue de la Porte-Rouge, 5, Bruxelles.
Liqueurs.

De Beukelaer, F.-X. — Distillerie de liqueurs.
Avenue des Petits-Coqs, 142, Anvers.
Elixir d'Anvers, liqueur hygiénique surfine créée en 1869.
Hautes récompenses à 30 Expositions universelles.

Delhaize frères & Cie**. —** Fabrication de liqueurs.
Rue Osseghem, Bruxelles.
Produits de la distillerie de liqueurs fines de Bruxelles
(Ouest).

Delleur, L. — Distillerie.
Rue du Pont-d'Avroy, 41-43, Liège.
« Le Pouhon », élixir végétal.
Médaille de bronze à Amsterdam 1883 et à Anvers 1885 ;
médaille d'argent à Anvers 1894.

Distillerie Brabo (Société anonyme). — Rectification d'alcools
et genièvres. — Anvers.
Alcool et genièvre.

Distilleries Réunies (De Ridder, Armand). — Distillerie de
liqueurs. — Louvain.
Liqueurs.

Doudlet et Nelis. — Place Royale, Bruxelles.
Liqueurs.

D'Hanens-Nobels, H. — Saint-Nicolas (Waes).
Liqueurs.

Imbert, O. — Rue du Marché, 9, Bruxelles.
Liqueurs.

Lecrinier, Oscar. — Chaussée de Waterloo, 646, Bruxelles.
Liqueurs.

Marcette, Luc (F. et H. Marcette successeurs). — Distillerie.
Avenue du Marteau, 22, Spa.
Spécialités : Bitter de Spa ; liqueur de Spa jaune ; liqueur
de Spa verte.
Produits surfins : Elixir du Val de l'Amblève ; curaçao ;
anisette ; cassis ; kummel ; sirops.

Masquelier, E. (Successeur de A.-L. Boonekamp).
Distillerie. — Borgerhout-lez-Anvers.
Bouteilles : amer A.-E. Boonekamp.

Mertens. J.-F.-A. — Spiritueux, alcools, liqueurs. — Louvain.
Anisette, Curaçao, Bitters, Cassis.
Spécialité d'amer de Hollande.

Mertens. Emmanuel. — Longue rue Porte-aux-Vaches.
Anvers.
Liqueurs.

L. Mouson-Gerondal (J. Mouson successeur).
Vins, Spiritueux. — Place d'Armes, 25-27, Namur.
Elixir de Namur.

Nandrin, François. — Boulevard Frère-Orban, 28-29, Liège.
Liqueurs.

Nicolet frères. — Vins et spiritueux.
Verviers (Entrepôt central pour la Belgique, l'Allemagne et
la Hollande.
Cognacs et rhums.

Notermans. Jos. & Cⁱᵉ. — Distillateurs-rectificateurs, distillateurs-liquoristes. — Hasselt.
Alcool, genièvre, liqueurs.
Distinctions : Anvers 1885, médaille de bronze; Liverpool
1886; Le Havre 1887; Bruxelles 1888; Barcelone 1888 : médaille
d'or; Adelaïde 1887; 1ᵉʳ ordre de mérite, Paris 1889; deux
médailles argent, Anvers 1894; Bruxelles 1897, membre du
Jury.

Parys, J.. & fils. — Distillerie. — Malines.
Elixir africain.

Romdenne, Louis. — Distillateur liquoriste, vins et spiritueux. — Rue Van Eyck, 50, Bruxelles.
Liqueurs et spiritueux divers.

Schaltin-Pierry & Cⁱᵉ. Schaltin & Cⁱᵉ successeurs. — Distillateurs liquoristes. — Rue Hanster, 8, Spa.
Elixir de Spa, liqueur de table créée en 1858.

Simkens, Alphonse. — Chaussée de Turnhout, 120-122, Anvers.
Liqueurs.

Simon, A.-J., et fils. — Vins, bières, liqueurs, denrées coloniales. — Rue Fontainas, 26, Saint-Gilles-lez-Bruxelles.
Amer Malpas.

Schmidt, Emile. — Distillateur. — Rue Cornet-de-Grez,
Bruxelles.
Amer belge Schmidt.

Tiberghien-Delevoy. G. — Marché St-Jacques, 47², Anvers.
Liqueurs distillées. Sirops.
Exposition Amsterdam 1895 : Hors concours. Membre du
Jury.

Van Cutsem-Schepens. H. — Chaussée de Helmet, 211,
Bruxelles.
Liqueurs.

Vanden Bussche, F., firme Nihoul-Meugens, établie en 1838.— Distillerie de liqueurs. — Rue Haute, 21, Anvers.
Liqueurs diverses.
Expositions Universelles : Anvers 1894, Bordeaux 1895, Bruxelles 1897. Membre du Jury.

Vanden Hoff, E., et Cie. — Rue Bonne-Femme, 30, Liège.
Cognac mondial.

Maison J. Vandenperre. — Distillerie de liqueurs fines. — Rue Royale. 288, Bruxelles.
Amer « Extra Bitter ».

Vander Schrieck frères.—Rue Vander Schrieck, 43, Bruxelles.
Liqueurs fines.

Vervloet, Théodore. — Rue de Brabant, 18, Bruxelles.
Liqueurs.

Wodon. Gustave, fils. firme Wodon-Mesken. — Rue Féronstrée. 127, Liège.
Liqueurs.

CLASSE 62

BRASSERIE

La brasserie belge occupe dans l'industrie nationale une place des plus importante et des plus méritée. Elle contribue considérablement à la prospérité du pays et elle constitue un facteur puissant pour enrayer les effets néfastes de l'alcoolisme.

La production de bière pour 1899 est d'environ 14 millions d'hectolitres, soit un tiers de plus qu'en 1886. Le nombre des brasseries atteint actuellement 3,181. Cette situation prospère est due principalement au changement de la loi sur la brasserie: celle-ci a été appliquée depuis 1886 et elle consacre une plus grande liberté dans le travail, tout en sauvegardant les intérêts du Trésor. Elle a aussi permis d'apporter des perfectionnements considérables dans les installations et dans le système du travail.

L'exportation des bières s'est peu à peu développée, créant des débouchés nouveaux et ouvrant une voie nouvelle à l'activité de la brasserie belge.

Le tableau ci-après indique : d'abord, la progression qui s'est produite dans la brasserie depuis l'application de la nouvelle loi, qui perçoit l'impôt d'après la quantité de farine déclarée, ensuite la décroissance du nombre de brasseurs travaillant encore d'après le régime suranné de la loi de 1822, et enfin l'augmentation graduelle de la population.

Anciennement il n'y avait que deux procédés de fabrication, employés en Belgique, c'étaient :

1º Les bières de fermentation haute, qui sont le plus consommées;

Années	Travail sous le régime du chapitre II de la loi du 20 août 1885		Travail sous le régime du chapitre III de la loi du 20 août 1885		NOMBRE TOTAL DE BRASSERIES	QUANTITÉS APPROXIMATIVES DE bières produites	POPULATION DE LA BELGIQUE
	NOMBRE DE BRASSERIES	QUANTITÉS DE farines imposables	NOMBRE DE BRASSERIES	CONTENANCES IMPOSABLES DÉCLARÉES			
		Kilogrammes		Hectolitres		Hectolitres	
1886	1,938	108,458,845	697	703,792	2,635	9,460,801	5,909,975
1887	2,102	125,407,977	600	481,175	2,702	10,159,833	5,974,743
1888	2,255	130,483,468	504	346,637	2,759	10,165,582	6,030,043
1889	2,357	138,196,344	431	297,201	2,788	10,631,025	6,093,798
1890	2,433	141,315,072	373	243,842	2,806	10,770,658	6,069,321
1891	2,509	141,178,131	323	197,075	2,832	10,770,133	6,136,444
1892	2,564	144,994,363	276	165,847	2,840	10,927,135	6,195,355
1893	2,629	149,902,663	246	142,504	2,875	11,383,340	6,262,272
1894	2,680	153,344,790	211	126,907	2,891	11,550,989	6,341,958
1895	2,724	161,638,135	190	116,992	2,914	12,230,308	6,410,783
1896	2,804	169,534,764	173	105,171	2,977	12,777,621	6,495,886
1897	2,900	176,201,874	157	93,045	3,057	13,186,301	6,586,593
1898	2,992	183,200,353	149	80,612	3,141	13,705,842	6,669,732
1899	3,041	190,756,869	140	76,971,	3,181		

2° Les bières de fermentation spontanée, fabriquées spécialement à Bruxelles et dans les environs.

Depuis, de grandes et vastes usines se sont montées pour fabriquer les bières de fermentation basse, genre autrichien et allemand, qui soutiennent victorieusement la comparaison avec celles fabriquées à l'étranger.

Il se fabrique aussi des bières fortes, genre anglais, ale et stout, qui sont très appréciées.

Nous croyons utile de donner le tableau indiquant le nombre des brasseurs belges qui ont participé aux différentes Expositions internationales depuis 1867, il prouvera la vitalité de leur industrie, en même temps que leur esprit d'union et de solidarité :

1867, Exposition Univers^{le} de Paris	. .	9	brasseries belges
1873, — — de Vienne	.	8	— —
1878, — — de Paris	. .	15	— —
1885, — — d'Anvers	. .	145	— —
1888, — — de Bruxelles.		152	— —
1889, — — de Paris	. .	97	— —
1894, — — d'Anvers	. .	314	— —
1897, — — de Bruxelles.		456	— —

Il existe en Belgique une Association générale de Brasseur qui a son siège à Bruxelles. Elle constitue la fédération de toutes les autres Sociétés de brasseurs. Ces dernières sont :

Association des Brasseurs de la province d'Anvers ;
Société des Brasseurs de l'arrondissement de Bruxelles :
Société des Brasseurs pour l'enseignement professionnel à Gand ;

Association des Brasseurs de la Flandre Occidentale ;
Association des Brasseurs du Hainaut ;
Association des Brasseurs de la province de Liège ;
Association des Brasseurs de la province de Namur ;
Association des Brasseurs du Luxembourg ;
Association des Brasseurs du Limbourg ;
Cercle des Brasseurs de l'arrondissement de Charleroi ;
Cercle des Brasseurs du Centre ;
Société des Brasseurs de l'arrondissement de Tournai ;
Société des anciens élèves de l'École de brasserie, annexée à l'Université de Louvain ;
Société des anciens élèves de l'Institut supérieur de brasserie de Gand ;

Ces différentes Sociétés réunissent leurs membres en des réunions périodiques, dans lesquelles elles s'occupent des moyens d'améliorer la situation matérielle des brasseurs et elles organisent des conférences sur des sujets scientifiques, leur permettant d'apporter des progrès dans leur fabrication.

Toutes les années au mois de juillet, à tour de rôle dans chaque chef-lieu de province, ont lieu de grandes assises brassicoles, organisées sous les auspices de l'Association générale.

Dérogeant à cette règle, en 1900, le Congrès aura lieu à Paris à l'occasion de l'Exposition Universelle, réunissant sous une même bannière les brasseurs français et belges.

La Belgique compte divers établissements d'instruction brassicole, qui sont très réputés et qui ont une population nombreuse d'élèves indigènes et étrangers :

L'Institut supérieur de brasserie de Gand ;
L'École supérieure de brasserie, annexée à l'Université de Louvain ;
L'École technique de brasserie, annexée à l'Institut Saint-Liévin, à Gand ;
L'École de brasserie, annexée au Collège de La Louvière.

Différents journaux de brasserie sont édités en Belgique, dont les plus importants sont :

Le Petit Journal du Brasseur ;
Le Moniteur de la Brasserie.

Ces publications paraissent périodiquement et sont rédigées avec une grande autorité. Elles constituent pour les brasseurs, retenus par leurs travaux forcément éloignés des écoles de la brasserie, un enseignement sérieux et inappréciable.

B. BAUTERS, A. DE BOECK,
Délégués de la classe 62.

Suite de la statistique des exportations d'amidon
(commerce spécial) (voir page 233) :

en 1893 . . . . 6,507,462 kilos
en 1894 . . . . 7,176,652 »
en 1895 . . . . 8,131,054 »
en 1896 . . . . 8,790,226 »
en 1897 . . . . 9,080,995 »
en 1898 . . . . 10,639,141 »

EXPOSANTS DE LA CLASSE 62

Boissons diverses

Aerts, Joseph. — Rue des Deux-Tours, 53, Bruxelles.
Bières de fermentation spontanée.

Adriaensens, Ch. — Malines.
Bières de fermentation haute.

Ansar, Edouard. — Quaregnon.
Bières de fermentation haute.

Arckens et Malherbe. — Tongres.
Bières de fermentation haute.

Barbier-Friart, Ve A. — Rœulx.
Bières de fermentation haute.

Baudour, Georges. — Baudour.
Bières de fermentation haute.

Bataille, Alph. — Moustier-lez-Frasnes.
Bières de fermentation haute.

Bauchau & Cie. — Brasserie de la Vignette. — Louvain.
Bières de fermentation haute.

Bauters, Benoni. — Rue de Bruxelles, 35-37, Gand.
Bières spéciales, triple, double et de ménage.

Beaucarne-Declercq. Jean. — Fossé-Courbe, 8, Gand.
Bières de fermentation haute.

Bellis-De Mol. — Chaussée de Gand, 220, Molenbeek-Bruxelles.
Bières de fermentation spontanée : lambic.

Belot frères. — Purnode.
Bières de fermentation haute.

Berg, Henri. — Rue du Gouvernement-Provisoire, 29, Bruxelles.
Bières de fermentation spontanée.

Bertrand, Arthur. — Rue du Val-Benoit, 9, Liège.
Bières de fermentation haute.

Beumier, V^e. — Jemappes.
Bières de fermentation haute.

Biernaux, Joseph. - Jumet.
Bières de fermentation haute.

Binard, J.-V. - Châtelineau.
Bières de fermentation haute.

Blariaux, Albert. Soire s Sambre.
Bières de fermentation haute.

Bloch, Adolphe. Rue Antoine-Dansaert, 13, Bruxelles.
Bières.

Bontemps, J.-B. Rue de la Violette, 24, Bruxelles.
Bières de fermentation spontanée : lambic.

Borremans-Van Campenhout. Brasserie de l'Abbaye.
Forest-lez-Bruxelles.
Bières de fermentations basse et haute.

Boterbergh, R. Boulevard de la Senne, 40, Bruxelles.
B ères le fermentation haute.

Boterbergh-Spruyt, Léon. — Alost.
Bières de fermentation haute.

Botson, Nestor, fils. — Jodoigne.
Bières de fermentation haute.

Boucher, Auguste. -- Thorembaix-les-Béguines.
Bières de fermentation haute.

Boulanger. -- Salm Château, près Vielsam (Luxembourg).
Bières de fermentation haute.

Braet, Th. - Nevele.
Bières de fermentation haute.

Brasseries Artois. — Louvain.
Bières à fermentation basse.
Hors concours, Membre du Jury : Bruxelles 1897. Grand-
prix : Anvers 1894. Médaille d'or : Anvers 1885.

Brasserie de Helmet. Directeur : Leemans. - Chaussée de
Haecht, 455, Schaerbeek-Bruxelles.
Bières de fermentation haute

Brasserie de la Chasse Royale. Directeur Vanderschueren.—
Auderghem Bruxelles).
Bières de fermentation basse.

Brasserie royale de Laeken. - Rue Herry, 85, Laeken.
Bières de fermentation spontanée.

Brasserie et Vinaigrerie de Lembecq-lez-Hal
Lembecq-lez-Hal.
Bières de fermentation haute.

Brogniez. — La Louvière.
Bières de fermentation haute.

Brouette-Duchateau, Ch. — Pommerœul.
Bières de fermentation haute.

Brulé-Dufossez. — Brasseur. — Nivelles.
Bières de fermentation haute.

Bruyns, D. — Chaussée de Neerstalle, 201, Uccle.
Bières de fermentation spontanée.

Bulckens, Léon. — Nivelles.
Bières de fermentation haute.

Callebaut frères. — Wieze-lez-Termonde.
Bières de fermentation haute.

Callebaut frères. — Alost.
Bières de fermentation haute.

Carbonnelle-Théry, Gustave. — Tournai.
Bières de fermentation haute.

Carlier, Adolphe, & Cie. — Rue de la Grande-Ile, 45, **Bruxelles**
Bières de fermentation spontanée.

Carlier, François et Auguste. — Frameries.
Bières de fermentation haute.

Carlier-Lechien, Jules. — Fayt-lez-Manage.
Bières de fermentation haute.

Castin frères et Durvaux. — Ransart.
Bières de fermentation haute.

Caulier frères. — Rue Herry, Laeken.
Bières de fermentations basse et haute.
Diplôme d'honneur : Anvers 1884; Médaille d'or : Anvers
1885.

Chevalier, Alfred. — Saint-Ghislain.
Bières de fermentation haute.

Christiaens-Desnick. — Couckelaere.
Bières de fermentation haute.

Christiaens-Van Roost, J. — Tongres.
Bières de fermentation haute.

Claes-Vanderhaeghen. — Rue du Chantier, 3, Gand.
Bières de fermentation haute.

Coenen, Joseph. — Torleenen-sous-Rummen.
Bières de fermentation haute.

Comyn, P. — Zonnebeke-lez-Ypres.
Bières de fermentation haute.

Coosemans, J. — Boulevard Barthélemy, 36, **Bruxelles**.
Bières de fermentation spontanée.

Corbeau, Alexandre. — Haine-Saint-Paul.
Bières de fermentation haute.

Couvreur & Cie. — Brasserie de Croix-Rouge, Wegnez, par Verviers.
Bières de fermentation basse.

Crétens-Maeck. Rue Sterkx, 9-11, Saint-Gilles-Bruxelles.
Bières de fermentation spontanée : lambic.

Crokaert, Ed. Rue des Fabriques, 17, Bruxelles.
Bières de fermentation spontanée : lambic.

Cuyckens, Constant. Lachenen (Lierre).
Bières de fermentation haute.

Cuykens-Swenden, Ed. Terhaegen (Boom).
Bières de fermentation haute.

Damiens. Rue Vautier 55, Ixelles.
Bières de fermentations basse et spontanée.

Daubresse-Steurs, Georges. — Wasmes (Mons).
Bières de fermentation haute.

De Beerst-Verbrigghe, Edm. — Oostduinkerke-lez-Nieuport.
Bières de fermentation haute.

De Boeck, André. — Bruxelles.
Bières.

De Boeck frères. — Rue Vanhoegaerden et rue François-Del coigne, Koekelberg.
Bières de fermentation spontanée : lambic.

De Bois, Léopold. — Furnes.
Bières de fermentation haute.

Debove, Charles. — Elouges Mons.
Bières de fermentation haute.

Decamps, Léonce. Carnières.
Bières de fermentation haute.

De Clercq, René. Rue des Moulins, 57, Alost.
Bières de fermentation haute.

De Corte frères. — Rue Godecharles, 2, Ixelles.
Bières de fermentation haute.

De Coster, Jules. Avenue de la Couronne, 21, Ixelles.
Bières de fermentation spontanée.

De Coster-Heymans, Ferdinand. — Rue de France, 7-8, Saint-Gilles-Bruxelles.
Bières de fermentation spontanée : lambic.

De Coster, L. & E. — Rue des Fabriques, 24-26, Bruxelles.
Bières de fermentation spontanée : lambic.

Decoux père. — Châtelet.
Bières de fermentation haute.

De Croës, Jules. — Enghien.
Bières de fermentation haute.

De Genst, Jean. — Rue Haute, Bruxelles.
Bières de fermentation spontanée.

De Groof. — Wilryck.
Bières de fermentation haute.

Dehaye-Tilmant, Firmin. — Gouy-lez-Piéton
Bières de fermentation haute.

Dehon, Henri. Pâturages.
Bières de fermentation haute.

D'Hoedt-Cauwe, J. — Bruges.
Bières de fermentation haute.

De Keersmaecker. F.-A. — Londerzeel.
Bières.

De Keersmaecker-Augustyns. J.-J, — Wolverthem.
Bières de fermentation haute.

De Koster-Hallemans; P. — Rue du Cheval-Noir, 17, Molbeek-Bruxelles.
Bières de fermentation spontanée : lambic.

Delbruyère, Jules. — Châtelet.
Bières de fermentation haute : stout, pale-ale.

Delelienne. Charles. Masnuy-Saint-Pierre.
Bières de fermentation haute.

De Lescluze, Oscar. — Rue Terlinck, 10, Berchem (Anvei
Bières de fermentation haute.

Delvaux, Adolphe. — Rue des Palais, 403, Lacken.
Bières de fermentation haute.

Delvaux-Philippi, Edouard. — Velthem-Beyssem.
Bières de fermentation haute.

Demany, Nestor Ath.
Bières de fermentation haute.

De Meulemeester-Verstraete. Léon. — Bruges.
Bières de fermentation basse.

Demol. Alph. — Ghoij près Lessines.
Bières de fermentation haute.

Depage. Arthur. — Overyssche.
Bières de fermentation haute.

De Plasse. Eugène. Menin.
Bières de fermentation haute.

Depoortere. A. — Jemappes près Mons.
Bières de fermentation haute.

de Potesta. Edouard (Baron). — Brasserie de la Soye par
Géronville.
Bières.

De Preter. Constant. — Rue Potgieter, 11, Anvers.
Bières de fermentation haute.

De Preter. Joseph. — Putte (Malines).
Bières de fermentation haute.

De Rauw-Carlier. Victor. — Frameries.
Bières de fermentation haute.

De Ruytter et Orval. Em. — Rue Rogier, 303, Bruxelles.
Bières de fermentation spontanée.

de Sadeleer, Joseph. — Erembodeghem.
Bières de fermentation haute.

De Smedt-Blondiau. — Alost.
Bières de fermentation haute.

De Smeth. Georges. — Saint-Symphorien-lez-Mons.
Bières de fermentation haute.

De Stordeur, Albert, fils. — Tubize.
Bières de fermentation haute.

De Vleminck. Constant. — Rue Tazinux, 41, Molenbeek.
Bières de fermentation spontanee.

De Vleminck. François. — Chaussée d'Anvers, 101, Bruxelles.
Bières de fermentation spontanée : lambic.

De Wael. A. — Rue de Bruxelles, Termonde.
Bières de fermentation haute.

Dewael. Victor. — Tourneppe.
Bières de fermentation spontanée : lambic

De Witte. Hilaire. — Tournai.
Bières de fermentation haute.

De Wolfs-Philippe. — Rue Middelbourg, 42, Boitsfort.
Bières de fermentation spontanée.

De Wolf-Vande Velde. — Haesdonck.
Bières de fermentation haute.

Dineur-Vande Keere. Louis. — Chaussée d'Anvers, 142,
Bruxelles.
Bières de fermentation spontanée.

Druard. Edouard. — Dour (Mons).
Bières de fermentation haute.

Du Bois, Armand. — Lebbeke-lez-Termonde.
Bières de fermentation haute.

Dubois-Delvaux. — Seraing.
Bières de fermentation haute.

Duchêne, Ferdinand. — Grand-Leez.
Bières de fermentation haute.

Dumortier-Devos. — Chaussée d'Anvers, 110, Bruxelles.
Bières de fermentation basse.

Dupont-Gisbert. — Waremme.
Bières de fermentation haute.

Du Pont, Polydore. — Rue des Epingles. 13. Gand.
Bières de fermentation haute.

Dupriez, Louis. — Angre.
Bières de fermentation haute.

Duvivier, A.-C. — Courtrai.
Bières de fermentation haute.

Ecole supérieure de brasserie de l'Université de Louvain
Rue des Récollets, 35, Louvain.
Bières fabriquées suivant divers procédés dans la brasse
expérimentale par les élèves.

Février, Léon. — Sombreffe.
Bières de fermentation haute.

Feys-Vandevelde, P. — Rousbrugge.
Bières de fermentation haute.

Flamme, Léon. — Stambruges.
Bières de fermentation haute.

Foucart, Arthur. — Saint-Trond.
Bières de fermentation haute.

Gabriels, Constant. — Quai du Grand-Marais, Gand.
Bières de fermentation haute.

Gahide, Ed., et Cie. — Wiers-lez-Tournai.
Bières de fermentation haute.

Gallez, Arthur, et Cie. — Dour (Hainaut).
Bières de fermentation haute.

Geñens et Catule. — Bruges.
Bières de fermentation haute.

Gevers, Paul. — Marché-aux-Œufs, 7, Anvers.
Bières de fermentation haute.

Gobert, Ernest. — Pâturages.
Bières de fermentation haute.

Godisiabois-Janssens. — Lessines.
Bières de fermentation haute.

Goethals-Mertens, E. — Meulebeke.
Bières de fermentation haute.

Goffin, E. — Rue de Malines, 26, Bruxelles.
Bières de fermentation spontanée.

Goossens, Félix. — Assche.
Bières de fermentation haute.

Gosselin, Emile. — Stambruges.
Bières de fermentation haute.

Grande Brasserie de Koekelberg (Société anonyme). Directeur Edelman, M. — Koekelberg-lez-Bruxelles.
Bières de fermentation basse.
Membre du Jury : Bruxelles 1897. Médaille d'or : Paris 1889. Bruxelles 1888.

Grard, Léon. — Solre-sur-Sambre.
Bières de fermentation haute.

Grard, Maurice. — Jemappes.
Bières de fermentation haute.

Grosfils. Pierre. — Rue des Plantes, 2, Bruxelles.
Bières de fermentation basse.

Hannecart, A. — Souvret.
Bières de fermentation haute.

Hanoteau, Achille. — Frasnes-Gosselies.
Bières de fermentation haute.

Hap, Pierre. — Chaussée de Louvain, 144, Bruxelles.
Bières de fermentation spontanée : lambic.

Hauwaerts, Aug. — Boulevard Jamar, 19, St-Gilles-Bruxelles.
Bières de fermentation spontanée.

Hauwaerts frères. — Rue des Tanneurs. 41, Bruxelles.
Bières de fermentation spontanée.

Havaux-Bonte, Henri. — Braine-le-Comte.
Bières de fermentation haute.

Heiden-Heimer & Cie. — Rue Auguste-Orts, 7, Bruxelles.
Bières de fermentation spontanée.

Herbos frères. — Rue N.-D.-du-Sommeil, 73-75-77, Bruxelles.
Bières de fermentation spontanée.

Herinckx frères. — Brasserie de la Couronne. Uccle.
Bières de fermentation spontanée : lambic.

Herinckx, Félix. — Rue de la Sacristie. 14, Molenbeek.
Bières de fermentation spontanée.

Herinckx. Guillaume. — Rue des ₁Riches-Claires, 24*bi*
Bruxelles.
Bières de fermentation spontanée.

Herinckx, Henri. — Rue de la Grande-Ile, 27, Bruxelles.
Bières de fermentation spontanée.

Herinckx-Duchesne, J. — Rue de l'Épargne, 13, Bruxelles.
Bières de fermentation spontanée : lambic.

. **Hermans frères.** — Canal des Brasseurs, 29, Anvers.
Bières de fermentation haute.

Heughebaert-Trion. — Rue de la Bouche, 22, Ypres.
Bières de fermentation haute.

Heyndrickx. Théophile. — Lodelinsart.
Bières de fermentation haute.

Horlait, Auguste. — Ligne (Ath).
Bières de fermentation haute.

Horlait, Gaston. — Tournai.
Bières de fermentation haute.

Horlait, Grégoire. — Moustier-s/Sambre.
Bières de fermentation haute.

Hoyoux. Georges. — Nalines (Haies).
Bières de fermentation haute.

Huskin, Xavier. — Ossogne-Havelange.
Bières de fermentation haute.

Huybrechts, Gustave. — Boom.
Bières de fermentation haute.

Institut supérieur de brasserie de Gand. — Rue de Bruges,
Enseignement théorique et pratique de brasserie et
distillerie.

Jacobs-Herinckx. — Chaussée de Forest, 102, Saint-Gill
Bruxelles.
Bières de fermentation spontanée : lambic.

Jadin, Alfred. — Damtremy.
Bières de fermentation haute.

Jardin, A., & Barbier, V. — Tamines.
Bières de fermentation haute.

Jeghers frères et sœur. — Rue de Robermont, 4, Liège.
Bières de fermentation haute.

Jenart, Jean-Joseph. — Quaregnon.
Bières de fermentation haute.

Jespers-Boon. — Brasserie du Parc-Royal. — Tervueren
Bières de fermentation haute.

Ioncheere. — Rue de Lille. 31, Ypres.
Bières de fermentation haute.

Kaeckenbeeck, Albert. — Rue d'Anderlecht, 19, Bruxelles.
Bières de fermentation spontanée.

Kaesmacker. — Boulevard Piercot, 6, Liège.
Bières de fermentation haute.

Ketelbant, Léopold. — Rue des Fabriques, Bruxelles.
Bières de fermentation spontanée : lambic.
Anvers 1894, méd. de bronze. Bruxelles 1897, méd. d'argent.

Lambert, J. — Rue de la Halle, Liège.
Bières de fermentation haute.

Lamot. Charles. — Rue des Pierres, Malines.
Bières de fermentation haute.

Lamot, Frits. — Petit-Willebroeck.
Bières de fermentation haute.

Lamot. Gaston et Léon. — Malines.
Bières de fermentationthaute.

Lamot-Lannoy, C. — Marcinelle (Charleroi .
Bières de fermentation haute.

Lamot, Léon. — Willebroeck.
Bières de fermentation haute.

Lamot-Vanden Bril. — Boom.
Bières de fermentation haute.

Lannoy, Henri. — Marcinelle.
Bières de fermentation haute.

Lannoy. Jean. — Ixelles.
Bières de fermentation haute.

Lannoy-Dupont, Adolphe. — Menin.
Bières de fermentation haute.

Lassois, Edmond. — Wasmes.
Bières de fermentation haute.

Laurent, Gustave. — Morlanwelz.
Bières de fermentaton haute.

Laurent, Jules. — Dinant.
Bières de fermentation haute.

Leblux, Alexandre. — Brugelette.
Bières de fermentation haute.

Leblux. Octave. — Silly.
Bières de fermentation haute.

Lebrun. Bruno. — Nimy près Mons.
Bières de fermentation haute.

Lebrun, Joseph. — Etalle.
Bières de fermentation haute.

Lechien-Carnière, Victor. — Fontaine-l'Evêque.
Bières de fermentation haute.

Leclercq, Hyacinthe. — Alost.
Bières de fermentation haute.

Leclercq et Verhulst. — Cour du Prince, 54, Gand.
Bières de fermentation haute.

Lecrinier, Chrysostôme. — Houdeng-Goegnies.
Bières de fermentation haute.

Lermusiaux, Augustin. — Jemappes.
Bières de fermentation haute.

Lheureux, Arthur. — Pâturages.
Bières de fermentation haute.

Lheureux, Hector. — Pâturages.
Bières de fermentation haute.

Lourtie, Fernand. — Rue Vivegnies, Liège.
Bières de fermentation haute.

Lust, Emile.   Courtrai.
Bières de fermentation haute : pale-ale, stout.

Maes, Arthur.— Boom.
Bières de fermentation haute.

Maes frères. — Rue d'Anderlecht, 59, Bruxelles.
Bières de fermentation spontanée.

Maes, Henri. — Boom.
Bières de fermentation haute.

Magnée, J.-J. — Verviers.
Bières de ermentation haute.

Marchot, Alfred. — Saint-Hubert.
Bières de fermentation haute.

Marinx, Charles-W.   Rue Digue-de-Brabant, 60,
Bières de fermentation haute.

Masson, L. — Rue Jolly, 165, Bruxelles.
Bières de fermentation haute.

Masureel, Amand. — Châtelet.
Bières de fermentation haute.

Mawet, V^e, & Cie. — Rue de Joie 9, Liège.
Bières de fermentation haute.

Meeussen, E.-B. Administrateur : Meeus-Funck
Rue des Brasseurs, 11a, Anvers.
Bières de fermentation haute.

Mertens. Alph., & Cie. — Rue du Canal, 60, Louvain.
Bières de fermentation haute.

Mertens, Erix. — Cruybeke.
Bières de fermentation haute.

Mertens, Georges. Rue du Lombard, Louvain.
Bières de fermentation haute.

Meurice, Victor. Saint-Trond.
Bières de fermentation haute.

Meurisse-Materne, P — Hyon-Ciply, près Mons.
Bières de fermentation haute.

Meynsbrughen, Adelin. — Silly-lez-Enghien.
Bières de fermentation haute.

Misonne, Aug. Lodelinsart.
Bières le fermentation haute.

Moch. Arthur. Rue Antoine-Dansaert, 13, Bruxelles.
Bières de fermentation haute.

Moenaert. — Termonde.
Bières de fermentation haute.

Mostaert, Julien. — Rousbrugge-Haringhe.
Bières de fermentation haute.

Mottard frères & sœur. — Liège.
Bières de fermentation haute.

Mottin. Jean. — Hannut.
Bières de fermentation haute.

Moulaert, Arthur. — Rue Longue, 19, Bruges.
Bières de fermentation haute.

Moussoux, Albert. — Rue de la Fontaine, 31, Liège.
Bières de fermentation haute.

Notté-Mollet, Philippe. — Lessines.
Bières de fermentation haute.

Ortmans, J.-B., & fils. — Rue Hors-Château, 106, Liège.
Bières de fermentation haute.

Parent-Derbaix. — Marchienne.
Bières de fermentation haute.

Patte frères. — Dour.
Bières de fermentation haute.

Paternoster, Ernest. — Horrues.
Bières de fermentation haute.

Paternotte, G. — Morlanwelz-Mariemont.
Bières de fermentation haute.

Paternotte, Jules, et fils. — Binche.
Bières de fermentation haute.

Payon, Alexis. — Fayt-les-Veneurs.
Bières de fermentation haute.

Pécher, T., et Th. — Boussu.
Bières de fermentation haute.

Peene-Pauwels, Vve, et fils. — Elverdinghe-lez-Poperinghe.
Bières de fermentation haute.

Pétre-Devos, Auguste. — Rue de la Montagne, Audenarde.
Bières de fermentation haute.

Pétre-Nerinckx, Vve. — Chaussée de Mons, 736, Hal et
Anderlecht.
Bières de fermentations spontanée et basse.

Piedbœuf, Théodore. — Jupille.
Bières de fermentation haute.

Pierman, Léonce. — Lens (Mons).
Bières de fermentation haute.

Pierrard, Florentin. — Mellier.
Bières de fermentation haute.

Piron, Ch., Vve, et Piron, Marie. — Ghlin près Mons.
Bières de fermentation haute.

Plaisant-Schoukens. -- Rue Notre-Dame-du-Sommeil. 9-17.
Bruxelles.
Bières de fermentation spontanée : lambic.

Ponette-Carpentier. — Boulevard de l'Entrepôt. Bruxelles.
Bières de fermentation haute.

Pottier, Achille. — Boulevard de l'Industrie. 85. Mons.
Bières de fermentation haute.

Prévôt-Friard. — Blaregnies.
Bières de fermentation haute.

Putsage. — Houdeng-Aimeries.
Bières de fermentation haute.

Quiquampois. — La Glanerie-lez-Tournai.
Bières de fermentation haute.

Renard, Clovis. -- Herchies.
Bières de fermentation haute.

Riche-Halbrecq. — Hautes-Wihéries-Erquelinnes.
Bières de fermentation haute.

Robert, Alfred. — Rue de France, 19, Bruxelles.
Bières de fermentation haute.

Robette, Eugène. — Faubourg de Havré, Mons.
Bières de fermentation haute.

Robette-Leroy, Albert. — Boussu.
Bières de fermentation haute.

Rodenbach-Mergaert, Ed. — Roulers.
Bières de fermentation haute.

Roelandts, Pierre. — Brasserie Saint-Laurent.
Velthem-Byssem.
Bières de fermentation haute.

Rousseau, Henri. — Elouges.
Bières de fermentation haute.

Royer, F. & G., frères. — Gulleghem-lez-Courtrai.
Bières de fermentation haute.

Rypens, Camille. — Boom.
Bières de fermentation haute.

Rypens, E. — Rue Léopold, Boom.
Bières de fermentation haute.

Rypens, Jules. — Boom.
Bières de fermentation haute.

Sambrée, L., & Boucher, A. — Thorembaix (Perwez-B¹).
Bières de fermentation haute.

Saverys, Maurice. — Rue d'Assaut, Gand.
Bières de fermentation haute.

Schaverbeke, Charles. — Bruges.
Bières de fermentation haute.

Scheys-van Hamme. — Jodoigne.
Bières de fermentation haute.

Schoesetters. — Schelle-lez-Hemixem.
Bières de fermentation haute.

Seghers, Florimond. — Tamise.
Bières de fermentation haute.

Sepulchre, Charles. — Rue du Val-Benoit, 29, Liège.
Bières de fermentation haute.

Servaes, L. — Rue de Rotterdam, 74, Anvers.
Bières de fermentation haute.

Sméraldy frères. — Rue des Six-Jetons, 10, Bruxelles.
Bières de fermentation spontanée.

Smet, Joseph. — Tamise.
Bières de fermentation haute,

Spreux, Pierre. — Tournai.
Bières de fermentation haute.

Société anonyme « Antwerp Tivoli Brewery ». — Anvers.
Bières de fermentation basse.

Société anonyme Brasserie & Malterie Belliard.
Rue Belliard, 78-80, Bruxelles.
Bières de fermentation spontanée.

Société anonyme « Brasserie du Phénix belge ».
Rue Ullens, 16, Bruxelles.
Bières de fermentation basse.

Société anonyme « Brasserie de la Sambre » (directe
Beguin). — Marchienne-au-Pont.
Bières de fermentation haute.

Société anonyme « Brasserie du.Bavery » (administrateu
gérant E. Baudelet). — Couillet.
Bières de fermentation haute.

Stas & enfants. — Rupelmonde.
Bières de fermentation haute.

Steurs, Edmond. — Givry.
Bières de fermentation haute.

Struyf & Coppens. — Anvers.
Bières de fermentation haute.

Tack & Cie. — Courtrai.
Bières de fermentation haute.

Tellier, Louis. — Elouges.
Bières de fermentation haute.

Terlinck-Cortier, J. — Houthem-lez-Furnes.
Bières de fermentation haute.

Theunissen, Edmond. — Linkebeeck.
Bières de fermentation haute.

Theunissen, Frantz. — Linkebeeck.
Bières de fermentation haute.

Theys-Delville. — Waterloo.
Bières de fermentation haute.

Van Bergen, H., et Tielemans. — Aerschot.
Bières de fermentation haute.

Van Calck-Vandendriesch. — Berchem-Ste-Agathe (Bruxell<
Bières de fermentation spontanée : lambic.

Van Canneyt et Verburgh. — Roulers.
Bières de fermentation haute.

Van Cappellen, Jules. — Merchtem (Brabant).
Bières de fermentation haute.

Van Coningslooi, Hypolite. — Schelle.
Bières de fermentation haute.

Vanden Abeele, — Rue Berckmans, 108, Bruxelles.
Bières de fermentation spontanée : lambic.

Vanden Bergh et Cie. — Anvers.
Bières de fermentation haute.

Vanden Bussche, Cyrille. — Ardoye (Flandre Occidentale).
Bières de fermentation haute.

Vanden Heuvel et Cie. — Rue de la Senne, 9, Bruxelles.
Bières de fermentation basse.

Vanden Hove, Louis Saint-Trond.
Bières de fermentation haute.

Vanden Hulle, L. Rue de Bruges, 41, Gand.
Bières de fermentation haute.

Vandenperre, Emile. — Rue d'Italie, 18, Bruxelles.
Bières de fermentation spontanée.

Vanden Schrieck, Vve, et fils. — Tirlemont.
Bières de fermentation haute.

Vander Aa, A. Boulevard Jamar, 25, St-Gilles-Bruxelles.
Bières de fermentation spontanée : lambic.

Vander Borght frères. — Rue d'Anderlecht, 120, Bruxelles.
Bières de fermentation spontanée : lambic.

Vander Elst, F. et J., et Bruyns, D. — « Brasserie du Merlo »,
Uccle-Bruxelles.
Bières de fermentation spontanée.

Vander Harten, H. — Hasselt.
Bières de fermentation haute.

Vander Kelen, Louis. — Jemappes.
Bières de fermentation haute.

Vander Linden-Dagenst. — Uccle-Calevoet (Bruxelles).
Bières de fermentation spontanée : lambic.

Vander Molen et Cie. — Malines.
Bières de fermentation haute.

Vander Molen, Oscar. — Rue de la Violette, 65, Anvers.
Bières de fermentation haute.

Vander Schueren frères. — Alost.
Bières de fermentation haute. Uytzet.

Vanderstraete-Mathys, G. — Furnes.
Bières de fermentation haute.

Vande Voorde-Gillebert, Florimond. — Ypres.
Bières de fermentation haute.

Vandewyngaert, Jos. — Lierre.
Bières de fermentation haute.

Van Diepenbeeck. — Rue de Beffer, 23, Malines.
Bières de fermentation basse.

Van Dionant, Georges. — Saint-Nicolas-Waes.
Bières de fermentation haute.

Van Eecke, Paul. — Wervicq.
Bières de fermentation haute.

Vanginderachter, Louis. — Assche.
Bières de fermentation haute.

Van Haelen, Guillaume. — Boulevard Barthélemy, Bruxelles.
Bières de fermentation spontanée.

Van Hoomissen. — Eykevliet-Hingen.
Bières de fermentation haute.

Van Hoorebeke, Edmond. — Chaussée de Bruxelles,
Ledeberg (Gand).
Bières de fermentation haute.

Van Keerbergen-Aerts, Henri. — Boulevard du Midi, 3-4,
Bruxelles.
Bières de fermentation spontanée : lambic.

Van Keerbergen, Victor.—Rue de la Buanderie, 11, Bruxelles.
Bières de fermentation spontanée : lambic.

Van Leeuwen, Hubert. — Boulevard Jamar, 25, Bruxelles.
Bières de fermentation haute.

Vanlier, Charles. — Rue de Bruxelles, 80, Hal.
Bières de fermentation haute.

Van Loo, Arthur. — Rue de la Cloche, Anvers.
Bières de fermentation haute.

Van Meerbeeck, Ch. — Thisselt (Malines).
Bières de fermentation haute.

Vanneste-Sabot, A. — Rue Pré-aux-Moulins, Bruges.
Bières de fermentation haute.

Van Reeth, Casimir. — Boom.
Bières de fermentation haute.

Van Roost, Félix. — Werchter.
Bières de fermentation haute dite : Jack-op.

Van Varenberg, Léonce. — Rue de la Station, 6, Alost.
Bières de fermentation haute.

Van Velsen frères. — Bornhem.
Bières de fermentation haute.

Vennens-Vanhove. — Steendorp (Rupelmonde).
Bières de fermentation haute.

Verdickt, Charles. — Avenue Brugman, 60, Bruxelles.
Bières de fermentation spontanée.

Ver Elst, Jean-François. — Rue des Quatre-Vents, 11.
Molenbeek (Bruxelles).
Bières de fermentation spontanée : lambic.

Ver Elst-Van Hoomissen François. — Boulevard Barthélemy,
11a, Bruxelles.
Bières de fermentation spontanée : lambic.

Verhées, François. — Grand'Place, Thuin-sur-Sambre.
Bières de fermentation haute.

Veriter-Boublez. — Saint-Léger (Arlon).
Bières de fermentation haute.

Vermeulen et sœur. — Ypres.
Bières de fermentation haute.

Verschueren, Gustave. — Rue de Deurne, Anvers.
Bières de fermentation haute.

Verstraete-Houtsaeger, Henri. — Ramscappelle-lez-Nieuport.
Bières de fermentation haute.

Vinchent, Archimède. — Frameries.
Bières de fermentation haute.

Vliebergh, Louis. — Chaussée de Ninove, Bruxelles.
Bières de fermentation spontanée : lambic.

Vuylsteke-Vercruysse, Léon. — Rue de Lille, 84, Menin.
Bières de fermentation haute.

Wielemans-Ceuppens. — Brasseurs.
Forest (Bruxelles-Midi).
Bières de fermentation basse.
Grand-prix, Bruxelles 1897; Paris 1889; diplôme d'honneur
Bruxelles 1888.

Willemart, Edouard. — Lens (Hainaut).
Bières.

Wilmart, Nestor. — Morialmé.
Bières de fermentation haute.

Wilquin, Émile, & Cie. — Wasmes (Mons).
Bières de fermentation haute.

Wodon-Derenne, Franz. — Rue des Brasseurs, 55, Namur.
Bières de fermentation haute.

Wuytack, Philémon. — Hamme-s/Durme.
Bières de fermentation haute.

GROUPE XI

INDUSTRIES EXTRACTIVES — PRODUITS BRUTS
ET OUVRÉS

Produits de l'Exploitation des Mines et de la Métallurgie

Les tableaux statistiques ci-après établis d'après les renseignements que M. Harzé, directeur général des Mines, a bien voulu communiquer, font connaître l'importance de l'industrie minérale en Belgique et ressortir le développement qu'elle a pris dans ces dernières années.

La Belgique continue à alimenter de ses produits les marchés du monde entier.

L'année 1899 pourra compter tout particulièrement dans les annales de l'industrie.

L'activité la plus grande règne dans toutes les usines et tous les prix sont remarquables par leur fermeté.

L'IGUANODON DE BERNISSART
AU MUSÉE D'HISTOIRE NATURELLE A BRUXELLES

Quantités extraites en tonnes de 1,000 kilos

ANNÉES	HAINAUT	NAMUR	LIÈGE	TOTAUX	VALEUR EN FRANCS	NOMBRE D'OUVRIERS
1889	14,447,355	467,005	4,955,620	19,869,980	187,718,000	108,382
1890	14,768,520	541,009	5,056,431	20,365,960	268,503,000	116,779
1891	14,250,340	546,537	4,878,767	19,675,644	247,454,000	118,983
1892	14,253,730	537,919	4,791,504	19,583,173	201,288,000	118,578
1893	14,071,430	495,517	4,843,572	19,410,519	181,405,900	116,861
1894	15,016,050	506,080	5,012,371	20,534,501	191,292,100	117,103
1895	14,892,430	516,890	5,048,284	20,457,604	193,357,700	118,957
1896	15,491,320	519,830	5,241,220	21,252,370	202,010,100	119,246
1897	15,422,800	533,580	5,536,066	21,492,446	220,672,100	120,382
1898	15,861,160	573,660	5,653,515	22,088,335	242,893,900	122,846

Ce qui donne, pour la période décennale finissant le 31 décembre 1898, un tonnage moyen annuel de 20 millions 473,053 tonnes, produit par un nombre moyen de 117,812 ouvriers — et valant 21,365,948 francs. La valeur du charbon extrait depuis 1831 dépasse 8,329,972,000 francs. Le tonnage dépasse 774,053,942 tonnes.

MINEUR A LA VEINE, DE CONSTANTIN MEUNIER

Tableau donnant la progression de la production charbonnière

PÉRIODE	PRODUCTION ANNUELLE EN TONNES	VALEUR EN FRANCS	NOMBRE MOYEN D'OUVRIERS
1831 à 40	2,916,552	32,210,500	31,795
41 à 50	4,815,288	43,057,800	42,807
51 à 60	8,085,216	87,547,000	66,249
61 à 70	11,786,626	128,164,400	85,467
71 à 80	15,033,215	198,032,100	103,096
81 à 90	18,325,038	175,948,000	104,964

Profondeur moyenne de l'extraction en 1898   436 mètres.
Nombre de siéges en exploitation   »   257   »
Nombre des machines d'extraction   »   398, force nominale en chevaux   73,182
      »   »   d'épuisement   »   262   »   »   35,414
                              d'aérage   ' 384   21,017
      »   d'usages divers   »   1,230   19,845
                                   Total 2,274   149,458

Mouvement commercial de la houille, des agglomérés et du coke
pendant les onze premiers mois de 1899
(exprimé en tonnes)

	IMPORTATION	EXPORTATION
Houille	2,570,000	4,164,000
Agglomérés.	7,000	488,000
Coke	271,000	919,000

PRODUCTION DU COKE EN TONNES DE 1,000 KIL.		PRODUCTION DES AGGLOMÉRÉS EN TONNES DE 1,000 KIL.		CONSOMMATION DE HOUILLE, COKE ET BRIQUETTES EN TONNES DE 1,000 KILOS	
Années	Tonnes	Années	Tonnes	Années	Tonnes
1889	2,164,149	1892	1,146,480	1889	14,631,208
1890	1,176,755	1893	1,256,265	1890	15,862,217
1891	1,742,075	1894	1,326,226	1891	15,173,084
1892	1,832,075	1895	1,217,795	1892	15,128,189
1893	1,683,702	1896	1,213,760	1893	14,524,024
1894	1,756,622	1897	1,245,114	1894	16,107,249
1895	1,749,109	1898	1,351,884(2)	1895	16,224,511
1896	2,004,430			1896	17,063,353
1897	2,207,840			1897	17,637,670
1898	2,161,162(1)			1898	18,451,907

(1) 42 usines en activité fin 1898 ; 4,028 fours ; 2,519 ouvriers.
(2) 37 usines en activité fin 1898 ; 1,191 ouvriers.

Mouvement commercial de la houille, des agglomérés et du coke

QUANTITÉS (TONNES)

ANNÉES	IMPORTATION				PRODUCTION
	HOUILLE	AGGLOMÉRÉS	COKE	ENSEMBLE	
1894	1,337,009	4,317	326,188	1,822,676	20,534,501
1895	1,530,364	3,452	362,834	2,027,123	20,457,604
1896	1,693,376	1,561	260,273	2,048,890	21,252,370
1897	2,017,344	632	269,606	2,384,723	21,492,446
1898	2,202,517	1,756	280,590	2,449,798	22,088,335

ANNÉES	EXPORTATION				CONSOMMATION
	HOUILLE	AGGLOMÉRÉS	COKE	ENSEMBLE	
1894	4,539,525	573,463	879,278	6,251,928	16,107,249
1895	4,661,477	459,702	870,983	6,260,216	16,224,511
1896	4,649,799	459,974	863,067	6,237,907	17,063,353
1897	4,448,544	615,074	909,486	6,239,499	17,637,670
1898	4,579,955	666,265	878,435	6,086,226	18,451,907

B. — MINES MÉTALLIQUES

ANNÉES	MINERAI DE FER LAVÉ		MINERAI DE PLOMB		MINERAI DE ZINC		PYRITE DE FER		MINERAI MANGANÉSIFÈRE		VALEUR TOTALE	NOMBRE D'OUVRIERS
	Tonnes	Valeur	Tonnes	Valeur	Tonnes	Valeur	Tonnes	Valeur	Tonnes	Valeur		
1889	181,526	1,150,000	194	20,000	21,184	1,296,000	5,051	43,000	20,905	248,000	2,722,000	1601
1890	172,291	1,083,000	150	16,000	15,410	1,200,000	2,980	28,000	14,255	176,000	2,503,000	1427
1891	202,204	1,172,700	70	8,100	14,280	1,053,400	1,990	19,100	18,498	245,600	2,507,900	1527
1892	209,943	1,093,100	60	8,280	12,260	981,608	2,570	27,400	16,775	200,300	2,318,600	1477
1893	284,465	1,477,900	67	7,600	11,310	635,800	6,301	49,000	16,820	200,500	2,379,800	1804
1894	311,222	1,582,200	160	16,900	11,585	578,500	3,150	29,900	22,048	277,700	2,485,200	1581
1895	312,637	1,480,450	220	25,500	12,230	564,250	3,010	36,150	22,478	286,270	2,392,620	2201
1896	307,031	1,417,820	70	8,050	11,630	601,250	2,560	26,850	23,265	345,020	2,398,900	2017
1897	240,774	1,264,510	108	16,150	10,954	578,050	1,828	19,950	28,372	342,700	2,221,360	1934
1898	217,370	1,058,220	133	11,475	11,475	747,560	47	886	16,440	211,500	2,039,670	1679

UN HAUT FOURNEAU

MÉTALLURGIE

ANNÉES	FONTE		FERS ET ACIERS		ZINC EN LINGOTS		PLOMB EN SAUMON		ARGENT	
	Tonnes	Valeur	Tonnes	Valeur	Tonnes	Valeur	Tonnes	Valeur	Kilos	Valeur
1889	832,226	44,491,000	791,765	109,997,000	82,526	38,401,000	9,412	2,923,000	24,622	3,844,000
1890	787,836	50,073,000	716,128	114,266,000	82,701	46,212,000	9,617	3,139,000	33,083	5,806,000
1891	684,126	38,318,000	703,685	101,713,000	85,999	48,271,000	12,698	3,895,000	33,950	5,562,000
1892	753,268	38,716,000	687,661	92,480,000	91,546	46,568,000	10,146	2,690,000	30,267	4,380,000
1893	745,264	36,052,500	709,943	90,741,400	95,663	39,602,100	12,006	3,075,600	26,717	3,455,400
1894	818,597	40,828,100	794,608	97,789,800	97,041	36,166,800	14,120	3,523,100	28,961	3,026,100
1895	829,234	40,208,900	813,846	98,148,460	107,664	38,496,700	15,573	4,203,800	31,543	3,430,000
1896	959,414	51,580,900	1,013,343	127,133,844	113,361	45,912,200	17,222	5,149,900	28,509	3,189,500
1897	1,035,037	60,720,380	1,002,436	134,223,708	116,067	49,680,450	17,023	5,508,800	30,073	3,157,109
1898	979,755	57,904,850	1,052,768	142,593,050	119,671	59,409,300	19,330	6,262,100	116,035	12,385,850

Fonte : Hauts fourneaux en activité fin 1898 . . . . . 36 — Ouvriers employés 3591
Fabriques et Usines à ouvrer le fer en act. fin 1898 . 47 — Ouvriers employés 15393
Aciéries » » » l'acier » » 14 — Fours Martin 10. — Convertisseurs 19. — Ouvriers . 6691
Zinc (fonte du minerai) : Usines en activité fin 1898 12 — Ouvriers. 5562
Zinc : Usines à ouvrer le zinc » » . » 9 — Ouvriers. 562
Plomb et argent : Usines (1) » » » 4 — Ouvriers 1196
En 1898, il a été traité aux hauts fourneaux : — 2,092,555 tonnes minerais étrangers. — 236,141 tonnes minerais belges. — 205,725 tonnes scories et mitrailles.

(1) Une de ces usines ne s'occupe que d'extraire l'argent de lingots de plomb venant notamment d'Espagne.

Tableau des Productions en Tonnes des Fontes

ANNÉES	FONTE D'AFFINAGE	FONTE DE MOULAGE	FONTE MANGANÉSIFÈRE	FONTE BOSSEMER	FONTE THOMAS
1894	378,045	80,110		170,420	190,022
1895	329,750	85,950		161,600	252,428
1896	362,451	84,275	11,391	193,518	307,779
1897	426,332	78,410	12,636	183,701	333,958
1898	308,875	93,645	6,259	173,085	397,891

Tableau des Productions en Tonnes des Fers

ANNÉES	GROS FERS MARCHANDS	PETITS FERS	FERS SPÉCIAUX	FERS BATTUS	RAILS	FERS FENDUS	FERS SERPENTÉS	TOLES FINES	Grosses tôles et Large-plats
1894	107,881	125,417	68,912	1,236	1,285	10,810	19,153	34,693	83,903
1895	76,101	163,880	57,721	741	525	16,825	21,397	40,733	68,476
1896	81,394	188,954	80,589	851	1,027	9,280	19,340	36,487	76,110
1897	108,608	179,719	56,458	872	1,443	9,010	18,457	33,247	67,005
1898	123,993	185,032	53,289	993	837	12,570	16,040	32,114	59,572

Tableau des Productions en Tonnes des Aciers

ANNÉES	LINGOTS BLOOMS	RAILS	BANDAGES	ACIERS LAMINÉS DIVERS	ACIERS BATTUS	GROSSES TOLES	TOLES FINES	FIL D'ACIER
1894	405,661	113,661	9,769	166,981	5,627	27,602	9,378	8,300
1895	454,619	122,257	7,339	179,249	4,551	30,002	12,442	11,987
1896	598,974	147,183	10,497	260,009	6,702	37,697	26,956	22,267
1897	616,541	136,911	10,870	272,839	23,104	36,798	27,568	19,567
1898	653,523	117,751	10,953	314,150	17,902	49,265	37,954	19,753

PUDDLEUR, DE CONSTANTIN MEUNIER

Mouvement Commercial des Métaux

ANNÉES	FER FONTE BRUTE	FER PRODUITS FINIS	ACIER LINGOTS	ACIER PRODUITS FINIS	ZINC NON OUVRÉ	PLOMB NON OUVRÉ
PRODUCTION (TONNES)						
1894	818,597	453,290	405,661	341,318	97,041	14,120
1895	829,234	445,899	454,619	367,947	107,664	15,573
1896	959,214	494,032	598,974	519,311	113,361	17,222
1897	1,035,037	474,819	616,541	527,617	116,067	17,023
1898	979,755	485,040	653,523	567,728	119,671	19,330
IMPORTATION (TONNES)						
1894	227,427	21,007	18,518	13,069	9,130	43,491
1895	223,746	17,616	18,405	17,582	8,550	45,594
1896	314,555	22,812	28,434	22,865	20,182	35,221
1897	288,956	28,447	25,370	25,869	16,320	43,840
1898	317,288	19,735	25,142	24,761	17,441	54,767
EXPORTATION (TONNES)						
1894	1,034,967	279,841	659	155,607	81,248	34,690
1895	1,053,822	271,066	1,315	170,328	88,316	39,996
1896	1,263,225	343,072	1,145	179,873	100,369	31,362
1897	1,313,611	356,835	1,201	183,386	100,228	35,988
1898	1,280,794	385,434	1,019	172,262	108,507	40,303
CONSOMMATION INDIGÈNE (TONNES)						
1894	1,033,967	194,406	423,520	198,780	24,923	22,921
1895	1,043,822	192,449	741,704	215,201	27,898	21,171
1896	1,263,225	173,772	626,263	362,303	33,174	21,081
1897	1,313,611	146,461	640,710	370,100	32,159	24,875
1898	1,280,794	119,341	677,646	416,227	28,605	33,894

Mouvement Commercial pendant les 11 premiers mois de 1899 (exprimé en tonnes)

	IMPORTATION	EXPORTATION
Minerai de fer.	2,400,000	300,900
Fonte brute.	330,000	12,000
Fonte ouvrée	3,000	28,000
Mitrailles	52,000	—
Acier fondu brut. . . .	2,000	—
Brames et blooms (acier).	6,000	—
Billettes et largets » .	1,000	—
Fils (acier)	14,000	4,000
Non dénommés (acier) . .	9,000	21,000
Ébauchés (fers)	3,000	—
Fils »	2,000	2,000
Tôles »	13,000	72,000
Fer ouvré	6,000	49,000
Fers non dénommés. . .	13,000	199,000
Matériel roulant	2,000	39,000
Machines.	33,000	39,000
Poutrelles (acier). . . .	—	38,000
Poutrelles (fers)	—	60,000
Rails (acier).	—	65,000
Tôles »	—	11,000
Acier ouvré.	—	20,000
Clous (fer et acier) . . .	—	10,000

C. — INDUSTRIE DES CARRIÈRES

ANNÉES	VALEUR DE LA PRODUCTION EN FRANCS	NOMBRE D'OUVRIERS
1889	36,537,000	30,292
1890	39,280,000	31,681
1891	37,818,000	25,717
1892	38,442,000	25,012
1893	41,433,000	29,191
1894	38,380,300	28,977
1895	40,973,662	31,801
1896	44,874,200	32 601
1897	49,204,306	32,601
1898	52,799,930	35,625

Nombre de carrières en exploitation fin 1898 (abstraction faite de celles exploitant les argiles et sables de formation tertiaire) : 1,521.

Comparaison entre les cours au 1er décembre des années 1898 et 1899

	1er DÉCEMBRE 1898	1er DÉCEMBRE 1899
	les 1,000 kilos	les 1,000 kilos
Fonte de puddlage belge	57,00	105,00
» Thomas	67,00	110,00
Fers n° 2 franco gares belges . .	140,00	225,00
Fers n° 3 » » »	145,00	230,00
Poutrelles (fer ou acier) usines. .	140,00	210,00
Cornières franco gares belges . .	147,00	235,00
Tôles n° 2 » » » . .	160,00	225,00
» n° 3 » » » . .	170,00	240,00
» fer homogène » . .	200,00	260,00
» d'acier » » . .	170,00	240,00
» finies » » . .	195,00	250,00
Rails (exportation)	120,00	160,00
Coke pour hauts fourneaux . .	18,50	27,00
Charbon à coke	12,25	18,00
Charbon (fines-maigres)	8,25	15,00
Charbons de fours	12,00	22,00
Briquettes (agglomérés)	15,00	24,00

Le secrétaire du groupe XI,
EM. GREINER.

PRODUITS ÉMAILLÉS

L'industrie des produits émaillés a acquis, en Belgique, une importance considérable. Elle comprend principalement la fabrication d'objets en tôle mince obtenus par emboutissage ou par façonnage à la main qui sont ensuite entièrement revêtus d'un émail coloré fondu au four. Ces objets sont des ustensiles de ménage de toute espèce destinés à remplacer les produits analogues de la céramique, sur lesquels ils offrent l'avantage d'être incassables et plus légers.

Parmi les ustensiles de ménage certaines pièces destinées spécialement à supporter le feu, telles que les casseroles, les poêlons, se fabriquent aussi en fonte : celles-ci sont émaillées à l'intérieur seulement. Il en est de même des vases de latrine, des éviers. On émaille également la surface extérieure des poêles de luxe. L'émaillerie est finalement appliquée à la confection des plaques de rue, de firmes, de bicyclettes, etc.

Le succès de l'émaillerie belge provient :

1º De l'habileté des ouvriers dans le façonnage des objets;

2º De l'excellente qualité de l'émail, dont l'adhérence au métal est parfaite.

26 Usines occupent 2,920 ouvriers et sont activées par 773 chevaux-vapeur pour la fabrication des ustensiles en tôle — 470 ouvriers, aidés par 104 chevaux-vapeur, fabriquent la fonte émaillée — tandis que dans les mêmes usines 1,235 ouvriers avec 261 chevaux-vapeur produisent les articles en fonte brute.

La perfection des procédés a fait à l'étranger la réputation des produits émaillés belges et malgré des droits protecteurs, qui rendent difficile l'entrée dans la plupart des pays, l'exportation a atteint en 1898 :

Pour les ustensiles en tôle émaillée, 4,965 tonnes, représentant 5,000,000 de francs;

Pour les articles en fonte émaillée, 1,204 tonnes, représentant 900,000 francs;

Pour les articles en fonte brute, 4,860 tonnes, représentant 1,263,000 francs.

Dans le pays même, les produits émaillés se sont substitués à beaucoup d'autres articles à cause de leur solidité, de leur propreté et de leur bel aspect. La vente, en Belgique, a atteint en 1899 :

Pour les ustensiles en tôle émaillée, 4,083 tonnes, représentant 3,930,000 francs;

Pour les articles en fonte émaillée, 2,457 tonnes, représentant 1,300,000 francs ;

Pour les articles en fonte brute, 11,313 tonnes, représentant 3,200,000 francs.

EXPOSANTS DE LA CLASSE 63
Exploitation des mines, minières et carrières
(Matériel, procédés et produits)

Bovier, Jos. — Spécialités pour mines. — Place Saint-Jean,33, Liège.

La Sécurité du Mineur, système d'obturateur expansif pour mines avec désobturateur.

Carrières et Fours à Chaux et à Ciments du Coucou (Société anonyme). — Antoing.

Pierres de taille. Produits de carrières divers. Vues de carrières et d'installations.

La Collectivité des Carrières : E. De Savoye-Baatard; V^t Gauthier et Cie; Société anonyme des carrières du Hainaut; Société anonyme des carrières et de la sucrerie P.-J. Wincqz. — Carrières de pierre bleue dite *petit granit*. — Soignies.

Un banc ornemental en pierre.

Collectivité des maîtres de carrières d'Ecaussines et de Soignies. — J.-B. Velge, avenue de la Toison-d'Or, 50, Bruxelles.

Echantillons pierres, photographies statistiques. Diogravures, etc.

La collectivité des carrières se compose des firmes suivantes:

Société anonyme des carrières du Hainaut à Soignies.
» » » Wincqz »
» » » Clipot "
M. de Savoye,
Gauthier et Cie, »
J. Lenoir et Cie, Ecaussines.
J. Cornet, A. Joumot et Cie, »
Berckmans, Laroche et Piss, "

Compagnie générale des Conduites d'eau. — Liège.

Tuyaux de fonte, pièces moulées et produits divers de nos fonderies.

Compagnie Internationale de recherches de mines et d'entreprises de sondages. — *Successeur* : Jules De Le Court Wincqz. — Rue de la Pépinière, 16, Bruxelles. — Recherches de mines, sondages, grands puits artésiens, outils, plans, descriptions de travaux.

Médaille d'or et diplôme de mérite à l'Exposition Universelle de Bruxelles de 1897 (section des sciences). Médailles d'or, d'argent, de bronze et diplômes aux expositions précédentes de Paris et de Bruxelles. Grande médaille d'or au Salon de Paris 1882 (section d'architecture) .Exposition des Beaux-Arts des artistes français.

Compagnie des Charbonnages Belges. — Exploitation des concessions de : Agrappe, Grisœuil, Crachet-Picquery, Escouffiaux. — Frameries près Mons.

Plans. Produits de mine. Produits de la fabrication du coke.

Electricité et Hydraulique (Société anonyme), J. Dulait, administrateur-gérant. — Usine à Charleroi. — Entreprises générales d'installations électriques et hydrauliques. Ateliers de construction.

Perforatrices électriques en fonctionnement sur bloc de pierre.

Escoyez, Louis. — Tertre.

Terres brutes et calcinées, siliceuses et alumineuses, quartz, sables pour produits réfractaires et céramiques, etc.

Coppée, Evence, et les Charbonnages de Ressaix, Leval. Péronnes et Mont-Sainte-Aldegonde. — 71, Boulevard d'Anderlecht, Bruxelles. — Construction de fours à coke, lavoirs et exploitation de charbons.

Charbons divers, cokes, briquettes, goudron, sulfate d'ammoniaque, benzols, plans et photographies.

François, Joseph. — Constructeur-mécanicien. — Seraing.

Compresseur d'air, perforatrices, bosseyeuses et treuils pour mines.

Exposition Universelle de Paris 1878, médaille d'or. Exposition Internationale de Bruxelles 1897, deux diplômes d'honneur et le Jury spécial, institué par arrêté ministériel du 14 octobre 1897 et chargé de décerner un prix de 25,000 francs, offert par M. Léon Somzée, à l'auteur soit de la solution d'un des desiderata posés par la commission organisatrice de l'Exposition, soit au progrès qui en sera jugé digne, a attribué cette prime à M. François (Joseph), ingénieur à Seraing, pour son compresseur d'air et ses bosseyeuses supprimant l'emploi des explosifs dans le creusement à travers bancs, les terrains étant composés de grès ou de schistes.

Maybon, A. — Marbrerie. — 46-48, rue Saint-Sabin, Paris. — Usine à Flaumont (Nord).

Blocs de marbre de la carrière de Gochenée (près de Namur).

Ministère de l'Industrie et du Travail. — Direction générale des mines. — Bruxelles.

Spécimen de la carte géologique de Belgique.

(Tableau et publications.)

Ministère de l'Industrie et du Travail. — Administration des mines. — Bruxelles.

Spécimens de la carte générale des mines de Belgique.

(Tableaux et publications).

Pierlot, A. et L. — Propriétaires d'ardoisières à Bertrix. Exploitation d'ardoisières.

Exposition sur le pavillon de l'agriculture des véritables ardoises pour toitures provenant des anciennes carrières de Herbeumont (Bertrix).

Société Anonyme des ardoisières du Trou-du-Diable. Orignies.

Ardoises de la veine de la Persévérance. Bassin de Fumay.

Société anonyme des agglomérés réunis du Bassin de Charleroi. — Fabrique de briquettes, distillation de goudrons, etc. — Marcinelle.

Briquettes lavées, plans des usines, photographies.

Société anonyme des Charbonnages Réunis. — Charleroi.

Coupe générale, plan de concession, plans d'installations, photographies. — Charbons classés et lavés.

Société Anonyme des Terres et Produits réfractaires (ci-devant Pastur, Bertrand et Cie). — Andenne.

Matières premières. — Récompenses (voir gr. XI, cl. 64).

Société anonyme des ateliers de construction de la Meuse. — Grosse construction mécanique. — Liège.

Une machine d'épuisement souterraine horizontale,

Société anonyme des charbonnages de Mariemont et Société anonyme des charbonnages de Bascoup. — Charbonnages. — Mariemont et Bascoup.

Reliefs du Triage central de Mariemont, des fosses 5 et 6 de Bascoup et du chargement à bateaux. — Plans, diagrammes, etc.

Diplômes d'honneur aux principales expositions internationales, 2 Grand-Prix et 4 Médailles d'or à l'Exposition de Paris 1889.

Société anonyme du Syndicat des Charbonnages Liégeois (collectivité). — 37, rue de l'Industrie, à Liège.
Plans, modèles et produits de charbonnages.

Société des carrières de Lessines, Tacquenier, Vandevelde, Cosyns, Lenoir et Notté. — Carrières de porphyre. — Lessines.
Matériaux pour constructions de routes.

Solvay et Cie. — Rue du Prince-Albert, 25, à Bruxelles.
Maquettes et photographies de fours à coke à récupération.
Echantillons de houilles, cokes et sous-produits récupérés.
Diplôme d'honneur, Bruxelles 1897.

Poudrerie Royale, Cooppal et Cie. — Explosifs. — Wetteren.
Poudres de guerre, noires, brunes et sans fumée. Poudres de chasse, de mine et de commerce.
Grands-prix aux expositions de Paris en 1878 et 1889, Bruxelles 1888, Anvers 1894.

EXPOSANTS DE LA CLASSE 64
Grosse métallurgie
(Matériel, procédés et produits)

Laminoirs, Forges et Fonderies de Jemappes. V. Demerbe et Cie. — Fabrication de fer. — Jemappes.
Fers en barres, fers profilés, fers pour rayons de roues de chemins de fer, camions, etc.
Voies de tramways, système Demerbe.

Escoyez, Louis. — Produits réfract. et céramiques. — Tertre.
Cornues, briques, pièces de toutes dimensions alumineuses siliceuses (Dinas).

Henroz, Camille. — Produits réfractaires. — Floreffe.
Blocs de bassin, briques en silice, alumine, dolomie, busettes, tampons, tuyères, accessoires pour aciéries.

Petersson, E.-F. — Avenue de la Couronne, 32, Bruxelles.
Procédés nouveaux pour l'extraction des produits antimonieux arsenicaux et tellurés.

Société anonyme des Ateliers de Construction de la Meuse à Liège. — Grosse construction mécanique.
Une machine soufflante horizontale compound-jumelle pour haut fourneau à grande production.

Société anonyme métallurgique d'Espérance-Longdoz. — Hauts Fourneaux et Laminoirs. — rue de Huy, 1, à Liège.
Minerais, fontes, produits laminés, pièces de fonte moulée.

ociété anonyme d'Ougrée. — Ougrée-lez-Liège.

Plan du haut fourneau.
Echantillon de fabrication.
Essais de traction.
Essais de pliages.
Essais de poinçonnages.
Cassures.
Profils divers.
Tableaux graphiques des productions depuis 1881.
Bénéfices. — Salaires.
Médaille d'or, Paris 1888. Diplômes d'honneur, Amster-
dam 1883, à Anvers 1885, au Havre 1887. Grands-Prix à
Anvers 1894, à Bruxelles 1897.

ociété anonyme des Hauts Fourneaux, Forges et Fonderies de la Providence. — Marchienne-au-Pont.

Produits laminés en fer et acier. Fers et aciers marchands
de toutes dimensions, gros ronds jusqu'à 200 millimètres
de diamètre.

ociété anonyme des Terres et Produits Réfractaires (ci-
devant Pastur, Bertrand et Cie), à Andenne.

Matériaux réfractaires pour tous fours métallurgiques et
autres. Matériaux en grès artificiel pour industries chimiques.

Récompenses : Bruxelles 1841 et 1847, Londres 1851 ment.
honor., Paris 1855 méd. 1re cl., Paris 1867 méd. arg., Metz
1861 méd. 1re cl., Vienne 1873 méd. progrès, Paris 1878 méd.
argent, Bruxelles 1880 Hors concours, Paris 1889 méd. arg.,
Anvers 1894 et Bruxelles 1897 dipl. d'honneur.

ociété anonyme l'Electricité à domicile par les moteurs à
gaz ou à pétrole. — Electricité et constructions mécaniques,
notamment : moteurs à gaz, moteurs à pétrole. — Avenue.
Van Volxem, 421, Bruxelles-Midi.

Moteur à gaz. Moteur à pétrole. Accumulateurs électriques.

ociété anonyme des Hauts Fourneaux et Mines de Halanzy.
Fabrication de la fonte. Halanzy (Luxembourg belge).

Fontes de moulage qualité spéciale dite Halanzy. Fontes
siliceuses pour mélanges. Ferro-silicium. Fontes d'affi-
nage. Minerais oolithiques de nos minières de Halanzy.
Id. de nos minières du grand-duché de Luxembourg.
Calcaires de nos exploitations de Halanzy. Cokes belges
que nous employons. Fontes de moulage extra-résistantes
provenant de la société des Hauts Fourneaux et Usines de
l'Olkovaïa à Ouspensk (Donetz-Russie méridionale), filiale
de la Société de Halanzy. Charbons, cokes, minerais de

fer, minerais de manganèse, calcaires et laitiers divers provenant de la dite Société de l'Olkovaïa.

Forges de Clabecq (Société anonyme). — Bruxelles.
Tôles fortes, tôles fines.
Fers en barres. Fers spéciaux.
Barrettes d'essais, cassures, pliages.
Fers forgés, fontes moulées.

EXPOSANTS DE LA CLASSE 65

Petite Métallurgie

Allaeys, Ernest. — Maréchal-ferrant. — Furnes.
Fers à cheval.

Dandois, H. — Fabricant de bronzes. — 5, rue de la Rivière, à Bruxelles.
Espagnolettes, crémones, boutons de portes, heurtoirs, bouche de chaleur, etc.

Mills, Henry. — Articles de bâtiment.—Rue Van Helmont, 7, à Bruxelles.
Ferme-porte *Triomphe*. Fermeture silencieuse des portes.

Société anonyme de la Fabrique de Fer de Charleroi. — Fabrication des tôles et larges plats en fer et en acier.
Marchienne-au-Pont.

Société anonyme des Ferme-porte « Novo » va-et-vient « Perfect ». — Fabrication de ferme-porte et autres articles de bâtiments. — Rue de la Pompe, 7, Bruxelles.
Un ferme-porte pneumatique.
Un va-et-vient.
Un ferme-porte hydraulique.

Société anonyme des clouteries et tréfileries des Flandres. — Pointerie et tréfilerie. — Gendbrugge-lez-Gand.
Pointes en tous genres.
Fils d'acier en tous genres.
Chaînes en fil d'acier sans soudures.
Agent pour la France :
M. E. Levril, 43, rue Paradis, à Paris.

GROUPE XII

CLASSE 66

DÉCORATION DES ÉDIFICES PUBLICS
ET DES HABITATIONS

ïous **assistons**, depuis quelques années, à une transforma-
n presque complète de la décoration des habitations en Bel-
ʃue.

l est aisé de se rendre compte du chemin parcouru quand on
ʋoit, dans les vieux quartiers, les façades banales enduites
plâtre peint en blanc, où sur la muraille plate et nue les
ïètres découpent géométriquement leurs rectangles vierges
moulures et d'ornementation.

Quelques novateurs, architectes et décorateurs, dans le mou-
ment qui emporte aujourd'hui les artistes à la poursuite de
ʼmes nouvelles, ont réalisé sinon des chefs-d'œuvre, au
ʼins des ensembles de constructions dignes des plus grands
couragements et qui font naître les plus légitimes espérances
ur l'avenir des édifices publics et des habitations.

L'Art japonais, importé chez nous depuis une vingtaine
ʋnnées, a exercé une influence considérable sur les transfor-
ʼtions de la décoration. L'Angleterre, par ses rapports com-
ʼrciaux avec l'empire du Levant, a été la première impres-
ʼnnée par cet art jusque là presque inconnu en Europe et
ʼus a révélé des artistes de grande valeur auxquels la
ʼande-Bretagne ne nous avait pas habitués, tels les Walter
ʼane, les Burnes Jones, etc., etc.

Chez nos voisins d'outre-mer, la marche ascendante semble
ʼlque peu ralentie; en Belgique, au contraire, grâce à la
ʼéation de nos écoles d'Art décoratif et à l'épuration du
ʼût de nos populations et aux encouragements de la clien-
ʼe, quelques artistes heureusement obstinés dans leur mar-
ʼe vers la forme idéale ne désespèrent pas, dans un avenir
ʼus ou moins prochain, de créer le style belge.

La pureté et le choix des matériaux employés contribuent pour une large part à la réalisation de conceptions que les rudimentaires produits du temps passé n'eussent pas permis de mener à bien.

Un décorateur a eu l'inspiration d'importer en Belgique, il y a une vingtaine d'années, le Sgraffito, qu'un voyage en Italie lui révéla. Il en fit l'application mais polychromée et dorée, et constitua ainsi pour notre pays un puissant élément de décoration nouveau. L'emploi de cet élément en fit naître d'autres comme les mosaïques et les faïences dont l'emploi parfois exagéré finira par se tempérer au contact d'une éducation artistique toujours plus soignée.

BRUGES. — CHASSE SAINTE-URSULE

Poursuivant le même but, certaines maisons sont parvenues à élever leurs travaux de menuiseries à la hauteur d'un véritable art; surmontant des difficultés d'exécution inouïes, elles sont parvenues à des résultats que l'on aurait traité de chimères il y a dix ans.

Le travail du marbre est également en progrès, grâce à l'initiative de nos industriels et au perfectionnement de l'outillage.

Parmi les marbres belges qui trouvent des débouchés sur tous les marchés du monde et où ils font une concurrence souvent victorieuse aux produits indigènes, il faut citer le Noir fin, la Brèche de Waulsort, dite «Brèche d'Herculanum» le Bleu belge à fond noir aux belles veines blanches, le Sainte-Anne, les Rouges, etc., etc.

La sobriété dans l'emploi des ornements en carton-pierre, dont on avait abusé il y a quelques années, a donné à nos intérieurs d'habitations un cachet de distinction qui marque un véritable progrès dans le goût.

Il en est de même de la ferronnerie à laquelle le perfectionnement de l'outillage et l'habileté des ouvriers ont apporté un cachet de fini que les maîtres du fer forgé des temps passés auraient diffilement réalisé.

EXPOSANTS DE LA CLASSE 66

Décoration fixe des édifices publics et des habitations

Ardouillie, Florent. — Fabricant de meubles. — Malines.
Une salle flamande avec mobilier en chêne.

Baes, Henri. — Décorateur.
Chaussée de Charleroi, 123, Bruxelles.
Ensemble de la peinture décorative du salon central du groupe XII.
Médailles d'or et diplômes d'honneur aux expositions précédentes.

Beernaert, Émile. — Ixelles.
Deux colonnes en granit.

Bernier, Géo. — Artiste peintre.
Rue Simonis, 66, Bruxelles.
Tableau : le cheval brabançon, garnissant le chalet « La Campagnarde ».

Casterman, H. — Marbrier. — Rue St-Jacques, 35, Tournai.
Cheminée flamande en marbre belge.

Casterman, Hippolyte. — Marbrier.
Rue St-Jacques, Tournai.
Une cheminée en pierre de Tournai.

Craco, A. — Statuaire. — Allée des Jardins, 6, Bruxelles.
Cruches et poteries flamandes, sculptures industrielles.

Damman & Washer & Cie. — Parquets et menuiserie ordinaires et de luxe. — Rue de la Clinique, 69, Bruxelles.
Parquets ordinaires pour les habitations, bureaux, musées, hôpitaux, hospices, etc.
Parquets de luxe incrustés de différents styles exposés isolément et collectivement dans le salon d'honneur.
Trois médailles d'or, Paris 1878 et 1889; 4 diplômes d'honneur, Amsterdam 1883; Anvers 1885 et 1894; 2 grands-prix, Anvers 1894; Bruxelles 1897.

De Mesmaeker, Paul. — Rue Grétry, 57, Bruxelles.
Panneau peinture décorative.

Denis, Victor. — Marbre riche. — Rue de l'Évêque, Bruxelles.
Trois vases en marbre Onyx du Mexique et une cheminée styles Louis XV et Louis XVI.

École de peinture, arts industriels. —Van Loey, E., rue Saint-Bernard, 222, Saint-Gilles-Bruxelles.
Marqueterie, incrustations de marbres.
Table marbre, chef-d'œuvre d'art industriel (obtenu les plus hautes récompenses).

École de peinture décorative pour les imitations des bois et marbres, dirigée par Vanderkelen, Alfred. — Peintures.
Ateliers : Boulevard de Waterloo, 128, Bruxelles.
Panneaux imitant les bois et marbres.

Eekman, Th. — Successeur de la maison Thésin-Korthout, fondée en 1841. — Place des Barricades, 4, Bruxelles.
Jalousies dites hollandaises avec fermetures persiennes; claies pour ombrages, toitures vitrées.

Léonce, Evrard. — Marbrerie d'art. — Rue des Palais, 302, Bruxelles.
Au salon d'honneur :
1) Une cheminée monumentale artistique marbre Sarreaclin et vert Caupauh avec bronzes;
2) Deux faunes-satyres en marbre et bronze.
3) Deux vases Brèche d'iris aux satyrs en bronze.
4) Quatre colonnes en marbre granit et St Dény
5) Une cheminée Louis XVI Sarreaclin.

Maybon, A. — Rue St-Sabin, 46-48, Paris.
Deux colonnes de marbre de la carrière de Gochenée près de Namur.

Mestdagh, Joseph. — Rue des Prairies, 46, St-Josse-t.-Noode.
Modèle de porte en bois avec adaptation de l'électricité pour l'ouverture.

Monseur. — Volets mécaniques.
Quai des Tanneurs, 21-23, Liège.
Fermeture fenêtre, volets à chaines anglaises, marche équilibrée, s'appliquant aux baies de toutes dimensions.

Niellon, A. — Peinture philatélique.
Drève St-Anne, 20, Laeken.

Mme Félicie Ransy-Putreijs. — Artiste peintre.
Cour des Minimes, 11, Liège.
Peinture décorative « La Meuse en Wallonie ».

Roemaet. Paul. — Sculpteur. — Rue Ste-Anne, 11, Louvain.
Une chaire à prêcher dont la base et le socle sont en pierre bleue et marbre, la cuve et l'abat-son en bois.
Médaille d'or, Bruxelles 1897.

Rombaux-Roland. — Carrières de petit granit à Écaussines (Belgique); monuments funéraires à Jeumont (France).
Exploitation de petit granit belge.
Une chapelle funéraire en petit granit belge.

Société anonyme de Merbes-le-Château. Ancienne maison Puissant frères, fondée en 1782.
Exploitation et travail du marbre.
Merbes-le-Château.
Un monument en marbre rouge belge et bronze.

Société anonyme des Verreries de l'Hermitage. — Jumet.
Un panneau de carreaux « Civer » pour revêtement des murs.

Société anonyme « Le Corrioïde ». — Fabrication de simili cuir. — Furnes.
Tissus cuir pour ameublements genre Cordoue, maroquinerie, reliure, gainerie, etc.

Springal, Antoine. — Statuaire.
Rue des Grands-Carmes, 19, Bruxelles.
Laitière flamande; animaux de ferme.

Steurbant, D. — Gand.
Panneaux décoratifs.

Tempels, D. — Décorateur. — Rue Linné, 11, Bruxelles.
Projets de peintures décoratives pour habitations.
Médailles et diplômes à toutes les expositions; hors concours, membre du Jury; Anvers 1894, Bruxelles 1897.

Tinel, Pierre. — Ferronnier d'art et de bâtiments.
Rue de Munich, 1, Bruxelles.
Chenets et enseigne en fer forgé.

Van Neck, Ernest. — Peinture.
Rue de la Fontaine, 27, Bruxelles.
Peintures décoratives sur tissus avec appliques et rehaut de broderie.

Verloo-De Lobelle, Pr. — Sculpture-Menuiserie. — Sottegem.
Photographies du mobilier style flamand exécuté pour l'exposition des villes dans le Palais de Belgique.

Vohy. Jean-Baptiste. — Ouvrier menuisier, à Gourdinne.
Modèle d'escalier tournant elliptique avec description graphique.

Wybo, Arthur. — Peintre-décorateur. — Furnes.
Projets de peintures pour églises, salons, photographies de travaux exécutés.

CLASSE 67

VITRAUX

Vers le milieu du XIII⁰ jusqu'au XVI⁰ siècle, la peinture sur verre a produit des merveilles, que l'on peut encore admirer dans de nombreuses églises : le commencement du siècle dernier a vu la disparition complète de cette splendeur.

En 1830, notre pays a assisté à un grand revirement marchant de front avec son émancipation politique. Ce fut un véritable réveil de l'art flamand, le résultat de l'ère de prospérité qui commençait alors à régner chez nous.

Depuis un demi-siècle, les diverses expositions ont montré les sensibles progrès réalisés dans l'art verrier. La concurrence malheureusement lui enlève souvent ses caractères artistiques. Les grands progrès de la chimie ont fait faire un pas immense à la fabrication des émaux. La cuisson n'a réalisé aucun progrès, les essais tentés avec la houille ont dû être abandonnés à cause du dégagement de gaz qui noircissait les tons, et le bois est toujours resté le calorique par excellence.

Nous constatons depuis quelque temps un grand progrès dans la confection des vitraux destinés aux habitations parti-

LOUVAIN. — STALLES DE L'ÉGLISE SAINTE-GERTUDE

culières; le genre modelé, dans lequel on s'est égaré **pendant** un certain temps, est abandonné pour faire place **au vitrail** dans son véritable rôle décoratif, avec une mise en plomb **aux** formes et colorations harmonieuses et ne cherchant plus **à** produire l'effet d'un tableau.

Grâce à l'emploi de verres coulés que l'on fait aujourd'hui, les vitraux ont acquis une grande solidité : ils ont aussi le grand avantage d'intercepter les rayons du soleil et de répandre dans les appartements une lumière plus tamisée et par suite plus douce.

Le façonnage perfectionné que les laminoirs ont apporté au travail du plomb et le mélange d'étain à celui-ci ont contribué à donner à l'armature plus de solidité.

EXPOSANTS DE LA CLASSE 67

Vitraux

Comère, F., et Capronnier, J. — Peintre-verrier. — Rue Rogier, 251, Bruxelles.

Vitraux religieux.

Pluys, Léopold. — Peinture sur verre, fondée en 1834. — Rue de Beffer, 35, Malines.

Un vitrail, Philippe le Bon et six médaillons, grisailles, mosaïques et émaillés.

CLASSE 69

MEUBLES A BON MARCHÉ ET MEUBLES DE LUXE

L'industrie des meubles et sièges a pris en Belgique une grande extension depuis quinze à vingt années. La fabrication

CHAIRE DE VÉRITÉ DE STE-GUDULE
A BRUXELLES

s'est améliorée considérablement aussi bien pour les meubles riches que pour les meubles à bon marché.

Autrefois la fabrication des meubles de luxe était lourde et surchargée de sculptures, et de plus manquait de fini ; aujourd'hui elle s'est perfectionnée et nos meubles Gothiques, Renaissance, Louis XIV, Louis XV, Louis XVI et Empire rivalisent aujourd'hui et avantageusement à l'étranger comme fini d'exécution, quoique les prix de façon soient bien inférieurs.

On doit remarquer également le grand succès qu'ont obtenu en Belgique les meubles style Moderne, grâce au concours d'artistes, architectes et dessinateurs de talent.

Si ces produits étaient plus connus à l'étranger, leur exportation deviendrait, sans nul doute, aussi importante que celle des

bles de Malines, qui sont très appréciés à l'étranger, et à juste titre.

H. BAES.

EXPOSANTS DE LA CLASSE 69
Meubles à bon marché et meubles de luxe

berlé, J. — Ameublements. — Rue Royale, 195, Bruxelles.
Spécialité d'ameublements de luxe complets pour salon et sièges de fantaisies, à bon marché.

Desender, Evariste. — Ebénisterie. — Lichtervelde.
Un buffet.

Eeckman, Th. — Place des Barricades, 4, Bruxelles.
Jalousies dites hollandaises avec fermeture. Toitures vitrées.

Leclercq, Ph. — Ameublement artistique. — Rue Robertson, 5, Liège.
Vitrines en noyer et chêne, buffets Louis XV de luxe, paravents, etc.

Rosel, F. — Ameublements, meubles, sièges, tapisseries. — Rue Neuve, 85, Bruxelles.
Salon (sièges, tapisseries). Chambre à coucher (meubles, tapisserie).

Toulet, Charles, — Billards. — Bruxelles.
Un billard style Louis XV, bois doré; un billard, styl Louis XV, palissandre de Bombay; un billard esthétiqu vieil acajou; un billard se transformant en table, style F naissance; un billard chêne et cuivre, modèle d'exportatic un billard chêne sculpté, modèle d'exportation.

Vander Perre, F.-H. — Ingénieur. — Rue de Malines Bruxelles.
Plans et dessins de vitrines d'expositions.

Verstraete, A., et Cie. — Fabricants de sièges pour salc Rue Haute, 57, Gand. Dépôt : rue Chanzy, 42, Paris.
Salons garnis; tentures.

CLASSE 70
TAPIS, TAPISSERIES ET AUTRES TISSU
D'AMEUBLEMENT

Les progrès réalisés en Belgique, par les industri classe 70, ont été constants depuis la dernière Exp Paris en 1889 et, actuellement, nous avons conqui marchés étrangers.

La fabrication belge, si spécialisée dans le genre de consommation générale.

L'article de luxe, en tapis et étoffes d'ameublement, est encore la spécialité des grands pays où la consommation intérieure est beaucoup plus considérable.

Le matériel, les métiers et les machines se construisent à Gand.

Les tapis à nœuds, dit tapis des Flandres, imitation des tapis de Smyrne, se font à Hamme, à Westerloo et à Thourout. Ils se consomment généralement dans le pays.

Les tapis Jacquard se tissent depuis quelques années à Saint-Nicolas (Waes), ils se consomment dans le pays et s'exportent en Angleterre et en Hollande.

Il existe encore à Tournai une petite fabrique de tapis Jacquard. Le tapis en poil de vache se fabrique largement à Saint-Nicolas (Waes), Thourout, Bruges, Ingelmunster et Saint-Amand.

L'industrie des étoffes d'ameublement a pris chez nous un grand développement, de nombreuses fabriques se sont montées à Courtrai, Deerlijk, Thielt, Ingelmunster et Ath.

Les paillassons en fibre de coco et les nattes s'exportent actuellement en quantités considérables, de nos fabriques de Hamme, Bruges, Merxplas, Hasselt, Malines et Thourout, vers tous les marchés du monde, et même dans les pays dont nous étions autrefois tributaires pour cet article.

Il en est de même du linoléum et des toiles cirées, dont une grande fabrique s'est montée à Anvers, il y a quelques années ; à Cureghem-lez-Bruxelles, on fabrique également certains genres de toiles cirées. H. BAES.

EXPOSANTS DE LA CLASSE 70

Tapis, tapisseries et autres tissus d'ameublement
(Matériel, procédés et produits)

Braquenié & Cie. — Tapisserie artistique. — Rue de Stassart, 20, Malines.

Panneaux et meubles en tapisserie de Malines.

Guillon, I. — Avenue de la Toison d'Or, 69. — Bruxelles.

Tapis points noués à la main par les campagnardes de Westerloo.

Ramlot, Robert, & Cie (Société « Union »). —Filature, tissage, teintureries, blanchisseries et apprêts. — Termonde.

Tapestry pièce goods, tissus d'ameublement, pour l'exportation.

Van Damme, D., père et fils.—Tapis et nattes en tous genres.— Hamme-lez-Termonde.

Tapis de style noué.

Diplômes d'honneur aux Expositions d'Anvers et de Bruxelles.

CLASSE 71

DÉCORATION MOBILE ET OUVRAGE DU TAPISSIER

Les industries de cette classe rentrant dans la catégorie des décorations des édifices publics et des habitations, doivent être considérées comme ayant subi les mêmes influences que celles des classes 66 et 69.　　　　　　　　　H. B.

EXPOSANTS DE LA CLASSE 71

Décoration mobile et ouvrage du tapissier

Aberlé, J. — Tapisseries, ameublements. — Rue Royale, 193, Bruxelles.
　　Tentures en tous genres, décorations.

Colliard-Penant, P. — Etiquettes. — Chaussée de Haecht, 53.
　　Tableau.

La manufacture Anglo-Belge de crins frisés, Neuhaus & Cie.
　　Filature à vapeur de crins frisés. — Anvers.
　　Crin frisé pour meubles, tapisserie, carrosserie, etc.

Verstraete, A., & Cie. — Rue Haute, 57, Gand.
　　Tentures.

CLASSE 72

CÉRAMIQUE

Les progrès en céramique se signalent surtout par la qualité et le goût artistique des produits.

Les céramistes ont abandonné les formules empiriques pour baser leurs observations et leurs recherches sur les principes scientifiques de la chimie. La plupart des grandes manufactures ont installé des laboratoires, pour analyser soigneusement les matières premières et pour étudier et préparer les couleurs qu'elles achetaient auparavant chez les fabricants de couleurs, qui n'avaient pas les mêmes stimulants pour s'évertuer à trouver du neuf et du beau et enrayaient par le fait les progrès.

UNE VITRINE AU MUSÉE
DES ARTS DÉCORATIFS A BRUXELLES

Il en est résulté de notables améliorations dans la production : suppression de la plupart des accidents et des défauts de fabrication ; pâtes plus pures et plus fines, couleurs et émaux plus variés, plus riches et plus brillants.

Si la chimie a fait réaliser de grands pas à la céramique dans les vingt dernières années, on constate aussi avec bonheur que l'art s'est emparé de plus en plus de cette belle industrie.

Son intervention s'est révélée dans la production d'œuvres destinées aux aménagements intérieurs comme dans les applications des faïences, grès cérames, majolique, etc., à la construction.   H. BAES.

EXPOSANTS DE LA CLASSE 72

Céramique.

Boch frères. — Manufacture de faïences. — La Louvière.
Faïences fines : Services de table, de toilette et à café. Faïences de fantaisie, majoliques, émaux de grand feu. Faïences genres Delft, Rouen et Rhodes. Faïences siliceuses à émaux alcalins. Faïences et grès artistiques, flammés, irisés, nacrés, etc. Carreaux de revêtement; panneaux décoratifs; bas-reliefs.
Exposition Universelle, Paris 1889 : Grand-prix.

Briqueteries de la Sambre (Société anonyme). — Lobbes.
Cheminées industrielles en briques radiales. Briques pour façade, en toutes couleurs, vernissées, moulurées, carreaux, etc.

Briqueterie et Tuilerie mécaniques de Lessines.
Briques.

Crame-Delpire. — Etablissements céramiques. — Bouffioulx.
Tuyaux et pièces en grès vitrifié et inaltérable.

de Saint-Hubert, Ed. (Industriel). — Ateliers de constructions mécaniques. — Orp-le-Grand.
Presse à moteur servant à mouler et presser automatiquement les briques pour constructions ordinaires.

Escoyez, Louis. — Tertre (Hainaut). Succursale : Mortagne-du-Nord.
Carreaux et pavés céramiques. Dalles pour usines. Produits réfractaires en tous genres. Terres.

Société anonyme des carreaux et produits céramiques de Chimay (Directeur V. Poulet). — Carrelages en grès cérame à dessins incrustés. — Forges-lez-Chimay.
Divers dessins de carreaux incrustés en grès cérame.

CLASSE 73

CRISTAUX — VERRERIE

La fabrication des cristaux riches est pour ainsi dire restée le monopole d'une usine. La gobeletterie et la moulure ont pris, depuis 1889, une assez notable extension. De très sérieux progrès sont à signaler dans la perfection des produits, sans qu'il se soit produit de transformation dans le mode de production.

Les appareils mécaniques pour la moulure et les décors produisent plus vite et mieux. De grandes pièces moulées et pressées, grâce à la pureté de la pâte et à la netteté des détails donnent presque l'illusion du cristal taillé.

La gravure chimique et la gravure au sable ont apporté un concours plus utile et plus judicieux au travail manuel du graveur et du tailleur. Les produits obtenus par ces procédés sont extrêmement variés et mieux finis.

Chaque jour les recherches de laboratoire font découvrir des colorations et des émaux plus purs, plus riches et plus délicats.

La verrerie et la cristallerie belges ont perfectionné leur outillage et ont augmenté leurs moyens de production. La cristallerie s'est préoccupée davantage des formes et des colorations esthétiques, et tout en restant fidèle à la confection des articles qu'on pourrait appeler classiques, elle a fait d'heureuses incursions dans le domaine très accidenté de la fantaisie.

Depuis 1889, l'industrie du verre à vitre n'a pas réalisé de progrès dignes d'être mentionnés spécialement.

A cette époque elle se trouvait en pleine transformation par la substitution du bassin aux fours à pots ; elle a résolu tous les problèmes du vaste appareil nouveau, et est parvenue ainsi à conserver sa prédominance dans le monde, malgré le régime protectionniste qui fleurit autour de nous comme au loin.

En 1889, il y avait 18 bassins en activité; il en existe aujourd'hui 35 produisant annuellement 35,000,000 de mètres carrés de verres à vitres, représentant une valeur de 45,000,000 de francs.

Seuls quelques fours à pots ont été conservés pour la fabrication de verres colorés.

Cette industrie produit annuellement 600.000 mètres carrés d'une valeur de 2,000,000 de francs environ.

Les fabriques de glaces ont perfectionné leur outillage et augmenté leurs moyens de production. Elles peuvent produire aujourd'hui environ 1,600,000 mètres carrés annuellement représentant une valeur de 15,000,000 de francs environ.

Une nouvelle société s'est donné pour but la fabrication des glaces minces, d'après un nouveau procédé breveté.

Il est utile de souligner les transformations très importantes qui ont été faites avec succès en vue d'augmenter la commodité, l'hygiène, la propreté et la sécurité du personnel ouvrier.   H. BAES.

Glaces et verres à vitres

L'exportation a atteint :

		GLACES	VERRES DE VITRAGE
En 1889 une valeur de . . . . fr.		10,227,000	24,619,000
» 1890 . . . . »		11,081,000	23,303,000
» 1891 . . . . »		12,676,000	23,839,000
» 1892 . . . . »		12,224,000	24,166,000
» 1893 . . . . »		11,807,000	20,423,000
» 1894 . . . . »		12,910,000	19,094,000
» 1895 . . . . »		13,841,000	18,484,000
» 1896 . . . . »		17,343,000	42,599,000
» 1897 . . . . »		18,806,000	41,548,000
» 1898 . . . . »		22,381,000	42,658,000

EXPOSANTS DE LA CLASSE 73

Cristaux — Verreries

(Matières premières, matériel, procédés et produits)

Collectivité des Maîtres de Verreries Belges.

Verres à vitres blancs, colorés, gravés, mousselinés, mats, cannelés, losangés, mufflés, sablés, etc.; plaques en verre-porcelaine pour revêtement de murs et autres usages.

MM. E. Fourcault et Cie	à Dampremy.
Léon Mondron	Lodelinsart.
Schmidt-Devillez et Cie	Dampremy.
Soc. anon. des verreries de l'Ancre	Charleroi.
» » » » Belges	Jumet.
» » » » Bennert et Bivort	Jumet.
» » » » de et à	Binche.
» » » » des Hamendes (Louis Lambert et Cie)	Jumet.
» » » » de et à	Jemmapes.
» » » » de et à	Lodelinsart.
» » » » Mariemont,Haine-Saint-Pierre.	
» » » » la Roue	Lodelinsart.

Société anonyme des Verreries coloniales. — Verre (Perles). Merxem.

Rocailles, Charlottes, Pipiotis.

Société anonyme des glaces de Roux. — Glacerie. — Roux.

Marmorite (marbre coulé) de différentes teintes unies et veinées.

CLASSE 74

CHAUFFAGE ET VENTILATION

Chauffage par foyers séparés. Ce mode de chauffage existant depuis toujours, et que l'on rencontre encore presque
dans toutes les habitations particulières, a fait de grands
progrès depuis quelques années.

Chauffage central. Le chauffage central des édifices publics
et des habitations particulières tend de plus en plus à se
faire par calorifères répandant au moyen de conduites la
chaleur dans toute l'étendue du local. Les calorifères en usage

en Belgique sont
de diverses natu-
res; nous allons
les passer en re-
vue :

1° *A feu direct.*
Ce système, en
raison des incon-
vénients écono-
miques et hygié-
niques qu'il pré-
sente, est de plus
en plus aban-
donné. Les amé-
liorations qu'il
est susceptible de
subir sont fort
difficiles à réali-
ser en raison de
sa nature même.

LA CHEMINÉE DU FRANC DE BRUGES

Les surfaces de chauffe ne sont, en effet, jamais complètement étanches et l'air chauffé se trouve toujours mélangé
à une certaine quantité de gaz délétères. De plus, son réglage
est fort difficile et la consommation de charbon n'est nullement en rapport avec l'effet utile obtenu.

2° *Chauffage à l'eau chaude.* Ce mode de chauffage a eu
assez de succès. Mais actuellement, le chauffage par la vapeur
avec tous ses perfectionnements l'a détrôné, ses applications
sont presque oubliées et ne se rencontrent plus guère que
dans les serres où le chauffage doit être continu.

Le chauffage à l'eau chaude à *haute pression* est de plus en
plus abandonné en raison des inconvénients qu'il présente et
du réglage presqu'impossible à obtenir pour les divers
circuits.

3° *Chauffage à vapeur.* Jusqu'à ces dernières années, le

chauffage à vapeur à pression exagérée (1 à 2 atmosphères) était presque seul utilisé et ne s'appliquait guère qu'aux édifices importants ; aujourd'hui, on tend à ne plus employer que de très basses pressions (1 à 3 dixièmes d'atmosphère) et l'alimentation des circuits les plus étendus s'opère dans de bonnes conditions. Mais l'application de ce système n'est plus à la portée de tous, elle nécessite pour être effectuée rationnellement et dans de bonnes conditions la science de l'ingénieur.

La vapeur, utilisée dans ces conditions, donne un chauffage réunissant tous les avantages : grande souplesse d'action, instantanéité dans la distribution de chaleur aux distances les plus longues, pression pour ainsi dire nulle, réglage précis de chacune des surfaces de chauffe isolément, utilisation parfaite du pouvoir calorique du combustible par l'emploi de générateurs réunissant les conditions voulues. Il est en effet à remarquer que ceux-ci règlent exactement la combustion d'après la quantité de chaleur utilisée dans les appareils de chauffe, surtout depuis qu'on a inventé le moyen de régler d'une façon précise la température que l'on veut atteindre dans chaque salle isolément. Cet appareil qui complète le chauffage à vapeur est appelé à prendre une large place dans son installation.

4° *Chauffage mixte au moyen de l'air chauffé par la vapeur.* Ce système a reçu d'assez importantes applications qui pour la plupart ont été couronnées de succès.

L'air se distribue dans les divers locaux par des gaines ou conduits appropriés où il chemine, soit par appel naturel, soit poussé sous l'action de ventilateurs. Ici encore les résultats dépendent de l'étude parfaite et raisonnée de l'installation et du matériel employé.

Ce système est, dans beaucoup de cas, recommandable à l'exclusion de tout autre ; il réalise en effet en même temps la ventilation et le chauffage.

Chauffage au gaz. L'emploi du gaz comme chauffage offre parfois des avantages pratiques quand il s'agit de chauffages peu importants et très intermittents.

Il est simple comme installation et agit rapidement, mais il est coûteux et présente des dangers d'asphyxie et d'explosion, accidents qui arrivent fréquemment.

Chauffage par l'électricité. Système par excellence, par sa simplicité d'installation, son instantanéité d'allumage et d'extinction et son incomparable propreté ; c'est certes le chauffage de l'avenir. Jusqu'aujourd'hui, en raison du prix excessif de l'énergie électrique, il ne trouve son application que dans des cas isolés tout spéciaux.

Ventilation. Cette question si importante au point de vue de l'hygiène et qui longtemps avait été négligée est aujourd'hui l'une des grandes préoccupations de nos architectes et ingénieurs. Jusqu'ici le chauffage ordinaire par radiateur était généralement accompagné d'un système de ventilation des plus vicieux : derrière les appareils on ménageait, à travers les murs extérieurs, des prises d'air qui, par leur disposition même, ne pouvaient être ouvertes que lorsque le chauffage était en pleine activité. A tout autre moment elles donnaient lieu à d'intenses courants d'air et devaient par conséquent être fermées, c'était là une disposition inférieure et complètement vicieuse. Aussi nos constructeurs de chauffage aménagent-ils maintenant d'autres dispositions permettant une ventilation bien ordonnée et que le cadre de notre notice ne permet pas de développer ici.   H. BAES.

EXPOSANTS DE LA CLASSE 74

Appareils et procédés de chauffage et de ventilation

Beck, F., & Cie. — Chauffage central.
Rue de la Prévoyance, 39-46, Bruxelles.
Chauffage par la vapeur, régulation automatique.
Bruxelles 1897, diplôme d'honneur. Prime aux concours spéciaux (Régularisation).

Max Cassart-de Fernesmont. — Appareils de chauffage.
Gembloux.
Petite chaudière et radiateurs pour chauffage des habitations par la vapeur sans pression.

De Ghilage, Ferdinand. — Rue Botanique, 35, Bruxelles.
Appareils de tirage et de ventilation.

Escoyez, Louis. — Tertre (Hainaut), succursale Mortagne-du-Nord.
Carreaux et pavés céramiques; dalles pour usines; produits réfractaires en tous genres; terres.

Lacoste, Edmond. — Foyers de luxe.
Tournai ; maison à Lille (France).
Appareils de chauffage décoratifs.
Médaille argent, Bruxelles 1897.

CLASSE 75

APPAREILS ET PROCÉDÉS D'ÉCLAIRAGE
NON ÉLECTRIQUE

L'éclairage aux huiles végétales n'a guère subi de modification depuis 1889. Il semble, au contraire, être de plus en plus abandonné au profit du pétrole et des nouveaux modes d'éclairage : l'incandescence par le gaz et l'électricité.

Les huiles lourdes n'ont guère trouvé d'applications nouvelles autres que celles de la lampe à air comprimé dont l'usage est restreint à l'éclairage des grands espaces en plein air.

Les essences ou huiles minérales légères ont eu des emplois nouveaux, surtout pour la carburation de l'air ou des gaz pauvres. De nombreux appareils ont été créés surtout pour la carburation de l'air et son application à l'incandescence.

Le pétrole proprement dit et son succédané, l'huile de schiste, continuent à jouir de plus en plus de la faveur du petit consommateur surtout; de nombreux systèmes de becs et de lampes à courant d'air simple ou forcé, à une ou plusieurs mèches plates ou cylindriques, ont contribué à développer cet éclairage aussi intense qu'économique.

Le dernier en date de ces perfectionnements est l'application de l'incandescence aux lampes à pétrole, mais la pratique n'en a pas encore consacré les avantages.

L'incandescence est d'ailleurs à l'ordre du jour des applications des combustibles liquides à l'éclairage.

L'industrie du gaz d'éclairage proprement dit a subi une véritable révolution, on pourrait même dire une rénovation par l'invention du Dr Auer, et cela au moment même où le gaz de houille semblait devoir être battu en brèche par l'électricité. De fait, l'incandescence, en augmentant considérablement le pouvoir éclairant du gaz avec une consommation bien moindre, lui a permis de lutter, comme éclat de lumière et surtout comme économie, avec l'électricité.

Du même coup elle a remplacé avantageusement les becs à récupération qui semblaient manifester un grand progrès sur les becs anciens, malgré la température élevée développée par leur combustion.

Depuis on a voulu rendre la combustion du gaz plus complète et par conséquent la température plus élevée, soit au moyen d'un mélange mécanique plus parfait de l'air et du gaz, soit en brûlant le gaz sous une pression élevée lui permettant d'entraîner l'air nécessaire à sa combustion. Ces deux applications conviennent particulièrement pour l'éclairage des grandes salles.

Nous ne pouvons omettre de parler de l'Acétylène comme gaz d'éclairage. On sait que ce gaz est obtenu par la simple action de l'eau sur le carbure de calcium dont la fabrication est devenue courante depuis l'invention des fours électriques. L'acétylène donne une lumière parfaite sous le rapport de la blancheur et de la douceur et sa production est aisée et peu encombrante. Mais son emploi ne s'est encore guère répandu.

Le Secrétaire du Groupe XII,

H. BAES,

Professeur à l'Académie royale des Beaux-Arts
et à l'École des Arts décoratifs de Bruxelles.

EXPOSANTS DE LA CLASSE 75

Appareils et procédés d'éclairage non électrique

Jorissen, G. — Boulevard Sauvenière, ı3o, Liège.
   Lampes.

La Photolithe (Société anonyme). — Place de la Cathédrale, Liège.
   Applications générales de l'acétylène, éclairage électrique, incandescence par le gaz, etc.
   ı° Un gazomètre automatique d'acétylène, système Rasma;
   2° Un moteur à acétylène ;
   3° Un chauffe-bain à l'acétylène et menues applications.

Société anonyme d'Éclairage et de chauffage intensifs, système Somzée-Greyson. — Eclairage. — Rue du Persil, ı, Bruxelles.
   Appareils d'éclairage intensif, becs et accessoires.

Société Anonyme pour l'éclairage et le chauffage par le pétrole (brevet Bouhon). — Anvers.
   Lampes, bidons, réchauds inexplosibles.

Vanden Bemden, J.-B. — Chaussée de Ninove, ı02, Bruxelles.
   Manufacture de mèches tressées pour bougies et cierges.

GROUPE XIII

TISSUS, VÊTEMENTS ET ACCESSOIRES

FILS ET TISSUS DE COTON

Depuis la dernière Exposition universelle de Paris en 1889, l'industrie cotonnière en Belgique a suivi, toute proportion gardée, la marche ascendante qui a caractérisé le développement de cette industrie dans les pays limitrophes.

La culture du cotonnier qui a pris naissance dans l'Inde, dès la plus haute antiquité, fut introduite dans la Caroline en 1621 ; le coton ne fut apprécié aux Etats-Unis que comme plante d'agrément jusqu'au commencement de la guerre de l'Indépendance ; il est devenu aujourd'hui un produit de première nécessité et sa consommation est énorme dans le monde entier.

On sait que Liévin Bauwens(1), né à Gand en 1769, dota sa ville natale d'une industrie qui rivalise aujourd'hui avec celle des autres nations concurrentes ; Bauwens était allé, aux périls de ses jours, étudier le système mécanique en Angleterre au commencement de ce siècle : dénoncé, il échappa aux poursuites anglaises et, protégé par le Directoire, il arriva heureusement en France ; de là, il se rendit à Gand où il éleva plusieurs fabriques. Il appliqua son système mécanique à la fonderie, à la corderie, à la filature de lin, de coton et de laine, au tissage de velours, de basin, de piqué ; ce fut encore sous son impulsion, paraît-il, qu'on introduisit l'emploi des machines à vapeur aux manufactures.

Sous la monarchie des princes de la maison d'Orange, le roi

---

(1) Bauwens fut maire de Gand en 1805 ; l'empereur Napoléon l'avait admis parmi les membres de la Légion d'honneur; sa ville natale lui a élevé une statue.

Guillaume Ier soutint par son influence morale et financière les efforts des industriels et Gand dut en partie sa prospérité à son esprit d'initiative (1815-1830).

La Belgique comptait, en 1889, près de 700,000 broches de filature et le capital engagé dans l'industrie de la filature et du tissage du coton dépassait la somme de 60 millions de francs. En 1894, l'industrie de la filature du coton occupait en Belgique un chiffre total de 831,232 broches à filer et 151,535 broches à retordre. Les filatures situées hors de Gand (Tubize, Braine-le-Château et Braine-l'Alleud, Saint-Denis (Mons), Court-Saint-Etienne, Buysingen, Obourg, Wauthier, Braine, Tamise, Mont-Saint-Pont, Bousval, Tournai, Renaix, Leuze et Alost) avaient 291,000 broches à filer et 74,200 broches à retordre ; en 1898-1899, Gand possédait 569,652 broches à filer et 84,870 broches à retordre; parmi ces établissements, il en existe de 42, 47, 80 et 130,000 broches. La production de la filature comporte du n° o au 5o belge 45 anglais, soit 40 métrique ; deux établissements produisent des numéros plus fin. Les exportations des filés de coton sont généralement limitées à la France, la Suisse et la Hollande. Les filateurs achètent presque tous leurs matières premières dans les pays producteurs et, dès 1894, le rapporteur de l'industrie cotonnière près la Chambre de commerce de Gand prédisait « que cette ville paraissait appelée, lorsque les travaux du canal de Terneuzen seraient achevés, à devenir un port très important pour l'importation

STATUE DE LIÉVIN BAUWENS
(A GAND)

bruts ». Malgré les difficultés qu'éprouvent les affréteurs à faire arriver jusqu'à notre port, ajoutait-il, les steamers de grand tonnage, difficultés qui se traduisent toujours par une majoration du fret sur Gand, les bassins ont reçu directement (en 1894) de Wilmington, West-Point, Savannah, Galveston, sept steamers et deux voiliers chargés ensemble de 43,264 balles de coton.

Ajoutons encore que depuis 1885, les Indes envoyaient de Bombay un steamer direct, mais que les dimensions de plus en plus insuffisantes de l'écluse de Terneuzen rendaient quasi impossible l'obtention d'un fret des Indes sur le port de Gand.

L'élargissement de la nouvelle écluse et l'achèvement à bref délai des travaux reliant le canal de Terneuzen à l'Escaut occidental amélioreront sous peu cette situation si préjudiciable au commerce gantois.

Les tissages de coton occupent de nombreux métiers et produisent : les cotonnettes, piloux, dimittes, flanelles de coton, cuirs anglais, unis et à côtes, velours de coton ; les façonnés, tels que basins, piqués, damassés, articles molletonnés ; les tissus mélangés et tous les genres de tissus imprimés.

Grâce à la haute clairvoyance et à l'esprit d'initiative de S. M. le roi Léopold II, souverain de l'État indépendant du Congo, la puissante industrie gantoise exporte une partie de ses tissus vers cet État, ainsi que vers les Compagnies privées d'exportation au Congo, qui réservent la préférence pour leurs besoins aux manufactures nationales.

Bruxelles s'occupe de l'impression des tissus de coton, du tissage de la cotonnette fine et de luxe. La Belgique compte cinq usines principales d'impression ; les maisons de commerce de la capitale y sont nombreuses et représentent sérieusement l'industrie cotonnière.

Saint-Nicolas, principal marché du pays de Waes, tisse la cotonnette, les tissus mélangés de laine et de coton.

A Renaix, où une collectivité réunit vingt-huit maisons à l'Exposition de Bruxelles de 1897, on s'occupe de tissus mélangés, burnous et article chemise pour ouvriers.

A Mouscron, centre important de commerce d'exportation, on fabrique le tissu pour gilets, l'article pantalon en divers genres.

De vastes établissements de fils et fileries existent à Alost et nous croyons savoir que cette industrie spéciale lutte avec avantage contre la rude concurrence anglaise.

Hamme produit des rubans, des lacets, et Termonde ainsi que Waesmunster luttent avec une spécialité de couvertures de coton fabriquées dans d'excellentes conditions de bon marché ; une nouvelle usine y fabrique avec distinction les tissus d'ameublement, vigogne et shoddy.

La production des cotonnettes fines et des articles pour pantalons a pris une réelle importance à Braine-l'Alleud. A Mont-Saint-Amand, il existe une usine de tissus de coton pour courroies de transmission.

A Gand et à Louvain fleurissent des établissements admirablement montés en mécaniques spéciales pour le blanchiment, l'apprêt et la teinture des tissus, et à Auderghem on cite, existant depuis de nombreuses années, une teinturerie de fils de coton en toutes nuances, mais particulièrement en rouge d'Andrinople.

L'industrie cotonnière belge, qui a pris un si grand développement et une importance capitale dans nos provinces en ces dernières années, pourra figurer avec honneur à côté de celle des autres pays, représentés à l'Exposition internationale de 1900.

EUGÈNE CRUYPLANTS,
Secrétaire du groupe XIII
(Industries cotonnières et linières).

EXPOSANTS DE LA CLASSE 76

Matériel et procédés de la filature et de la corderie

Despa & Fils. — Manufacture de garnitures de cardes.
Rue Neuve, 5o, Verviers.

Garnitures de cardes pour filature et peignage de laines, coton, déchets de soie et pour les apprêts.

Houget, Fernand. — Fabrique de garnitures de cardes. — Verviers.

Garnitures de cardes pour laine cardée, laine peignée, vigogne, déchets de coton et apprêts.

Société anonyme Célestin Martin. — Verviers.

Machines de préparation de filature de laine. Machines de filature de laine.

EXPOSANTS DE LA CLASSE 77

Matériel et procédés de la fabrication des tissus

D'Haenens-Gathier. — Machines à tricoter, nouveau système. Quai des Tonneliers, 21, Gand.

Machines pour l'industrie et la famille. Nouvelles machines Jacquard pour articles de sport. Machines pour garnitures en soie, laine ou coton pour garnir la bonneterie.

Médailles d'or aux Expositions de Bruxelles 1880, Amsterdam 1883, Valence 1883, Londres 1884, Anvers 1885, Gand 1899.

Société anonyme Célestin Martin. — Ateliers de construction. — Verviers.

Continus à filer. Continu à retordre et à mouliner. Carde à effilocher. Carde fileuse à deux tambours. Carde fileuse à deux peigneurs pour coton. Diviseurs. Pièces pour transmissions.

EXPOSANTS DE LA CLASSE 78

Matériel et procédés du blanchiment, de la teinture, de l'impression et de l'apprêt des matières textiles à leurs divers états.

Collectivité des Laveurs et Carboniseurs de l'arrondissement de Verviers. – Verviers. — Lavage et épaillage chimiques des laines et déchets.

Laines, blousses et déchets lavés ou carbonisés.
Grands-prix : Anvers 1894 et Bruxelles 1897.

Liste des membres de la *Collectivité des Laveurs et Carbonisseurs de l'arrondissement de Verviers* :

Brüll, Ad. et L.; Defossés-Larue, Jos.; Délainage Verviétois, Peltzer & C^le ; Despa, Constant; Duvivier, H., & C^le ; Lamboray, fils ; Lang, J.; Louis, Aug., & C^le ; Melen, Jos. et Eug.; Polis, J., & C^le ; Vosse, G., & C^le.

Crosset & Debatisse, constructeurs. — Machines d'apprêts pour tissus et feutres. — Verviers.

Machines à fouler, à éporer et à presser.

EXPOSANTS DE LA CLASSE 80

Fils et tissus de coton

Alsberge & Van Oost. — Blanchisserie de fils et tissus. — Gand.

Fils et tissus blanchis.

Société anonyme « La Dendre ». — Manufacture de couvertures, tissus de coton. — Termonde.

Couvertures et courte-pointes en coton.

De Porre et Cruyplants. — Tissage de coton. — Gand.

Croisés, basin, madapolam, triplure, cretonnes, piqué, flanellette, etc., etc.

De Staercke, A. et V. (frères). — Tissage mécanique. Rue d'Orange, 3, Gand.

Tissus coton, toiles mixtes, coutils, essuie-mains, mouchoirs.

Philips Glazer, J., & Fils. — Filature et tissage. — Termonde.

Couvertures de coton, blanches, colorées, fantaisies, cuirs, dimittes calicots, moltons, tissus de lin, étoupe, jute.

Filature et Filteries réunies d'Alost (Société anonyme). — Alost.

Fil à coudre, fil crochet, fil à tricoter, fils pour filets de pêche, fils pour selliers, chaussures, etc., fils de coton retors gazés pour tissus.

Filature de Roygem. — Fils de coton écrus, simples et retors. — Gand.

Isabey, F., & Cie.— Tissage mécanique et à la main.—Lokeren.
Coutils et satins pour corsets et pour confections.
Récompenses obtenues aux précédentes Expositions :
Paris 1889, médaille d'argent ;
Bruxelles 1897, médaille d'or

Ramlot, Robert, & Cie, Société « Union ». —[Filature, tissage,
teintureries, blanchisseries et apprêts. — Termonde.
  1° Fils de coton, vigogne et shoddy ;
  2° Châles imprimés et tissés ;
  3° Pagnes imprimés ;
  4° Couvertures en soie et en coton imprimées et tissées.

**Société anonyme Anciens établissements Monckarnie, Ph.,
& Fils.** — Tissage.
Rue d'Or, Gand.
Tissus unis, brochés et jacquards en coton et mélangés,
tels que : piqué, basin, brillanté, molleton, courtes pointes,
toile mixte, essuie-mains, toile damassée.

Société anonyme « Florida ». — Filature et tissage de coton.
Gand.
Fils de coton, tissus de coton écrus, blanchis et teints,
molletons et croisés lainés, flanellettes rayures et carreaux,
Vichy, velours, etc.

Société anonyme « La Coriandre ». — Tissage de coton.
Rue de la Coriandre, 14, Gand.
Tissus de coton unis, croisés et façonnés, teints et blanchis.

Société anonyme Lousbergs, Ferd. — Filature, teinturerie
et tissage de coton.
Quai du Bas-Escaut, 3o, Gand.

Société anonyme des usines Geerinckx et Denaeyer.
Alost.
Couvertures de coton.

Steurbaut, Gustave. — Tissage mécanique.
Rue de l'Avenir, 16, Gand.
Velours cuir anglais, molletons, dimittes, flanellettes
unies, croisées, brochées.

Usines cotonnières Gand-Zele-Tubize (Société anonyme)
(ancienne firme Parmentier Van Hoegaerden & Cie). — Filatures et tissages de coton.
Petite rue des Longs-Chariots, Bruxelles.
Fils de coton simples et retors, écrus, blanchis et teints.
Tissus de coton unis et façonnés, écrus, blanchis, teints et
imprimés.

van Doorne frères. — Tissage, teinturerie, blanchisserie de
toiles et cotons. — Eecloo.

Wild, N., frères. — Couvertures de coton.
Grand-Marais, 225, Gand.

CLASSE 81

FILS ET TISSUS DE LIN, DE CHANVRE, ETC.
PRODUITS DE LA CORDERIE

Parmi le genre lin, type de la famille des linées, qui comprend
près de cent espèces de plantes herbacées ou de sous-arbris-
seaux à feuilles alternes, entières, opposées ou verticillées, à
fleurs assez grandes, bleues, jaunes, blanches, le lin commun
originaire de l'Europe centrale donne lieu à des cultures
extrêmement importantes. Il produit une filasse plus fine, plus
soyeuse, plus douce que celle du chanvre plus fort, mais aussi
plus grossier; le lin a, sur le coton, l'avantage de produire des
fils plus solides; il peut être cultivé dans tous les pays, aussi
bien en Europe qu'en Asie et en Afrique et ne redoute que les
climats trop humides et les climats trop secs, ainsi que les
contrées battues par les vents continuels; il lui faut un pays
tempéré et des situations abritées.

Le lin commun paraît avoir fourni les premiers vêtements
de l'homme.

Dans les Gaules, dans la Germanie, la culture du lin est
immémoriale; au temps de Pline, on fabriquait, dans les environs du Pô, des étoffes de lin d'une grande finesse et l'ancien-
neté de la culture du lin aux Indes ne saurait être révoquée en
doute. On prétend que les Egyptiens auraient été les premiers à semer le lin; il était cultivé en grand du temps de
Moïse et, d'après Gibbon, les manufactures de toiles égyp-
tiennes étaient renommées et leur commerce d'exportation
existait au temps des empereurs romains.

Le lin devait être commun en Egypte, car on prodiguait les
bandelettes pour envelopper les momies, même des derniers
rangs du peuple; il est reconnu aujourd'hui que ces bandelettes,
tant en chaîne qu'en trame, étaient formées de lin et non de
coton.

Dans un rapport paru au Catalogue belge, lors de l'Exposition de 1889, l'historique de cette industrie du lin en Belgique
a été développé depuis les temps les plus reculés; l'espace
restreint qui nous est réservé ne permet pas de reproduire *in
extenso* cette étude; nous nous bornerons, à titre d'indication,
à relever les points les plus saillants concernant la marche de
l'industrie linière jusqu'en 1889, date à laquelle s'arrête ce
remarquable résumé :

« A l'époque de la conquête romaine, on filait et tissait le lin
dans quelques parties de la Belgique actuelle.

» L'industrie linière prit un grand développement aux XVe et
XVIe siècles, par suite de la décadence de la draperie.

» Sous le régime autrichien, l'industrie linière était parvenuc à un haut degré de prospérité. L'exportation annuelle des toiles variait de 17 à 22,000,000 d'aunes.

» Arrêtée au moment de la révolution (an I à an XII), la prospérité de cette industrie reprit vers le commencement de l'empire.

» Depuis 1814, le marché français ayant cessé d'être librement ouvert à notre industrie linière dont il était le premier débouché, cette fabrication subit une crise assez intense.

» Et, malgré ce système restrictif, de 1825 à 1830, le mouvement de notre exportation de tissus de lin pour la France fut en moyenne, par année, de 3,500,000 kilos représentant une valeur approximative de 22 millions de francs. »

LE TISSERAND, DE VAN OSTADE

Napoléon avait proposé, en 1810, un prix de 1 million pour l'inventeur de la meilleure machine à filer; Philippe de Girard résolut le problème en quatre mois et prit un brevet au mois de juillet de l'année même, mais le prix ne lui fut pas décerné; Girard mourut en 1845 et ses titres ne furent définitivement reconnus qu'en 1853.

Quoi qu'il en soit, on fabriqua en Angleterre suivant son système de 1820 à 1834; en Belgique, le lin continua à se filer exclusivement à la main jusque vers 1834; on adopta alors l'invention de Philippe de Girard qui consiste surtout « dans l'addition de peignes qui continuent l'étirage et maintiennent le parallélisme des fibres pendant l'opération ».

« Six ans plus tard, les filatures françaises ne réunissaient encore que 57,000 broches; les filatures belges 47,000, tandis que les filatures de l'Angleterre en possédaient plus d'un million. »

Vers 1837, l'industrie linière (filature et tissage) occupaient en Belgique plus de 350,000 personnes, dont près de 280,000 appartenaient aux deux Flandres. La crise industrielle provoquée par la concurrence anglaise fut encore compliquée par une crise alimentaire, indépendamment du trouble amené par les désastres financiers de 1839 et des difficultés provoquées par l'esprit de fiscalité des tarifs français et espagnols.

Grâce à l'intervention du Gouvernement, l'industrie linière se remit bientôt de la crise qui l'avait si profondément ébranlée; elle adopta les nouveaux procédés de travail et modifia complètement son organisation économique.

Lors de la participation de l'industrie linière à l'Exposition universelle de Paris en 1855, voici la conclusion du rapport de M. Tresca, ancien commissaire du classement, à cette exposition, au sujet de la classe 22 (industrie des lins et des chanvres): « Tous les pays manufacturiers filent et tissent aujourd'hui plus ou moins mécaniquement le chanvre et le lin. Considérées au point de vue de la valeur des produits, la Grande-Bretagne et la France sont à peu près sur la même ligne, avec cette différence que le travail est presque entièrement automatique chez la première qui fait fonctionner 1,268,693 broches, et que la France en possède 350,000 environ, ce qui indique la proportion qui se file encore à la main; mais si on comparait la production à la population du pays, la Belgique qui, non compris la grande quantité de bras employés au filage de ses produits fins, possède cependant 150,000 broches, viendrait en première ligne. L'importance du Zollverein se compte par 80,000, celle de l'Autriche est représentée par 30,000; on en suppose 50,000 en Russie, 15,000 aux États-Unis; à l'Espagne, 6,000 seulement.»

« L'industrie du chanvre et du lin est si complète en Belgique, qu'on peut la citer comme ayant présenté des échantillons estimables dans toutes les variétés. »

En 1860, nous possédions 180,000 broches mécaniques; en 1889, environ 250,000; en 1890, 270,000; en 1895, le rapporteur de l'industrie linière près la Chambre de commerce de Gand, le regretté M. Louis De Smet, s'exprimait en ces termes : « La Belgique exporte les 3/4 de sa production en fils de lin et d'étoupes ; depuis qu'elle a atteint l'apogée de son développement, son champ d'action s'est plutôt rétréci par suite des droits protecteurs, voire même prohibitifs institués dans certains pays de consommation. »

Voici la dernière statistique présentée en 1895, à la Chambre de commerce de Gand, par le rapporteur, M. Ferdinand Feyerick :

Filatures de Gand (14)	195,044 broches.
En dehors de Gand	97,112 »
	——————
Ensemble .	292,156 broches.

Salaires en 1895 : 6 millions de francs; capitaux engagés dans l'industrie linière à Gand, 36 millions de francs.

La filature a employé, en 1895 :

30,000,000	de kilos de lin ;		environ	24,000,000	de francs.
15,000,000	»	d'étoupe ;	»	9,450,000	»
7,000,000	»	de jute ;	»	2,300,000	»

52,000,000 de kilos.   35,750,000 francs.

PRODUCTION :

				Valeur environ	
11,630,000	kilos de fil	de lin ;		27,350,000	francs.
10,930,000	»	»	d'étoupe ;	15,750,000	»
6,800,000	»	»	de jute ;	3,400,000	»

29,360,000 kilos.   46,450,000 francs.

Consommation de charbons dans les filatures de lin : 70,000,000 de kilos, valant environ 910,000 francs, rendus à Gand.

« La fabrication du linge damassé et ouvragé existe en Belgique depuis le XIIe siècle; la ville de Courtrai eut une grande renommée pour cette industrie; en 1810, les fabricants courtraisiens occupaient encore 3,000 métiers à cette industrie; depuis lors, elle est devenue sans importance, mais elle a été introduite avec succès dans d'autres localités, telles que Gand. Alost et les environs.

» L'industrie linière s'est vue resserrée peu à peu dans ses étroites limites; les théories du libre échange ne s'étant pas développées comme on l'espérait. Toutefois, l'industrie linière s'est créé de nouveaux débouchés où ses produits appréciés luttent avantageusement avec ceux des grands concurrents, les Anglais et les Allemands; le tissage envoie ses tissus dans le monde entier, soit directement, soit par l'intermédiaire d'agents. Le tissage linier est disséminé en Belgique dans un grand nombre de communes de Flandre et dans quelques rares localités des autres provinces ; il présente une grande variété de produits, de toiles à voiles, toiles d'emballages, toiles à sacs, toiles ordinaires pour la consommation du pays et l'exportation ; toiles fines, linges de table, de toilette, linges damassés.

» Les principaux centres de fabrication sont Courtrai, Roulers, Gand et Alost; Courtrai et ses environs, Iseghem notamment, ont une grande specialité en toiles fines; leur fabrication a été, de tout temps, une des gloires industrielles de la Belgique. »

Après ces dernières données relatives au tissage, émettons l'espoir que l'industrie linière, qui eut cinq années consécutives de bien-être, de 1889 à 1894, les retrouvera et que, malgré les causes connues qui entravent l'essor de cette noble industrie, le perfectionnement et le fini du travail belge de l'industrie textile du lin et du jute finiront par triompher de l'état de crise dans lequel elle se débat ; souhaitons qu'elle retrouve sous peu les belles années de prospérité et de quiétude !

Vires Acquirit eundo.

EUGÈNE CRUYPLANTS,
Secrétaire du groupe XIII
(Industries cotonnières et linières).

Cordage

L'exportation des cordages (commerce spécial) a atteint :

1889 . . 2,619,564 kilogr. pour une valeur de 3,667,000 francs
1890 . . 2,802,619 . . . . 3,924,000 —
1891 . . 2,752,504 . . . . 3,303,000 —
1892 . . 2,767,727 . . . . 3,374,000 —
1893 . . 2,895,304 . . . .
1894 . . 3,373,533 . . . . 4,048,000 —
1895 . . 3,617,523 . . . . 4,341,000 —
1896 . . 4,261,089 . . . . 5,113,000 —
1897 . . 4,692,102 . . . . 5,631,000 —
1898 . . 5,767,313 . . . . 6,921,000 —

EXPOSANTS DE LA CLASSE 81

Fils et tissus de lin, de chanvre, etc.

Produits de la corderie

L'Association Linière (Société anonyme). — Filature de lin et d'étoupes. — Gand.

Fils de lin et d'étoupes écrus, blanchis.

Beernaerts, Félix. — Tissage mécanique. — Gand.

Calicots écrus, blancs et teints, unis et façonnés, toiles en pur fil et mixtes.

De Kien, Léonard (successeur de Boutry-Van Isselsteyn & Cⁱᵉ). — Filature et tissage mécaniques. — Courtrai.

Fils de lin et d'étoupes. Toiles et toiles mixtes, écrues, blanches et de couleurs. Fils blanchis. Dowlas, Russias. Canevas. Bâches. Spécialité d'Entretellas. Paddings. Ducks, etc.

Morel & Verbeke. — Filatures de lin et de jute.

Rue de la Lys, 22, Gand.

Fils de lin jaunes de Courtrai et gris des Flandres en chaines qualités extra, supérieures et ordinaires, séries de nᵒˢ 16 à 80, écrus et blanchis. Fil de jute en qualités supérieures et ordinaires, chaines et trames, séries de nᵒˢ 3 à 8 écrus, blanchis et teints.

Parmentier, P., & Cⁱᵉ. — Rue de Laeken, 80, Bruxelles.

Tissus de lin, toiles, linges de table.

Société anonyme Linière gantoise. — Filature de lin et d'étoupes.

Quai du Ramáge, Gand.

Fils de lin et d'étoupes, écrus et blanchis.

Société anonyme linière « La Liève ». — Filature de lin et d'étoupes.

Quai de l'Industrie, Gand.

Fils de lin et d'étoupes, écrus et blanchis.

Société anonyme linière Saint-Sauveur.

Rue de l'Ancienne Porte-du-Sas, 76, Gand.

Fils de lin et d'étoupes de lins.

Société anonyme de la Lys. — Filature de lin, d'étoupe et de jute. — Gand.

Fils de lin, d'étoupes et de jute simples, écrus, blanchis et teints.

De Staercke, A. et V., frères.

Rue d'Orange, 3, Gand.

Toiles, coutils, essuie-mains, mouchoirs.

Steurbaut, Gustave. — Tissage mécanique.

Rue de l'Avenir, 16, Gand.

Toiles pour tailleurs, cordonniers, relieurs, toiles à bâches et à prélarts.

van Doorne frères. — Tissage, teinturerie, blanchisserie de toiles et cotons. — Eecloo.

Vueghs, R., et frère. — Tissage mécanique et à la main. — Turnhout.

Coutils et satins rayés pour stores, matelas, tentes, etc.

Diplôme d'honneur, Bruxelles 1897.

CLASSE 82

FILS ET TISSUS DE LAINE

L'une des branches principales de l'industrie belge est assurément la fabrication des draps et des étoffes de laine. Et cette industrie a fait naître et se développer considérablement dans le pays de Liège un de ces puissants groupements comme il y en a dans les grands districts manufacturiers de l'Angleterre.

En effet, à Verviers, Dolhain, Hodimont et Ensival sont admirablement installées d'importantes fabriques de draps et d'étoffes de laine qui constituent l'une des sources principales de la richesse et de la prospérité commerciale de la Belgique.

Nous devons ajouter que de nombreuses fabriques de tissus

ont été créées aussi à l'étranger par des Belges, notamment en
Allemagne et en Russie, où elles sont très prospères.

Au surplus, voici quelques chiffres relevés dans des documents officiels et qui sont de nature à faire mieux apprécier
toute l'importance du commerce des tissus en Belgique.

En 1898 (1), il a été exporté pour 72,814 francs de châles et
écharpes de laine ; pour 290,095 francs de tapis et tapisseries
de laine ; pour 29,140 francs de passementeries ; pour 15,076 fr.
de rubanerie ; pour 9,687,272 francs de draps, casimirs et tissus
similaires ; pour 410,077 francs de coatings et autres tissus

LE BARRAGE DE LA GILEPPE ALIMENTANT VERVIERS

lourds ; enfin pour 4,894,419 francs de tissus de laine non
dénommés.

Il est à remarquer que dans ces chiffres ne sont pas compris
ceux se rapportant aux sorties belges et étrangères réunies.

Complétons ces renseignements en disant qu'en 1898 on a mis
en consommation en Belgique pour 21,153,000 francs de tissus
de laine et pour 4,624,000 francs de fils de laine.

(1) Les chiffres pour 1899 ne sont pas encore connus au moment de la
rédaction de cette note.

LES HALLES AUX DRAPS D'YPRES

En 1898, il a été importé en Belgique 729,727 kilos de fils de laine et nous en avons exporté 8,536,738 kilos, soit en faveur de l'exportation 7,807,011 kilos.

Cette statistique est suffisamment éloquente pour démontrer à l'évidence toute l'importance de l'industrie des fils et tissus de laine en Belgique.

Nous avons dit tout à l'heure que le centre de cette branche industrielle se trouve dans le pays de Liège; effectivement, dès 1843, la plupart des filatures étaient à Verviers, mais il en existe actuellement également dans la province de Brabant et les deux Flandres.

La Belgique cependant produit peu de laines et encore celles-ci ne sont-elles pas d'une qualité exceptionnelle. Elles sont presque exclusivement employées pour la fabrication des couvertures, des baies et des draps militaires.

En terminant cet aperçu, signalons les multiples et intéressants perfectionnements qui ont été apportés ces dernières années dans l'outillage des filatures.

Aujourd'hui, de nombreux ouvriers sont remplacés souvent par une unique machine, qui effectue un travail non seulement parfait, mais rapide. Et cette introduction de machines perfectionnées provoque un abaissement considérable de la main-d'œuvre qui a pour conséquence une réduction importante des prix de vente de l'article : tissus de laine.

Enfin, disons encore que de nombreux établissements de peignage de laine ont été établis en Belgique.

R. VAXELAIRE.

EXPOSANTS DE LA CLASSE 82
Fils et tissus de laine

Garot, L. & J. — Verviers.
  Étoffes de laine.
Glorieux, Gustave. — Courtrai.
  Laine, fils de gomme et de coton.
Peltzer & Fils. — Tissus et fils de laine. — Verviers.
  Draps, satins et étoffes de nouveauté. Draps de dames. Flanelles. Couvertures de voyage, etc. Fils de laines cardée et peignée.
Ramlot, Robert, & Cie, Société « Union ». — Filature, tissage, teintureries, blanchisseries et apprêts. — Termonde.
  1º Couvertures à fleurs nº 36 dénommées « Flower Blankets », type de l'Etat indépendant du Congo; 2º couvertures avec dessins d'animaux dénommées « Animal design Rugs » 3º Animal skin Rugs; 4º Dewsburg shawls.
Simonis, Iwan. — Industrie lainière. — Verviers.
  Draps et étoffes de laine. Draps pour billards. Draps militaires, d'administration, de voitures, etc.

Société anonyme de Loth. — Peignage, filature, tissage, tcinture, apprêts. — Loth, près Bruxelles.

Laines brutes, peignées, filées en écru et teint. Laines à tricoter. Tissus divers en laine, demi-laine, coton. Satin de Chine (Zanellas).

Société anonyme des usines Geerinckx et Denaeyer. Alost.

Couvertures de laine et mi laine.

EXPOSANTS DE LA CLASSE 83

Soie et tissus de soie

De Heuvel, Edmond. — Fils de soie.

Rue de l'Hôpital, 31, Bruxelles.

Soies retorses pour merceries, broderies, passementeries, chaussures, etc.

Wauters-Cooremans, E. — Filature et tissage de soie. — Ath.

Peignés, schappes, cordonnets, soieries et peluches de soie. Peignés, toiles et peluches de lin.

Médaille d'or, Paris 1889. Membre du Jury Exposition internationale Bruxelles 1897.

CLASSE 84

DENTELLES

La dentelle! Nous pourrions lui consacrer de bien longues pages, toute une étude même. Hélas! cette fois encore l'espace nous manque et force nous est d'écourter ce chapitre intéressant qui a trait à une industrie belge essentiellement nationale.

L'industrie dentellière peut se diviser en plusieurs chapitres. Nous voudrions parler de façon détaillée de la fabrication, de la mode et du luxe des dentelles, de la situation actuelle de cette industrie, et de ses ouvrières qui portent au loin le bon renom du commerce belge.

Avant 1865, nous dit M. Antoine Carlier, dans son étude remarquable : *La Belgique Dentellière*, les principaux centres de la fabrication des dentelles en Belgique étaient Bruges, Courtrai, Ypres, Gand, Malines, Louvain, Anvers, Roulers, Binche, Saint-Trond et Grammont.

Mais plus tard Bruxelles, étant devenue la capitale de la Belgique, le commerce de la dentelle s'y centralisa, et c'est pour cette raison que, de nos jours, les principaux fabricants habitent la capitale. Les spécialités qui caractérisaient la fabrication de chaque ville ont disparu en partie.

Peut-être l'opinion de M. Antoine Carlier est-elle trop générale. Il ne niera assurément pas que les dentelles aux fuseaux, par exemple, se fabriquent encore actuellement dans les deux Flandres, à Ypres, à Courtrai, à Bruges et à Gand, à Loochristy, à Saint-Nicolas, etc.

Notons qu'à Grammont on fabrique une dentelle spéciale semblable à celle connue en France sous le nom de dentelle de Chantilly. Certes, la fabrication de la dentelle est très importante à Bruxelles, mais il s'agit plus spécialement de là dentelle à l'aiguille et on ne nous taxera pas d'exagération quand nous dirons que dans aucun autre pays on ne parviendrait à faire une sérieuse concurrence à la dentelle de Bruxelles qui produit parfois de véritables chefs-d'œuvre de dessin et de finesse.

Constatons non sans un vif sentiment de regret que l'on attachait anciennement à la dentelle une valeur beaucoup plus considérable qu'actuellement. La raison? Aujourd'hui, la dentelle n'est plus exclusivement fabriquée à la main. Des métiers mécaniques perfectionnés davantage chaque jour ont été

LES DENTELLIÈRES

inventés. C'est ce qui a fait perdre à la dentelle de Malines beaucoup de son importance. Néanmoins on peut affirmer que la vraie dentelle, celle faite à la main, aura toujours la supériorité sur les dentelles mécaniques.

La fabrication des dentelles se fait par des ouvrières à domicile, dans des écoles, des communautés, des couvents, des orphelinats et dans les béguinages.

En 1846, la Belgique comptait au delà de 60,000 dentellières. En 1898, une statistique officielle a établi qu'il existait 35,000 dentellières, femmes et jeunes filles, travaillant la dentelle à domicile. Et le chiffre total des dentellières en Belgique s'élève aujourd'hui à 45,000 environ.

Terminons ce chapitre en énumérant les dentelles qui se

fabriquent en Belgique. (ANTOINE CARLIER : *La Belgique
Dentellière*.)

Les dentelles spécialement employées dans la lingerie fine
sont :

1° Les dentelles guipures, appelées dentelles de fil, de Cluny
ou dentelles torchons :

2° Les dentelles valenciennes, maille ronde et maille carrée ;

3° Le point de Flandre antique et moderne. Ce dernier a une
maille double ;

4° Le point de Paris fin et le point de Paris fort, généralement fabriqué avec du fil de lin non blanchi. Cette dentelle
est très en faveur dans les premières maisons de lingerie fine
de Paris ;

5° La dentelle de Lille ou d'Arras ;

6° La dentelle de Malines, la reine des dentelles comme
finesse d'ensemble ;

7° La dentelle dite dentelle hollandaise ou Potkant, à fond
Lille.

Les dentelles généralement employées pour garnitures de
robes sont :

1° La dentelle Duchesse de Bruxelles ;

2° La dentelle Duchesse de Bruges ;

3° Le point à l'aiguille que l'on nomme, selon la finesse de
son réseau, point gazé, point de Venise, point d'Alençon, point
de rose, point de France, point de Burano, point de Gênes

4° Le point de Milan ;

5° Le point d'Argentan ;

6° La dentelle Renaissance ;

7° Le point d'Irlande ;

8° L'application de Bruxelles, appelée encore point d'Angleterre ;

9° L'application lacet ;

10° La broderie sur tulle ;

11° La guipure de soie noire ;

12° La dentelle de laine :

13° La dentelle Chantilly noire ;

14° La dentelle Chantilly blanche ;

15° La blonde espagnole, fabriquée avec de la soie noire ou
blanche ;

16° La dentelle de Binche.

Il y a encore une grande quantité de dentelles fantaisies et
qui sont également fabriquées en Belgique.

BRODERIES

Une des branches du commerce qui a fait le plus de progrès
en Belgique est la broderie mécanique. Introduite dans notre

pays il y a quelques années, elle occupe aujourd'hui un nombre considérable d'ouvriers et d'ouvrières qui va toujours en augmentant.

On fabrique beaucoup en Belgique la broderie dite « broderie suisse » qui est exportée dans presque tous les pays.

La fabrication des rideaux brodés a aussi pris une extension considérable et la Belgique qui, jadis, recevait cet article presque exclusivement de la France et de la Suisse n'a plus guère recours à ces fournisseurs d'autrefois. De plus, on a créé en Belgique le store flamand qui est très en vogue.

D'une enquête faite auprès des principaux fabricants belges, il résulte que l'exportation de la broderie fabriquée dans notre pays pourrait devenir extrêmement importante si la matière première, dont les fabricants sont tributaires à l'étranger, n'était pas imposée de droits absolument trop exagérés. C'est là le réel motif pour lequel les fabricants belges sont toujours placés dans une situation inférieure sur les marchés étrangers.

UNE DENTELLIÈRE
FLAMANDE

Le salaire des ouvriers broderies en coton varie de fr. 3.5o à 4 francs et ceux des broderies en soie de 5 fr. à fr. 5.5o par jour.

Le salaire des ouvrières varie de fr. 1.5o à 4 francs par jour.

La broderie en or et argent se fait à la perfection pour ornements d'églises, bannières, drapeaux, écussons, etc., et on apporte en Belgique dans ce travail spécial beaucoup de goût et une réelle connaissance des styles et des époques.

Cette industrie spéciale occupe de nombreux ouvriers et ouvrières à Bruxelles, Bruges, Gand, Malines, Louvain, Saint-Nicolas, etc.

R. VAXELAIRE.

EXPOSANTS DE LA CLASSE 84

Dentelles, broderies et passementeries

Declercq-Clément. — Torchons-Dentelles. — Iseghem.

Médailles d'or à Anvers 1894 et à Amsterdam 1894 et 1895.

De Heuvel, Edmond. — Galons laine et soie.

Rue de l'Hôpital, 31, Bruxelles.

Galons de laine, soie, bourre de soie et coton pour corsets et pour vêtements.

Gillemon-De Cock, A. — Dentelles à la main. — Bruges.
Dentelles de Bruges ; Duchesse ; Points de Flandre ; Guipures dites Valenciennes.

Martin, Georges (Compagnie des Indes). — Fabricant de dentelles. — Rue de la Régence, 1, Bruxelles.
Dentelles à la main.

Minne-Dansaert (Mme). — Dentelles véritables à l'aiguille et aux fuseaux. — Haeltert et rue Rossini, 4, Paris.

Mommaert frères et sœurs — Passementeries d'ameublements. — Rue d'Argent, 33, Bruxelles.
Passementeries d'ameublements.
Hors concours, membre du Jury, Anvers 1894, Bruxelles 1897

Neirynck, Gérard. — Passementeries pour ameublements, franges et dentelles pour stores. — Rue d'Arenberg, 1bis, Bruxelles.
Hors concours, membre du jury ; Bruxelles 1897.

Peene-Delodder. — Tirettes dentelles en tous genres. — Faubourg de Tournai, 9, Courtrai.
Tirettes-dentelles dites torchons en fil et en coton.

Van Severen-Vermeulen, J.-B. — Saint-Nicolas.
Tableau brodé.

Verhoeven. — Fabrication de dentelles : dentelles brodées à la main. — Boulevard de l'Hôpital, 11, Lierre.
Différentes sortes de dentelles qui se font en fabrication.

CLASSE 85

HABILLEMENT DES DEUX SEXES

Dans ce chapitre, nous comprenons la lingerie et la confection de toutes espèces pour hommes et femmes.

Par les statistiques intéressantes que nous publions plus loin et qui ont été puisées à des sources officielles, on verra que cette branche du travail « si complexe et si instable par ses exigences imprévues et fantaisistes », ainsi qu'on l'écrivait un jour, a pris un développement réellement surprenant. C'est que les modes sont capricieuses et changent vite, et le goût de la toilette chez la femme surtout devient de plus en plus exigeant et difficile. Avec cela on rivalise de bon marché sans pour cela vouloir affirmer que le luxe disparait. Certes, non.

Aujourd'hui la fabrication du vêtement confectionné existe dans toutes les grandes villes de la Belgique et, malgré l'abondance des produits de ce genre répandus sur le marché, ils conservent le cachet, le goût et l'élégance de la coupe tant recherchés par les acheteurs qui deviennent de plus en plus difficiles.

En général, les maisons de confections belges sont admirablement organisées et parfaitement outillées : le cercle de leurs opérations commerciales ne cesse de s'élargir et si les résultats acquis au point de vue des transactions sont brillants, on constate que la clientèle hors frontière augmente dans de notables proportions. Il suffit pour s'en convaincre d'examiner les chiffres des exportations.

En 1898, on a exporté pour 10,118,000 francs d'habillements, lingerie et confections de toute espèce. En 1897, ce chiffre ne s'élevait qu'à 9,663,000 francs ; il y a donc une différence de 455,000 francs en faveur de 1898.

On peut dire que l'habillement pour les deux sexes donne un chiffre d'affaires s'élevant annuellement à plus de cent millions de francs.

Le commerce de la lingerie et des vêtements pour femmes et pour hommes occupe de nombreux ouvriers et ouvrières, et voici à cet égard des chiffres intéressants et officiels.

L'habillement et la lingerie pour les deux sexes nécessitent l'emploi de 30,798 ouvriers et ouvrières, plus de 72,198 personnes autres que le personnel ouvrier : directeurs, ingénieurs, contremaîtres et employés, ceux-ci chargés de la vente et de la manutention.

Comme on le voit par ces chiffres, l'industrie du vêtement a pris une extension considérable et elle procure du travail à une légion d'ouvriers.

CORSETS

Introduite en Belgique depuis un temps relativement court, l'industrie du corset s'est rapidement développée et elle occupe actuellement un rang très important dans notre industrie nationale.

La femme doit-elle, oui ou non, porter un corset? Cette intéressante question a fait l'objet d'études et d'enquêtes approfondies surtout de la part des hygiénistes. Nous ne chercherons pas à la résoudre ici. Nous nous bornerons tout simplement à constater que, malgré toutes les discussions, le porter du corset se généralise de plus en plus.

L'industrie du corset occupe en Belgique 1,938 ouvriers et ouvrières dont 974 dans la province de Brabant, 305 dans la province d'Anvers et 627 dans la Flandre Orientale.

RAYMOND VAXELAIRE,
Secrétaire du groupe XIII.

EXPOSANTS DE LA CLASSE 85

Industries de la confection et de la couture pour hommes, dames et enfants

De Kien, Léonard (successeur de Boutry-Van Isselsteyn & Cie).
Confections militaires. — Courtrai.
Tous objets, en général, en tissus de lin ou de coton, pour équipements militaires et administrations publiques.
Navir, M. — Vêtements pour hommes.
Rue de la Montagne, 88, Bruxelles.
Vaxelaire-Claes & Cie. — Au Bon Marché.
Rue Neuve, Bruxelles.
Vêtements pour dames.
Membre du Jury : Paris 1889, Bruxelles 1897, Anvers 1894, Barcelone 1888, Amsterdam 1883, diplôme d'honneur 1885.
Jazowski, J. — Rue Royale, 62a, Bruxelles.
Confections de fourrures et pelleteries.

EXPOSANTS DE LA CLASSE 86

Industries diverses du vêtement

Bücker, Antoine. — Rue Royale, 3o, Bruxelles.
Bottes et chaussures.
Crutzen frères. — Fabrique mécanique de chaussures. — Dison.
Chaussures de luxe et de fatigue, cousues et clouées.
De Bruycker, Th., & Cie. — Rue du Poinçon, 12, Bruxelles.
Chemises, faux-cols, manchettes, cols, cravates.
De Heuvel, Edmond. — Rue de l'Hôpital, 31, Bruxelles.
Buxs, ressorts, laçures pour corsets, chaussures et vêtements.
Bruxelles 1897, rapporteur-instructeur du Jury d'examen 58.
Dujardin, F., & Cie. — Bonneterie. — Leuze.
Bas et chaussettes, proportionnés et sans couture, unis et fantaisie; caleçons et gilets, proportionnés et coupés; articles pour cyclistes et sports; objets de fantaisie pour enfants et pour dames.
Médailles d'or aux Expositions : Vienne 1873, Philadelphie 1876, Paris 1878, Anvers 1885, Barcelone 1888, Guatémala 1897; hors concours, membre du Jury : Anvers 1894 et Bruxelles 1897; Officier de l'ordre de Léopold et Chevalier de l'ordre de Charles III d'Espagne.
Heyse-Delodder. — Fabricant de tirettes-dentelles.
Courtrai.
Tirettes-dentelles en tous genres.
Manufactures royales de corsets P. D. (Société anonyme).
Anciens établissements Dutoict, P., et Cie.
Rue du Pélican, 31, Bruxelles.
Corsets cousus et brodés.
Vandenbos, Eugène (Botterie Royale). — Chaussures.
Place d'Armes, 19, Gand.
Spécialité de chaussures de chasse.

GROUPE XIV

FABRICATION DES PRODUITS CHIMIQUES

L'industrie des produits chimiques a pris en Belgique, pendant ces dernières années, un développement considérable : beaucoup d'établissements ont fait, tant au point de vue de la qualité de leurs produits qu'au point de vue des bas prix de revient obtenus par l'application de nouveaux procédés, de très grands progrès.

Passons rapidement en revue quelques-uns de ces produits.

ACIDE SULFURIQUE

C'est surtout la fabrication de ce produit qui a pris le plus de développement en Belgique.

La production qui était d'environ 5,000 à 6,000 tonnes par mois, en 1889, a plus que quadruplé. On peut, en effet, évaluer à l'heure actuelle la production totale des établissements divers qui s'occupent de cette fabrication à 250,000 tonnes annuellement.

Cette énorme production a surtout été provoquée par l'obligation où se sont trouvées les usines à zinc de condenser — pour éviter les dommages causés aux riverains — les vapeurs sulfureuses provenant du grillage des minerais utilisés en grandes quantités dans leurs fabrications, minerais dont l'emploi s'est de plus en plus généralisé à cause de la rareté de plus en plus grande du minerai primitif la « Calamine » (hydrosilicate de zinc); d'autre part, l'invention de fours spéciaux, successivement perfectionnés, et utilisés pour le grillage de ces minerais; la prospérité toujours croissante de l'industrie du zinc ont facilité et augmenté la production de l'acide sulfurique par les blendes et ce dans de telles conditions économiques que l'on peut dire, sans rien exagérer, que les 2 3 de la production totale de cet acide signalée précédemment proviennent de minerais sulfurés de zinc.

Beaucoup d'usines ont appliqué à leur grillage de minerais les nouveaux fours à moufles avec chambres de récupération. Les autres usines font opérer ce même grillage à façon par d'autres fabriques de produits chimiques qui se sont outillées à cette fin, de sorte qu'actuellement pas une de ces usines métallurgiques ne perd, comme précédemment, le soufre de ces minerais.Progrès considérable qui a tout naturellement jeté une certaine perturbation sur le marché en faisant tomber de 80 à 90 p. c. le prix de l'acide sulfurique. Cette importante concurrence,tout en exerçant une heureuse influence sur l'hygiène et sur un grand nombre d'industries de première nécessité, a forcé les fabricants d'acide sulfurique par la pyrite de fer ou par la pyrite cuivreuse à perfectionner leurs outillages et leurs appareils de production ; ces perfectionnements sont connus et nous ne pouvons pas les reproduire dans cette courte notice. Mais ce que nous croyons utile de signaler,c'est que les usines qui pour la plupart grillent aussi des blendes sont arrivées au maximum de rendement avec des consommations de charbon, de nitrate de soude, de plus en plus réduites. Ce sont les perfectionnements multiples qui les ont soutenues jusqu'à ce jour. Mais il est facile de prévoir, qu'avant peu, en présence surtout du développement des usines à zinc, la lutte ne sera plus possible et qu'aux pyrites de fer surtout, dont les résidus n'ont pas assez de valeur, les minerais de valeur, de zinc ou de cuivre, devront être forcément substitués. Deux usines utilisent déjà avec succès les pyrites de cuivre dont elles extraient par des procédés, spéciaux à chacune d'elles, le cuivre d'abord, l'or et l'argent ensuite.

SULFATE DE SOUDE

Pendant quelques années la production de cette matière première des verreries et des glaceries est restée stationnaire. Elle a toutefois légèrement augmenté par suite de l'établissement de nouvelles glaceries et de fours à bassins dans les principales verreries. Les appareils de fabrication sont restés les mêmes, plusieurs usines ont cependant modifié de diverses façons leurs fours et adopté le chauffage par le gaz ; il paraît qu'elles s'en trouvent bien au point de vue de l'économie du combustible et de la régularité du travail. Les usines qui produisent le sulfate de soude sont toutes représentées à l'Exposition sous la rubrique : *Collectivité des fabricants belges de produits chimiques* qui se compose de six sociétés.

ACIDE CHLORHYDRIQUE

Ce produit qui dérive de la fabrication du sulfate de soude en subit la bonne ou mauvaise fortune, c'est-à-dire que sa production suit forcément celle du sulfate. Le fabricant belge, ayant vu ses écoulements de sulfate de soude réduits par la concurrence étrangère qui peut introduire librement ses produits en Belgique, a dû, par suite de cette concurrence, perfectionner sensiblement ses appareils de condensation à l'effet de retirer de la décomposition du sel le plus fort rendement possible en acide muriatique pour faire face aux besoins du pays. Les appareils utilisés pour cette condensation varient dans chaque usine ; les uns utilisent les grandes tours de 18 à 20 mètres, en grès, remplies de poterie ou de coke, les autres les tours de Lünge, les autres encore de fortes batteries de bonbonnes où la condensation est à peu près complète.

ACIDE NITRIQUE

Les principales fabriques d'acide nitrique sont celles de Droogenbosch, de Vedrin et de Laeken où cet acide est fabriqué à tous les degrés demandés par le commerce et les industries qui l'utilisent sur une assez vaste échelle. Les appareils employés sont généralement ceux de la firme Rorhmann et de nos fabricants de poteries d'Andennes. La production, par suite de nouveaux usages et son utilisation en grandes quantités dans les fabriques d'acide sulfurique et de dynamite, a pris un développement en rapport avec l'importance de ces fabrications. On peut hardiment évaluer la production actuelle de 2,500,000 à 3,000,000 de kilog. par an.

SEL DE SOUDE

Depuis la dernière Exposition française de 1889, la seule fabrique, celle de Moustier-sur-Sambre à Mornimont, qui avait pu, par la qualité spéciale et supérieure de ses sels de soude, se maintenir malgré l'active concurrence des sels produits par le procédé à l'ammoniaque, a dû abandonner il y a quelque temps déjà sa fabrication par le procédé Leblanc.

Depuis lors, la soude ne se fabrique plus en Belgique que par le procédé Solvay (soude à l'ammoniaque).

La première usine pour l'exploitation de ces brevets a été érigée, en 1863, à Couillet près de Charleroi.

La production annuelle de cette usine en soude est de 25,000 tonnes ; les produits fabriqués sont les suivants :

Le carbonate de soude à 98 p. c. ;
Les cristaux de soude ;
La soude caustique ;
Le chlorure de calcium ;
Le sel raffiné ;
Les produits ammoniacaux.
L'usine occupe 400 ouvriers,

Indépendamment de la soude à l'ammoniaque, la Société Solvay et C^le a entrepris la fabrication électrolytique de la soude et du chlorure de chaux par l'électrolyse du sel marin, par application de ses brevets pris en 1898.

La Société a construit à cet effet une vaste usine à Jemeppe-sur-Sambre. La force motrice totale s'y élève à 1,500 chevaux vapeur, la production des produits soude et chlore étant de 6,000 tonnes par an. Cette usine a été mise en marche au commencement de cette année.

Les usines de Couillet et de Jemeppe-sur-Sambre sont toutes deux pourvues des installations et des appareils les plus modernes et les plus perfectionnés, réalisant une production intensive en même temps que des plus économiques. Aussi, l'influence des progrès constants ainsi réalisés a-t-elle été considérable en Belgique comme à l'étranger, sur les prix de vente de la soude, cette matière première indispensable à une foule d'industries intéressant directement le bien-être et les besoins de la vie. Ces prix de vente sont tombés à moins du tiers de ce qu'ils étaient lors de la création de l'usine de Couillet.

Le procédé à l'ammoniaque, lors de l'Exposition de Paris 1878, n'était qu'à l'aurore de son développement et n'était appliqué que dans quatre établissements dont un en Belgique, un en France et deux en Angleterre et ne produisait que 40,000 tonnes de soude à l'ammoniaque. Dans la période 1878-1889, séparant les deux Expositions successives, le procédé prit pied dans tous les grands pays industriels, Belgique, France, Angleterre, Allemagne, Autriche, Amérique, Russie, et le nombre des usines en activité fut porté à dix, la production totale de soude atteignant le chiffre de 400,000 tonnes. Celle-ci avait donc décuplé.

Dans la dernière période 1889-1899, cet essor ne s'est pas ralenti et actuellement la production de soude est de 900,000 tonnes. La puissance de production dépasse très sensiblement ce chiffre de plus de 200,000 tonnes, de manière à pouvoir faire face aux rapides augmentations de consommation dues principalement à l'abaissement des prix de vente résultant des perfectionnements de fabrication réalisés chaque jour.

Le nombre des usines s'est encore accru, en même temps que la capacité de production des anciennes usines du procédé allait en s'élevant sans cesse.

On a exporté de Belgique :

Sels de soude

1889 . . . . 42,109,077 kil.	1894 . . . . 44,677,890 kil.
1890 36,299,846	1895 55,089,126
1891 37,244,330	1896 42,856,668
1892 34,354,184	1897 59,053,794
1893 38,668,358	1898 60,410,429

Autres produits chimiques d'une valeur de :

1889 . . . . 21,308,000 fr.	1894 . . . . 31,180,000 fr.
1890 23,730,000	1895 27,780,000
1891 22,912,000	1896 34,097,000
1892 29,047,000	1897 36,181,000
1893 29,579,000	1898 36,504,000

SELS SODIQUES DIVERS

Plusieurs usines s'occupent spécialement et avec succès de plusieurs composés sodiques d'une application courante dans beaucoup de petites industries. On y fabrique en grandes quantités les cristaux de soude, des cristaux de sulfate et plus particulièrement les sulfite, bisulfite et hyposulfite de soude, les sulfures, les phosphates de soude, les acétates, enfin quantité de sous-produits.

CHLORURE DE CHAUX

Cette importante industrie qui s'était fortement développée dans certaines usines a du restreindre considérablement ses productions par suite de la concurrence toujours si redoutable des produits anglais, à laquelle est venue se joindre celle des fabricants français et allemands. Les procédés utilisés sont toujours ceux de Weldon et de Déacon ou les deux combinés avec des perfectionnements tenus secrets qui sont la propriété des usines productrices signalées.

Sous peu, la firme Solvay mettra en activité son importante fabrique de Jemeppe-sur-Sambre où elle compte produire la soude caustique et d'énormes quantités de chlorure de chaux par les procédés électrolytiques dont elle a acquis et perfectionné les procédés les plus nouveaux.

SUPERPHOSPHATE DE CHAUX

Pendant ces dernières années, la fabrication des engrais chimiques, notamment la fabrication du superphosphate de chaux, a fait des progrès considérables. L'acide sulfurique a pu trouver dans cette fabrication un débouché d'une importance sans cesse croissante. L'emploi des superphosphates s'est généralisé en agriculture au point qu'il est consommé annuellement en Belgique plus de cent mille tonnes de cette matière fertilisante.

Nous évaluons la production régulière de nos fabriques belges a plus de 290,000 tonnes dont la moitié va à l'exportation; exportation encore possible vu le bas prix de revient obtenu par nos fabricants qui achètent les acides sulfuriques et les phosphates de Liège et de Mons à des conditions avantageuses.

La plupart de nos grandes fabriques de produits chimiques ont annexé à leurs fabrications ordinaires celle du super-phosphate et beaucoup de fabriques de superphosphates ont ajouté à leur fabrication première celle des acides sulfuriques à l'effet de pouvoir profiter des frais de port toujours très élevés pour une matière relativement peu coûteuse. Les super-phosphates sont fabriqués à tous les titres de 8 jusqu'à 20 p. c. de teneur en acide phosphorique ; une importante installation fabrique un produit titrant de 40 à 42 p. c. et consomme à elle seule de 18,000 à 20,000 tonnes d'acide chaque année.

Indépendamment des fabriques de superphosphate minéral, il existe plusieurs fabriques de phosphate d'os précipités ; ce sont les fabricants de gélatine qui ont le monopole de cette fabrication spéciale à leur industrie.

SULFATE D'ALUMINE-ALUN

Cette fabrication s'est aussi développée pendant ces derniers temps. Deux importantes sociétés se sont constituées, l'une appliquant le procédé « Peniakoff », l'autre le procédé « Ray-naud », tandis qu'une autre usine continue à fabriquer l'alun tiré des schistes alunifères.

La production annuelle s'évalue aujourd'hui à 6 ou 7,000,000 de kilogs.

SOUFRE

Toutes les améliorations possibles ont été apportées dans les usines au point de vue de la salubrité et de la sécurité des ouvriers.

Depuis 1889, les appareils de distillation ont été modifiés afin d'éviter les dégagements de vapeurs ou de gaz sulfureux. La ventilation a été augmentée, aussi l'état sanitaire des ouvriers est-il excellent.

La modification des appareils avait en outre pour but d'obtenir un produit encore plus pur et des formes plus spéciales lui ont été données répondant mieux aux exigences du consommateur.

Les usines produisent un soufre raffiné plus spécialement destiné à la production de l'acide sulfureux pour les sucreries et au traitement d'autres matières alimentaires telles que le houblon, les fruits, etc. Ce soufre est d'une pureté parfaite, garanti exempt d'arsenic, d'acide sulfocarbonique, d'hydro-gène sulfuré, de sulfures alcalino-ferreux, etc., c'est-à-dire qu'il est absolument exempt de tout produit nuisible à la santé. Ce soufre, grâce à un raffinage perfectionné, produit le maximum de rendement en acide sulfureux gazeux.

Pour les sublimés, les usines ont une spécialité reconnue pour les fleurs fines et impalpables.

On a introduit et préconisé l'usage des sublimés fins pour le traitement de la vigne et les essais ont fait reconnaître la supériorité et l'avantage de leur emploi.

Auparavant et encore aujourd'hui les sublimés qui se livrent au commerce titrent à peine 54 et 55° au tube Chancel, tandis qu'une usine le fournit de 70 à 72°. Ce qui constitue une économie de 25 à 30 p. c. dans l'emploi.

Pour la fabrication du caoutchouc, cette même usine fabrique et livre aujourd'hui, au lieu d'un sublimé titrant 70 à 80° avec réaction acide, un sublimé parfaitement neutre et titrant de 90 à 100°.

Pour le fabricant de caoutchouc, c'est un avantage immense puisqu'il ne risque plus de voir gâter par un soufre défectueux une fabrication qui représente pour lui une grande valeur.

DISTILLERIE DE GOUDRONS DE HOUILLE ET SOUS-PRODUITS

Plusieurs usines marchent avec beaucoup de succès et ont réalisé de sensibles progrès dans leur industrie. Ces progrès ont surtout porté sur les fabrications de la naphtaline pure, des benzols et benzines, de l'acide phénique amique, sur le meilleur rendement du goudron, la diminution des frais de distillation par la deshydratation préalable au moyen de turbines.   A. LEKEU,

Délégué de la classe 87.

EXPOSANTS DE LA CLASSE 87

Arts chimiques et pharmacie
(Matériel, procédés et produits)

Collectivité des fabricants belges de produits chimiques (Union commerciale se composant des Sociétés de Produits et Engrais chimiques). — Place de Brouckère, 43, Bruxelles.

Acides muriatique, sulfurique, nitrique; sulfates de soude, d'alumine, chlorures, etc.; superphosphates de chaux, engrais composés, blendes grillées, résidus de pyrites et produits divers.

Société anonyme de produits chimiques d'Aiseau. — Aiseau. Afchain, E., directeur.

Société anonyme de produits et engrais chimiques d'Auvelais. — Auvelais. — Directeur-gérant : Protin, F.

Société anonyme de produits chimiques de Droogenbosch. Droogenbosch. Directeurs : Thalheim et Van Huele, L.

Société anonyme de produits chimiques de Laeken.
Directeur : Laurent.

Société anonyme de produits et engrais chimiques de Moustier-s/Sambre. — Lekeu, A., administrateur-délégué.

Société anonyme de produits chimiques de Vedrin.
Directeur-gérant : Binard, A.; directeur commercial : Lemaitre, L.

Compagnie continentale des veilleuses antiseptiques médicinales. — Fabrique de veilleuses. — Rue Montagne-aux-Herbes-Potagères, 37, Bruxelles.
Veilleuses bronchiales souveraines à base de paraffine et de produits pharmaceutiques.

Croeckaert, Alexis. — Produits chimiques. — Chaussée d'Etterbeek, 47, Bruxelles.
Couleurs et teintures.

David & Cie. — Produits chimiques. — Moustier-sur-Sambre.

Debin, Jules. — Pharmacien, spécialités pharmaceutiques. — Avenue des Viaducs, 15, Charleroi.
Tœniafuge Debin, expulsion du ver solitaire.

Dervaux, Alfred. — Ingénieur constructeur. — Boulevard du Nord, 73, Bruxelles.
Epurateur d'eau et filtre en marche.
Epurateurs et filtres automatiques en marche.

Herbin, G. — Constructeur. — Tournai.
Appareil breveté pour couper les herbes, feuilles, plantes et racines médicinales.

Humbert, Gustave, & Cie. — Gélatines, colles fortes et engrais. — Vilvorde.
Gélatines, colles gélatines et colles fortes diverses; poudres d'os verts et dégélatinés; graisses.

Koch & Reis. — Raffinerie de soufre. — Anvers.
Echantillons soufre raffiné pour sucreries, blanchiment, etc.; sublimé qualité courante pour vignes, titrant 65° au tube Chancel; sublimé impalpable pour fabrication caoutchouc.

Poncelet, Em. — Pharmacie. — Rue du Chêne, 4 et 6, Verviers.
Pastilles Poncelet et Traitement régénérateur du docteur Charcof.

Poudrerie Royale (Coopal & Cie). — Wetteren.
Ethers sulfurique et acétique, coton-poudres, salpêtre, charbon de bois, acétate de chaux, acide pyroligneux, alcool méthylique.

Rolland, Emile. — Exploitation de phosphate. — Mons.

Phosphate brut dosant 25 p. c. de phosphate de chaux tribasique ; phosphate épuré dosant 40/45 p. c.

Rolland, E., et De Roos, C. — Exploitation de phosphates. — Rocour.

Phosphates de Liège dosant de 50 à 65 p. c. de phosphate de chaux tribasique.

Société anonyme « Ox-Beef ». — Fabrication du *Carnigen*. — Avenue du Boulevard, 14, Bruxelles.

Carnigen, poudre de viande soluble. (Ce produit est exposé dans le groupe X, classe 58.)

Société métallurgique de l'Aluminium (procédé Peniakoff). — Rue des Palais, 22, Bruxelles.

1° Matières premières servant à la fabrication des produits alumineux et alcalins ;
2° Produits fabriqués ;
3° Démonstration de l'application des produits.

Solvay & Cie. — Soude et produits chimiques. — Rue du Prince-Albert, 25, Bruxelles.

Soude à l'ammoniaque et dérivés; soude, potasse et chlorure de chaux électrolytiques; chlorure de calcium; sels raffinés.

Plusieurs grands-prix.

Van de Kerckhove, Aug. — Fabrique d'huiles de pieds de bœufs et de moutons. — Avenue Van Volxem, 419, Forest-lez-Bruxelles.

Huiles de pieds de bœufs diverses, dégras d'huiles ; huiles de pieds de moutons diverses ; nerfs de pieds de bœufs pour la clarification des bières ; os de travail ; ongles ; matières premières pour la fabrication des colles fortes.

Verstraete, Théodore. — Produits chimiques. — Boulevard de Plaisance, 191, Gand.

Acides sulfurique, chlorhydrique et nitrique; sulfates de soude, cuivre et matières premières.

Compagnie Webb. — Rue du Nord, 30, Gand.

Collections de médicaments vétérinaires' spécialisés, au nombre de 35, fabriqués au laboratoire de la pharmacie Pol Buss, rue du Nord, 30, Gand.

Wasserfuhr, Emile, & Cie. — Fabrique d'huiles et vaselines. — Quai des Usines, 272, Laeken-Bruxelles.

Huiles de vaseline pharmaceutiques et industrielles ; vaselines pharmaceutiques ; ceresines ; paraffines ; huiles minérales à graisser; graisses consistantes, etc., etc.

CLASSE 88

FABRICATION DU PAPIER

La fabrication du papier, en Belgique, marche depuis plusieurs années dans une voie croissante de développement qui devient de plus en plus considérable; en effet, aucun pays relativement à son territoire, ne produit autant de papier que la Belgique.

Les sortes fabriquées sont: le carton, l'emballage, les papiers fins, le parchemin, les papiers couleurs et l'impression journal.

Les dernières statistiques permettent de dire que la Belgique possède 41 fabriques de papier et de carton, produisant avec 61 machines environ 270 tonnes par jour. On n'y trouve plus qu'une seule usine faisant le papier à la cuve pour l'Administration du timbre, et quelques papiers spéciaux pour valeurs. Quelques fabriques font encore le carton à la cuve.

Pour ce qui concerne la spécialité du papier parchemin végétal, quatre ou cinq fabriques se sont fait une spécialité dans ce genre qu'elles exportent généralement vers tous les pays, et particulièrement en Angleterre, en France, en Italie, en Espagne et en Orient.

L'exportation atteint au delà des trois quarts de la production du pays.

Cinq fabriques produisent de la pâte de paille pour leur consommation et une seule fabrique fait de la pâte de bois chimique, partie pour la vente, partie pour sa consommation propre.

L'instruction étant très répandue en Belgique où le nombre des illettrés est très restreint, la consommation du papier journal est très importante.

Plusieurs ateliers de construction font spécialement le matériel de papeterie, et fournissent de nombreuses machines, tant pour le pays que pour l'étranger, et leur travail est très apprécié.

EDM. DE VYLDER,
Délégué de la classe 88.

EXPOSANTS DE LA CLASSE 88

Fabrication du papier
(Matières premières, matériel, procédés et produits)

Brossart-Legrand. — Papiers. — Wavre.

Papiers et sachets pour l'emballage du beurre; papier parcheminé, etc.

Begasse, Joseph. (Maison fondée en 1800.) — Sclessin-lez-Liège.

Feutres circulaires pour papeteries en tous genres.

Catala, Charles, fils. — Divers genres de feutres pour la fabrication du papier. — Virginal.

Feutres : coucheurs, montants, manchons, presse-pâte, sécheurs, apprêteurs.

Société anonyme des Papeteries de Saventhem. — Papiers divers pour journaux.

Papiers couleurs pour affiches, couvertures, etc. Production : 25 tonnes par jour. Confetti, serpentins.

Société anonyme de l'Union des Papeteries. — Papiers en tous genres. — Rue d'Arenberg, 9, Bruxelles.

Papiers et parchemins en rames et en rouleaux, et leurs applications.

CLASSE 89

CUIRS ET PEAUX

Pour apprécier l'importance de l'industrie des cuirs et peaux, il suffit d'examiner son but : la transformation de la peau en cuir sous les formes les plus diverses et d'examiner les industries accessoires dont le cuir est l'élément principal :

La chaussure, la ganterie, la fourrure, la courroie pour transmission, la bourrellerie, la sellerie, la maroquinerie, la reliure, la carrosserie, etc.

M. Poulain, dans son rapport, en 1889, sur l'industrie des cuirs et peaux, range notre industrie comme importance immédiatement après les tissus et les métaux.

Les statistiques font défaut pour déterminer, par chiffres, l'importance des capitaux employés et le nombre des bras occupés et il devient difficile de marquer exactement la progression opérée depuis 1889.

Cependant, nous possédons les chiffres comparatifs du commerce de la Belgique avec les pays étrangers pour les peaux brutes, les peaux tannées, la ganterie, les peaux ouvrées, comprenant la chaussure et la courroie et les écorces à tan.

Ces chiffres sont suffisants pour indiquer la marche ascendante de

LA TANNERIE EN 1708

notre industrie comme chiffres de production, et la progression constante de notre exportation en produits fabriqués marque que la tannerie belge s'est maintenue au niveau du progrès, et peut lutter avec succès sur les marchés étrangers, malgré les droits de douanes qui les frappent à l'entrée.

Nous publions le tableau comparatif des chiffres pour l'année 1888 et pour 1898, et ils marquent le chemin parcouru pendant une période de dix années.

Nous relevons spécialement les chiffres suivants :

L'importation de peaux brutes s'est élevée de 42,233,483 kilog. à 51,770,221 kilog., soit une augmentation de 8,537,738 kilog., soit plus de 20 p. c. ;

L'exportation de peaux tannées a progressé de 2,575,572 kilog. à 3.917,501 kilog. ou de 1,341,929 kilog., représentant une valeur de 6,379,000 francs. C'est là une augmentation de 60 p. c. L'exportation des peaux ouvrées, qui comprennent la chaussure et la courroie, a progressé de 12 p. c. et s'est élevée de 1,919,000 francs à 2,222,000 francs.

Mais où la progression a été la plus forte c'est dans la ganterie.

En 1898, l'exportation de ganterie a atteint 13,463,000. En 1888, elle n'était que de 1,200,000.

L'exportation de ganterie s'est multipliée par onze.

1888-1898

RÉSUMÉ DU COMMERCE DE LA BELGIQUE

IMPORTATION

Marchandises mises en Consommation

MARCHANDISES	VALEURS 1898 — FRANCS	QUANTITÉS				
		UNITÉS	1888	1898	DIFFÉRENCE DE 1898 A 1897	
					AUGMENTATION	DIMINUTION
Peaux brutes.	64,713,000	Kilog.	42,232,483	51,778,211	9,545,728	»
Peaux tannées en croûte et autrement préparées et apprêtées	14,235,000	»	1,525,887	2,185,115	659,229	»

EXPORTATION

MARCHANDISES	VALEURS 1898 — FRANCS	QUANTITÉS				
		UNITÉS	1888	1898	DIFFÉRENCE DE 1898 A 1897	
					AUGMENTATION	DIMINUTION
Peaux brutes.	49,716,000	Kilog.	38,430,200	39,731,560	89,694	»
Peaux tannées en croûte et autrement préparées et apprêtées	18,173,000	»	2,575,572	3,917,501	684,415	»

IMPORTATION ET EXPORTATION COMPARÉES (COMMERCE SPÉCIAL)

MARCHANDISES	UNITÉS	QUANTITÉS		DIFFÉRENCE EN PLUS	
		IMPORTÉES	EXPORTÉES	A L'IMPORTATION	A L'EXPORTATION
Peaux brutes	Kilog.	51,770,211	39,773,156	11,997,055	»
Peaux tannées en croûte et autrement préparées ou apprêtées	»	2,185,115	3,917,501	»	1,732,386
Peaux ouvrées	Francs	7,530,241	16,533,731	»	9,003,490
Écorces à tan	Kilog.	13,574,407	14,769,000	»	1,194,593

MOUVEMENT DU TRANSIT

MARCHANDISES	VALEURS 1898 FRANCS	UNITÉS	QUANTITÉS		DIFFÉRENCE DE 1898 A 1897	
			1888	1898	AUGMENTATION	DIMINUTION
Peaux tannées en croûte et autrement préparées ou apprêtées	20,926,000	Kilog.	2,832,114	3,713,010	183,954	»
Peaux ouvrées	10,320,000	Francs	9,608,000	10,320,000	»	1,479,000
» brutes	7,606,000	Kilog.	4,738,000	6,084,655	391,850	»

TABLEAU RÉTROSPECTIF PAR ESPÈCES DE MARCHANDISES

Exportation et Importation (Commerce spécial)

MARCHANDISES	VALEURS MILLIERS DE FRANCS		UNITÉS	QUANTITÉS	
	1888	1898		1888	1898
IMPORTATION					
Peaux brutes	52,791	64,713	Kilog.	42,232,483	51,770,211
» tannées en croûte et autrement préparées ou apprêtées .	8,610	14,235	id.	1,525,887	2,185,115
Peaux ouvrées : Ganterie . .	947	5,308	»	»	8,537,750
» » autres . .	1,919	2,222	»	»	659,227
Ecorces à tan	2,332	1,222	Kilog.	20,827,133	13,574,407
EXPORTATION					
Peaux brutes	43,038	49,716	Kilog.	38,430,200	39,773,156
» tannées en croûte et autrement préparées ou apprêtées .	11,794	18,173	id.	2,575,572	3,917,501
Peaux ouvrées : Ganterie . .	1,200	13,463	»	»	»
» » autres . .	691	3,071	»	»	»
Ecorces à tan	2,482	1,329	Kilog.	15,512,748	14,769,000

La tannerie belge s'est tenue au niveau des progrès que l'industrie réalisait.

Le tannage rapide, l'emploi des tannins exotiques et l'usage des extraits tannants se sont généralisés, et le travail technique a subi depuis les dix années écoulées de profondes modifications.

A. *Au point de vue industriel*. La tannerie a transformé ses procédés de fabrication.

1º L'emploi des tannins exotiques s'est généralisé.

Les plus employés en Belgique sont :
    1. Le bois de québracho ;
    2. Les myrobalane ;
    3. La valonnée ;
    4. Le mimosa.

2º Les extraits tannants secs et liquides, c'est-à-dire les extraits de chêne, de québracho, de châtaignier, titrant à 27 p. c. pour les tannés liquides, sont employés journellement et dans des quantités extraordinaires.

3º L'ancien tannage au chêne ne se pratique plus qu'avec les tannins exotiques ou les extraits comme adjuvants.

B. *La durée du tannage a été réduite considérablement* et cette durée varie entre trois et quatre jours et six mois pour les tanneries travaillant à l'aide d'extraits.

Il faut reconnaître que, si l'on est arrivé à produire dans un temps excessivement rapide du cuir convenable et ayant en général les qualités d'un cuir utilisable, il y a progrès évident.

C. *Les systèmes de tannage peuvent aujourd'hui se diviser en trois grands systèmes :*
    1. Le tannage au tonneau rotatif ;
    2. Le tannage en bassins ;
    3. Le tannage en fosses.

Plusieurs tanneurs combinent ces différents procédés et les modifient par l'emploi d'écorces de chêne, de tannins exotiques et d'extraits.

Depuis deux ou trois ans, un nouveau procédé de tannage ou plutôt de la transformation de la peau en cuir s'est perfectionné et généralisé.

D. *Le tannage au chrome*. Pour certains emplois, ce procédé donne des résultats excellents. Il donne à la peau une résistance exceptionnelle.

En réalité, la tannerie est dans une période d'essais et de transformations.

Ces opérations ne sont pas encore déterminées scientifiquement, mais les études chimiques et les essais de tout genre qui ont lieu permettent d'espérer que, dans un bref délai, toutes les opérations du tannage ne seront plus abandonnées à l'empirisme, à la tradition et à l'observation, mais seront basées sur des données scientifiques.

Une association de chimistes pour tannerie s'est formée; elle se réunit chaque année en congrès et plusieurs chimistes belges en font partie et suivent les progrès incessants de la science dans notre industrie.

La transformation de la peau en cuir par le tannin est en réalité une opération chimique.

Si la science n'a pas encore déterminé d'une façon nette et précise toutes les opérations qui se succèdent dans le travail de la peau, néanmoins de sérieux et notables progrès se sont réalisés. La tannerie tend à devenir une industrie scientifique et s'industrialise.

Inspirée par ces idées, la Bourse aux cuirs de Liège, l'une des trois associations professionnelles de tanneurs qui, avec la Bourse de Tournai et l'Union Syndicale de Bruxelles, se partagent la Belgique, a provoqué la création d'une association spéciale pour le développement d'une école de tannerie à Liège.

Déjà en mars 1889, M. le ministre De Bruyn avait appelé l'attention de la Commission de la Bourse aux cuirs, à Liège, sur l'utilité de la création d'une École de Tannerie à l'instar de celle de Freyberg, en Saxe, et il offrait à cet effet le concours pécuniaire du Gouvernement.

Cette première tentative n'a pas réussi.

En 1897, la Commission de la Bourse aux cuirs, devant les résultats et les services rendus par les écoles de Freyberg, de Leeds et de Londres, a repris l'examen de la possibilité de la création d'une École de Tannerie à Liège et cette fois elle a complètement réussi.

Grâce à l'aide du Gouvernement, de la ville de Liège et de la province de Liège, qui ont accordé de larges subsides, l'enseignement a été organisé dans un local appartenant à la ville de Liège.

Deux cours théoriques ont été créés : un cours de chimie appliquée à la tannerie et un cours de technologie.

La deuxième année a commencé; vingt élèves environ, tant de Liège que de diverses localités de la Belgique, suivent assidûment les cours.

Un laboratoire de chimie a été installé et on espère adjoindre à l'École une station chimique.

Des conferences spéciales sont en outre données à dates régulières aux membres de la Bourse.

Chacun est convaincu que cet enseignement est destiné à rendre à la tannerie belge de grands services. Elle lui servira d'aide et de direction dans les essais qu'elle fera. Elle lui fournira des contremaîtres instruits. Elle donnera aux jeunes tanneurs une éducation scientifique de leur profession.

En résumé, la tannerie a grandi comme chiffre de production. Son exportation s'est développée et dépasse de 20 p. c. les chiffres de 1888. Trois associations puissantes, dont deux possèdent des publications mensuelles, défendent les intérêts professionnels de la tannerie belge. Un enseignement technique a été organisé et rend les plus grands services.

Tel est le bilan des dix années qui viennent de s'écouler.

FONTAINE OLINGER,
Secrétaire du groupe XIV.
Membre du Jury Paris 1889, Anvers 1894, Bruxelles 1897.

EXPOSANTS DE LA CLASSE 89
Cuirs et peaux
(Matières premières, matériel, procédés et produits)

Anglo-Belgian Fanning Comp. Lim. — Mégisserie. — Bruxelles.

Chevreaux glacés tannés au chrome.

1885, Anvers, hors concours, membre du Jury.

1897, Bruxelles, médaille d'or.

Bar-Pichaux. — Tanneur. — Tournai.

Block, Edmond. — Apprêts et teintures de peaux en tous genres, imitation de toutes fourrures. — Gendbrugge-lez-Gand.

Martre, chinchilla, lynx, tigres « white coats », noir, marron foncé et clair, nouveau lustre belge.

Bourse aux cuirs de Liège. — Tannerie.

Cuirs pour courroies de machines ; cuirs industriels.

Bourse aux cuirs de Tournai. — Tannerie.

Cuirs tannés et lissés.

Bouvy, Alex. — Liège

Croupons à courroies, etc.

Membre du jury, hors concours Anvers 1894, Bruxelles 1897.

Carlier, A., & Cie. — Manufacture de cuirs vernis. — Quai de l'Industrie, 113, Bruxelles.

Bruxelles 1897, diplôme d'honneur; Bruxelles 1888, médaille d'or; médailles d'argent : Paris 1889, Anvers 1885 et Amsterdam 1883.

Casier, D. — Tanneur. — Quatrecht.

Charlet, Adolphe, & Cie. — Tannerie de Vilvorde. — Boulevard Botanique, 22, Bruxelles.

Cuirs spéciaux pour sellerie fine et pour articles de voyage et de chasse.

Cherequefosse, Alf. — Tanneur; président d'honneur de la Bourse aux Cuirs de Tournai.

Constant, P. — Tanneur; secrétaire de la Bourse aux Cuirs de Tournai.

Coopman, Léon. — Verviers et Theux.
Croupons à courroies, etc.

Croeckaert, Alexis. — Produits chimiques. — Chaussée d'Etterbeek, 47, Bruxelles.
Pâtes pour cuirs.

D'Anvers, Ch. — Tanneur. — Gand.
Cuirs pour l'industrie; articles en cuir pour filatures et tissages de coton.
Grand-prix à l'Exposition internationale de Bruxelles 1897.

Delneste, A. — Tanneur. — Tournai

Dewez, Joseph. — Herve.
Croupons à courroies, etc.

Ducellier. — Tanneur. — Tournai.

Duwelz, A. — Tanneur. — Bruges.

« La Fourrure » (Société anonyme). — Apprêt et teinture de peaux. — Alost.
Imitation de peaux de loutre, castor, chinchilla, martre, zibeline, vison, putois, renard, lynx, fouine, moufflon, etc., sur peaux de lapins, lièvres, murmels, etc.

Gorin-Dubar. — Tanneur; président de la Bourse aux Cuirs de Tournai.

Gottschalk, Isidore. — Tannerie et hongroierie. — Quai du Barbon, 7 et 8, Liège.
Spécialité de cuirs pour l'industrie; cuirs chromes pour courroies et fouets de chasse; cuirs couronnés jaunes et bruns pour lanières et fouets de chasse; cuirs de Russie; cuirs de Hongrie; cuirs parchemins teints.

Haeken, Auguste. — Liège.
Croupons à courroies, etc.
Membre du Jury, hors concours, Bruxelles 1897

Hiver, A. — Tanneur. — Tournai.

Housez. — Tanneur. — Belœil.

Jamolet, A. & M. — Liège.
Croupons à courroies.

Lefèbre. — Tanneur. — Binche.

Liebart. — Tanneur. — Courtrai.

Kensier, P. — Tanneur; vice-président de la Bourse aux Cuirs de Tournai, à Péruwelz.

Manufacture de cuirs à chapeaux (Société anonyme). — Bruxelles.

Poullet, C. — Tanneur. — Estimbourg.

Quanonne, Fortuné. — Tannerie; secrétaire-adjoint de la Bourse aux Cuirs de Tournai. — Rue de Morelle, 5, Tournai.
Cuirs tannés et lissés pour semelles.

Société anonyme de Produits chimiques et électrochimiques (département des tannins). — Matières tannantes. — Hemixem-lez-Anvers.
Mouture de bois de québracho ou autres essences tannantes; extraits liquides, pâteux ou secs de bois de québracho ou autres essences tannantes; cuirs tannés avec nos produits.

Taverne, J. — Tanneur. — Tournai.

Vaast, A. — Tanneur. — Tournai.

Van Begin. — Tanneur. — Bruxelles.

Vander Velpen-de Thier, Ch. — Tannerie-hongroierie. — Waremme.
Dos à courroies; cuirs pour selliers; cuir de Hongrie.

Van Ermen, Louis. — Tannerie-corroierie. — Louvain.
Croupons empeignes; bandes empeignes; bandes lissées sauvage et indigène; bandes pour bourreliers; croupons à courroies.
Médaille d'or, Bruxelles 1897.

Verriest, Cyr. — Tanneur. — Tournai.

Wauters-Rigo. — Bressoux-lez-Liège.
Croupons à courroies.

CLASSE 90

PARFUMERIE

La parfumerie belge continue sa marche progressive et brillante.

Depuis l'Exposition de 1889, de nouveaux progrès ont été réalisés, et par des efforts constants, par des luttes les plus vives contre la concurrence étrangère, par les plus grands sacrifices faits pour créer des débouchés nouveaux, la parfumerie belge a conquis une place très enviable sur tous les marchés du globe; aussi, son chiffre d'affaires pour l'exportation a augmenté dans de notables proportions.

Par suite du développement sans cesse croissant de cette industrie, le travail national a subi également une impulsion nouvelle et comme conséquence des capitaux d'une certaine importance sont engagés.

Il est à remarquer aussi que, grâce à cette extension, elle entraîne la prospérité dans d'autres branches d'industries : je citerai notamment la papeterie, l'imprimerie, la cartonnerie.

E. EECKELAERS,
Délégué de la classe 90.

EXPOSANTS DE LA CLASSE 90

Parfumerie

(Matières premières, matériel, procédés et produits)

Croeckaert, Alexis. — Produits chimiques. — Chaussée d'Etterbeek, 47, Bruxelles.
Parfumeries.

Eeckelaers, L. — Savonnerie et parfumerie. — Rue Gillon, 47, Bruxelles.
Savons de toilette, de ménage et industriels. Tous les articles composant la parfumerie.

EXPOSANTS DE LA CLASSE 91

Manufactures de tabacs et d'allumettes chimiques

(Matériel, procédés et produits)

Comice agricole de Bièvre (province de Namur). — Culture du tabac. — Bièvre.
Tabacs de la Semois en tiges et en feuilles.

Compagnie Brabo. — Rue Dambrugge, 104, Anvers.
Machines servant à la fabrication des cigares, dites machines à poupes du système Haelmel.

Compagnie « Le Globe » (**Henri Kiss**). — Tabacs d'Orient, cigarettes. — Bruxelles.
Récompenses : Paris 1889, grand-prix ; Anvers 1894, grand-prix ; Bruxelles 1897, président de classe, membre du Jury.

De Hert, J.-F. — Anvers.
Cigares.

Delaunoy, E., & Hartog, Th. — Place du Samedi, 1, Bruxelles.
Tabacs en feuilles.
Emile Delaunoy, vice-président du Jury des tabacs l'Exposition de Bruxelles en 1897.

Delin, Raymond. — Négociant et fabricant de tabacs. — Chaussée de Gand, 23, Bruxelles.
Tabacs en feuilles.

Herbin, G. — Constructeur. — Tournai.
Coupe-tabac breveté coupant, à la main, 10 kilogrammes de tabac fin à l'heure.

Jacobs, A.-J., aîné. — Tabacs. — Rue Van der Maelen, 3, Bruxelles.
Tabacs hachés, à mâcher, à priser.

Manufacture royale de Cigarettes et Tabacs (Société anonyme). — Fabrication de cigarettes et tabacs d'Orient. — Rue du Chœur, 40, Bruxelles.
Cigarettes et tabacs d'Orient.

Philippe, Thomas. — Fabrique de tabacs, fondée en 1789. — Culdessarts (Namur).
Tabacs à fumer, en poudre, à chiquer, cigares, etc.

Thiriart-Andrien, L. — Manufacture de cigares. — Rue Jean-d'Outre-Meuse, 64, Liège.
Cigares.

Steiger, Ern. (ancienne maison Gérard Wemans). — Fabrication de cigares fins. — Rue de Cologne, 156, Bruxelles.
Cigares, cigarillos et tabacs en feuilles.

Société Caussemille jeune & Cie et Roche & Cie. — Fabrication d'allumettes en cire et en bois. — Rue de l'Atelier, 176, Gand; siège social : 7, rue Caumartin, Paris.
Allumettes en cire et en bois de toutes sortes et pour tous les pays du monde.
Médailles d'or : (deux) Amsterdam 1883, Turin 1885, New-Orléans 1885 et 1886, Bruxelles 1888, Paris 1889; diplôme d'honneur, Louisville 1885; trois diplômes d'honneur, Anvers 1894; deux croix Couronne d'Italie, Rome 1886; hors concours, chevalier de la Légion d'honneur, Chicago 1893; hors concours, membre du Jury, Amsterdam 1895; deux grands-prix, deux diplômes d'honneur, Bruxelles 1897.

Sannes, E. — Rue Allewaert, 13, Anvers.
Cigares de luxe.
Cigares genre havanais.

Sadzawka, J (Compagnie russe). — Tabacs. — Rue Linnée, 62, Bruxelles.
Cigarettes et tabacs turcs et russes.

Tnichant, Ernest. — Fabricant de cigares. — Rue Breydel, 11 et 13, Anvers.
Cigares.

Maison Américaine « Louis Tinchant », fondée en 1857, Tinchant, Edouard, successeur. — Cigares. — Anvers.
   Cigares.

Vandendriessche, Désiré. — Manufacture de cigares. — Plaine des Chaudronniers, 5, Gand.
   Cigares.

Van Landuyt, Jules. — Tabacs et cigares. — Bruxelles.
   Cigares et cigarettes; tabacs hachés; tabacs à priser; rolles.

GROUPE XV

Papeterie

(Matériel, procédés et produits)

Colliard, Joseph. — Peinture d'étiquettes et enseignes. — Chaussée de Haecht, 53, Bruxelles.

Tableaux renfermant modèles d'étiquettes, pancartes, enseignes et accessoires.

Geûens-Seaux, Ed. — Fabrique de cartes à jouer. — Place Saint-Jean, 5, Bruges.

Cartes à jouer. Gros, exportation.

Hemmerling, W. — Mécanique, articles de bureaux. — Rue de la Braie, 20a, Bruxelles.

Outillage, machines-outils, classeurs, happeurs, sous-mains automatiques.

CLASSE 93

COUTELLERIE

La coutellerie est depuis des temps fort anciens l'industrie spéciale de Namur.

Longtemps avant ce siècle, Namur était connu à l'étranger par les produits de son industrie, et sa marque assurait à ses couteliers une clientèle dans le monde entier.

Depuis environ cinquante ans, la manufacture royale de coutellerie continue seule les traditions de ce passé industriel; mais l'importance de cette maison et l'étendue de ses relations commerciales permet de dire que la coutellerie demeure une des plus importantes industries namuroises.

Gembloux, situé à quelques kilomètres de Namur, partage avec celle-ci la bonne renommée de la coutellerie, et occupe un nombre assez considérable d'ouvriers.

Il y a trente à quarante ans, Namur et Gembloux établirent la force motrice pour l'émeulage et le polissage; ce qui permit d'apporter plus de régularité et de fini aux produits.

L'excellente réputation de la coutellerie belge est due à sa qualité comme tranchant. Le procédé de travail à la main assure cette supériorité de qualité aux produits de la coutellerie namuroise, le travail à la machine ne pouvant atteindre au même résultat. C'est ce qui empêcha les industriels de suivre le progrès mécanique, car ils voulurent conserver, en maintenant le travail à la main dans leurs usines, la confiance publique si légitimement acquise.

L'Allemagne, l'Angleterre et la France ont, depuis plusieurs années, remplacé la forge par l'estampage mécanique. La lame de couteau ainsi travaillée n'atteindra jamais comme qualité la lame forgée. Par contre, son prix de revient est considérablement réduit.

Pressés par la concurrence étrangère dont ils ont à souffrir particulièrement sur le marché belge, certains industriels, sans abandonner l'ancien système de fabrication pour les articles de qualité, ont adopté l'emploi des machines-outils, et peuvent ainsi lutter avec succès contre la concurrence qui leur est faite par les coutelleries étrangères sur notre place.

Le travail mécanique donne une production vingt-cinq fois plus grande que le travail manuel, et notre petite Belgique est incapable d'absorber la production de la coutellerie mécanisée.

Heureusement, il nous reste les pays d'outre-mer où nous luttons avec honneur.

Qu'il nous soit permis, en terminant ce rapport, d'exprimer à notre bien-aimé Souverain, S. M. Léopold II, l'expression de notre plus profonde reconnaissance pour les débouchés nouveaux que nous devons à son admirable esprit d'initiave, et à l'intérêt qu'il daigne porter à l'industrie nationale.

CHARLIER,
Délégué de la classe 93.

CLASSE 95

LE DIAMANT

On trouve le diamant (1), non seulement dans le lit des rivières ou dans les terrains d'alluvions qui les bordent, mais il a été aussi rencontré au Brésil sur les plus hautes montagnes.

Les matières de transport qui renferment le diamant sont formées de cailloux roulés de quartz, liés entre eux par une matière argileuse et parmi lesquels on trouve des fragments

---

(1) D'après Rambosson et Jacobs, qui ont fourni de précieux documents sur le diamant, nous en rappellerons l'origine et l'historique.

de diverses roches avec du fer oligiste, du fer magnétique, des topazes, des silicates en cristaux roulés, du bois pétrifié et une assez grande quantité d'or et de platine. Le précieux minéral, disséminé faiblement dans ces dépôts, est presque toujours enveloppé d'une couche terreuse qui y adhère plus ou moins fortement, et qui empêche de le reconnaître avant qu'il ait été lavé. La couche terreuse varie de couleur suivant l'endroit où l'on trouve les diamants. Au Cap, cette terre est bleue.

Les principaux gisements étaient dans les Indes, le Brésil, Bornéo, mais actuellement c'est le Cap qui fournit le diamant au monde entier.

Une partie de la production seulement est susceptible d'être utilisée dans la bijouterie. L'autre partie est trop dure ou trop veinée pour être taillée; elle est connue sous le nom de board, dont on fait de la poussière nommée égrisée, que les lapidaires emploient pour la taille du diamant; dans l'industrie, ce genre de diamant sert à fabriquer des pivots pour l'horlogerie; enchâssé à l'extrémité d'outils en acier, il sert à couper le verre, à travailler le porphyre sur le tour et à creuser des trous de mines dans des roches de granit. Cependant, sa dureté est également variable : tous les lapidaires savent parfaitement que certains diamants sont plus durs les uns que les autres. Toutes autres conditions étant égales, on peut dire qu'à une dureté plus grande correspondent un éclat et des feux plus beaux. Le diamant de la plus belle eau est le plus dur, comme il est aussi le plus dense.

C'est à l'illustre Lavoisier qu'est due la connaissance de la nature du diamant. En concentrant, à l'aide d'une forte lentille, les rayons solaires sur un diamant placé dans un ballon d'oxygène, il reconnut qu'il brûle en donnant de l'acide carbonique. Davy a montré que l'acide carbonique est le seul produit formé et que, par suite, le diamant est du carbone pur.

Le diamant est généralement incolore, mais souvent aussi il est jaune ou rose, bleu ou vert; enfin il est quelquefois noir et opaque; on le trouve toujours cristallisé. C'est en réalité le cristal qui réunit au plus haut degré toutes les qualités recherchées dans les gemmes; c'est le plus dur, le plus simple, le plus beau, le plus réfringent, le plus éclatant des minéraux, éclat concentré et comme voilé, malgré son intensité, éclat mat plein de douceur et de suavité. On dirait que les feux jaillissants qui s'échappent de cette merveilleuse cristallisation arrivent d'une source profonde et insondable et sont comme recueillis dans leur essor : ils s'épanchent parce qu'ils ne peuvent plus être contenus. Dans la radieuse lumière de cette gemme ruissellent toutes les teintes qui parent l'aurore.

C'est l'astre du jour, réduit aux proportions du chaton d'une bague ou d'une aigrette de couronne, se jouant dans les splendeurs de l'arc-en-ciel.

Le diamant a été connu dès la plus haute antiquité. Les Chaldéens possédaient l'art d'user, de polir et d'inciser finement les pierres dures, comme la diorite. Or, cet art n'a pu venir que du pays de l'Inde, où l'on trouvait la seule matière capable de mordre sur cette roche, le diamant. C'est encore l'Inde qui fournissait aux Egyptiens les diamants qui ornaient les outils de bronze dont ils se servaient pour excaver les sarcophages ou sculpter les roches dures.

Les anciens ignoraient l'art de tailler le diamant; cependant on croit qu'il était connu aux Indes, de temps immémorial, mais d'une manière tout à fait rudimentaire. En 1476, Louis de Berquem, de Bruges, y inventa l'art d'user et de polir le diamant par le frottement, au moyen de l'égrisée.

Il fut le premier qui le tailla à facettes régulières et l'on cite de lui le chef-d'œuvre de trois gros diamants taillés pour Charles le Téméraire, dont l'un, que le prince portait à son doigt, lorsqu'il mourut, est aujourd'hui possédé par l'Espagne.

Louis de Berquem vint exercer son art à Anvers, renommé à cette époque pour la taille des rubis; ses relations avec les lapidaires d'autres pierres fines le mirent à même de perfectionner sa nouvelle découverte. Les compagnons de Berquem formèrent à Anvers de bons élèves et la taille du diamant y devint une industrie prospère ; de toutes parts, le travail affluait dans cette ville, tant ses lapidaires étaient réputés par leur habileté et leur probité. Mais cette époque florissante ne fut pas d'assez longue durée; les événements politiques fort souvent arrêtèrent les meules d'Anvers.

Sous la domination espagnole, l'industrie de la taillerie avait passé à Amsterdam, mais la renommée des lapidaires anversois s'était maintenue. Guillaume de Nassau les encouragea et voulut ramener l'art de la taillerie dans la ville qui en avait été le berceau, il ne s'y trouvait plus à peine que vingt lapidaires, tous avancés en âge et, néanmoins, désireux de reprendre leur industrie. En 1600, l'empereur d'Autriche, visitant la taillerie de maître Tackels, plaça ses travaux au rang des arts. C'est à Anvers, en 1772, que furent taillés les diamants de la couronne de France qu'allait porter Louis XVI. Mais on tailla peu sous la Révolution et le premier Empire. Après la proclamation de l'Indépendance de la Belgique et sous l'heureuse impulsion donnée par la sage administration de Léopold Ier, on vit prospérer de nouveau et grandir rapidement l'industrie diamantaire.

Les ateliers de taillerie furent ouverts indistinctement, aux hommes et aux femmes, spécialement pour la taille en rose des diamants de faible épaisseur, 6 ou 12 faces qu'on ne sait faire qu'à Anvers et de 24 facettes, dites roses de Hollande. On a compris ce que la femme pouvait apporter de délicatesse et d'application dans ce travail de goût et de symétrie.

Vers 1836, des négociants d'Anvers, les frères J.-J. Bovie, eurent l'heureuse idée de faire venir d'Amsterdam un certain nombre de bons ouvriers qui firent école et parvinrent à former de nombreux élèves. En 1840, MM. Bovie installèrent la première taillerie à vapeur. A partir de ce moment, l'industrie du diamant entra dans une ère nouvelle de prospérité : d'autres tailleries à vapeur s'installèrent également ; cet élan s'arrêta forcément par la rareté de la matière brute. Une stagnation se produisit pendant quelque temps. Mais la découverte de nombreux gisements diamantifaires au cap de Bonne-Espérance vint heureusement remédier à cet état de choses.

Dans l'antiquité et jusqu'aux temps contemporains, l'Inde seule fournissait les diamants, et le nom de Golconde apparaissait comme une constellation radieuse Puis le Brésil, au XVIIIe siècle, donna ce que la terre des Radjahs, dont les mines s'étaient appauvries, ne pouvait plus fournir. Enfin l'étoile de l'Afrique du Sud se leva : ses mines d'une richesse inespérée, allaient devenir la principale et presqu'unique source de produits des joailliers du monde entier.

Des maisons étrangères envoyèrent à Anvers de fortes parties à tailler ; les ouvriers qui n'avaient pas abandonné leur métier étaient fort rares, la main-d'œuvre augmenta considérablement. Les lapidaires expérimentés gagnèrent jusqu'à mille francs par semaine ; à Amsterdam, il y en eut qui gagnèrent jusqu'à cent mille francs par an. Le nombre des ouvriers s'étant rapidement accru, les salaires diminuèrent évidemment dans de notables proportions. Actuellement, ces salaires sont encore assez élevés relativement à ceux d'autres industries.

C'est à Anvers que revient l'honneur d'avoir perfectionné le clivage et la taille, laquelle augmente considérablement l'éclat du diamant, en multipliant ses feux par la régularité de ses facettes. Jadis, pour ne pas perdre de matière, on taillait les pierres selon leurs formes à l'état brut ; aujourd'hui, on sait les arrondir gracieusement et les faire valoir le plus possible.

Depuis 1880, l'industrie diamantaire a pris à Anvers un développement énorme ; par la spécialité de ses gros brillants, cette place a acquis une renommée universelle.

On y compte actuellement 4,000 à 4,500 ouvriers s'occupant du clivage et du polissage des diamants.

D'après le mouvement de la place d'Anvers, édité par la Chambre de commerce en 1898, on évalue le chiffre d'affaire à 70,000,000 ; pour l'année 1899, le chiffre a été plutôt supérieur.

Un grand nombre d'étrangers sont venus s'y établir, notamment des Turcs, des Russes et des Polonais.

Les premiers s'occupent particulièrement du commerce des roses, resté une spécialité anversoise, depuis qu'en 1830 on avait commencé la taille des roses, dites de Brabant.

Par leur intelligence et par leur activité, nos diamantaires anversois ont fait prospérer une industrie dont la Belgique peut être fière à juste titre. Dans les Expositions précédentes de Paris, Anvers, Amsterdam, Bruxelles, ils ont remporté les plus grandes distinctions. Ils y avaient montré une collection variée de leurs produits, dont certains étaient des merveilles, et y avaient installé de petites tailleries, pour initier le public à leur industrie artistique.

Anvers, par ses grands progrès réalisés, par sa vieille renommée de la taille des brillants, par son extension considérable des affaires, par sa position géographique même, est appelé dans un avenir prochain, à devenir pour nos produits le comptoir du monde entier. Pourquoi faut-il que la guerre du Transvaal soit venue jeter le trouble le plus complet dans l'industrie diamantaire au moment où plusieurs importantes maisons d'Anvers se disposaient à prendre part au tournoi industriel auquel Paris nous a conviés? Elles se voient forcées de renoncer à l'espoir d'exposer, la matière brute pouvant manquer d'un moment à l'autre et le temps matériel faisant absolument défaut pour attendre la solution pacifique si désirable sous tous les rapports.

On a exporté de Belgique des diamants pour une valeur de 58,000,000 de francs en 1897 et pour 67,053,000 francs en 1898.

J. RYZIGER.

L'ORFÈVRERIE, LA BIJOUTERIE, LA JOAILLERIE

De tous les arts, le plus ancien est peut-être l'art de travailler l'or, l'orfèvrerie. Les orfèvres ou artisans en or peuvent donc être regardés comme les initiateurs de tous les arts manuels.

Dans les annales historiques de l'orfèvrerie de M. Paul de Lacroix, nous avons puisé des données intéressantes sur les progrès de cet art à travers les âges.

L'or, par son éclat natif, attira les yeux de l'homme, alors que le fer était encore ignoré ou négligé, à cause de sa couleur sombre. L'or, d'ailleurs, se présentait dans toute sa splendeur à la surface du sol, soit que l'eau des fleuves l'eût éparpillé en paillettes, soit que le feu des volcans l'eût fait couler en filons ou condensé en masses brillantes. Les autres métaux dormaient dans le fond des mines, que déjà l'or avait fourni aux premiers habitants du globe des ustensiles, des armes, des insigne religieux, voire même des objets de parure. Devançant presque la civilisation, elle-même, l'orfèvrerie est le premier luxe des peuples barbares, que son éclat fascine ; dans les siècles du paganisme déjà, elle avait une double destination, quelquefois distincte et séparée : elle concourait à l'ornement des édifices et à celui des instruments consacrés au culte, comme aussi à

la décoration des palais et à l'habillement des souverains, des grands et des femmes. Cette variété même d'applications devait, avec le temps, diviser l'orfèvrerie eu plusieurs branches, qui ne confon daient ni leurs travaux, ni leurs ouvriers : ainsi l'orfèvrerie religieuse et l'orfèvrerie profane. Celle-ci, dans la fabrication des objets d'or et d'argent devant servir d'ornements personnels, particulièrement aux femmes, constitue plus spécialement la bijouterie, fort différente de l'orfèvrerie proprement dite,

COUPE - ÉGLISE STE-GERTRUDE, NIVELLES

quoiqu'elle s'y trouve réunie. De même l'emploi de l'or et de l'argent pour la monture, la mise en œuvre des pierres précieuses, constituent l'art particulier du joaillier.

Le monument écrit le plus ancien où nous trouvions la mention positive et détaillée d'œuvres d'orfèvrerie d'une grande importance, c'est l'exode du Pentateuque. Moïse y donne la description de l'Arche d'Alliance, où fut employé avec profusion l'or le plus pur battu au marteau, dans un lieu nommé Omaly-Magarah, tout près du Sinaï; là se trouvaient d'importantes mines exploitées par les Egyptiens, et des usines métalliques dont la trace subsiste encore.

Chez tous les grands peuples de l'antiquité, où l'orfèvrerie était florissante, cette industrie était considérée comme la plus noble, par la double raison de la valeur des matières, par elle mises en œuvre, et du vaste champ qu'elle ouvrait aux applications les plus variées de l'art proprement dit. On doit supposer que de l'Asie et de l'Egypte elle avait passé dans la Grèce et envahi Rome qui, devenue la Maîtresse du monde, fut aussi la ville du luxe et de l'orfèvrerie par excellence.

C'est donc de Rome que vinrent dans les Gaules, soumises à sa domination, les premiers orfèvres dignes de ce nom. Les mines d'argent qui s'y trouvaient, activement exploitées, fournirent ce métal à la fabrication des objets usuels, en raison de sa solidité. De l'Auvergne et du Limousin, on tirait l'argent et même l'or dès l'époque la plus reculée; Limoges avait des orfèvres habiles avant la conquête de Jules César. L'industrie romaine ne fit que venir en aide à l'industrie gauloise, qui s'appropria bientôt les procédés et les talents de ses maîtres. Limoges fut, à vrai dire, la cité mère des orfèvres et envoyait ses ouvriers dans tout l'Occident, en acceptant les inspirations de Rome et de Byzance, de Byzance surtout que les arts de luxe avaient adoptée pour patrie. Outre l'orfèvrerie religieuse, on peut attribuer à Limoges l'exécution de la plupart des grands ouvrages d'or, qui, pendant deux ou trois siècles, excitèrent la surprise et l'admiration de nos contemporains.

Les plus remarquables furent l'œuvre de St-Eloi, ministre et orfèvre du roi de France, Dagobert Ier (VIIe siècle); les hommes de l'art mettaient son orfèvrerie au-dessus de tout : c'était l'art simple et solennel du moyen âge. St-Eloi encouragea tous les genres d'orfèvreries : celle de Limoges, qui excellait dans les incrustations des émaux et l'enchâssement des pierres de couleur ou cabochons; celle de Paris, qui travaillait surtout au marteau et faisait de la statuaire en or et en argent ; celle de Metz, qui ciselait des joyaux et se distinguait par la finesse de son burin; celle d'Arras et celle de Lyon, qui travaillaient des étoffes de soie avec de l'or filé.

Le règne de Charlemagne fut celui de toutes les magnificences. Il semble que l'orfèvrerie ait encore renchéri sur la grandeur et la valeur pondérale des objets fabriqués sous les rois Mérovingiens. L'orfèvrerie religieuse était à son plus haut degré de splendeur; ce grand prince aimait à s'entourer d'artistes qu'il faisait venir de loin. Il possédait une quantité d'objets d'orfèvrerie, notamment trois tables d'argent et une d'or, merveilleusement ciselées, d'une grandeur et d'un poids remarquables.

Mais sous ses faibles successeurs et à mesure que les ténèbres de la barbarie s'épaississent sur l'Occident, la prospérité de l'orfèvrerie diminue et l'art tombe en décadence. Cependant la terrible approche de l'an 1000 redouble la ferveur des fidèles dont les plus riches et les plus avares donnent à l'Eglise tout l'or et tout l'argent en leur possession.

La Renaissance de l'art commence avec le XIe siècle, d'abord dans l'architecture, puis dans l'orfèvrerie, marchant d'intelligence avec l'architecture. C'étaient toujours des motifs d'ordre gothique que les artistes cherchaient à reproduire, non seulement dans l'orfèvrerie d'église, mais encore dans l'orfèvrerie de table ou de cérémonial. L'ogive avait remplacé le plein-cintre dans les formes d'un vase à boire, d'un coffret, d'une salière, d'un drageoir.

L'application sur les œuvres métalliques de couleurs vitrifiables par la fusion et qui constitue l'émaillerie était à Limoges une industrie si florissante au XIIe siècle qu'elle avait absorbé à son profit la vieille renommée des émailleurs de Constantinople. Jusqu'en 1145, on n'avait pas pratiqué en France l'art

PIÈCE D'ORFÈVRERIE

de l'émaillerie, que portaient à un haut degré de perfection les orfèvres des bords du Rhin et de la Lotharingie.

L'orfèvrerie en filigrane que les Orientaux et surtout les Arabes savaient exécuter avec tant de perfection, fit alors invasion en France et y fut accueillie avec faveur; mais ce genre n'y eut ni la même perfection ni la même vogue qu'en Espagne et en Italie, tandis que les moindres objets de l'orfèvrerie de toilette usuelle étaient travaillés avec une élégance et une délicatesse exquises.

Les guerres du XVe siècle, les calamités qui en furent la suite naturelle, arrêtèrent en France la prospérité de l'orfèvrerie, lorsque Charles VIII, qui avait subi l'influence italienne, provoqua au retour de son expédition en Italie un mouvement important dans tous les arts. Il avait ramené d'excellents ouvriers, que son successeur, Louis XII, encouragea. Ce roi, aimé du peuple, protégea l'orfèvrerie, sur les conseils du grand cardinal d'Amboise, qui contribua si puissamment de ses conseils et de son exemple à la renaissance en France, puisqu'il laissa, dit-on, un mobilier religieux d'orfèvrerie estimé deux millions, une splendide vaisselle d'argent en partie dorée et des joyaux de très grande valeur.

Mais l'épanouissement complet de la Renaissance ne date en réalité que de François Ier. La vue des chefs-d'œuvre de tous genres enfantés par l'Italie l'avait rempli d'enthousiasme; rien ne lui coûta pour attirer à sa Cour les grands artistes de ce pays. Benvenuto Cellino amena une sorte de révolution dans l'orfèvrerie française : tout le monde s'inclina devant les œuvres de l'artiste florentin.

Cependant les guerres de religion allaient porter un coup funeste à l'orfèvrerie religieuse; le xve siècle commençait tristement pour cette industrie, qui voyait diminuer l'or, transformé en numéraire, car chaque souverain voulait avoir de la monnaie d'or à son nom.

On avait dû supprimer tout à fait la vaisselle d'or qu'on avait remplacée par la vaisselle d'argent doré. De cette époque date sans doute le nom d'argenterie donnée à toute la vaisselle de table en général. La découverte de l'Amérique ramena comme par enchantement l'abondance des métaux précieux dans tous les États. L'Allemagne est peut-être le seul où la Renaissance eut un caractère propre, le seul qui ait fait autre chose que de suivre servilement le mouvement de transformation du goût commencé en Italie. La tradition gothique existait encore : l'imagination des artistes avait mêlé et même substitué une ornementation toute empruntée au règne végétal, entrelaçant, capricieusement, rameaux et feuillages, de façon, néanmoins, de conserver à la pièce une harmonieuse symétrie.

Nos villes de la Belgique avaient aussi une orfèvrerie traditionnelle, qui ne cessait de s'étendre et de se perfectionner : c'était l'orfèvrerie civile de grosse vaisselle d'or et d'argent,fondue, moulée et finie au marteau; c'était la joaillerie somptueuse pour les vêtements et la parure des nobles. Cet art avait pris un prodigieux développement sous l'influence protectrice des ducs de Bourgogne. Les comtes de Flandre et de Hainaut l'avaient encouragé les premiers; il eut son berceau dans la riche cité de Gand, qui semblait avoir acquis en Belgique la prépondérance politique et commerciale de Venise, en Italie. Les plus beaux travaux d'orfèvrerie de Cour, exécutés par les ordres des ducs de Bourgogne, le furent à Gand, dans le xive siècle. De ce centre éclatant, partirent d'habiles orfèvres qui s'établirent dans les principales villes du Brabant, du Hainaut et des Flandres. Chacune d'elles eut sa corporation d'orfèvres, riche et puissante, chacune eut, en quelque sorte, une école, un genre spécial dans ses œuvres d'art. Il y eut aussi, sous le règne de Charles-Quint, un commerce d'échange entre l'orfèvrerie flamande et l'orfèvrerie italienne, qui s'inspirèrent et se modifièrent l'une par l'autre.

De tous les arts, l'orfèvrerie fut celui que l'industrieuse population de la Belgique rendit le plus populaire ; et dans ces vieilles cités dont la bourgeoisie marchande était si riche, l'art des orfèvres-joailliers ne fut pas voué exclusivement au service des nobles et des grands. Le premier élan donné dans les provinces flamandes était venu de ceux-ci, l'intelligente vanité des bourgeois fit le reste. Et c'est ainsi que les plus précieux ouvrages de Gand, de Bruges, de Bruxelles, de Liège, allèrent prendre place sur les dressoirs et dans les coffres de la fière bourgeoisie locale. C'est dans ces villes que les orfèvres pouvaient sans inquiétude travailler à leur art, à l'époque des factions civiles en France, et exécuter les plus belles œuvres qui composèrent le trésor des ducs de Bourgogne. Ces princes, qui rendaient aux arts une espèce de culte et en faisaient l'expression éclatante de leur pouvoir, considéraient l'orfèvrerie au-dessus de toutes les autres industries : bien loin de faire déchoir le gentilhomme, elle anoblissait le rôturier. De là, l'axiome reçu : « Orfèvre ne déroge pas », et ce dans un siècle où la noblesse se montrait si jalouse de ses droits. Bien des fils ou descendants d'orfèvres exercèrent des fonctions publiques; la magistrature vit s'élever plusieurs familles distinguées, portant un nom qu'elles devaient à la forge de leurs ancêtres.

A Bruxelles, les orfèvres avaient formé, dès le XIIIᵉ siècle, un corps de métier important, à qui Jean III, comte de Hainaut, avait octroyé des privilèges, renouvelés en 1400, par la duchesse Jeanne. Les orfèvres demeuraient dans le quartier appelé *Cantersteen*. Les ouvrages de métal au repoussé, si nombreux dans tous les trésors royaux et seigneuriaux, s'y fabriquaient généralement. Des ouvriers y avaient importé, comme dans les Flandres, la chaudronnerie historiée connue sous le nom de *dinanterie*. Les Dinantais, après avoir longtemps estampé et martelé le cuivre, le laiton et l'étain, n'avaient fait que changer de métal, sans changer d'art ni de procédés : sans modèle et sans préparation, ils excellaient à faire de véritables bas-reliefs sur des feuilles d'or ou d'argent qu'ils relevaient au marteau et qu'ils achevaient au ciseau.

Les orfèvres d'Anvers ne sont connus que par leurs méreaux ou jetons de présence en cuivre, méreaux qui devaient exister pour chaque ville belge. Le méreau d'Anvers porte la date de 1568 avec, au revers, une main et une légende flamande.

Parmi les plus habiles orfèvres des XVᵉ et XVIᵉ siècles, rappelons le nom de Corneille de Bonte, ce maître orfèvre de Gand,

venu de Bréda, en 1472, qui excellait dans l'orfèvrerie reli
gieuse à figures; Claude de la Haye et son fils Jean de la Haye,
qui fabriquèrent une grande partie de la vaisselle pour la Cour
de Henri IV. C'était toujours l'orfèvrerie de table qu'on variait
à l'infini. Citons aussi Michel Leblond, originaire de Francfort,
qui travailla toute sa vie à Amsterdam, et que les meilleurs
orfèvres allemands ne purent égaler. Il immortalisa par son
burin le plus fin, le plus adroit, le plus hardi, ses merveilleux
ouvrages et inspira et dirigea, pendant une partie du
XVIIe siècle, les écoles hollandaise, flamande et française.

La joaillerie avait pris un prodigieux développement, dès le
XIVe siècle, en raison de celui du luxe des habits que l'on
couvrait littéralement d'or et de pierreries; elle prit même au
siècle suivant le pas sur l'orfèvrerie ou vaissellerie. A cette
époque, les orfèvres-joailliers de la Belgique n'ont pas de
rivaux en Europe : ils niellent, gravent, émaillent, montent
les pierreries, forgent et cisèlent mieux que partout ailleurs.
Leur art se plie à tous les élégants caprices de la mode, qui
avait tant d'occasions de briller aux fêtes de la Cour ducale.
Les orfèvres marchands de joyaux gagnaient des sommes
énormes sous le duc Philippe le Bon. De toutes les pierreries
en usage alors, la plus estimée et la plus recherchée était le
diamant qu'on avait peu remarqué, tant qu'on n'avait pas su
le tailler, le polir et le monter à jour.

Longtemps la bijouterie ne fut qu'une branche de l'orfèvrerie : l'orfèvre fabriquait des bijoux d'or, concurremment
avec le bijoutier devenu joaillier, mais seulement en dehors
du costume. Les bijoux antiques féminins, colliers, bagues,
boucles d'oreilles, agrafes, coiffures, etc., témoignaient déjà
du goût de l'ouvrier dans l'art expert de rehausser la toilette.
Dans leur simplicité, ces bijoux, extrêmement fragiles, se
composaient, habituellement, de feuilles d'or gaufrées, estam-
pées ou découpées et de fils d'or tressés ou noués ensemble.

Tandis que le bijoutier décore l'or et l'argent ou d'autres
métaux, les façonne en mille manières, y ajoute des ornemen-
tations, use enfin de tous les procédés que l'art et le métier
offrent à sa fantaisie, le joaillier, lui, se borne à employer le
métal pour monter les diamants et les pierres précieuses.
Cette orfèvrerie est essentiellement artistique : l'orfèvre est,
d'ailleurs, l'artiste par excellence et l'on comprend qu'il ait
fourni des hommes éminents aux différentes catégories de
l'art.

Avec Charles-Quint avaient disparu, peu à peu, la gloire
artistique et la prospérité commerciale de la Belgique. Les
persécutions religieuses et les luttes intestines avaient éloigné
un grand nombre de ces artistes auxquels notre patrie devait
son renom et son opulence. Les fugitifs, bien accueillis dans

d'autres États, y apportèrent une source de richesses et enlevèrent à nos provinces la supériorité acquise jusque-là pendant un long temps même, la Belgique fut tributaire de l'étranger pour l'orfèvrerie. Il nous faut arriver au XIXe siècle pour voir refleurir cette industrie, que l'art avait sans cesse élevée et soutenue, pendant quinze siècles, au milieu de toutes les vicissitudes du sort.

De nos jours, l'orfèvrerie, qu'on a appelée, justement, l'éclatant symbole des grands règnes, s'est élevée à un niveau qu'elle n'avait jamais atteint, et l'on entrevoit déjà les destinées de plus en plus brillantes auxquelles elle est appelée par le génie de la civilisation qui en est la vie.

Dans les dernières années, le public donna de beaucoup la préférence à la joaillerie. Cette industrie a pris dans notre pays un développement considérable. Notre joaillerie ne le cède en rien, comme fini et comme élégance, à celle des capitales les plus réputées de l'Europe.

Quant à la bijouterie, nous assistons depuis quelque temps à une véritable renaissance de cet art si gracieux.

Nos meilleurs artistes s'ingénient à créer des pendentifs, des peignes, des pièces de corsages, où les couleurs les plus diverses, sous forme d'émail, de pierres fines, taillées ou gravées, de bronze, d'ivoire, mélangés aux diamants, pierres et perles donnent à l'objet un cachet merveilleux.

L'industrie des métaux précieux est actuellement en pleine prospérité en Belgique. Toutes nos fabriques sont actives et souvent même les bras manquent.

Notre réputation artistique est faite et nos produits sont connus et achetés, non seulement en Europe, mais dans beaucoup de pays des autres continents.

J. RYZIGER,
Président de la Chambre syndicale des métaux précieux
et horlogerie de Bruxelles.

EXPOSANTS DE LA CLASSE 95

Joaillerie et bijouterie
(Matériel, procédés et produits)

Boichon, F. — Optique, bijouterie, fantaisies. — Chaussée de Courtrai, 124, Gand.

Diamants imitation, perles, turquoises, etc., etc.; jumelles de campagne, de marine, de théâtre, et tous ces objets de ma fabrication.

Brant, Georges. — Boulevard du Nord, 73, Bruxelles.

Bijouterie-fantaisie d'or et d'argent. Objets de bijouterie doublés d'or.

Coeckelbergh, J. — Fausse bijouterie, imitation parfaite du diamant. — Rue du Midi, 136, Bruxelles.

Bijoux, imitation de diamant, de rubis, émeraude et toutes les pierres de couleur en général.

Hoosemans, Frans. — Rue Royale, 66, Bruxelles.

Joaillerie fine, argenterie artistique, objets d'art.

Jahn, Guillaume. — Bijoutier-joaillier. — Rue Zérézo, 9, Bruxelles.

Bijoux style flamand; bijoux artistiques et symboliques.

Jazowski, M. — Impasse du Parc, 1, Bruxelles.

Joaillerie et bijouterie.

Perraud, L., & Lechevalier. — Chaussée d'Anvers, 134, Bruxelles.

Bijouterie imitation; petits bronzes, fantaisies.

Voghelaere, J.-B. — Bijouterie fausse. — Quai Porte-aux-Vaches, 30, Gand.

Pierre imitation diamant, dénommée « Diamant du Congo ».

CLASSE 96

NOTICE SUR L'INDUSTRIE HORLOGÈRE EN BELGIQUE

La Belgique ne peut pas encore être classée parmi les pays fabriquant de l'horlogerie; elle doit cependant revendiquer la première place parmi ceux non producteurs, comme s'étant efforcée depuis quelques années à encourager le développement de cette industrie, ainsi que celles connexes, en créant une École nationale d'horlogerie à Bruxelles, qui est en pleine prospérité aujourd'hui et peut rivaliser avec les établissements similaires de l'étranger.

Cependant, une certaine horlogerie fut fabriquée avec succès en Belgique. A la fin du siècle dernier, on commença à construire, dans le pays de Liége, des horloges en fer, à réveil et à répétition; elles jouissaient d'une très bonne renommée et

UNE HORLOGE LIÉGEOISE.

étaient exportées très loin. Il y a une trentaine d'années que cette industrie est disparue.

Il existe actuellement quelques fabricants d'horlogerie monumentale en Belgique et particulièrement à Malines.

A Bruxelles et à Liège, quelques firmes fabriquent l'horlogerie électrique, des horloges atmosphériques, ainsi que des appareils scientifiques qui sont un peu du domaine de l'horlogerie.

Nous voyons aujourd'hui se transformer cet art — dont la main-d'œuvre jouait un grand rôle autrefois — en une industrie à base mécanique. Peut-être verrons-nous un jour une tentative de fabrication d'horlogerie en Belgique, à l'aide des procédés modernes. Avec les éléments que pourrait fournir l'École nationale d'horlogerie, auxquels viendraient s'adjoindre des spécialistes appelés de l'étranger, la Belgique serait en bonne posture pour faire vivre cette intéressante industrie, le prix peu élevé de la main-d'œuvre et sa situation géographique l'y aideraient puissamment.

HÉBERT SIDNEY,
Délégué de la classe 96.

EXPOSANTS DE LA CLASSE 96

Horlogerie

(Matériel, procédés et produits)

Adam, Henri. — Horlogerie. — P^te rue des Longs-Chariots, 10, Bruxelles.

Horloges et régulateurs atmosphériques; pendules pour chemins de fer.

Bloch, L., & Goetschel. — Rue du Pont-Neuf, 2, Bruxelles.
Fabrication d'horlogerie.

École nationale d'horlogerie de Bruxelles. — École d'horlogerie. — Palais du Midi, Bruxelles.

Montres à ancre; chronomètres; modèles d'échappement; régulateurs; instruments de précision; moteurs électriques; dessins

Leemans, René. — Constructeur-mécanicien. — Rue de la Loi, 244, Bruxelles.
Horloge monumentale dans le Palais de Belgique.

Sireck, Jean, & Cie. — Petite mécanique. — Rue Lavallée, 5, Bruxelles.
Compteur enregistreur Sireck pour voitures publiques.

Toulet, Charles. — Appareils constateurs automatiques. — Bruxelles.
Quatre appareils contrôleurs automatiques pour pigeons voyageurs.

CLASSE 97

BRONZE, FONTE ET FERRONNERIE D'ART
MÉTAUX REPOUSSÉS

BRONZE

Vers 1825, le gouvernement des Pays-Bas avait cherché à implanter chez nous la fabrication des bronzes d'ameublement en octroyant d'importants subsides à quelques fabricants. Malheureusement, la minime importance des marchés, le peu d'étendue des débouchés, unis aux frais exagérés que nécessitaient la création de modèles, dont cette industrie exige une grande variété, ne permirent pas aux promoteurs de continuer leurs affaires avec fruit, et le projet avorta complètement.

PUITS DE QUENTIN METSYS A ANVERS

Le résultat peu satisfaisant ne découragea cependant pas nos bronziers, qui, secondés par de vrais amateurs de choses d'art, et après s'être imposés de grands sacrifices, virent peu à peu leur industrie se maintenir au niveau, et prendre, même, de l'extension. Aujourd'hui, grâce à leur persévérance, la Belgique occupe le premier rang dans le domaine de cet art, et les décorations, statues, groupes, vases, etc., qui figurent aux diverses expositions, mettent en lumière et les artistes et les maisons s'occupant de cette industrie.

Il est regrettable que plusieurs grandes maisons se soient abstenues ; notre section, noyée dans la masse, ne pourra donner qu'une faible idée des progrès réalisés depuis ces dernières années. Il suffit cependant de parcourir les principales villes belges pour se rendre compte de l'importance des travaux en cuivre et bronze exécutés par nos industriels pour les monuments, les squares, parcs, etc., et du bon goût apporté dans la fabrication. L'initiative des artistes et le culte du beau, primant à l'heure actuelle dans le public, font prospérer les établissements, et l'industrie artistique semble être fixée à tout jamais en Belgique.

Nombreux sont les procédés actuellement usités dans la fabrication du bronze ; parmi eux, la cire perdue d'application ancienne déjà, et le système Collas d'invention moderne

La cire perdue, en usage dès le XIIIe et XIVe siècle, permet
de conserver au modèle toute sa délicatesse ; maintenant
encore, nos plus grands établissements ont recours à ce mode
de fondre, qui donne des résultats très satisfaisants.

Le procédé « Collas », qui permet de réduire exactement les
œuvres des artistes, a franchi notre frontière et se trouve
actuellement fort en usage dans nos fonderies.

FONTE ET FERRONNERIE D'ART

L'industrie de la fonte de fer a aussi réellement progressé
en Belgique. Nos produits, grâce à leur netteté et à leur prix
avantageux, sont exportés dans toutes les parties du monde.
Les objets les plus divers, tant au point de vue de la forme que
de la dimension, sont coulés avec tout le soin désirable.

L'industrie du fer forgé, si délaissée depuis la dernière
moitié du siècle dernier, a reconquis depuis une vingtaine d'années toute la vogue dont elle jouissait autrefois. Plusieurs fabricants se sont fait une spécialité de ce genre de travail qui est une
remarquable application de l'art à l'industrie. Certains d'entre
eux, s'inspirant des travaux de nos vieilles maîtrises, sont
parvenus à faire de vrais chefs-d'œuvre, tout en restant dans
les traditions du moyen âge et de la renaissance, époques si
fécondes dans les annales artistiques du fer forgé.

MÉTAUX REPOUSSÉS

Vers le XIIe siècle, la fabrication des objets en cuivre
connus sous le nom de « dinanteries » avait pris en Belgique
une extension considérable. Les maîtres dinantiers se firent
une réputation quasi universelle. Bientôt des batteurs de
cuivre français et, plus tard, des Hollandais et des Allemands
se disputèrent la supériorité de la dinanterie, mais aucun ne
surpassa nos maîtres de Dinant, qui surent maintenir le renom
qu'ils s'étaient créé à l'étranger, au niveau le plus élevé de
cet art.

Aujourd'hui, quoique la mécanique soit appliquée dans les
travaux d'art, et que l'estampage supprime en grande partie
le travail manuel, certains de nos batteurs-repousseurs conservent à la Belgique sa renommée dans ce genre d'industrie.

Le métal est repoussé par la retreinte ; l'artiste façonne ainsi
sans recourir à aucune soudure : pour obtenir un relief, on
repousse au marteau le revers d'une plaque en métal, on ciselle
ensuite l'avers. Les œuvres anciennes, repoussées au marteau,
sont excessivement nombreuses en Belgique. Cette industrie
jouissait probablement d'une vogue extraordinaire au temps
passé, vogue que l'on comprend aisément, si l'on considère la

malléabilité du cuivre rouge et jaune, métal principalement employé, et l'outillage rudimentaire que nécessite cette industrie.

DAMASQUINERIE

Venue d'Orient, amenée par les croisades, la damasquinerie jouit actuellement d'une vogue assez considérable. Cet art, qui se borne à incruster l'or et l'argent sur la surface du fer, de l'acier, du bronze, etc., reçoit une grande application en Belgique. Les armuriers en usent principalement, soit comme décoration, soit pour briser les reflets métalliques de l'acier des canons. Certains damasquineurs ont acquis une grande réputation, par leur habileté et la conception heureuse de leurs dessins.

ZINCS D'ART

La fonte de bronze coûtant généralement fort cher, les œuvres des artistes sont parvenues à se vulgariser, grâce au moulage en zinc de leurs modèles. Ces zincs d'art, bronzés ou recouverts de patine artificielle, donnent, à s'y méprendre, l'effet du bronze.

La mode actuelle est « l'Etain d'Art » martelé ou coulé, le métal conserve sa teinte naturelle ou est légèrement oxydé. Les statuettes, vases, plats, ornementés produisent les effets les plus heureux ; ajoutons que cette industrie n'est pas nouvelle, et que les XVIIe et XVIIIe siècles virent apparaitre la vaisselle d'étain aux plats richement décorés et armoriés. Nos musées possèdent beaucoup de spécimens de ces brillantes pièces d'art, où l'on peut se rendre compte de la composition et de la finesse de ces travaux.

J. WILMOTTE Fils.

EXPOSANTS DE LA CLASSE 97

Bronze, fonte et ferronnerie d'art. — Métaux repoussés
(Matériel, procédés et produits)

Arens, A.-D.-A. — Cuivres repoussés. — Marché-au-Lait, 41, Anvers.
Cuivres repoussés.

Cordier, Arthur. — Ferronnier d'art. — Furnes.
Branches avec lanterne en fer forgé.

Schryvers, Pierre. — Ferronnier d'art. — Rue du Métal, 30, Bruxelles.
Ferronneries d'art forgées à la main.

Schroëter-Aerts, E. — Place d'Egmont, Malines.

Lustres et appliques en cuivre, style flamand.

Van Boeckel, Louis. — Ferronnerie et cuivres d'art. — Rue de Malines, 20, Lierre.

Lustres, feux de luxe, etc., en fer forgé et cuivre; portes, balcons, grillages, cadres, rampes d'escaliers, etc., etc.; Chimère forgée en une pièce.

Récompenses : deux grands-prix, trois croix d'honneur, trois diplômes d'honneur et quatorze médailles d'or aux expositions internationales.

van de Putte, P. — Ferronnier d'art. — Eecloo.

Ferronneries d'art flamand.

CLASSE 98

BROSSERIE

La brosserie belge est très répandue dans les Flandres : de très grandes fabriques sont installées à Bruges, tandis qu'à Iseghem l'industrie à domicile domine.

BRUGES

Une fabrique importante se trouve à Vilvorde.

La Belgique produit surtout les brosses-balais en piassava, chiendent, fibres et crins. Elle excelle dans les genres communs et demi-fins.

MAROQUINERIE

Il existe à Bruxelles, à Anvers et dans d'autres villes des fabricants de maroquinerie fine qui se sont révélés dans des expositions antérieures, et ont prouvé qu'on pouvait en Belgique produire cet article bien et d'une façon distinguée. Les succès obtenus font augurer que notre pays n'aura bientôt plus **rien** à envier à l'étranger et pourra faire l'exportation.

TABLETTERIE

Cette industrie n'est pas développée en Belgique, on y fait de jolies choses, mais tout se borne à la sculpture supérieurement bien exécutée, ou à l'application de faïences ; mais la tabletterie-marquetterie avec incrustations n'existe pas en Belgique à l'état industriel, et est l'œuvre isolée de quelques artistes ou spécialistes.

OBJETS EN IVOIRE

Depuis l'importation des ivoires du Congo, l'industrie de l'ivoire a pris une grande extension en Belgique où on le travaille supérieurement ; on l'applique aux œuvres les plus riches et les plus artistiques ; Bruxelles possède plusieurs maisons de premier ordre pour ce travail, et tous les artistes s'efforcent à trouver dans l'ivoire matière à appliquer leur art. La dernière création de bijoux avec des sujets d'ivoire sculpté en miniature vient d'avoir un succès particulier qui prouve que les Belges sont décidés à donner au travail de l'ivoire la plus grande attention.

VANNERIE

La grosse vannerie d'osier existe depuis longtemps dans les Flandres, à Tamise, Maldeghem, Basel et surtout à Bornhem.

La vannerie fine est d'introduction plus récente et ce fut à l'Exposition de 1867 à Paris qu'elle se fit remarquer pour la première fois, comme le signale M. Michel Chevalier.

Anvers et Bruxelles sont le centre de la fabrication des rotins des Indes. On y fabrique des produits remarquables par leur finesse qui jouissent d'une très grande faveur sur les marchés étrangers, malgré des droits d'entrée souvent prohibitifs.

Une maison particulière a créé à Maldeghem, à Tamise etc., des écoles de vannerie, qui ont contribué largement à perfectionner la fabrication et ont permis de lui donner une extension considérable.

UNE ÉCOLE DE VANNERIE

Des Belges ont fondé à l'étranger des usines très importantes de vannerie et y ont acquis d'emblée la faveur du public.

ALB. VAN OYE,
Secrétaire du groupe XIV.

EXPOSANTS DE LA CLASSE 98

Brosserie, maroquinerie, tabletterie et vannerie
(Matériel, procédés et produits)

Delhaize frères & Cie. — Fabrication de brosses. — Rue Osseghem, Bruxelles.

Produits de la Manufacture de brosses de Saint-André-lez-Bruges.

Jazowski, M. — Maroquinerie. — Impasse du Parc, 7, Bruxelles.

Objets de maroquinerie.

Sober, F. — Ambre travaillé. — Galerie de la Reine, 34, Bruxelles.

Broches, bracelets, porte-cigares, etc.

Société anonyme commerciale « Ratania » (Directeur-général, Van Oye, Alb.). — Bruxelles.

Rotins, cannes, joncs, bambous, etc. ; produits des Indes, du Japon et du Congo, bruts, préparés et leurs dérivés.
Vannerie industrielle et fine.

Van Oye, Albert, & Cie. — Vannerie fine et d'exportation. — Maldeghem.

Produits de l'osier, du rotin, de la paille, du roseau ; paniers à beurre ; fournitures pour fermes.

Vinche, J.-B. — Fabrique de pipes et articles de fumeurs. — Marché-aux-Herbes, 85, Bruxelles.

Pipes, fume-cigares, fume-cigarettes en écume, écume calcinée, écume à l'huile et au goudron, racine de bruyère, ambre, etc.

CLASSE 99

CAOUTCHOUC

L'importation du caoutchouc brut a atteint pour le commerce spécial, c'est-à-dire déclaré pour la consommation extérieure :

en 1889	299,457 kil.
1890	284,703
1891	286,194
1892	263,962
1893	520,207
1894	682,786
1895	862,976
1896	1,686,400
1897	2,279,967
1898	2,790,647

EXPOSANTS DE LA CLASSE 99

Industrie du caoutchouc et de la gutta-percha
(Matériel, procédés et produits)

Objets de voyage et de campement

Colonial Rubber (Société anonyme). — Manufacture générale de caoutchouc. — Rue Royale, 114, Bruxelles. — Usines à Gand, quai du Strop, 9 ; Prouvy-Thiant (France-Nord); Cologne Ehrenfeld (Allemagne).

Tous articles en caoutchouc souple et durci, gutta-percha, amiante et bourrages.

Guillon, S. — Avenue de la Toison-d'Or, 69, Bruxelles.

Malles et valises d'une seule pièce, tissu composé de toile de lin et fibre de bois.

Michel-Jackson, A. — Caoutchouc manufacturé. — Menin.

Caoutchoucs industriels, pour cycles, automobiles et voitures ; ébonite ; tissus et vêtements imperméables.

CLASSE 100

LA BIMBELOTERIE

La fabrication de la bimbeloterie en Belgique existe depuis un siècle. Bruxelles était alors le seul centre important. A cette époque, une seule maison s'occupait de cette fabrication. Elle employait une dizaine d'ouvriers et ne fabriquait que le tambour.

Cette maison prospéra rapidement de père en fils et, actuellement, occupe 160 à 170 ouvriers et fabrique, outre le tambour, les chevaux, chevaux à roulettes, chevaux à bascule, chevaux à conduire, chevaux dadas, charrettes anglaises, moutons, accessoires de théâtres, brouettes. Elle est arrivée à un tel degré de perfection dans ces articles qu'elle a pu détrôner l'Allemagne pour le bon marché et le fini.

Depuis une trentaine d'années, d'autres spécialistes se sont établis dans différents centres : ainsi Bruxelles fabrique aussi des jouets en rotin et bambou, des berceaux et lits de poupées, des voitures de poupées, beaucoup de drapeaux et surtout des masques.

Lierre fait des poupées en bois et des toupies; Braine-l'Alleud, la vannerie pour enfants, voitures de poupées, meubles d'enfants, jouets en bambou, rotin et osier; Turnhout, la lingerie de poupées; Alost, les tricycles et vélos d'enfants ; Deynze, les chevaux et moutons en carton, ainsi que les voitures d'enfants; Mons a .comme spécialité les moutons en laine; Charleroi fabrique les chevaux et moutons en carton, les flûtes en fer-blanc et en étain, les perruques, les clowns; Gand, les joujoux en fer-blanc, tels que seaux, arrosoirs, etc., ainsi que les objets en caoutchouc et en baudruche; les joujoux de ménage émaillés nous viennent de Gosselies.

A Bruxelles, nous avons aussi les ouvriers en chambre qui font les cerfs-volants; depuis quelques années, le confetti s'y fabrique beaucoup ainsi que dans le Brabant où il a pris une énorme extension.

L'industrie bimbelotière belge s'est singulièrement développée, aussi les prix de revient ont-ils beaucoup diminué. C'est ainsi qu'on peut se procurer des petites voitures attelées de chevaux en carton depuis 6 francs la douzaine.

Tous les jouets pourraient être fabriqués avantageusement en Belgique; en voici les raisons : 1° droits d'entrée supprimés pour la consommation du pays; 2° économie de la main-d'œuvre; 3° prix favorables des matières premières; 4° économie sur les frais généraux résultant des impositions et contributions de toutes natures, très minimes en Belgique et dont notre industrie est en général peu grevée.

ANDRÉ DE VRIENDT,
Délégué de la classe 100.

EXPOSANT DE LA CLASSE 100

Bimbeloterie

Verbist, Jeanne. — Rue Delcourt, 7, Bruxelles.
Jouets d'enfants et objets de fantaisie.

de Vriendt, André. — Bruxelles.
Membre du Jury, Exposition internationale, Bruxelles 1897.
Confetti; Fabrication en tous genres, uni et multicolores et imprimés.
Linge; Blanc et couleur pour essuyages, etc.
Archives; Destruction mécanique, importation et exportation.

GROUPE XVI

ÉCONOMIE SOCIALE — HYGIÈNE
ASSISTANCE PUBLIQUE

CLASSES 101 A 110

ÉCONOMIE SOCIALE

De 1887 à 1899, la législation sociale s'est très notablement accrue. Si l'on signale ici le fait, c'est avant tout parce qu'il est l'indice des préoccupations de l'opinion publique.

C'est aussi pour attirer l'attention sur la méthode qui a été suivie dans l'élaboration des lois nouvelles. Plusieurs n'ont été que la mise au point d'avant-projets élaborés par la *Commission royale du travail*, en 1886, à la suite des grèves qui éclatèrent au printemps de cette année et donnèrent lieu à une vaste *enquête* sur la situation des ouvriers industriels du pays entier.

L'une des premières lois votées fut celle qui institua les *Conseils de l'industrie et du travail*, organismes régionaux destinés à concilier le cas échéant les intérêts que l'industrie met en jeu, ceux des chefs d'entreprise et ceux de leurs ouvriers, et aussi à renseigner le Gouvernement sur la condition et les besoins des ouvriers, de façon à faciliter et à guider l'action de la Législature et de l'Administration.

Quand, ensuite, la loi du 13 décembre 1889 réglementa les conditions du travail industriel des enfants et des femmes mineures, les Conseils de l'industrie et du travail intervinrent pour son application.

C'est cette loi qui amena la création de l'*inspection du travail* et l'institution du *Conseil supérieur du travail*.

L'inspection du travail à son tour est devenue un organisme d'enquête, indépendamment de sa fonction de contrôle.

Le Conseil supérieur du travail est un corps consultatif dont les quarante-huit membres sont nommés par le Roi. Il est composé en parties égales de patrons, d'ouvriers et de sociologues. Tous sont choisis de façon à grouper des représentants

25

des diverses industries, des diverses régions du pays, des diverses écoles, des diverses tendances. Il est présidé par un duc, et compte parmi ses vice-présidents un ouvrier mineur devenu depuis député socialiste: son secrétaire général est le distingué directeur de l'Office du Travail, M. Morisseaux.

Le Conseil institué par l'arrêté royal du 7 avril 1892 a tout d'abord été appelé à préparer les trente règlements administratifs destinés à déterminer les conditions d'application de la loi du 13 décembre 1889 aux diverses industries.

Cette loi, selon une de ses dispositions même, ne devait être mise en vigueur que trois ans après sa promulgation, pour que les chefs d'industrie pussent se préparer à s'y conformer, et pour ménager une transition désirable dans l'intérêt des budgets ouvriers auxquels le salaire des enfants apporte assez fréquemment en Belgique un appoint appréciable.

Elle devait de plus être appliquée en tenant compte de la nature des diverses industries et des conditions de travail particulières à chacune d'elles. Le Conseil supérieur eut pour mission de condenser les résultats de l'enquête entreprise à cette fin auprès des Conseils de l'industrie et du travail.

Dans la suite le Conseil élabora divers projets de loi et, notamment, un projet sur les règlements d'ateliers, à l'intervention des Conseils de l'industrie et du travail, lesquels fournirent les renseignements nécessaires en répondant à un questionnaire préparé par le Conseil.

A ce Conseil revient aussi l'honneur de la mise à l'étude de la question si importante de la *statistique du travail.*

La création de l'*Office du Travail* en Belgique se rattache à cette heureuse initiative.

Enfin, le développement de la législation sociale et des services administratifs qui s'y rattachent amena la création du *Ministère de l'Industrie et du Travail* à l'état de département distinct, le 25 mai 1895.

Il n'entre pas dans le cadre de cette notice de commenter ni même d'indiquer toutes les mesures prises en ces dernières années et relevant de l'économie sociale. Signalons pourtant une série de lois postérieures à 1893, la loi sur les sociétés de secours mutuels, celle qui a institué des délégués ouvriers à l'inspection des mines, une loi organique de l'association professionnelle, enfin les lois de 1899 sur la sécurité des ateliers, sur le contrat de travail et celle qui est relative à l'épargne de la femme mariée et du mineur.

Il est bien clair qu'un effort législatif aussi important n'a pas été fait sans qu'il existât un courant d'opinion favorable à un ensemble de réformes.

La vie politique est intense en Belgique : le système représentatif y fonctionne à l'intervention fréquente et efficace de la Nation. Depuis ces dernières années le régime électoral a été démocratisé et amène aux urnes tous les citoyens mâles âgés de vingt-cinq ans.

Comme la petite Belgique est un pays de grande industrie, de population dense, de vastes agglomérations ouvrières, il n'est pas étonnant que les questions sociales y soient passionnantes, que le socialisme s'y développe, ni que le pays soit en même temps remarquable par la floraison des œuvres d'initiative privée, œuvres patronales, politiques, philanthropiques, religieuses.

L'exposition d'économie sociale telle qu'elle a pu être réalisée sur un espace restreint, s'il est tenu compte de cette circonstance, donnera une impression qui ne démentira pas les appréciations qui précèdent.

Tout en utilisant les concours qui lui ont été spontanément acquis, ses organisateurs ont visé à mettre en relief l'importance des institutions belges relatives à l'économie sociale, tantôt par le groupement des organismes similaires en collectivités, tantôt par des expositions typiques. Le Gouvernement lui-même est exposant dans plusieurs classes du groupe XVI; c'est lui qui a désigné les délégués et le bureau de ce groupe et de plus a couvert la généralité des frais de cette exposition.

MAISONS OUVRIÈRES

Il convient de désigner tout particulièrement aux visiteurs les institutions de prévoyance dont l'essor est magnifique et la diversité significative. L'épargne, en effet, est susceptible de bien des formes, parce que le résultat qu'on en attend peut et doit différer d'après la condition de ceux qui s'y adonnent. Epargne simple, constitution d'une pension de retraite, réalisation d'une assurance sur la vie ou contre les accidents, acquisition d'une habitation, sont des mesures de prévoyance inégalement utiles, par exemple, selon qu'on est père de famille ou qu'on ne l'est pas.

Ce qu'il faut noter encore, c'est l'extension successive des services de la *Caisse générale d'épargne et de retraite sous la garantie de l'État*. Il n'est pas question d'y insister longuement ici, mais il faut dire, à tout le moins, que la Caisse a eu une très grande part à la multiplication des maisons ouvrières par tout le pays, et à l'action sociale de la loi du 9 août 1889.

Cette utilisation nouvelle, cette transformation successive d'un établissement ancien déjà, est un phénomène caractéristique : il montre bien comment se poursuit en Belgique la réforme sociale, c'est-à-dire par une évolution lente mais constante des institutions.

C'est ainsi, par exemple, que, grâce à une modalité toute spéciale de l'emploi des capitaux d'une puissante compagnie d'assurances, l'on a pu faire jouir de facilités très grandes en vue de l'acquisition d'une habitation, les personnes auxquelles la loi belge sur les habitations ouvrières n'avait pas étendu le bénéfice de ses dispositions.

A ce tableau dans lequel nous avons tâché de mettre en relief la méthode suivie pour l'œuvre législative et administrative, il est des ombres. Le projet de loi sur la réparation des accidents du travail, bien que déposé depuis le 26 avril 1898, reste à voter. Avec les mesures destinées à généraliser les pensions ouvrières et à combattre énergiquement l'alcoolisme, il donnera à la Belgique un ensemble d'institutions digne de la très particulière attention des économistes. **E. V. S.**

EXPOSANTS DE LA CLASSE 101

Apprentissage — Protection de l'enfance ouvrière

Dirickx, J. (Mme). — Rue Royale, 68, Bruxelles.
Une série de robes et l'exposition de sa méthode de coupe.

Le Jeune, président de la Commission royale des patronages de Belgique. — Rue Ducale, 89, Bruxelles.
Cartogramme et documents.

Ministère de l'Industrie et du Travail. — Bruxelles.
Tableaux graphiques relatifs à l'enseignement ménager et à son développement en Belgique.

EXPOSANTS DE LA CLASSE 102

Rémunération du travail — Participation aux bénéfices

Ministère de l'Industrie et du Travail. Direction générale des mines. — Rue Latérale, 2, Bruxelles.

Représentation de l'histoire économique de l'industrie houillère en Belgique depuis 1830.

Varlez, Louis. — Rue des Baguettes, 58, Gand.

Tableaux graphiques relatifs aux salaires et à l'histoire de l'industrie cotonnière gantoise au XIXᵉ siècle.

EXPOSANTS DE LA CLASSE 103

Grande et petite industrie — Associations coopératives de production ou de crédit — Syndicats professionnels

Banneux, Louis. — Rue du Concert, 22, Etterbeek.
Manuel pratique de la coopération.

Fédération des Banques populaires belges. — Rue du Pot-d'Or, 18, Liège.
Tableau statistique de la situation des banques populaires belges.

Fédération des coopératives du Parti ouvrier belge. — Rue des Sables, 35, Bruxelles.
Cartes, diagrammes, photographies, brochures.

Sociétés Coopératives de Production :

Province de Brabant

Arrondissement de Bruxelles

BRUXELLES : L'*Avenir Social* (Revue du Parti Ouvrier);
La Presse Socialiste (*Le Peuple, L'Echo du Peuple*);
Les Ouvriers et Ouvrières Fleuristes.
MOLENBEEK-SAINT-JEAN : L'Union des Confiseurs ;
Les Menuisiers et Charpentiers réunis.

Flandre Orientale

Arrondissement d'Alost

ALOST : Tabakbewerkersbond.

Hainaut

Arrondissement d'Ath

ELLEZELLES : Union des Tisserands.
WANFERCÉE-BAULET : Atelier coopératif des Chaudronniers.

Province de Liège

Arrondissement de Huy

HUY : Imprimerie économique.

Arrondissement de Liège

LIÈGE : Imprimerie coopérative.

Province de Namur

Arrondissement de Philippeville

CERFONTAINE : Les Ouvriers Sabotiers.

PETIGNY : L'Eveil, Société Coopérative des Sabotiers.

Ligue démocratique belge (section des coopératives). — Quai au Bois, 32, Gand.
Documents et graphiques.

Sociétés Coopératives de Production :

Province de Brabant

Les Ébénistes Réunis (Gilde des métiers et négoces), à Louvain :

Les Tailleurs Réunis (Gilde des métiers et négoces), à Louvain.

Flandre Occidentale

Syndicat des Tisserands, à Roulers.

Flandre Orientale

Recht en Plicht, à Eecloo ;

Société coopérative des Cordonniers, à Gand ;

Société coopérative des Tailleurs, à Gand ;

Société coopérative des Tisserands, à Gand.

Province de Liège

Les Bûcherons de Seraing, à Seraing ;

Les Tisserands (St-Sévère), à Dison.

Province de Limbourg

Les Vanniers (St-Joseph), à Saint-Trond.

Ministère de l'Industrie et du Travail (Office du Travail). — Rue Latérale, 2, Bruxelles.
Deux diagrammes relatifs à la coopération.

Ministère de l'Industrie et du Travail (Office du Travail). — Bruxelles.
Cartogrammes et documents relatifs au Recensement industriel de 1896.

Société coopérative « Vooruit nº 1 ». — Marché-au-Fil, Gand.
Tableaux, diagrammes.

Syndicats affiliés à la ligue ouvrière antisocialiste de l'arrondissement de Gand. —Gand.
Documents et graphiques.
1. *Syndicat des Tisserands ;*
2. *Union libre des ouvriers Cotonniers ;*

3. *Union professionnelle des ouvriers et ouvrières du lin ;*
4. *Syndical libre des ouvriers Métallurgistes ;*
5. *Syndicat des Peintres ;*
6. *Syndicat des Tailleurs ;*
7. *Syndicat des Cordonniers ;*
8. *Syndicat des ouvriers du bois ;*
9. *Syndicat des Maçons ;*
10. *Syndicat des Boulangers ;*
11. *Syndicat des Bouchers ;*
12. *Syndicat des ouvriers du port ;*
13. *Syndicat des ouvriers des industries d'art ;*
14. *Syndicat de diverses professions.*

EXPOSANTS DE LA CLASSE 104

Grande et petite culture — Syndicats agricoles
Crédit agricole

Boerenbond belge, directeur : l'abbé Mellaerts, J.-Ferd. — Rue des Récollets, Louvain.

Les caisses rurales d'épargne et de crédit, d'après le système Raiffeisen, par l'abbé Mellaerts, J.-Ferd.

Brochures et documents divers sur les « Caisses Raiffeisen » et le « Boerenbond » en Belgique.

Caisses centrales de Crédit agricole de Belgique. — Rue Fossé-aux-Loups, 48, Bruxelles.

Diagrammes, graphiques, documents, compte rendus, etc.

Société coopérative centrale de crédit agricole du Luxembourg, à Arlon ;

Caisse centrale de crédit agricole, à Bruges ;

Société coopérative centrale de crédit agricole du Hainaut, à Enghien ;

Société coopérative centrale de crédit agricole de la province de Namur, à Ermeton-sur-Biert ;

Société coopérative centrale de crédit agricole, à Liège ;

Caisse centrale de crédit agricole, à Louvain.

Caisse générale d'épargne et de retraite de Belgique. — Rue Fossé-aux-Loups, 48, Bruxelles.

Diagrammes, documents, etc., concernant l'organisation du crédit agricole à l'intervention de la Caisse.

Delvaux, Henry. — Cierreux-Bovigny.

Rapport sur les associations agricoles en Belgique.

Ministère de l'agriculture. Direction générale de l'agriculture. — Rue de la Loi, Bruxelles.

Documents, cartes, diagrammes.

Vandendriessche (abbé). — Oostkerke-lez-Bruges.

Documents concernant le crédit agricole.

EXPOSANTS DE LA CLASSE 105

Sécurité des ateliers — Réglementation du travail

Association des industriels de Belgique pour l'étude et la propagation des engins et mesures propres à préserver les ouvriers des accidents du travail. — Impasse du Parc, 1, Bruxelles.
Documents divers.

Compagnie belge d'assurances générales sur la vie. — Rue de la Fiancée, 24, Bruxelles.
Documents.

Ministère de l'Industrie et du Travail (Office du Travail), section de l'inspection. — Rue Latérale, 2, Bruxelles.
Graphiques, plans, rapports.

Société des mines et fonderies de zinc de la Vieille-Montagne. — Angleur.
Tableaux et documents.

EXPOSANTS DE LA CLASSE 106

Habitations ouvrières

Banneux, Louis. — Rue du Concert, 22, Etterbeek.
Mon home.

Bureau permanent des Conférences nationales des Sociétés d'habitations ouvrières de Belgique. — Rue Fossé-aux-Loups, 48, Bruxelles.
Documents, rapports et procès-verbaux relatifs à la première conférence nationale des sociétés d'habitations ouvrières de Belgique, qui a eu lieu à Bruxelles les 15, 16 et 17 juillet 1898, sous la présidence de M. Paul de Smet-de Naeyer, ministre des Finances, chef du Cabinet.

Caisse générale d'épargne et de retraite de Belgique. — Rue Fossé-aux-Loups, 48, Bruxelles.
Plans, devis; photographies, rapports.

Comité officiel de patronage des habitations ouvrières et des institutions de prévoyance des communes-est de l'agglomération bruxelloise. — Maison Communale de Saint-Josse-ten-Noode (Bruxelles).
Documents, rapports, plans, enquêtes, etc., etc.

Compagnie belge d'assurances générales sur la vie. — Rue de la Fiancée, 24, Bruxelles.
Photographies, plans, etc.

Demany, Emile, architecte. — Liège.
Brochures, plans, etc.; Conditions hygiéniques pour maisons ouvrières et sanatoria.

Caisse générale d'épargne, de retraite et d'assurances sous la garantie de l'Etat Belge, et les Sociétés d'habitations ouvrières de Belgique agréées (en collectivité). — Rue Fossé-aux-Loups, 48, Bruxelles.

Plans, graphiques, devis, rapports, photographies, bilans, etc.

Et six maisons ouvrières construites à *Vincennes* et renfermant également des plans, devis, photographies, etc., etc.

A. — Sociétés de Crédit

I. — *Sociétés anonymes*

			Date de fondation
1 Saint-Eloi	Morlanwelz.	.	1890
2 Eigen Heèrd is goud weerd	Gand	. . . .	1891
3 Le Foyer de l'ouvrier	Liège	. . . .	1891
4 L'Union des cantons de Châtelet-Gosselies pour les habitations ouvrières	Châtelet	. . .	1891
5 Crédit Namurois pour la construction de maisons ouvrières.	Namur	. . .	1891
6 Le Foyer ouvrier	Marcinelle	. .	1891
7 Le Foyer ouvrier tournaisien	Tournai	. . .	1891
8 L'Ouvrier propriétaire.	Mons	. . .	1891
9 Société anonyme d'habitations ouvrières d'Etterbeek	Etterbeek	. .	1891
10 Le Foyer de l'ouvrier borain	Mons	. . . .	1891
11 Le Crédit ouvrier de l'arrondissement de Philippeville	Walcourt	. .	1891
12 Société anonyme de Louvain pour favoriser l'acquisition de maisons par la classe ouvrière	Louvain	. . .	1892
13 L'Habitation de l'ouvrier.	Dinant	. . .	1892
14 Société anonyme de garantie pour favoriser la construction de maisons ouvrières dans l'arrondissement de Liège	Liège	. . . .	1892
15 La Maison ouvrière	Ath.	. . . .	1892
16 Le Crédit ouvrier des cantons de Seneffe et Fontaine-l'Evèque.	Luttre	. . .	1892
17 Rond den Heerd	Courtrai.	. .	1892
18 De Mechelsche Werkmanswoning	Malines	. . .	1892
19 Eigen Heerd	Anvers	. . .	1892
20 Le Crédit ouvrier de l'arrondissement de Huy.	Huy	. . . .	1892
21 Le Foyer Ardennais.	Bastogne	. .	1892
22 Kempische Heerd	Turnhout	. .	1892

23	Le Prévoyant Propriétaire	Binche . . .	1892
24	Société anonyme du Crédit Andennais pour favoriser la construction de maisons ouvrières	Andenne. . .	1892
25	Crédit ouvrier du canton de Gembloux	Gembloux . .	1892
26	Le Foyer libéral Hutois	Huy	1892
27	Crédit immobilier de l'ouvrier. . .	Verviers. . .	1892
28	La Prévoyance	La Louvière .	1892
29	La Maison ouvrière	La Louvière .	1893
30	Société anonyme de crédit pour la construction d'habitations ouvrières	Watermael-Boitsfort.	1893
31	Travail et Propriété.	Watermael-Boitsfort.	1893
32	L'Epargne ouvrière	Mons	1893
33	Breëer Kredietmaatschappij voor werkmanswoningen	Brée	1893
34	Société Gillicienne pour la construction de maisons ouvrières. . . .	Gilly	1893
35	L'Epargne du travailleur.	Vilvorde. . .	1893
36	Werkmansvriend.	Vilvorde. . .	1893
37	Société anonyme de crédit du canton de Fosses	Fosses . . .	1893
38	Le Foyer Arlonais	Arlon. . . .	1893
39	Werkmanswoning in 't kanton Achel	Lille-Saint-Hubert.	1893
40	De Werkman eigenaar.	Oost-Roosbeke	1893
41	Eigen Huis	Iseghem . . .	1893
42	Le Foyer Brainois	Braine-l'Alleud	1893
43	Chaq' es' maison	Le Rœulx . .	1894
44	Eigendom door spaarzaamheid . .	Gand	1894
45	De Eendracht	Bilsen. . . .	1894
46	Aidons l'Ouvrier	Gosselies . .	1894
47	Crédit Ouvrier de Jumet-Roux. . .	Jumet. . . .	1894
48	La Maison à l'ouvrier	Nivelles . . .	1894
49	Le Foyer Marchois	Marche . . .	1894
50	Sint-Jozefs Credietmaatschappij van het kantoor Beeringen voor werkmanswoningen.	Beeringen . .	1894
51	De Werkmansheerd van Dendermonde	Termonde . .	1894
52	Société anonyme de crédit ouvrier du canton de Perwez.	Perwez . . .	1895
53	Le Crédit ouvrier de Beaumont-Chimay	Chimay . . .	1895
54	L'Ouvrier prévoyant	Waremme . .	1895

55 Le Crédit ouvrier de Tubize. . . . . Tubize . . . 1895
56 Le Foyer du canton de Genappe . . Genappe. . . 1895
57 Eigen Huis . . . . Lanaeken . 1895
58 Eigen Huis . . . . Tongres . . . 1895
59 Loonsche Haard . . . . Looz 1895
60 De Vlaamsche Heerd . . . . . Anvers . . . 1895
61 Le Foyer chrétien de Thuin. . . . Thuin. . . . 1896
62 Société de construction de maisons
    ouvrières du canton de Sichen-
    Sussen-et-Bolré. . . . . Sichen . . . 1896
63 Crédit ouvrier du bassin de la Dyle . Court-Saint-
                              Etienne. 1896
64 Ieder Zijn Huis . . . . Hal. 1896
65 Les Petits Propriétaires . . . . . Châtelet. . . 1896
66 't Huis best . . . . Bruges . . . 1896
67 L'Habitation Rochefortoise . . . . Rochefort . . 1897
68 La Pierre du Foyer . . . . Gedinne . . . 1897
69 A l'Ouvrier sa Maison . . . . . . Soignies. . . 1897
70 Eigen woon spant de Kroon. . . . Peer 1897
71 La Ruche ouvrière famennoise. . . Beauraing . . 1897
72 Le Foyer Renaisien . . . . Renaix . . . 1897
73 Tertou s' Maison . . . . Charleroi . . 1897
74 Tous propriétaires . . . . Merbes-le-
                              Château. 1897
75 Crédit ouvrier du canton de Wavre . Wavre . . . 1897
76 Prévoyance ouvrière de Warneton . Warneton . . 1897
77 L'Ouvrier Condruzien . . . . . . Havelange . . 1897
78 Mijn Huis . . . . Renaix . . . 1897
79 Le Foyer Gaumais . . . . Virton . . . 1897
80 La Maison Ardennaise. . . . . . Neufchâteau . 1897
81 't Eigen Huis best . . . . . . Cureghem-
                           Anderlecht. 1897
82 L'Ouvrier propriétaire. . . . . . Lessines. . . 1897
83 De Voorzienigheid . . . . Neeroeteren . 1898
84 Eigen Woon is schoon . . . . . . Meerbeke . . 1898
85 Eigen Dak . . . . Hasselt . . . 1898
86 Eigenaard van het arrondissement
    Aalst . . . . Alost 1898

II. — Sociétés coopératives

1 Le Foyer. . . . . Bruxelles . . 1891
2 Société coopérative d'Ixelles pour la
    construction de maisons à bon
    marché. . . . . Ixelles . . . 1892
3 Société coopérative de Laeken pour
    la construction de maisons à bon
    marché. . . . . Laeken . . . 1892

4 Eigen Heird. . . . . Ypres. . . . 1892
5 Building Jumétoise . . . . Jumet. . . . 1893
6 Building Gillicienne . . . . . . Gilly 1893
7 De Heerd. . . . . Grammont . . 1893
8 Sint - Truidensche samenwerkende
   maatschappij tot aanwerven van
   goedkoope woningen . . . . . Saint-Trond . 1894

B. — Sociétés immobilières

I. — Sociétés constituées sous la forme anonyme

1 Société anonyme des habitations ouvrières de Namur . . . . Namur . . . 1891
   Brugsche naamlooze maatschappij
   voor het bouwen van werkmanswoningen . . . . Bruges . . . 1891
3 Société anonyme pour la construc-
   tion, l'achat, la vente et la location
   d'habitations destinées aux classes
   ouvrières . . . . Willebroeck . 1892
4 L'Ouvrier-Propriétaire . . . . . Stavelot. . . 1892
5 Société anonyme de Louvain pour la
   construction de maisons ouvrières. Louvain. . . 1892
6 Rousselaarsche naamlooze maat-
   schappij voor het bouwen van
   werkmanswoningen . . . . . . Roulers . . . 1892
7 Société anonyme des habitations
   ouvrières . . . . Assche . . . 1892
8 Société anonyme de Maeseyck pour la
   construction de maisons ouvrières. Maeseyck . . 1892
9 La Fraternité . . . . Tirlemont . . 1892
10 Eigen woonst . . . . Blankenberghe 1892
11 Eigen Huis . . . . Watermael-
                                             Boitsfort. 1893
12 Breër bouwmaatschappij voor werk-
   manswoningen . . . . Brée 1893
13 La Prévoyance Vilvordienne . . . Vilvorde. . . 1893
14 Propriété par l'épargne . . . . . Watermael-
                                             Boitsfort. 1893
15 Habitations ouvrières de Ressaix,
   Leval et Péronnes. . . . . . . Ressaix . . . 1895
16 De Vlaamsche Heerd . . . . . . Furnes . . . 1896
17 Le Coin du Feu . . . . Jette-Saint-
                                           Pierre. 1897
18 Le Foyer Warnetonois. . . . . . Warneton . . 1897
19 Société anonyme pour l'achat, la
   construction, la vente et la loca-
   tion d'habitations ouvrières . . . Courtrai. . . 1897

20 Société anonyme de construction
    d'habitations ouvrières. . . . .   **Ostende** . . .   1897
21 Naamlooze Maatschappij voor het
    bouwen van werkmanswoningen .   **Liedekerke.** .   1898
22 Société anonyme Marcinelloise pour
    la construction de maisons ou-
    vrières . . . .   **Marcinelle** . .   1898
23 Beverensche naamlooze Maatschap-
    pij voor het bouwen van werk-
    mans-woningen. . . . .   **Beveren-Waes.**   1898
24 Les Constructions ouvrières de l'ar-
    rondissement de Philippeville . .   **Morialmé** . .   1898
25 De Toekomst . . . .   **Cortemarck** .   1898

II. — Société constituée sous la forme coopérative

1 Société coopérative d'épargne, de
    crédit et de construction . . . .   **Bruxelles** . .   1890

De Naeyer, industriel. — Willebroeck.
  Documents, photographies, etc.

Meerens, Léon, chef de cabinet du Directeur général de la
  Caisse générale d'Épargne et de Retraite.—Rue Joseph II, 17,
  Bruxelles.
  Rapport sur les habitations ouvrières en Belgique.
  Étude pratique sur les habitations ouvrières en Belgique ;
  Rapport sur l'intervention des pouvoirs publics en matière
  d'habitations ouvrières ; documents divers.

Schryvers, Urbain-Robert. — Rue du Canal, 33, Louvain.
  Livre.

**Société des mines et fonderies de zinc de la Vieille-Mon-
  tagne.** — Angleur.
  Tableaux et documents.

Vander Veken, Jos., architecte.— Boulevard de Tirlemont, 49,
  Louvain.
  Deux projets complets d'habitations ouvrières avec devis.

EXPOSANTS DE LA CLASSE 107

Sociétés coopératives de consommation

Banneux, Louis. — Rue du Concert, 22, Etterbeek.
  Les Sociétés coopératives de consommation.

**Collectivité des Sociétés coopératives des Pharmacies
  populaires de Bruxelles, Liège, Verviers, Charleroi et
  Gand.**
  Album.

Fédération des coopératives du Parti ouvrier belge. — Rue des Sables, 35, Bruxelles.

Cartes, diagrammes, photographies, brochures.

Sociétés Coopératives de Consommation :

Province d'Anvers

Arrondissement d'Anvers

ANVERS : De Werker ;
        De Vrije Bakkers ;
        De Wacht.
BOOM : De Toekomst.

Arróndissement de Malines

MALINES : De Toekomst.

Province de Brabant

Arrondissement de Bruxelles

BRUXELLES : La Maison du Peuple ;
HERFFELINGEN : De goede Boter.

Arrondissement de Louvain

LOUVAIN : Le Prolétaire.

Arrondissement de Nivelles

GENVAL : L'Econome.
NIVELLES : La Persévérance.

Flandre Orientale

Arrondissement d'Alost

ALOST : Hand aan Hand.

Arrondissement d'Audenarde

RENAIX : La Fraternelle.

Arrondissement de Gand

GAND : Vooruit ;
      De Vrije Bakkers.
LEDEBERG : De Werkman.

Arrondissement de Saint-Nicolas

SAINT-NICOLAS : De Toekomst.

Flandre Occidentale

Arrondissement de Bruges

BRUGES : Werkerswelzijn.

Arrondissement de Courtrai

COURTRAI : Les Ouvriers Unis.
MOUSCRON : La Fraternelle.

Hainaut

Arrondissement d'Ath

BASÈCLES : La Justice.

Arrondissement de Charleroi

CHARLEROI : La Brasserie du Travail.
COUILLET : L'Union Métallurgique.
COURCELLES : La Paix.
FARCIENNES : L'Union des Coopérateurs.
FLEURUS : La Coopérative Fleurusienne.
FORCHIES-LA-MARCHE : L'Avenir.
GILLY : L'Union des Mineurs, les Vainqueurs.
MONCEAU-S/SAMBRE : L'Avenir.
RÊVES : La Sociale.
ROUX : La Concorde.
WANFERCÉE-BAULET : L'Economique Ouvrière.

Arrondissement de Mons

BOIS-DE-BOUSSU : Coopérative Ouvrière.
BOUSSU-CENTRE : L'Espérance Ouvrière.
CUESMES : Les Ouvriers Réunis.
DOUR : Les Ouvriers Réunis.
　　　　Les Socialistes Réunis.
ÉLOUGES : Union, Ordre, Economie.
FLÉNU : La Vaillante.
FRAMERIES : Boulangerie Coopérative.
LA BOUVERIE : Boulangerie Coopérative.
JEMAPPES : Union, Progrès, Economie.
MONS : La Maison du Peuple.
　　　　La Fraternité.
PATURAGES : Société Coopérative.
QUAREGNON : L'Union Prolétarienne.
WARQUIGNIES : Société Coopérative.
WASMES : L'Union Ouvrière.

Arrondissement de Soignies

BAUME : L'Union des Travailleurs.
BRAINE-LE-COMTE : La Ménagère.
ECAUSSINES : L'Union.
JOLIMONT : Le Progrès.
LESSINES : La Sociale.
SOIGNIES : Société Coopérative.

Arrondissement de Thuin

BAILEUX : Société Coopérative.
BOUSSU-LEZ-WALCOURT : L'Avenir.
HAM-s/HEURE : La Persévérance.
RANCE : L'Emancipation.
SELOIGNES : La Fraternelle.

Arrondissement de Tournai

TOURNAI : La Prévoyante.

Province de Liège

Arrondissement de Huy

AUTHEIT : L'Alliance.
BEN-AHIN : Travailleurs Economes.
BONNE-MONDAVE : La Sociale Economique.
CONTHUIN : Union et Progrès.
HUY : Les Prolétaires Hutois.
LANDENNE : Liberté et Fraternité.
MARCHIN : Les Métallurgistes économes.
MOHA : Les Ouvriers Carriers.
POULSEUR : La Résistance.
SEILLES : La Fraternelle.
VAUX-BORSET : En Avant.
VIERSET-BARSE : L'Union Ouvrière.

Arrondissement de Liège

ANGLEUR : En Avant.
AYENEUX : La Maison du Peuple.
BEYNE-HEUSAY : Union Socialiste Coopérative.
CHERATTE (Centre) : L'Economie.
CHERATTE (Hauteurs) : L'Economie.
FÉCHER-SOUMAGNE : L'Egalité.
FLÉMALLE-GRANDE : L'Alliance.
GRIVEGNÉE : L'Avenir des Métallurgistes.
HERSTAL : La Ruche Herstalienne.
HEURE-LE-ROMAIN : Société Coopérative.
JEMEPPE-SUR-MEUSE : Les Artisans Réunis.
JUPILLE : La Fraternité.
LIÈGE : La Populaire.
        Les Equitables Travailleurs de Saint-Gilles.
MARNEFFE : Les Solidaires.
MICHEROUX-HASARD : L'Avenir du Peuple.
MILMORT : La Milmortoise.
OUGRÉE : La Prévision.
PRAYON-TROOZ : L'Union Ouvrière.

ROMSÉE : Le Réveil.
SERAING : L'Economat.
          L'Emulation Prolétarienne.
SPRIMONT : Les Ouvriers Carriers.
TILLEUR : L'Alliance.
VIVEGNIS : Les Ouvriers Réunis.
VOTTEM : L'Aurore.

Arrondissement de Verviers

DISON : La Fraternelle.
HERVE : L'Aurore.
NESSONVAUX : La Prévoyante.
PEPINSTER : La Solidarité.
VERVIERS : La Ruche Ouvrière.

Arrondissement de Waremme

THISNES : Société Coopérative.
WAREMME : La Justice.

Province de Namur

Arrondissement de Dinant

DINANT : La Maison du Peuple.

Arrondissement de Namur

ANDENNE : Les Travailleurs Andennais.
AUVELAIS : La Maison du Peuple.
BIESMERÉE : L'Economie.
FALISOLLE : Société Coopérative Ouvrière.
GRAND-LEEZ : L'Avenir.
HAILLOT : Société Coopérative.
JEMEPPE-S/SAMBRE : L'Espérance.
MOUSTIER-S/SAMBRE : Société Coopérative.
SCLAYN : L'Alliance Ouvrière.
SPY : Le Progrès.
TAMINES : Coopérative Ouvrière.

Arrondissement de Philippeville

NISMES : L'Espérance.

Province de Luxembourg

Arrondissement de Neufchâteau

HAUTFAYS : La Prévoyance.
GEHONVILLE : Société Coopérative.
VIELSALM : La Salm.

Ligue démocratique belge (Section des coopératives).— Quai au Bois, 32, Gand.

Documents et graphiques.

Sociétés Coopératives de Consommation :

Province de Brabant

Bruxelles . . . . . . L'Aiguille.
Ixelles . . . . La Paix.

Flandre Orientale

Gand . . . . Het Volk;
Vrije Bond der Ziekenbeursen.

Province de Hainaut

Arquennes . . . . . La Ruche ouvrière.
Charleroi . . . . . . Les Ouvriers Réunis.
Houdeng-Goegnies . . Union des Ouvriers.
Morlanwelz . . . . . Le Bon Grain.
Pont-à-Celles . . . . Brasserie de Pont-à-Celles.

Province de Liège

Liège . . . . Les Cordonniers Réunis;
Saint-Joseph;
Tailleurs Réunis;
Les Travailleurs du bois.
Esneux . . . . . . Les Ouvriers Réunis.
Ferrière . . . . . . Saint-Joseph.
Fize-Seraing . . . . Saint-Joseph.
Flémalle-Grande . . . L'Économie.
Fooz . . . . La Loyale.
Jehay-Bodegnée . . . L'Égalité.
Mortier (Dalhem) . . . Saint-Pierre.
Seraing . . . . . . Fédération ouvrière (avec ses filiales
à *Beaufays, Boncelles, Brugelette,
Flémalle-Haute, Montegnée,* Mil-
mort et *Plainevaux*).
Sprimont . . . . . . Saint-Martin.

Province de Namur

Haillot . . . . L'Espérance.

Ministère de l'Industrie et du Travail (Office du Travail). — Bruxelles.

Deux diagrammes relatifs à la coopération.

Schryvers, Urbain-Robert. — Rue du Canal, 33, Louvain.

Livres.

Société coopérative fédérale de Belgique. — Passage de la Bibliothèque, 4, Bruxelles.

Tableaux, documents.

EXPOSANTS DE LA CLASSE 108

**Institutions pour le développement intellectuel et moral
des ouvriers**

Collectivité des Cercles ouvriers. — Place Stéphanie, 6,
Bruxelles.
Documents.

Province d'Anvers

Anvers. . . . . . . Vrede St-Laurijs.
Koninklijke Gilde der antwerpsche
Ambachtslieden.
Vrede.
Vrede St-Amands.
St-Jozefskring.
Hand-Hand.
Patronaat St-Laurijs.
Vrede St-Willibrord's.
Help U zelve.
De jonge Vlamingen.

Berchem . . . . . . De Toekomst.
De Broederliefde.

Bonheyden . . . . . Helpt Elkander.

Boom . . . . Help U zelve.
Christen Volksbond.

Borgerhout . . . . Katholieke Werkmanskring.
Volksgilde.
Katholieke Werkmanskring, rue des
Fleurs.

Bornhem . . . . . . Doe wel en zie niet an.
St-Leonardusgilde.

Cappellen . . . . . . St-Jozefskring.

Eeckeren . . . . . . Werkmansgilde.

Hemixem . . . . De vereenigde Vrienden.

Hoboken . . . . . . Vereenigde Ambachten.

Lierre . . . . Nut en Vermaak
Genootsch. H. Franciscus Xaverius.
Hand in Hand.

Malines . . . . . . Katholieke Werkmanskring.
Hand in Hand.
St-Rumelduskring.
St-Jans Berchmans Vrienden.
Kathelijne Noenschool.
St-Jansgilde.
Congregatie De Decker.

Merxem . . . . . . Vrede.

Mortsel	Gilde der mortselsche Werklieden.
Rumpst	Hulp in Nood.
	Christen Werkmansbond:
	St-Jans Berchmanskring.
Terhagen.	Onderstand in Nood.
Willebroeck	Broederlijke ondersteuning.
Wyneghem	De vereenigde Werklieden.

Province de Brabant

Bruxelles.	Cercle Saint-Louis.
	Cercle Saint-Joseph.
	Maison des Ouvriers « Concordia ».
Aerschot	Vlaamsche Broederbond.
Diest	Werkmanskring.
Etterbeek.	Patronage Saint-Jean-Berchmans.
Ixelles.	Patronage Saint-Joseph.
	Maison des Ouvriers « La Paix ».
Jette-St-Pierre	Cercle ouvrier « Concordia ».
Jodoigne	Cercle Saint-Joseph.
Laeken.	Cercle Saint-Roch.
	Cercle ouvrier Notre-Dame.
Leeuw-St-Pierre . . .	Voor God en Vaderland.
Limal	Union ouvrière Saint-Florius.
Louvain	Cercle de jeunes Ouvriers.
	Katholieke Werkmanskring.
	Vrije Werkliedenbond.
Molenbeek	Cercle ouvrier Sainte-Barbe.
	Cercle Saint-Jean-Baptiste.
Mont-St-Guibert . . .	La Ruche ouvrière.
Nivelles	Maison des Ouvriers.
Schaerbeek	Union démocratique.
St-Josse-ten-Noode . .	Union et Travail.
	Cercle Saint-Joseph.
Saint-Gilles	Ligue paroissiale.
Tubize.	Cercle « La Concorde ».
Vilvorde	Hulp in nood.
	Steunstok der Werklieden.
Wavre.	Maison des Ouvriers.

Flandre Occidentale

Bruges.	Societeit H. Franciscus Xaverius.
Avelghem.	Den Tap.
Courtrai	Gilde van Ambachten.
Menin	Gilde van Ambachten en Neringen.
Mouscron.	De Leeuw van Vlaanderen.
	Vlaamsche Leeuw.

Ostende	Katholieke Volksbond.
	Sint-Franciscusgilde.
	Sint-Jozefsgilde.
	Jongelingen Vereeniging.
Roulers	Gilde van Ambachten en Neringen.
Ypres	Katholieke Wacht.
Zweveghem	Volkshuis.

Flandre Orientale

Gand	Gentsche Boekdrukkersbond.
	Werkmanskring Sint-Macarius.
	Volksbond.
	Werkmanskring Sint-Martin.
	Patroonschap H. Aloysius.
	Sinte-Annakring.
	Katholieke Werkmanskring Sinte-Coleta.
	Katholieke Werkmanskring Sint-Michiel.
	Katholieke Werkmanskring.
Beveren	Volkswelzijn.
	Genootschap H. Franciscus Xaverius.
Deynze	Volkskring.
Doel	Volkssocieteit H. Franciscus Xaverius.
Eecloo	Werkmanskring.
Gendbrugge	De ware Vrienden.
Goefferdinge	Werkliedenbond.
Grammont	Katholieke Werkersbond.
Haesdonck	Patroonschap Sint-Jacobs.
Ledeberg	Katholieke Werkmanskring.
Lokeren	Volksbond.
Meirelbeke	Werkmansgilde.
Meulestede	Katholieke Werkmanskring.
Mont-Saint-Amand . .	Antisocialistische Volksbond.
Ninove	Hand in Hand.
Renaix	Werkmanshuis Sint-Ambrosius.
Rupelmonde	Sint-Jozefskring.
Stekene	Genootschap H. Franciscus Xaverius.
Saint-Nicolas	Gildenhuis.
	Weversbond.
	Vrouwenbond.
	Genootschap Sint-Jan-Baptist.
Sottegem	Gilde Sint-Eligues.

Tamise. . . . . . . Werkmanskring.
Termonde. . . . . . Christen Werkmanshuis.
Vracene . . . . Eens en Sterk.
Zwijnaerdc . . . . . Metsersvereeniging.
Zwijndrecht . . . . . Genootschap Sint-Franciscus Xave-
                  rius.

Province de Hainaut

Mons . . . . L'Union ouvrière libérale.
                  Société Saint-François-Xavier.
Arquennes . . . . . Cercle Notre-Dame-du-Bon-Conseil.
Binche . . . . Société Sainte-Barbe.
Boussoit . . . . . . Cercle Sainte-Barbe.
Bracquenies . . . . . Union ouvrière.
                  Syndicat des Francs-Mineurs.
Braine-le-Comte . . . Cercle Saint-Joseph.
Chapelle-lez-Herlaimont Cercle Saint-Germain.
                  Patronage Saint-Germain.
Charleroi. . . . . . Les ouvriers réunis.
                  Cercle Saint-Éloi.
Châtelet . . . . . . Cercle Saint-François-Xavier.
Couillet . . . . . . Union ouvrière.
                  Cercle Saint-Basile.
Dour . . . . Cercle ouvrier Saint-Victor.
Ecaussines . . . . . Cercle Saint-François-Xavier.
                  Les francs carriers Sainte-Barbe.
Elouges . . . . . . Cercle Saint-Martin.
Enghien . . . . . . Cercle Saint-Nicolas.
Feluy . . . . Union ouvrière.
Flénu . . . . Cercle ouvrier Sainte-Barbe.
Forchies . . . . . . Cercle ouvrier Saint-Hubert.
Frameries . . . . . Cercle ouvrier Saint-Joseph.
Frasnes . . . . . . Patronage du Sacré-Cœur.
Ghlin . . . . Cercle Sainte-Barbe.
Hornu . . . . Cercle Saint-Joseph.
Horrues . . . . . . Société des œuvres sociales.
Houdeng-Aimeries . . Maison des ouvriers.
Houdeng-Goegnies . . Cercle ouvrier Saint-Géry.
Jolimont . . . . . . Cercle Saint-Hubert.
Jemappes . . . . . . Cercle Saint-Joseph.
Lodelinsart . . . . . Cercle ouvrier Saint-Laurent.
Manage . . . . . . Cercle démocratique Saint-Joseph.
Marchienne-au-Pont . . La Causerie.
                  Les Disciples de Saint-Éloi.
                  Cercle Sainte-Barbe.
Montigny-s/Sambre . . Cercle Saint-Charles.

Montigny-Neuville . .	Cercle Concordia.
Morlanwelz	Maison des Ouvriers.
	Syndicat Saint-Éloi.
Naast	Cercle Saint-Martin.
Pâturages.	Cercle Saint-Antoine.
Péruwelz	Union ouvrière.
Pont-à-Celles	Cercle Saint-Jean-Baptiste.
Quaregnon	Cercle Saint-Joseph.
Quiévrain.	Cercle Saint-Martin.
Saint-Ghislain	Corporation Saint-Ghislain.
Saint-Sauveur	Cercle Saint-François-Xavier.
Seneffe	Cercle Saint-Joseph.
Soignies	Cercle Léon XIII.
Souvret-Courcelles . .	Les Amis de l'Instruction populaire.
Thieu	Cercle Saint-Géry.
Thimein	Cercle Saint-Louis.
Thulin.	Cercle Saint-Martin.
Tournai	Cercle Saint-Brice.
	Patronage des Enclos.
	Patronage Saint-Louis.
Trazegnies	Travail et Liberté.
Wasmes	Cercle Saint-François-Xavier.
	Cercle Saint-Joseph.
Wasmuël	Cercle Sainte-Barbe.

Province de Liège

Liège	Cercle Saint-Remacle.
	Cercle Saint-Sébastien.
	Corporation des Métiers.
	Sint-Paulus gilde.
Angleur	Société ouvrière Herman de Stainlein.
Aubel	Cercle Saint-Joseph.
Blegny.	Cercle Saint-Joseph.
Cheratte-Saint-Joseph .	Cercle ouvrier catholique.
Cheratte-Notre-Dame .	Id. id.
Dalhem	Cercle de jeunes gens.
Dison	Cercle ouvrier Disonais.
Ensival	Cercle catholique « La Renaissance ».
Flémalle-Grande . . .	Cercle ouvrier Saint-Jean-Baptiste.
	Patronage Saint-Jean-Baptiste.
Hannut.	Pour Dieu et pour le Peuple.
Herstal	Cercle Saint-Lambert.
Huy.	Cercle Saint-Domitien.
Jemeppe	Cercle ouvrier Saint-Laurent.

Juslenville	Cercle Saint-Augustin.
Kinkempois	Cercle SS. Remy et Laurent.
Lize-Seraing	Cercle Saint-Joseph.
Pepinster	Cercle ouvrier « Concordia ».
	Patronage Saint-Antoine.
Spa	Cercle ouvrier Saint-Joseph.
Verviers	Cercle « Le Foyer ».
	Cercle Saint-Joseph.
	Jeunesse de Saint-Antoine.
	Cercle ouvrier.
	Patronage Saint-Hubert.

Province de Limbourg

Hasselt	Werkmanshuis.
Bilsen	De Eendracht.
Genck	Werkmansbond.
Saint-Trond	Broederlijke Behulpzaamheid.
	Leo's kring.

Province de Luxembourg

Gérouville	L'Union.
Lamorteau	Cercle Saint-Nicolas.
Mussy-la-Ville	Cercle Saint-Pierre.
Virton	Cercle Saint-Laurent.

Province de Namur

Namur	Association ouvrière.
Andenne	Maison des Ouvriers andennois.
Ciney	Union ouvrière cinasienne.
	Cercle Saint-Louis.
Dinant	Cercle ouvrier.

Fédération belge de gymnastique (Président : N.-J. Cupérus). — Anvers.
Tableaux et documents.

Office International de Bibliographie. — Bruxelles.
Répertoire bibliographique universel. Index. Spécimen méthodique et onomastique (1,800,000 fiches).

Société d'instruction populaire de Morlanwelz et des communes avoisinantes (Président: J. Weiler). — Morlanwelz.
Planches, collection du journal de la Société, etc.

Société des mines et fonderies de zinc de la Vieille-Montagne. — Angleur.
Tableaux et documents.

EXPOSANTS DE LA CLASSE 109

Institutions de prévoyance

Alliance des Présidents de mutualités. — Namur.
Tableaux, statuts, rapports, comptes, statistiques.

Association des Actuaires belges. — 48, rue Fossé-aux-Loups, Bruxelles.
Bulletins périodiques, brochures et travaux divers.

Association des voyageurs de commerce. — Gand.
Album.

Banneux, Louis. — Rue du Concert, 22, Etterbeek.
Manuel d'enseignement de la prévoyance (texte flamand);
Id., id. (texte français); La Caisse de Retraite.

Bauvais. — Rue Impériale, 1, Schaerbeek.
Moniteur des Comités officiels de Patronage et Sociétés
d'habitations ouvrières; comptes rendus; propagande.

Caille-Lucini, inspecteur de l'enseignement primaire. —
Tournai.
Ouvrages et renseignements divers relatifs à la pré-voyance.

**Caisse générale d'Épargne, de Retraite et d'Assurances
sous la garantie de l'État Belge.** — Rue Fossé-aux-Loups, 48, Bruxelles.
Monographies, brochures, comptes rendus, statistiques,
documents divers.

**Caisse de Réassurance des Mutualités chrétiennes des
provinces wallonnes** (Jadoul, président). — Charleroi.
Statuts, historique, fonctionnement, imprimés divers.

**Comité officiel de patronage des Habitations ouvrières de
Bruxelles-Est**. — Bauvais, Rue Impériale, 1, Schaerbeek.
Documents : rapports, enquêtes, plans, statistiques, etc.

Compagnie belge d'Assurances générales sur la vie, fondée
en 1824. — Bruxelles.

Delhaize frères & Cie. — Rue Osseghem, Bruxelles.
Documents relatifs aux institutions de prévoyance (caisse
de secours et de retraite).

De Naeyer. — Industriel. — Willebroeck.
Documents relatifs aux institutions de prévoyance réa-lisées par la Société De Naeyer, en faveur de son personnel.

Doat, Henri, administrateur directeur de la Compagnie géné-rale des Conduites d'eau. — Rue des Vennes, 390, Liège.
Brochures, tableaux, diagrammes.

Duboisdenghien, Léon, directeur à la Caisse générale d'Épargne et de Retraite. — Rue de Bériot, 35, Bruxelles.

Brochures : 1º De l'organisation techniques des Sociétés de secours mutuels ; 2º Questions d'assurances ; 3º Quelques expériences au sujet des pseudo-mutualités de retraite ; 4º Caisse de retraite et Caisse d'assurances.

Rapport sur les institutions de prévoyance en Belgique.

Du Caju, Mⁱˡᵉ **M.** — Rue de la Prairie, 47, Gand.

Manuel et publications relatives à la prévoyance.

Fédération libre des sociétés de secours mutuels de Bruxelles et ses faubourgs. — Bruxelles.

Album.

1 L'Etoile, Bruxelles.
2 Les Jeunes Abeilles, Bruxelles.
3 L'Union Tournaisienne, Bruxelles.
4 La Fraternelle Belge, Bruxelles.
5 La Mutualité Commerciale, Bruxelles.

Fédération mutualiste de l'arrondissement de Dinant (E. de Pierpont, président). — Rivière.

Monographie complète de l'œuvre et documents divers de comptabilité.

1 Les Amis Réunis, Alle.
2 Epargne et Prévoyance, Anhée.
3 La Prévoyance, Annevoie.
4 L'Avenir de l'Ouvrier, Arbre.
5 Saint-Michel, Ave-et-Auffe.
6 Assurance, Achet.
7 Saint-Antoine, Baillamont.
8 Les Frères Unis, Baronville.
9 Saint-Laurent, Buissonville.
10 La Prévoyance, Bellefontaine.
11 Les Ouvriers Chrétiens, Bioul.
12 La Jeunesse Prévoyante, Blaimont.
13 L'Avenir de la Semois, Bohan.
14 Saint-Joseph, Bourseigne-Neuve.
15 Saint-Pierre, Bourseigne-Vieille.
16 Saint-Joseph, Bure.
17 Les Prévoyants, Bouvignes.
18 La Filature, Bouvignes.
19 Saint-Hubert, Bièvre.
20 Saint-François-Xavier, Celles.
21 La Sainte-Famille, Ciney.
22 L'Espérance des Travailleurs, Crupet.
23 Sainte-Hélène, Custinne.
24 La Prévoyance, Clairières.

25 La Sécurité, Cornimont.
26 La Prévoyance, Dinant.
27 La Famille à l'Usine Mérinos, Dinant.
28 Saint-Perpète, Dinant.
29 Syndicat des V. E. P. (section de retraite), Dinant.
30 La Poire pour la Soif, Dorinne.
31 Sainte-Geneviève, Dréhance,
32 L'Ouvrier Prévoyant, Durnal.
33 L'Avenir du Travailleur, Evresailles.
34 La Prévoyance, Emptinne.
35 Espérance et Travail, Eprave.
36 Sainte-Geneviève, Furfooz.
37 La Falaënnoise, Falaën.
38 Les Enfants Prévoyants, Falmagne.
39 Les Ouvriers Prévoyants, Falmignoul.
40 Les Travailleurs Prévoyants, Feschaux.
41 Les Travailleurs Réunis, Finnevaux.
42 L'Avenir de l'Ouvrier, Mesnil-Eglise.
43 La Prévoyante, Ciergnon.
44 Confrérie de Notre-Dame de Foy, Foy.
45 La Retraite du Ban, Fronville.
46 La Concorde, Gedinne.
47 L'Union, Gedinne.
48 Saint-Joseph, Gedinne.
49 Saint-Clément, Gendron.
50 La Gérinoise, Gérin.
51 Les Prévoyants, Gros-Fays.
52 Les Prévoyants de la Meuse, Godinne.
53 L'Avenir d'Havelange, Havelange.
54 La Prévoyance, Hau-sur-Lesse.
55 La Prévoyance, Hastière.
56 Les Ouvriers Prévoyants de la Lesse, Hérhet.
57 Saint-Lambert, Heure.
58 Saint-Antoine-de-Padoue, Honnay.
59 Les Ardennais de l'Avenir, Houdrémont.
60 La Fraternité, Houx.
61 Les Futurs Rentiers, Houyet.
62 Section de Retraite, Hastière.
63 Sécurité et Prévoyance, Heer.
64 Les Prévoyants Unis, Hogne.
65 L'Avenir du travail, Hulsonniaux.
66 Les Travailleurs prévoyants, Haversin.
67 Les Montagnards Réunis, Hermeton.
68 Les Prévoyants de la Semois, Laforet.
69 Saint-Barthélemy, Laloux.
70 Saint-Georges, Leffe.
71 Saint-Remy, Lessive.

72 La Fraternelle, Louette-Saint-Pierre.
73 Les Travailleurs Prévoyants, Lustin.
74 La Prévoyance, Leignon.
75 Saint-Joseph, Leignon.
76 Saint-Barthélemy, Lisogne.
77 Saint-Barthélemy, Loyers.
78 La Fraternité, Louette-Saint-Denis.
79 Les Prévoyants, Martouzin.
80 Saint-Fiacre, Membre.
81 Saint-Blaise, Mesnil-Saint-Blaise.
82 Saint-Barthélemy, Awagne.
83 Les Prévoyants, Neuville.
84 Saint-Jacques, Monceau.
85 Fraternité et Prévoyance, Mont-de-Godinne.
86 Saint-Pierre, Mohiville.
87 L'Union Prévoyante, Malvoisin.
88 La Sécurité de la Vieillesse, Mouzaive.
89 Les Familles Prévoyantes, Nafraiture.
90 L'Épargne, Naomé.
91 Notre-Dame de l'Assomption, Natoye.
92 Saint-Antoine, Noiseux.
93 La Prévoyance, Nettinne.
94 Société Saint-Joseph, Nafraiture.
95 Mutualité et Prévoyance, Oisy.
96 L'Union, Orchimont.
97 L'Espérance, Onhaye.
98 Sainte-Barbe, Petit-Fays.
99 La Sécurité, Pondrôme.
100 Union et Prévoyance, Profondeville.
101 Les Ouvriers prévoyants du Bocq, Purnode.
102 L'Ardenne Prévoyante, Patignies.
103 Saint-Vincent, Porcheresse.
104 Saint-Martin, Pessoux.
105 Saint-Walhère, Rienne.
106 Les Montagnards Prévoyants, Rivière.
107 La Resteignoise, Resteigne.
108 L'Abri, Serinchamps.
109 Saint-Remacle, Schaltin.
110 Saint-Martin, Sorinne.
111 Saint-Hubert, Sovet.
112 L'Espérance du Travailleur, Sommière.
113 La Sécurité, Scy.
114 La Prévoyance, Spontin.
115 Union et Prévoyance, Sevry.
116 L'Union, Sart-Custinne.
117 Saint-Louis, Thynes.
118 Saint-Nicolas, Thynes.

119 L'Alliance Vressoise, Vresse.
120 La Prévoyance, Rivière.
121 La Warnantaise, Warnant.
122 Saint-Michel, Waulsort.
123 Les Vrais Amis, Wiesmes.
124 La Fraternité, Onhaye.
· 125 Prévoyance Saint-Pierre, Weillen.
126 Saint-Hubert, Waillet.
127 Union et Prévoyance, Wanlin.
128 Les Prévoyants Unis, Wavreille.
129 La Prévoyance, Sosoye.
130 L'Espérance de l'Ouvrier, Maffe.
131 Saint-Remacle, Ychippe.

Fédération neutre des Sociétés de secours mutuels d'Anvers et ses faubourgs. — Anvers.
  Album.
    1 Diamantnijverheid (ouvriers lapidaires), Anvers.
    2 Les travailleurs wallons réunis d'Anvers, Anvers.
    3 « De Jonge Vlamingen », Anvers.
    4 De Vereenigde werklieden der Bell Telephone Ming Cie, Anvers.
    5 Bond Moyson (De Wacht), Anvers.
    6 De Vereenigde werkers, sous la devise « Eigen Hulp », Anvers.
    7 Société Van Schoonbeke, sous la devise « Broederliefde », Anvers.
    8 Plantyn's Genootschap, Anvers.

Fédération neutre des Sociétés de secours mutuels du Bassin de Charleroi. — Charleroi.
  Album.
    1 Mutualité du Roctiau, Montigny-s/Sambre.
    2 Progrès, Marcinelle.
    3 Prévoyance, Cour-s/Heure.
    4 L'Alliance, Charleroi.
    5 La Fraternité, Thy-le-Château.
    6 L'Union des Travailleurs, Châtelet.
    7 L'Union, Dampremy.
    8 La Solidarité, Chatelineau.
    9 La Fourmi, Aiseau.
    10 La Jeune Présidence, Pont-de-Loup.
    11 Les Travailleurs Réunis, Falisolle.
    12 La Mutualité, Lodelinsart.
    13 Les Amis de l'Égalité, Roux.
    14 La Prévoyance, Pont-à-Celles.
    15 La Prévoyance, Souvret. ·

16 Les Amis du Progrès, Nalinnes.
17 La Persévérance, Gilly.
18 L'Espérance, Charleroi.
19 L'Amitié, Charleroi.

Fédération neutre des Sociétés de secours mutuels de l'arrondissement de Liège (président : Jos. Charlier). — Liège.
Album.

1 Les Artisans réunis, Liège.
2 Les Bijoutiers, Joailliers, Orfèvres, etc., Liège.
2 Saint-Léonard, Liège.
4 Les Arts et Métiers, association royale philanthropique, Liège.
5 Les Ouvriers Réunis, Bois-de-Breux.
6 Les Mécaniciens Réunis, Liège.
7 Les Sculpteurs Réunis, Liège.
8 Les Ouvriers Graveurs, Imprimeurs, Lithographes, Relieurs, etc., Liège.
9 Les Disciples de Jean-Baptiste Cools, Herstal-lez-Liège.
10 Les Puddleurs Réunis, Ougrée.
11 Les Mutuellistes du Nord, Liège.

Fédération des Sociétés chrétiennes de mutualités de la province de Liège. — Rue Lonhienne, 2, Liège.
Documents.

1 Les Ouvriers Agricoles, Acosse.
2 La Mutuelle des Ouvriers, Amay.
3 Syndicat Ouvrier, Argenteau.
4 Mutuellistes Aubelins, Aubel.
5 Mutuelle Saint-Laurent, Aubin-Neufchâteau.
6 Mutuelle Saint-Martin, Avennes.
7 Le Bien du Peuple, Awans.
8 Syndicat Mutuelliste Sainte-Barbe, Ayweneux.
9 Sainte-Cécile, Aywaille.
10 Ouvriers Réunis du Bas-Geer, Bassenge.
11 Saint-Léonard, Beyne-Heusay.
12 Saint-Servais, Berneau.
13 Les Ouvriers Prévoyants, Blegny.
14 L'Espérance, Boires.
15 Saint-Joseph, Bombaye.
16 Notre-Dame des Champs, Bortez.
17 Saint-Vincent, Bovenistier.
18 L'Union Fraternelle, Charneux.
19 Saint-Joseph et Saint-Hubert, Chênée.
20 Saint-Joseph, Clermont.
21 Syndicat Ouvrier, Dalhem.
22 Saint-Léonard, Flécher.

23 Saint-Remacle, Fexhe-Slins.

24 Saint-Lambert, Fléron.

25 Les Ouvriers de Saint-Joseph, Flône.

26 Mutuelle Saint-Joseph, Forêt-Liège.

27 Saint-Éloi et Sainte-Barbe, Fumal.

28 Saint-Victor, Glons.

29 La Prévoyance, Hallemberge.

30 L'Avenir, Hamoir.

31 Saint-Lambert, Hermalle-sous-Argenteau.

32 Saint-Lambert, Hermalle-sous-Huy.

33 Saint-Crépin, Herve.

34 Les Amis Réunis, Houtain-Saint-Siméon.

35 Mutuelle Saint-Joseph, Huccorgne.

36 La Fraternelle, Jehay-Bodegnée.

37 Saint-Léonard, Jemeppe-s/Meuse.

38 Mutuelle Saint-Éloi, Jupille.

39 Saint-Hadelin, Lamine.

40 Mutuelle Saint-Joseph, Landenne.

41 Saint-Joseph, Lens-Saint-Remy.

42 Mutuelle des Sourds-Muets de Liège, Liège, rue Sur-la-
   Fontaine, 51.

43 La Corporation des Métiers (M. Coppens, rue Lambert-
   le-Bègue, 23), Liège.

44 La Sainte-Walburgeoise (M. Pluskin, Chemin de la Cita-
   delle, 84), Liège.

45 Mutuelle Saint-Joseph, rue des Pitteurs, Liège.

46 Saint-André et Saint-Symètre, Lierneux.

47 L'Union des Travailleurs, Lincent.

48 La Fraternité Chrétienne, Marchin.

49 La Montagnarde, Montegnée.

50 Mutuelle Saint-Paul, Mortier.

51 Mutuelle Saint-Martin, Nandrin.

52 La Fraternité, Oteppe.

53 La Sainte-Barbe, Othée.

54 La Fraternelle, Préalle-Herstal.

55 Syndicat Ouvrier, Richelle.

56 Saint-Charles et Saint-Nicolas, Saint-Nicolas-lez-Liège.

57 Saint-Remy, à Saint-Remy.

58 Saint-Joseph, à Seny.

59 Mutuelle Saint-Martin, Slins.

60 Mutuelle Saint-Joseph, Soumagne.

61 Mutuelle Saint-Martin, Tavier.

62 Mutuelle Sainte-Barbe, Vaux.

63 Union Fraternelle de Saint-Lambert, Villers-Saint-
   Siméon.

64 La Visétoise Saint-Joseph, Visé.

65 La Sainte-Barbe, Warsage.

66 Saint-Joseph, Warzée.
67 Mutuelle Saint-Martin, Wasseige.
68 L'Union Mutuelle, Wihogne.
69 La Prévoyance, Xhendremael.
70 L'Alliance Ouvrière, Xhendremael.
71 Mutuelle Saint-Joseph et Saint-Remy, Angleur.
72 Mutuelle Saint-Joseph, Bois-de-Breux.
73 Mutuelle La Grande Boulangerie, Bressoux-Liège.
74 Les Ouvriers de la Compagnie Générale des Conduites d'eau, Liège-Vennes.
75 Mutuelle Sainte-Julienne, Liège.
76 Syndicat des Mineurs Sainte-Barbe, rue Branche-Planche, Ans.
77 Mutuelle Saint-Isidore, Meffe.
78 Saint-Quirin, Membach.
79 Saint-Léonard et Sainte-Barbe, Stockay-Saint-Georges•

Fraternelle Tournaisienne. — Tournai.
Album.

Hamande & Henry. — Rue de Venise, 21, Bruxelles.
Deux cartogrammes de l'Epargne, par canton postal, en Belgique.

La Mutualité Nord-Belge. — Rue Grétry, Liège.
Tableau-notice, règlements et comptes rendus•

La Wallonne de Paris, Société de secours mutuels et de bienfaisance (président, Reumont). — Boulevard de Strasbourg, 8, Paris.
Graphique.

La Réunion des Travailleurs (Société de secours mutuels).
Baelen-s/Vesdre.
Album.

Ligue démocratique du canton de Grammont (Arthur van der Linden, président). — Goefferdingen, près Grammont.
Un tableau renseignant les œuvres de prévoyance dans le canton de Grammont et les résultats obtenus.

Mabille, Valère. — Industriel. — Morlanwelz.
Tableaux, graphiques, etc.

Marchal, Henri. — Rue de Hongrie, 77, St-Gilles-Bruxelles.
Collection du journal Le Philanthrope.

Ministère de l'Industrie et du Travail (Office du Travail).
— Rue Latérale, 2, Bruxelles.
Documents et graphiques relatifs aux Sociétés de secours mutuels.

Poëls, Dr E. — Rue Marie-Thérèse, 2, Bruxelles.
Formulaire médical universel (assurances vie).

Province de Hainaut. — Mons.
1º La prévoyance dans le Hainaut (1895-1900), exposé;
2º Recueils de circulaires, brochures de propagande, etc.;
3º Cartes et diagrammes.

Société des mines et fonderies de zinc de la Vieille-Montagne. — Angleur.
Tableaux et documents.

Tumelaire, Em., président de l'Union nationale des Fédérations mutualistes de Belgique. — Charleroi.
Albums.

L'Union Belge. Société royale de mutualité et de bienfaisance. — Faubourg Saint-Denis, 80, Paris.
Graphiques, brochures, comptes rendus, rapports.

EXPOSANTS DE LA CLASSE IIO

Initiative publique ou privée en vue du bien-être des citoyens

Banneux, Louis. — Rue du Concert, 22, Etterbeek.
Les Bourses du travail.

Chambre de commerce anglo-belge. — Londres.
Documents.

Chambre de commerce belge de Paris. — Avenue de La Bourdonnais.
Pyramide indiquant la valeur en or des transactions commerciales franco-belges.

De Naeyer, Louis. — Industriel. — Willebroeck.
Documents, photographies, etc.

Eylenbosch, Gustave, secrétaire de la Ligue démocratique belge. — Rue du Gouvernement, 18, Gand.
Carte murale de la Flandre Orientale.

Mabille, Valère. — Industriel. — Morlanwelz.
Tableaux, graphiques, etc.

Le Tellier, Mme M. — Mons.
Album.

Ministère de l'Industrie et du Travail (Office du Travail).
— Rue Latérale, 2, Bruxelles.
Toutes les publications statistiques et autres de l'Office du Travail.

Société anonyme des Cristalleries du Val-St-Lambert. — Val-St-Lambert-lez-Liège.
Documents.

Vermeersch, A. — Rue des Récollets, 11, Louvain.
Manuel social.

CLASSE III

HYGIÈNE PUBLIQUE

L'hygiène publique n'est soumise à aucune loi générale en Belgique.

En cette matière, l'autorité communale est souveraine en tant qu'elle ne contrarie pas les pouvoirs de l'État et des provinces, ni les prescriptions de certaines lois spéciales.

L'activité locale puise ses pouvoirs dans diverses lois, à savoir : 1º la loi du 14 décembre 1789 dont l'article 50 dit que le pouvoir municipal doit faire jouir les habitants des avantages d'une bonne police, notamment de la propreté et de la salubrité, de la sûreté et de la tranquillité dans les rues, lieux et édifices publics ;

N D Phot.

ENVIRONS DE SPA. — PROMENADE D'ORLÉANS

2º La loi des 16-24 août 1790 donne tous pouvoirs aux communes en matière de salubrité publique, notamment en ce qui concerne le nettoiement, l'encombrement de la voirie, l'hygiène des constructions, la surveillance du commerce des denrées et comestibles, les précautions à prendre pour éviter les épidémies ;

3º La loi communale, article 90, charge les communes des alignements de voirie, de l'approbation des plans de bâtisses, de l'entretien des chemins vicinaux et des cours d'eau ;

4º Les lois du 1er juillet 1858, du 15 novembre 1867 et du 27 mai 1870 sur l'expropriation pour cause d'utilité publique donnent aux communes les moyens d'assainir les quartiers insalubres.

*_**

L'intervention de la province est restreinte en matière d'hygiène ; elle intervient soit par voie de délégation du pouvoir central, soit en vertu des pouvoirs qu'elle tient de la loi.

Le 5ᵉ de l'article 3 de la loi des 16-24 août 1790 autorise les provinces à agir comme les communes et dans le même but.

Un arrêté du 18 avril 1818 sur la vaccine exhorte les provinces à agir de tout leur pouvoir en vue de répandre l'usage de la vaccine, et diverses provinces ont pris des arrêtés qui rendent la vaccination obligatoire.

L'arrêté royal du 29 janvier 1863, sur la police des établissements dangereux et insalubres, délègue aux députations permanentes des conseils provinciaux le soin de statuer, sans recours au Roi, sur les demandes d'autorisation de créer des établissements de 1ᵉʳ classe, tels que abattoirs ou tueries, clos d'équarrissage, magasins de chiffons, etc., etc.

La loi du 7 mai 1877 confie aux provinces la police des cours d'eau non navigables ni flottables.

Le décret des 11-19 septembre 1792 permet aux provinces d'ordonner, sur la demande formelle des conseils communaux, la destruction des étangs qui, par stagnation de leurs eaux, occasionnent des maladies épidémiques ou épizootiques.

Le Gouvernement exerce une mission de tutelle et de surveillance, il agit par voie de conseils et de subsides.

Cependant le Gouvernement a la police des établissements dangereux, des mines (loi du 21 avril 1810), il réglemente la police sanitaire des animaux domestiques (loi du 31 décembre 1882), il autorise l'aliénation ou le changement d'affectation des terrains provenant de cimetières supprimés (décret du 23 prairial an XII, et arrêté royal du 30 juillet 1880), il a la police des grands

SPA. — PROMENADE ANNETTE ET LUBIN

cours d'eau, au point de vue de la sécurité et de la salubrité publiques. (Règlement du 30 avril 1881.)

Enfin, le Gouvernement intervient pour l'approbation d'une série d'arrêtés et de règlements que les provinces et les communes ne pourraient faire exécuter sans son concours.

Pour exercer sa mission de surveillance en matière d'hygiène, le Gouvernement a institué par arrêté royal du 15 mai 1849 (modifié le 30 décembre 1884) un conseil supérieur d'hygiène publique, auquel il soumet toutes les affaires importantes concernant la santé et la salubrité publique, telles que les plans d'hôpitaux, hospices, distributions d'eau.

Il a de même créé l'Académie royale de médecine (arrêté royal du 19 septembre 1861) qui a pour mission, entre autres objets, de répondre aux demandes qui lui sont faites par le Gouvernement.

La loi du 12 mars 1818 a institué les commissions médicales qui ont à remplir mission de police médicale et de police hygiénique.

Elles ont la surveillance de tout ce qui intéresse la santé publique dans leur ressort, elles veillent à l'observation des lois et règlements qui concernent la police des professions médicales, l'hygiène et la salubrité publique. Elles adressent des rapports aux gouvernements sur les épidémies, les causes d'insalubrité, elles donnent des conseils aux autorités locales et signalent à l'autorité supérieure des travaux ou mesures qu'il est absolument indispensable de faire prendre ou exécuter par les communes.

Le décret sanitaire du 19 juillet 1831 arme le Gouvernement de pouvoirs absolus en matière de prophylaxie des maladies pestilentielles ou exotiques.

EXPOSANTS DE LA CLASSE III

Hygiène

Anvers (ville d').
Service d'hygiène, règlement.

Administration communale de Spa.
Egouts et distribution d'eau (plans).

Barbier, D^r. — Boulevard Piercot, Liège.
Description et plans d'une crèche modèle.

Belpaire, Mlle. — Anvers.
Plan du sanatorium de Westmalle.

Charbonnages de Mariemont et Bascoup (administrateur-délégué, Raoul Warocqué).
Maisons ouvrières (plan et notice).

Compagnie fermière des eaux minérales de Spa. — Spa.
Eaux minérales gazeuses ferrugineuses et eaux de table.

Compagnie pour l'épuration et la stérilisation des eaux (procédé **Bergé**). — Stérilisation des eaux. — Rue Royale, 152, Bruxelles
Plans et appareils de démonstration.

de la Rocheblin, V. — Ville, commune de Moy-Ville (province de Luxembourg).
Eau minérale gazeuse naturelle de Harre. (Source se trouvant dans la commune de Harre.)

Compagnie intercommunale des Eaux de l'agglomération bruxelloise.
Géologie et plan de captation; notice résumant l'ensemble des travaux et leur importance.

Demany. — Architecte. — Boulevard de la Sauvenière, 93, Liège.
Plans et documents d'hygiène publique et privée.

De Naeyer & Cie. — Willebroeck.
Crèche modèle et types de maisons ouvrières (plans et photographies).

De Rechter frères. — Rue Watteeu, Bruxelles.
Nouveau procédé formogénique pour la conservation des cadavres et pièces anatomiques (notice, photographie et maquettes).

Dries, L.-P. — Rue du Fort, 83, Bruxelles.
La gymnastique à l'école primaire.

Droosten. — Rue du Marais, Bruxelles.
Plans d'étuves à désinfection.

Francken, Daniel. — Architecte. — Avenue de Cortenberg, 96, Bruxelles.
Projet d'un établissement de bains populaires à établir rue de la Clef, à Bruxelles.

Gife. — Architecte provincial. Anvers.
Dessins représentant l'hôpital-hospice de Hoboken et l'hospice intercommunal de Beirendrecht.

Hanarte, G. — Ingénieur. — Rue de Bertaimont, 21, Mons.
Applications de l'air comprimé (publications).

Hauchamps, D^r, membre du bureau d'hygiène de la ville de Bruxelles.
Nouveau système de vaccination (appareil et notice).

Herman, D^r. — Institut provincial de bactériologie du Hainaut. — Rue des Sarts, 21, Mons.
Travaux photomicrographiques et publications diverses.

Hottlet, D^r. — Mont-Saint-Gérard, Namur.

Tableau représentant un sanatorium modèle.

Institut d'hygiène de Bruxelles. — Sciences biologiques. — Avenue Maurice et avenue Jeanne, Bruxelles.

1° Influence des milieux artificiels sur l'embryon de poule, mémoire avec planches par MM. Bonmariage et Petrucci ; 2° Sur l'influence des poussières industrielles ; microphotographies, pièces préparées ; mémoire par MM. Bonmariage et Petrucci ; 3° Le milieu naturel russe, un volume par M. Bonmariage.

Jorissenne, D^r. — Boulevard d'Avroy, Liège.

Plan schématique d'un quartier de ville orienté hygiéniquement ; nouveau système de vaccination (notice et instruments) ; lampe de lit s'éteignant automatiquement.

Kuborn, D^r. — Seraing.

L'hygiène publique en Belgique.

Lambert-de Rotschild (baronne). — Avenue Marnix, Bruxelles.

Plans de l'Orphelinat de jeunes filles israélites, d'une crèche et d'un ouvroir sans distinction de confession.

Lust, D^r. — Rue de la Limite, Saint-Josse-ten-Noode.

Appareil de stérilisation du lait.

Malvoz, D^r. — Institut provincial de bactériologie de Liège. — Rue des Bonnes-Villes, Liège.

Travaux photomicrographiques et publications diverses.

Marlier. — Architecte. — Quenast.

Construction d'un cimetière avec morgue ; dépôt mortuaire.

Piedbœuf. — Usines à Jupille.

Plans d'étuves à désinfecter.

Poëls, Dr E. — Rue Marie-Thérèse, 2, Bruxelles.

Bibliographie de l'hygiène en Belgique.

Saint-Nicolas-Waes. — Service d'hygiène.

Directeur : M. Otton, ingénieur.

Spelkens. — Machelen.

Nouveau système de closet hygiénique.

Stassin. — Architecte. — Avenue des Courses, 22, Bruxelles.

Plan d'une école communale à Spontin.

Symons, Fernand. — Architecte-expert. — Rue des Minimes, 28, Bruxelles.

Plans d'un hôpital et d'un dépôt mortuaire.

Tackels. — Hygiéniste. — Square Marie-Louise, 20, Bruxelles.

Publications et travaux divers relatifs à l'hygiène.

Taeymans. — Architecte. — Turnhout.
Plan d'un hôpital-hospice.

Tasson, Félix. — Ingénieur. — Rue de Châteaudun, Paris.
Projet d'assainissement de la ville d'Anvers.

Thirion. — Architecte. — Verviers.
Plans des hôpitaux de Namur et de Verviers.

Tirou. — Architecte. — Chaussée de Waterloo, Bruxelles.
Plans d'abattoirs dans les communes rurales (notices).

Trétrop, Dr. — Laboratoire de bactériologie des Hospices
civils. — Place Loos, 1, Anvers.
Travaux photomicrographiques et publications diverses.

Troost. — Inspecteur général des ponts et chaussées. —
Bruxelles.
Assèchement et assainissement des polders unis du Pays
de Waes.

Vaes, Richard. — Architecte. — Anvers.
Hôpital communal de Berchem.

Van Lint. — Avenue Michel-Ange, 73, Bruxelles.
Journal *La Technologie sanitaire.*

Wittevronghel, G. — Ingénieur. — Rue du Péage, 77, Anvers.
Bouches d'égout; appareil de chasse mobile; fosse d'ai-
sances étanche. Type maison salubre.
Médaille de mérite, Chicago 1893; diplôme d'honneur,
Anvers 1894; deux médailles d'or, Bruxelles 1897.

Wodon. — Ingénieur. — Namur.
Appareil à stérilisation des viandes.

CLASSE 112

ASSISTANCE PUBLIQUE

Les graves questions que soulève partout l'organisation de
l'assistance et de la charité empruntent en Belgique une importance toute spéciale à la densité particulière de la population. Les œuvres privées se multiplient tous les jours, et il
n'est guère de genre d'infortunes qu'elles ne s'efforcent de
secourir; mais leur grand nombre même facilite trop souvent
l'exploitation à laquelle se livrent si habilement les faux
pauvres, et il faut regretter que les tentatives faites en vue de
la constitution d'un office central n'aient pu jusqu'ici aboutir
à des résultats plus complets.

L'on peut toutefois signaler, dès à présent, l'organisation très logique et très complète des institutions qui s'occupent de l'Enfance : crèches, orphelinats, cercles scolaires s'efforçant de procurer aux élèves indigents les vêtements et la nourriture indispensables, sociétés pour la protection des enfants maltraités ou abandonnés (Enfants Martyrs), comités de Patronage des enfants *moralement* abandonnés, des petits vagabonds et des petits délinquants, établissements où l'on s'occupe plus spécialement de la santé physique des petits malheureux, etc. Toutes ces œuvres ont leur champ d'action bien limité et leur but bien défini, elles réalisent le plus grand bien et cependant beaucoup sont de fondation récente. Les Comités de Patronage et les Sociétés pour la protection des Enfants Martyrs ont à peine dix ans d'existence.

Citons encore comme œuvres nouvelles et, dans leur organisation généralisée tout au moins, peut-être spéciales à la Belgique, le Patronage des condamnés libérés, le Patronage des vagabonds et quelques établissements d'assistance par le travail.

Quant à la bienfaisance publique, à l'assistance officielle, elles sont considérées, dans la législation belge, comme un service *communal;* conception logique, puisque l'autorité chargée de distribuer les secours doit pouvoir apprécier les demandes et agir d'urgence. Mais les ressources sont très variables, elles proviennent surtout de fondations, de donations et de legs, et alors que telle ancienne ville possède un budget de la charité évidemment exagéré, telle commune industrielle, dont l'expansion est moderne, ne peut subvenir à l'entretien de ses infirmes. Depuis longtemps la situation préoccupe les gouvernements et une commission, comprenant des représentants de la science et de l'administration, a été chargée de l'étudier et de proposer les remèdes. Ses travaux sont très avancés, mais n'ont pas abouti jusqu'ici à l'élaboration d'un projet complet définitif.

Nous ne pouvons donc mentionner ici que quatre lois spéciales comme progrès réalisés durant la dernière période décennale.

La loi du 27 novembre 1891, sur la répression du vagabondage et de la mendicité. Plus spécialement du domaine de la législation pénale, elle innove cependant en matière d'assistance. Le principe qui domine ses dispositions principales, c'est la classification des mendiants et vagabonds en deux catégories. La loi réserve ses rigueurs au mendiant de profession qui exploite la charité, au vagabond par fainéantise, ivrognerie ou dérèglement de mœurs, au souteneur. Pour le malheureux que l'âge, la maladie, le chômage forcé amènent à demander un asile provisoire, elle crée la Maison de

Refuge de l'Etat, dernière ressource des misérables que la charité n'a pu aider efficacement. L'on comprendra l'importance de cette création, lorsque l'on saura que la Maison de Refuge pour hommes (Wortel) a compté plus de 2,000 colons.

La loi sur *l'assistance publique* détermine l'autorité à laquelle incombe le devoir d'assistance dans les différents cas.

L'article 1 de cette loi en résume les dispositions : « Les » secours de la bienfaisance publique sont fournis aux indi- » gents par la commune sur le territoire de laquelle ceux-ci se » trouvent au moment où l'assistance devient nécesaire. »

Ce principe est absolu: mais la loi admet, dans certains cas, l'intervention de la province et de l'Etat ou le recours de la commune qui a fait l'avance contre celle qui est le domicile de l'assisté (secours accordés aux aliénés, sourds-muets et aveugles, aux enfants et aux vieillards ; frais d'hospitalisation sous certaines réserves).

Le domicile de secours se détermine d'après le domicile du père au moment de la naissance et se modifie, pour les majeurs, par une résidence de trois années consécutives.

La loi sur *l'assistance médicale gratuite* oblige les communes à assurer les soins médicaux aux indigents, soit en organisant un service médical à domicile, soit en créant un service hospitalier dans ses établissements, soit en s'entendant avec l'administration d'autres communes ou avec des établissements privés.

Enfin la loi du 6 août 1897, votée en vue de faciliter l'exécution de la précédente, et qui permet l'association de plusieurs communes en vue de fonder et d'entretenir des établissements hospitaliers jouissant de la personnification civile.

G. B.

EXPOSANTS DE LA CLASSE 112

Assistance publique

Banneux, Louis. — Rue du Concert, 22, Etterbeek.

L'assistance par le travail ; La Ligue du Coin de terre et du Foyer insaisissables ; L'assistance par le travail en Belgique ; Les pensions ouvrières.

Batardy, G., et Poëls, Dr E. — Bruxelles.

Tableaux et documents concernant les œuvres privées d'assistance en Belgique.

Comité de patronage des condamnés, détenus et libérés ; des enfants moralement abandonnés mis à la disposition du Gouvernement, sous la haute protection de LL. MM. le Roi et la Reine des Belges. — Anvers.

Tableau synoptique des travaux du comité.

Médaille d'or, Bruxelles 1897; diplôme d'honneur, Louvain 1898; grand-prix, Luxembourg G.-D., 1898.

Hospice Sainte-Gertrude. — Hospice de vieillards des deux sexes.

Rue aux Laines, 21, Bruxelles.

Photographies, documents.

Le Jeune, Ministre d'Etat, président de la *Commission Royale des patronages de Belgique.* — Rue Ducale, 89, Bruxelles.

Cartogramme et documents

Ministère de la Justice. — Bruxelles.

Vues, tableaux graphiques et documents relatifs aux colonies d'aliénés de Gheel et de Lierneux, à la maison de refuge de Wortel et au dépôt de mendicité de Merxplas.

Mont-de-Piété de Bruxelles. — Prêts sur gages.

Rue Saint-Ghislain, 15.

Album de renseignements et chiffres; tableaux synoptiques des opérations.

Société des mères israélites. — Œuvre charitable et de bienfaisance. — Rue Gevaert, 15, Bruxelles.

Plans.

Médaille d'or à l'Exposition Universelle de Bruxelles 1897.

Société protectrice des enfants martyrs. — Rue des Comédiens, 25, Bruxelles.

Tableaux, mobiliers, trousseaux, photographies.

Œuvre des Chauffoirs publics et de la Bouchée de pain. — Rue Royale, 4, Liège.

Statistiques, rapports.

Œuvre du grand air pour les petits. — Philanthropie. — Place de Louvain, 5, Bruxelles.

Notices et photographies.

GROUPE XVII

—

CLASSE 113

COLONISATION

Tout le monde s'intéresse, de nos jours, aux questions coloniales; des entreprises coloniales s'organisent partout; rien pourtant n'est plus ancien que la colonisation.

Le premier homme, demandant à la terre le soutien de son existence, ne fut-il pas le premier colon?

L'émigration de peuplades primitives, après épuisement du sol qui les avait nourries, leurs invasions chez les voisins furent les entreprises coloniales des anciens.

La civilisation progressant, les forces des Etats du vieux monde s'équilibrant, ils se sont rejetés pour étendre leur territoire de l'autre côté des mers. Refoulant ou détruisant les populations des nouveaux continents, ils se sont emparés de leurs richesses minérales, végétales ou animales, ils y ont déversé leur trop-plein de population.

Telle était la colonisation brutale de nos pères, qui ne produisait qu'une partie des fruits de la colonisation pacifique et intelligente d'aujourd'hui.

Les colonisateurs ne cherchent plus uniquement à s'emparer du terrain qu'ils convoitent. Ils tirent parti des habitants qu'ils y trouvent. Excitant leurs passions, ils leur créent des besoins, leur apprennent les raffinements du confort européen. Ils en font des consommateurs pour les produits de leurs industries. Ils leur inculquent l'esprit de lucre qui en fait des auxiliaires précieux pour l'exploitation du terrain conquis.

Les colonies de jadis deviennent mères-patries qui vont à leur tour coloniser plus loin. La surproduction s'accentue de jour en jour, et avec elle l'extension inévitable du mouvement colonial. Les contrées vierges sont explorées en tous sens, plus aucune difficulté n'arrête les colonisateurs.

On ne se contente plus seulement de coloniser en pays neufs, la colonisation actuelle embrasse l'exploitation des pays d'une civilisation surannée, qui ne tirent pas eux-mêmes parti des richesses qu'ils possèdent. Tout ce qui se traite hors de chez soi est actuellement classé : « entreprise coloniale ».

Une exposition coloniale peut comprendre, de nos jours, tout ce qui s'importe, tout ce qui s'exporte, tout ce qui se consomme, tout ce qui se fabrique.

Bien qu'elle ne possède pas de colonies, la Belgique s'occupe tout particulièrement des questions coloniales envisagées à leurs divers points de vue.

Grâce à l'initiative de notre Souverain, nos compatriotes peuvent revendiquer l'honneur d'avoir créé et de faire prospérer une des plus belles colonies du monde.

Essentiellement industrielle, la Belgique ne consomme qu'une très faible partie de sa production. Elle est forcée de se créer des débouchés à l'étranger comme elle est forcée de chercher à l'étranger les matières premières nécessaires à ses usines.

Les puissances coloniales ont sur elle l'avantage de pouvoir se livrer aux recherches d'éléments commerciaux nouveaux sans sortir de leur territoire.

Si, dans ces conditions, nous voyons notre prospérité industrielle s'accentuer sans relâche, c'est grâce à la bonne renommée universelle dont nos produits jouissent.

Cette renommée, ils la doivent uniquement à leurs qualités, non à leur marque d'origine. Cette origine est même souvent ignorée des consommateurs auxquels nos produits sont fournis sous des marques étrangères.

Il y a peu d'années encore, c'est à peine si le nom de la Belgique et sa position géographique étaient connus au loin. Des firmes commerciales belges, il n'y en avait guère qu'en Belgique.

Cette lacune tend à se combler, des établissements commerciaux belges se créent partout.

Jadis, nos industriels ne recevaient les ordres que des maisons exportatrices des pays voisins, ils ignoraient la destination donnée à leurs produits, comme ils ignoraient la source des matières premières que les importateurs des grands ports d'Europe leur fournissaient.

Un corps consulaire dévoué représente maintenant la Belgique dans toutes les places commerciales. Nos agents diplomatiques et consulaires adressent régulièrement à notre Gouvernement des rapports sur la situation agricole, commerciale et politique de leurs juridictions.

Un musée commercial a été institué à Bruxelles par le Gouvernement. On y réunit les échantillons des produits vendables dans les diverses contrées. Nos industriels peuvent s'y rendre compte des exigences des différents peuples et diriger à coup sûr leur fabrication, s'ils veulent en lancer le produit dans telle ou telle direction. Ce musée commercial leur fournit encore tous les renseignements désirables au sujet des usages commerciaux, exigences de toute nature des différents pays.

Si les résultats attendus de la création de ce musée sont encore incomplets, c'est que les rapports directs entre les fabricants et les consommateurs éloignés sont difficiles à établir pour une foule de raisons.

Une association s'est constituée en Belgique dans le but d'aplanir ces difficultés, de supprimer les intermédiaires, ou tout au moins de les rendre le moins onéreux possible. La Fédération Industrielle Belge pour favoriser l'Exportation des Produits nationaux emploie son activité soit à établir les contacts entre les importateurs d'outre-mer et nos industriels, soit à provoquer la création de maisons belges ayant leurs comptoirs à l'étranger et qui serviront d'intermédiaires indispensables dans bien des cas.

Plusieurs de nos principales usines entretiennent des agents dans les pays lointains.

Des missions belges d'étude et d'exploration sillonnent l'Univers. Nombreuses sont les propriétés déjà acquises au loin par des compagnies belges en vue d'exploitations dites coloniales.

L'époque n'est certainement pas éloignée où notre pavillon commercial jalonnera toutes les parties du monde, où nos compatriotes auront établi des relais suffisamment nombreux et importants pour alimenter des services de transport, et permettre l'existence d'une marine marchande nationale.

Les tonnages formidables de notre commerce seraient certainement suffisants pour alimenter une marine. Mais seulement à la condition qu'ils soient transportés d'ordre et pour compte de firmes belges qui prescriront le pavillon national comme transporteur.

Tel est d'ailleurs le desideratum de notre Roi, de notre Gouvernement et de tous les citoyens belges soucieux de la prospérité de leur pays.

Les chiffres qui suivent, émanant de statistiques officielles, établissent la progression constante de notre trafic commercial. Ces chiffres étonneront bien de ceux qui les consulteront.

L. HERRY,
Membre de la Commission Supérieure
du Patronage.

EXPOSANT DE LA CLASSE 113
Procédés de colonisation

Rochet, André. — Chef de comptabilité à Chatelineau.

Différents ouvrages traitant de la comptabilité pratique applicable à l'industrie et au commerce.

A obtenu la médaille d'argent à l'Exposition de Bruxelles 1897.

CLASSE 115

COMMERCE EXTÉRIEUR DE LA BELGIQUE

Tous les ans, le Gouvernement publie une statistique générale du commerce extérieur de la Belgique, qui a pour base les documents de la douane.

Toutes les marchandises passibles de droits ne sont pas tarifées à la valeur ; la plupart des articles sont imposés au poids, d'autres le sont au nombre ou à la mesure. Il a donc fallu, pour connaître la valeur de ces articles et arriver à constater l'importance totale du commerce extérieur, adopter pour eux des valeurs moyennes dites *officielles*.

ANVERS. — NOUVEAUX BASSINS

Ces valeurs moyennes sont revisées chaque année par une commission instituée par le Ministre des Finances et des Travaux publics. Il est ainsi tenu compte des fluctuations souvent très sensibles dans les prix des principaux articles de commerce, et il en résulte que les totaux de la statistique commerciale donnent une idée exacte du chiffre réel des affaires pendant une année déterminée.

Le mouvement commercial fait l'objet de trois chapitres distincts : le commerce général, le commerce spécial et le commerce de transit.

Le commerce général embrasse : à l'importation, tout ce qui est entré en Belgique, sans avoir égard à la destination ultérieure des marchandises, soit pour l'entrepôt, soit pour la consommation, soit pour le transit ; à l'exportation, toutes les marchandises qui passent à l'étranger, sans distinction de leur origine belge ou étrangère.

Le commerce spécial est le commerce propre de la Belgique. Il comprend : à l'importation, les marchandises qui ont été déclarées pour la consommation belge, lors de l'importation ou de la sortie d'entrepôt; à l'exportation, les marchandises belges, ainsi que les marchandises étrangères nationalisées.

Ce n'est pas sans un légitime sentiment d'orgueil, qu'après avoir jeté un regard en arrière et considéré ce qu'était le commerce extérieur de la Belgique au moment où le pays a conquis son indépendance, nous mesurons le chemin parcouru pendant les soixante-huit dernières années.

Voici le rapprochement des années 1831 et 1898 (valeurs exprimées en millions et centaines de milliers de francs :

		1831	1898
Commerce général	Importations	98^m	3,279^m
	Exportations	104^{m}6	3,019^{m}9
	Total	202^{m}6	6,298^{m}9
Commerce spécial	Importations	90^m	2,044^{m}7
	Exportations	96^{m}6	1,787^m
	Total	186^{m}6	3,831^{m}7

On voit que du chiffre modeste de 202 millions, l'ensemble des transactions commerciales de la Belgique s'est élevé, en 1898, à 6 milliards 298 millions. De 186 millions, notre commerce spécial est monté à 3 milliards 831 millions ; les résultats de l'année 1899 le porteront au delà de 4 milliards.

Ces chiffres se passent de commentaires.

Peu connue encore, il y a un demi-siècle, dans beaucoup de pays d'Europe et entièrement ignorée des nations transatlantiques, à peine entrée aujourd'hui dans la vie de l'expansion coloniale, sans marine, obligée de passer par l'intermédiaire de commissionnaires-acheteurs pour le placement de ses produits manufacturés sur les marchés d'Outre-Mer, la Belgique est néanmoins parvenue, grâce à l'activité de son peuple, à la confiance qu'inspirent ses industriels et ses commerçants, à conquérir l'une des plus hautes situations économiques du monde entier.

Le tableau qui va suivre montre, en effet, qu'elle occupe, par son commerce spécial, le premier rang si l'on considère la valeur par *mille habitants,* et le septième rang sous le rapport de la *valeur absolue.*

PAYS	POPULATION	VALEUR ABSOLUE DU COMMERCE SPÉCIAL EN 1898	VALEUR DU COMMERCE SPÉCIAL PAR 1,000 habitants	Rang d'importance DES PAYS	
				d'après la valeur absolue	d'après la valeur par 1,000 habitants
		francs	francs		
Belgique	6,669,732	3,831,784,000	574,000	7	1
Angleterre	40,188,927	19,300,912,000	480,000	1	2
Allemagne	en 1895 52,279,901	11,046,515,000	211,000	2	3
France	en 1896 38,517,975	7,983,400,000	207,000	4	4
Etats-Unis d'Amérique	74,389,000	9,588,600,000	129,000	3	5
Autriche	en 1897 44,288,587	4,068,557,000	92,000	6	6
Italie	31,667,946	2,616,900,000	83,000	8	7
Russie	en 1897 128,931,827	5,144,464,000	40,000	5	8

Une autre indication vient à l'appui des données de la statistique commerciale et marque, elle aussi, le pas gigantesque que la Belgique a fait en matière commerciale. Nous voulons parler de l'accroissement considérable de sa population.

En 1830, le pays possédait 4 millions d'habitants; il en a aujourd'hui près de 7 millions. La Belgique compte 226 habitants par kilomètre carré, l'Angleterre 120, l'empire d'Allemagne 97 et la France 72.

La Belgique importe principalement des matières premières que son industrie met en œuvre; elle exporte surtout des produits manufacturés. Malgré les progrès accomplis, elle n'occupe pas encore sur les marchés transatlantiques la place que lui assigne son importance industrielle. Les contrées lointaines peuvent trouver sur le marché belge la plupart des produits fabriqués dont elles ont besoin ; par l'établissement de relations directes avec la Belgique, elles s'assureraient ces produits aux conditions les plus avantageuses.

Les trois diagrammes comparatifs du commerce général, du commerce spécial et du commerce de transit, que le Ministère des Finances et des Travaux publics expose dans notre groupe font ressortir d'une manière saisissante la marche continue de la Belgique dans la voie du progrès commercial et industriel. A l'appui de ces tableaux, le même département ministériel a déposé la collection des tableaux généraux de notre commerce extérieur. Nous ne saurions trop recommander l'examen de ces documents qui contiennent d'utiles et intéressants renseignements.

Le relevé qui suit donne en chiffres les indications des tableaux-diagrammes.

ANNÉES	COMMERCE GÉNÉRAL		COMMERCE SPÉCIAL		TRANSIT
	IMPORTATIONS	EXPORTATIONS	IMPORTATIONS	EXPORTATIONS	
	Francs	Francs	Francs	Francs	Francs
1831	98,013,079	104,579,786	89,988,567	96,555,274	8,024,512
1832	213,868,980	124,765,875	200,04?,?86	111,189,382	13,576,493
1833	206,503,547	122,610,368	192,706,296	108,813,117	13,797,251
1834	192,909,426	135,790,426	174,855,797	118,540,917	17,249,509
1835	198,969,674	160,705,447	172,687,820	138,037,695	22,667,752
1836	208,997,732	165,542,855	187,216,267	144,812,152	20,730,703
1837	223,079,800	155,274,353	200,357,096	129,569,208	25,705,145
1838	238,052,659	193,579,520	201,204,381	156,851,054	36,728,466
1839	217,368,189	175,066,586	179,297,766	137,892,819	37,173,767
1840	246,405,399	183,497,827	205,610,862	139,628,781	43,869,046
Moyennes *décennales*	**204,416,849**	**152,141,304**	**180,396,714**	**128,189,040**	**23,952,264**
1841	277,220,650	211,627,169	210,029,933	154,138,707	57,488,462
1842	288,387,663	201,970,588	234,247,281	142,069,162	59,901,426
1843	294,584,180	222,154,281	216,417,629	156,229,238	65,925,043
1844	307,701,331	283,565,303	203,809,280	174,456,774	109,108,529
1845	367,352,779	309,613,116	234,667,381	184,683,167	124,929,949
1846	328,014,897	257,563,933	217,379,433	148,788,675	108,775,258
1847	392,821,438	315,822,762	240,526,598	170,727,172	145,095,590
1848	276,279,023	249,583,329	182,485,023	151,476,762	98,106,567
1849	405,248,846	374,775,672	206,777,418	179,054,481	195,721,191
1850	423,117,463	411,291,704	221,923,242	210,032,528	201,259,176
Moyennes *décennales*	**836,072,827**	**288,796,786**	**216,826,322**	**167,165,667**	**116,681,119**
1851	418,555,325	401,176,052	218,085,070	200,129,626	201,046,426
1852	512,626,306	472,731,924	266,911,001	229,916,229	242,815,695
1853	589,752,550	587,004,163	298,222,778	294,442,755	292,561,408

ANNÉES	COMMERCE GÉNÉRAL		COMMERCE SPÉCIAL		TRANSIT
	IMPORTATIONS	EXPORTATIONS	IMPORTATIONS	EXPORTATIONS	
	Francs	Francs	Francs	Francs	France
1854	651,578,510	702,751,703	343,434,897	389,021,541	313,730,162
1855	733,199,874	694,851,885	384,515,560	344,142,681	350,709,204
1856	927,446,591	863,480,351	435,483,452	369,825,213	493,655,138
1857	927,169,021	892,029,499	434,777,571	414,264,535	477,764,964
1858	800,928,431	743,163,194	440,166,783	381,245,898	361,917,296
1859	888,858,535	853,438,915	451,056,785	413,327,253	440,111,662
1860	923,820,270	879,558,777	516,636,594	470,258,317	409,300,460
Moyennes décennales	787,393,542	709,018,646	378,934,049	350,657,405	358,361,241
1861	964,900,945	845,794,495	556,789,120	453,613,455	392,181,040
1862	1,027,869,269	939,852,837	588,754,110	502,120,142	437,732,695
1863	1,068,420,727	991,692,530	616,343,269	533,657,281	458,035,249
1864	1,250,388,666	1,173,327,046	688,878,101	596,892,863	576,434,183
1865	1,364,943,353	1,204,298,664	756,420,342	601,651,543	602,647,121
1866	1,426,403,704	1,323,438,224	747,352,102	643,195,364	680,242,860
1867	1,477,533,497	1,297,747,221	775,239,761	597,310,119	700,437,102
1868	1,620,604,284	1,409,752,502	864,392,573	656,578,879	753,173,713
1869	1,712,245,714	1,490,475,929	903,621,056	691,556,006	798,919,923
1870	1,760,178,229	1,521,810,910	920,762,452	690,139,308	831,671,602
Moyennes décennales	1,368,249,789	1,219,819,045	741,855,289	596,671,496	623,147,549
1871	2,439,303,659	2,057,869,725	1,276,977,418	888,659,079	1,169,210,646
1872	2,320,301,351	2,100,195,032	1,277,983,094	1,051,133,247	1,049,061,785
1873	2,424,843,076	2,164,264,768	1,422,625,445	1,158,576,559	1,006,288,209
1874	2,258,564,432	2,070,264,968	1,292,462,993	1,114,639,736	955,565,232
1875	2,318,778,280	2,107,639,127	1,307,109,114	1,101,764,005	1,005,875,122
1876	2,460,426,389	2,083,441,412	1,448,551,491	1,063,764,689	1,019,671,723

ANNÉES	COMMERCE GÉNÉRAL		COMMERCE SPÉCIAL		TRANSIT
	IMPORTATIONS	EXPORTATIONS	IMPORTATIONS	EXPORTATIONS	
	Francs	Francs	Francs	Francs	Francs
1877	2,356,594,801	2,011,780,294	1,426,192,860	1,081,910,326	929,869,968
1878	2,383,771,028	2,013,087,388	1,472,763,949	1,112,351,603	900,735,785
1879	2,461,316,990	2,139,230,319	1,525,504,868	1,190,390,900	948,830,419
1880	2,710,394,101	2,225,157,905	1,680,891,839	1,216,741,436	1,008,416,469
Moyennes décennales	2,418,429,411	2,907,347,094	1,413,111,351	1,097,998,658	999,353,436
1881	2,787,831,076	2,460,624,280	1,629,872,055	1,302,670,114	1,157,054,166
1882	2,851,603,535	2,563,931,584	1,607,563,636	1,325,917,971	1,238,013,613
1883	2,805,430,309	2,605,478,695	1,552,131,319	1,343,125,885	1,262,352,810
1884	2,772,519,944	2,677,681,955	1,425,744,876	1,337,479,444	1,340,202,511
1885	2,577,586,383	2,419,504,776	1,347,047,504	1,200,003,442	1,219,501,334
1886	2,662,715,581	2,512,122,555	1,335,049,297	1,181,974,262	1,330,148,293
1887	2,906,654,270	2,715,290,488	1,431,932,845	1,240,624,573	1,474,665,915
1888	3,087,246,487	2,800,025,228	1,534,367,168	1,243,700,222	1,556,325,006
1889	3,106,843,078	2,013,026,216	1,556,378,004	1,458,525,966	1,554,500,250
1890	3,189,160,016	2,948,151,841	1,672,115,211	1,437,023,833	1,511,128,008
Moyennes décennales	2,874,759,068	2,671,583,762	1,509,220,191	1,307,104,571	1,364,479,191
1891	3,119,623,567	2,847,005,898	1,799,814,822	1,519,033,297	1,327,972,601
1892	2,817,674,833	2,644,323,337	1,536,454,354	1,369,439,611	1,274,883,726
1893	2,810,709,742	2,590,261,736	1,575,138,957	1,355,945,020	1,234,316,716
1894	2,703,080,783	2,424,560,429	1,574,549,243	1,303,686,468	1,120,873,961
1895	2,904,948,026	2,604,862,583	1,680,407,506	1,385,439,053	1,219,423,530
1791	3,037,371,700	2,720,302,115	1,776,731,549	1,467,943,771	1,252,358,344
1897	3,145,829,820	2,895,271,890	1,873,011,676	1,626,372,424	1,268,899,466
1898	3,279,047,704	3,019,882,489	2,044,726,645	1,787,007,487	1,232,875,002

EXPOSANTS DE LA CLASSE 115

Produits spéciaux destinés à l'exportation dans les colonies

Cartoucheries russo-belge (Société anonyme). — Fabrication des munitions de chasse, de tir et de guerre. — Liège.
Cartouches de guerre en usage dans les diverses armées.
Munitions de tir et de chasse de tous systèmes.

Fédération industrielle belge pour favoriser l'exportation des produits nationaux. — **Exposition collective :**

Alonge & Steenwerckers. — Rue Marcq, 13, Bruxelles.
Chapeaux spéciaux pour les colonies.

Ardoullie, Fl. — Malines.
Meubles.

Burniat frères. — Rue des Chartreux, 33, Bruxelles.
Glaces et verres bombés.

Cobbaert, Louis. — Ninove.
Allumettes.

Costermans, Louis. — Rue Lebeau, 4, Bruxelles.
Foyers à gaz de luxe et ordinaires.

De Coninck, Émile. — Maison aux Anguilles, 126-130, Gand.
Plaques photographiques.

des Cressonnières frères & Cie. — Ch. de Gand, 86, Bruxelles.
Savon, poudre de riz et poudre de savon.

Desmedt, Pierre. — Ferronnier. — Rue Mercelis, 31, Ixelles-Bruxelles.
Lanterne en fer forgé sans rappliques ni raccords.
Balcon artistique.

Destrée, Louis, Wiescher & Cie. — Haren.
Couleurs d'aniline, bleus d'outre-mer.

Dekien, Léonard (Successeur de Boutry-Van Isselsteyn & Cie).
Courtrai.
Tissus de lin, toile, etc.

Fédération industrielle belge pour favoriser l'exportation des produits nationaux. — Rue de Namur, 66, Bruxelles.
Produits destinés aux colonies, aux travaux et entreprises dans les pays coloniaux.

Fouassin, A. —Rue Sohet, 9, Liège.
Liqueurs.

Ministère des affaires étrangères. — Direction du Commerce et des Consulats.
Rapports consulaires belges ; documents divers.

Ministère des chemins de fer, postes et télégraphes. — Ligne maritime Ostende-Douvres.

Correspondance des grands Express Européens. Tarifs et renseignements.

Ministère des finances et des travaux publics. — Secrétariat général. — 3e Section. — Service de la statistique commerciale.

Trois tableaux diagrammes du commerce général, du commerce spécial et du commerce de transit de la Belgique avec les pays étrangers depuis 1831.

Collection des tableaux du commerce extérieur de la Belgique (69 volumes).

Bulletin mensuel du commerce spécial de la Belgique avec les pays étrangers en ce qui concerne les principales marchandises (années 1898 et 1899 et premiers mois de 1900).

Humbert, G., & Cie. — Vilvorde.
Colles, gélatines et engrais.

Janssens-De Decker. — Saint-Nicolas (Waes).
Étoffes d'ameublement, draperies, etc.

Krings, J. — Moll.
Couvertures de laine.

Lebrun, B. — Nimy.
Ateliers de construction. Spécialité de machines frigorifiq.

Lechat, J., & Cie. — Rue Fièvé, 22, Gand.
Courroies pour l'industrie.

Licot, J.-F., & Cie. — Namur.
Coutellerie.

Manufacture royale de corsets P. D.
Rue du Pélican, 31, Bruxelles.
Corsets (spécialité d'exportation).

Masure, G., Vve. — Rue des Alexiens, 47, Bruxelles.
Étiquettes, pancartes et travaux d'impression. Chromolithographie.

Mondron, Léon. — Propriétaire des verreries de la Planche, Lodelinsart.
Verres à vitres de toutes espèces, panneaux décoratifs en verre, etc.

Peltzer & Fils. — Verviers.
Draps, étoffes de laine, etc.

Peters-Lacroix. — Haren.
Papiers peints; vitrauphanie.

Philips-Glazer, J., & Fils. — Termonde.
Couvertures de coton.

Compagnie générale des produits céramiques de St-Ghislain (Société anonyme). — Saint-Ghislain.
Carreaux pour pavements en grès cérame fin à dessins incrustés.

Société anonyme des cristalleries du Val-St-Lambert, au Val-St-Lambert.
Gobeletterie, cristaux, demi-cristaux, etc.

Société anonyme de la Stéarinerie H. Bollinckx.
Chaussée de Mons, 95, Bruxelles.
Bougies.

Société anonyme des anciens établissements Léon Lobet. Verviers.
Courroies pour machines. Équipements militaires.

Société anonyme « La Dendre ». — Termonde.
Couvertures de coton.

Société anonyme « L'Aigle » — Rue Digue-du-Canal, 11, Anderlecht-Bruxelles.
Balances Roberval; régulateurs à gaz; articles de précision, etc.

Société anonyme des Laminoirs et Bonlonneries du Ruau, à Monceau-s/Sambre.
Boulons, écrous, rivets, éclisses, crampons, chevilles, etc.

Société anonyme The General Preserving Company.
Saint-Nicolas (Waes).
Conserves alimentaires, confitures.

Société anonyme des Usines Dercq. — Fontaine-l'Évêque.
Pointes de Paris, clous, rivets, etc.

Société anonyme des usines lainières de Malines et Duffel réunies à Malines.
Couvertures de laine.

Société anonyme des Usines Remy. — Wygmael.
Amidon de riz : Royal Remy.

Société Chauffage et Éclairage Sépulchre. — Herstal.
Poêles au pétrole, réchauds, appareils d'éclairage au pétrole.

Société Union : Robert Ramlot. — Termonde.
Couvertures de coton.

Vandenbossche & De Bodt. — Ninove.
Fils de lin à coudre. Coton sur bobines.

Vanden Abeele, R. & A. — Rue Loos, 80-82, Anvers.
Cigares fins.

Vanden Abeele, W., & Cie. — Rue Bréda, Anvers.
Outils : pelles, bêches, pioches, pics, etc.

Verreries belges. — Collectivité des maitres verriers.
(Voir Groupe XII, détail des firmes.)

Verburgh frères. — Rue Jolly, 173, Bruxelles.
Papiers, papiers doubles, cartons et tissus imperméables.

Wasserfuhr, E., & Cie. — Laeken-Bruxelles.
Huiles et vaselines.

Lochet-Habran, L^t. — Fabrication de canons en aciers.
Jupille-lez-Liège.
Canons dits cadets, à et sans boulon, ronds, 1/3 octogone ou octogones outre, paires canons dits brésiliens à vérin ou faux vérin ronds 1/3 octogone ou octogones outre, canons borres.

Manufacture liégeoise d'armes à feu (Société anonyme). — Armes de luxe, de guerre et d'exportation, de tous systèmes et pour tous les pays. Stock considérable de fusils de guerre réformés et transformés en fusils à piston et à pierre. Prix-courants illustrés sur demande.
Rue du Vertbois, 54, Liège.
Fusils à feu central et à pistons, pistolets, écossaises, revolvers et carabines.

Poudrerie royale de Wetteren, Cooppal & Cie (Société anonyme). — Fabrication de la poudre à tirer.
Wetteren.
Poudres de commerce et poudres de chasse.

Renkin & Fils. — Armes. — Liège.
Spécialité pour l'Amérique du Sud, l'Amérique centrale et les colonies.
Armes à silex pour les côtes d'Afrique, etc., etc.
Médaille Londres 1851, médaille d'or Bruxelles 1897.

GROUPE XVIII

Armement et matériel de l'artillerie

Cartoucheries Russo-Belge (Société anonyme). — Fabrication des munitions de chasse, de tir et de guerre. — Liège.
Cartouches de guerre en usage dans les diverses armées.
Munitions de tir et de chasse de tous systèmes.

Etablissements Pieper (Société anonyme). — Armes.— Liège.
Fusil de guerre système Pieper.
Revolver de guerre système Pieper.
Appareil pour tir réduit de chambrée.

Fabrique nationale d'armes de guerre (Société anonyme).
— Armes et munitions de guerre. — Herstal-lez-Liège.
Fusils, carabines et cartouches Mauser. Pistolets Browning.

Francotte, Auguste, & Cie.— Fabrique d'armes à feu.— Liège.
Fusils, mousquetons Martini, Francotte. Fusils à répétition, système Marga. Revolvers, etc.

La Société Cockerill. — Seraing.
Un canon de campagne à tir rapide, système Nordenfeld.

Lochet-Habran. Lt. — Fabrication de canons en acier. —
Jupille-lez-Liège.
Canons en acier pour armes de guerre, pour cartouche
6m/m, 7m/m, 8m/m, 12m/m.
Canons canardières, mitrailleuses.

Nagant, Léon. — Fabrique d'armes.
Quai de l'Ourthe, 49, Liège.
Revolvers de guerre, accessoires et pièces détachées.

Polain, Jules, directeur du Banc d'Épreuves, commissaire du
Gouvernement. — Liège.
Appareil servant à déterminer la pression des poudres de chasse.

Poudrerie royale de Wetteren, Cooppal & Cie (Société ano
nyme). — Fabrication de la poudre à tirer. — Wetteren.
Poudres de guerre noires, brunes et sans fumée.

Société anonyme des explosifs de Clermont. Muller & Cie. —
Explosifs de toutes espèces.
Boulevard de la Sauvenière, 119, Liège.
Poudres de chasse, de guerre, etc. Munitions et explosifs
de toutes espèces.

ERRATA

Ajouter :

GROUPE I

CLASSE I

Fichefet, Julie. — Jumet.
Méthode de coupe et de confection.

CLASSE 2

Wouters, L. — Inspecteur de l'enseignement à Anvers.
Tableaux de minéralogie et de géologie; un cours complet de sciences naturelles.

Kloth, Joseph. — Bruxelles.
Traités de langue allemande. Livres de lecture et de conversation.

GROUPE III

CLASSE 12

Fabronius, Edouard. — Rue Neuve, 11, Bruxelles.
Photographies en tous genres.
Anvers 1894, médaille d'or; Bruxelles 1897, médaille d'or.

GROUPE VI

CLASSE 28

Van Bellinghen, Hubert. — Rue Hôtel-des-Monnaies, 47, Bruxelles.
Ardoises, panneaux, toiture mansardée, etc.

Société anonyme des Usines de Braine-le-Comte. — Braine-le-Comte.

Reproductions et constructions diverses étudiées et exécutées par les Usines de Braine-le-Comte.

Anvers 1885, diplôme d'honneur, médaille d'argent; Barcelone 1888, médaille d'or; Bruxelles 1887, diplôme d'honneur, médaille d'or.

CLASSE 29

Van Massenhove, Henri. — Avenue Brabançonne, Bruxelles.
Plans et maquette.

CLASSE 30

Rumpf, M.-H., fils. — Rue des Croisades, 14, Bruxelles.
Automobiles et moteurs.
Paris 1889, médaille d'argent. Bruxelles 1897, grand-prix.

Baudewyns, H. — Rue Sans-Souci, 135, Ixelles.
Articles d'écuries et remises.

Carniaux, Eugène. — Rue Vander Linden, 93, Bruxelles.
Itinéraires topographiques, cartes cyclistes, divers.

CLASSE 31

De Ceulner. — Rue Stévin, 117 et 119, Bruxelles.
Différents fers à cheval.

GROUPE VII

CLASSE 35

Fabrique de machines agricoles. — Musy-la-Ville.
Machine à battre.

CLASSE 37

Laiterie « La Vierge ». — Hoorebeke-Sainte-Marie.
Tableaux, photographies, etc., de la laiterie « La Vierge ».

CLASSE 42

Liste des Sociétés d'Apiculture formant la Collectivité,
ajouter :
Ligue Luxembourgeoise, à Arlon.

GROUPE X

CLASSE 58

Kennis, L. — Rue Rogier, 24, Bruxelles.
Extrait alimentaire, Baulens, etc.

GROUPE XI

CLASSE 63

Société anonyme des Carrières de Porphyre de Montfort.
— Rue des Augustins, Liège.

GROUPE XII

CLASSE 66

Seghers-Castelle. — Ferronnerie. — Rue des Paroissiens, 14.
Un intérieur de cheminée avec chenets.
Une potence fer forgé.

CLASSE 68

Noblom, J. — Couronnes mortuaires. — Rue des Fripiers, 24,
Bruxelles ; Faubourg Saint-Denis, 61, Paris.
Couronnes en métal, en celluloïd et en étoffe.

GROUPE XIV

CLASSE 91

Baetslé-Van Bambrugge, D. — Fabricant de cigares. — Rue
du Compromis, 56, Gand.
Cigares.

GROUPE XV

CLASSE 95

Houy, Ph. — Bruxelles.
Articles de bijouterie, joaillerie en or et en argent.

GROUPE XVI

CLASSE 109

Du Caju, Mlle M. — Rue de la Prairie, 47, Gand.
Ses livres traitant de la prévoyance.

TABLE DES MATIÈRES